16	3	2	13
5	10	11	8
9	6	7	12
4	15	14	1

coleção TRANS

Georges Didi-Huberman

DIANTE DA IMAGEM

Questão colocada aos fins de uma história da arte

*Tradução
Paulo Neves*

editora 34

EDITORA 34

Editora 34 Ltda.
Rua Hungria, 592 Jardim Europa CEP 01455-000
São Paulo - SP Brasil Tel/Fax (11) 3811-6777 www.editora34.com.br

Copyright © Editora 34 Ltda. (edição brasileira), 2013
Devant l'image © Les Éditions de Minuit, Paris, 1990

A FOTOCÓPIA DE QUALQUER FOLHA DESTE LIVRO É ILEGAL E CONFIGURA UMA APROPRIAÇÃO INDEVIDA DOS DIREITOS INTELECTUAIS E PATRIMONIAIS DO AUTOR.

Cet ouvrage a bénéficié du soutien des Programmes d'aide à la publication de l'Institut français/Ministère français des affaires étrangères et européennes.
Este livro contou com o apoio dos Programas de Auxílio à Publicação do Instituto Francês/Ministério francês das Relações Exteriores e Europeias.

Título original:
Devant l'image

Capa, projeto gráfico e editoração eletrônica:
Bracher & Malta Produção Gráfica

Revisão:
Camila Boldrini, Alberto Martins, Beatriz de Freitas Moreira

1ª Edição - 2013 (4ª Reimpressão - 2023)

CIP - Brasil. Catalogação-na-Fonte
(Sindicato Nacional dos Editores de Livros, RJ, Brasil)

D390d Didi-Huberman, Georges, 1953-
        Diante da imagem: questão colocada aos fins de uma história da arte / Georges Didi-Huberman; tradução de Paulo Neves. — São Paulo: Editora 34, 2013 (1ª Edição).
        360 p. (Coleção TRANS)

ISBN 978-85-7326-537-8

Tradução de: Devant l'image

1. Filosofia. 2. Estética. 3. História da arte.
I. Neves, Paulo. II. Título. III. Série.

CDD - 190

DIANTE DA IMAGEM
Questão colocada aos fins de uma história da arte

Questão colocada 9

1. A história da arte
   nos limites da sua simples prática 19

2. A arte como renascimento
   e a imortalidade do homem ideal 69

3. A história da arte
   nos limites da sua simples razão.................................. 113

4. A imagem como rasgadura
   e a morte do deus encarnado 185

   Apêndice: Questão de detalhe, questão de trecho............ 297

   Índice dos nomes próprios 347
   Índice das figuras 352
   Índice das matérias 354

"Para a ciência da arte (*Kunstwissenschaft*) é ao mesmo tempo uma bênção e uma maldição que seus objetos necessariamente reivindiquem ser considerados de outro modo que não somente sob o ângulo histórico. [...] É uma bênção porque mantém a ciência da arte numa tensão contínua, porque não cessa de provocar a reflexão metodológica e, sobretudo, porque nos lembra sempre que a obra de arte é uma obra de arte e não um objeto histórico qualquer. É uma maldição porque teve de introduzir na pesquisa um sentimento de incerteza e de dispersão dificilmente suportável, e porque esse esforço para descobrir uma normatividade levou com frequência a resultados que ou não são compatíveis com a seriedade da atitude científica, ou parecem atentar contra o valor dado à obra de arte individual pelo fato de ser única."

Erwin Panofsky,
"O conceito de *Kunstwollen*" (1920)

"*O não-saber desnuda*. Essa proposição é o ponto culminante, mas deve ser entendida assim: desnuda, portanto *eu vejo* o que o saber ocultava até então, mas se eu vejo *eu sei*. De fato, eu sei, mas o que eu soube, o não-saber o desnuda novamente."

Georges Bataille,
L'expérience intérieure (1943), O.C., vol. V, p. 66

Para facilitar a localização de temas específicos no ensaio, os subitens listados no "Índice das matérias" do original francês foram incorporados ao texto na presente edição, assinalados entre colchetes.

QUESTÃO COLOCADA

[Quando pousamos nosso olhar sobre uma imagem da arte]
Com frequência, quando pousamos nosso olhar sobre uma imagem da arte, vem-nos a irrecusável sensação do paradoxo. O que nos atinge imediatamente e sem desvio traz a marca da perturbação, como uma evidência que fosse obscura. Enquanto o que nos parece claro e distinto não é, rapidamente o percebemos, senão o resultado de um longo desvio — uma mediação, um uso das palavras. No fundo, o paradoxo é banal. Acontece com todos. Podemos aceitá-lo, nos deixar levar por ele; podemos mesmo experimentar certo gozo em nos sentirmos alternadamente cativos e liberados nessa trama de saber e de não-saber, de universal e de singular, de coisas que pedem uma denominação e coisas que nos deixam de boca aberta... Tudo isso diante de uma mesma superfície de quadro, de escultura, em que nada terá sido ocultado, em que tudo diante de nós terá sido, simplesmente, *apresentado*.

Pode-se, ao contrário, ficar insatisfeito com esse paradoxo. Querer-se-á ir adiante, saber mais, *representar-se* de forma mais inteligível o que a imagem diante de nós parecia ainda ocultar. Poder-se-á então buscar o discurso que se proclama ele próprio enquanto saber sobre a arte, arqueologia das coisas esquecidas ou não percebidas nas obras desde sua criação, por mais antiga ou recente que seja. Essa disciplina, cujo estatuto se resume em propor um *conhecimento específico* do objeto de arte, essa disciplina, como sabemos, chama-se história da arte. Sua invenção é muito recente, se comparada à invenção do seu próprio objeto: poder-se-ia dizer, tomando Lascaux por referência, que ela acusa em relação à arte mesma um atraso de cerca de cento e sessenta e cinco séculos, uma dezena deles repleta de intensa atividade artística apenas no âmbito do mundo cristão ocidental. Mas a história da arte dá hoje a impressão de ter recuperado esse atraso. Ela passou em revista, catalogou e interpretou miríades de objetos. Acumulou quantidades assombrosas de informações e tornou-se capaz de administrar o conhecimento exaustivo daquilo que gostamos de chamar nosso patrimônio.

A história da arte se apresenta, em realidade, como um empreendimento sempre mais conquistador. Ela atende a demandas, torna-se indispensável. Enquanto disciplina universitária, não cessa de refinar-se e de produzir novas informações; graças a ela há, para os homens, um ganho evidente em saber. Enquanto instância de organização dos museus e das exposições de arte, ela não para igualmente de crescer: põe em cena gigantescas reuniões de objetos e, graças a ela, há para os homens um ganho em espetáculo. Enfim, a história torna-se a engrenagem essencial e a caução de um mercado de arte que não cessa, ele também, de aumentar suas apostas: graças a ela, há também para os homens um ganho em dinheiro. E parece que os três sortilégios ou os três "ganhos" em questão se tornaram tão preciosos para a burguesia contemporânea quanto a própria saúde. Devemos então ficar surpresos de ver o historiador da arte assumir os ares de um médico especialista que se dirige a seu doente com a autoridade de direito de um sujeito que supostamente sabe tudo em matéria de arte?

[Questão colocada a um tom de certeza]

Sim, devemos ficar surpresos. Este livro gostaria simplesmente de interrogar o *tom de certeza* que reina com frequência na bela disciplina da história da arte. Deveria ser evidente que o elemento da *história*, sua fragilidade inerente em relação a todo procedimento de verificação, seu caráter extremamente lacunar, em particular no domínio dos objetos figurativos fabricados pelo homem — é evidente que tudo isso deveria incitar à maior modéstia. O historiador não é senão, em todos os sentidos do termo, o *fictor*, isto é, o modelador, o artífice, o autor e o inventor do passado que ele dá a ler. E, quando é no elemento da *arte* que desenvolve sua busca do tempo perdido, o historiador não se acha sequer diante de um objeto circunscrito, mas de algo como uma expansão líquida ou aérea

— uma nuvem sem contornos que passa acima dele mudando constantemente de forma. Ora, o que se pode conhecer de uma nuvem, senão *adivinhando-a* e sem nunca apreendê-la inteiramente?

Os livros de história da arte, porém, sabem nos dar a impressão de um objeto verdadeiramente apreendido e reconhecido em todas as suas faces, como um passado elucidado sem resto. Tudo ali parece visível, discernido. Sai o princípio de incerteza. Todo o visível parece lido, decifrado segundo a semiologia segura — apodíctica — de um diagnóstico médico. E tudo isso constitui, dizem, *uma ciência*, ciência fundada em última instância sobre a certeza de que a representação funciona unitariamente, de que ela é um espelho exato ou um vidro transparente, e de que, no nível imediato ("natural") ou então transcendental ("simbólico"), ela terá sabido traduzir todos os conceitos em imagens, todas as imagens em conceitos. Enfim, de que tudo se adapta perfeitamente e coincide no discurso do saber. Pousar o olhar sobre uma imagem da arte passa a ser então saber nomear tudo que se vê — ou seja, tudo que se lê no visível. Existe aí um modelo implícito da verdade, que sobrepõe estranhamente a *adæquatio rei et intellectus*[1] da metafísica clássica a um mito — no caso, positivista — da omnitraduzibilidade das imagens.

Nossa indagação é portanto a seguinte: que obscuras ou triunfantes razões, que angústias mortais ou que exaltações maníacas puderam levar a história da arte a adotar esse tom, essa retórica da certeza? Como pôde se constituir — e com tanta evidência — tal *fechamento* do visível sobre o legível e de tudo isso sobre o saber inteligível? A resposta do recém-chegado ou do homem de bom-senso (resposta não fatalmente impertinente) seria que a história da arte, como saber universitário, busca na arte apenas a história e o saber universitário; e que por isso ela teve de reduzir seu objeto, "a arte", a algo que evoca um museu ou uma estrita reserva de histórias e de saberes. Em suma, o dito "conhecimento específico

---

[1] Fórmula filosófica que indica a correspondência entre a realidade e o intelecto. (N. do T.)

da arte" simplesmente acabou por impor a seu objeto sua própria *forma específica de discurso*, com o risco de inventar fronteiras artificiais para o seu objeto — objeto despojado do seu próprio desdobramento ou transbordamento específico. Compreender-se-á então a evidência e o tom de certeza que esse saber impõe: ele não buscava na arte senão as respostas *já dadas* por sua problemática de discurso.

Uma resposta extensiva à questão colocada equivaleria, na verdade, a lançar-se numa verdadeira história crítica da história da arte. Uma história que levaria em conta o nascimento e a evolução da disciplina, suas causas práticas e suas consequências institucionais, seus fundamentos gnoseológicos e seus fantasmas clandestinos. Em suma, o nó do que ela diz, não diz e denega. O nó do que é para ela o pensamento, o impensável e o impensado — tudo isso evoluindo, revolvendo, retornando sobre sua própria história. Aqui nos limitamos a dar um primeiro passo nessa direção, interrogando inicialmente alguns paradoxos induzidos pela *prática* quando ela deixa de questionar as suas próprias incertezas. Interrogando, a seguir, uma fase essencial da sua *história*, que é a obra de Vasari no século XVI, e os fins implícitos que esta haveria de atribuir por muito tempo a toda a disciplina. Por último, tentamos interrogar outro momento significativo, aquele no qual Erwin Panofsky, com uma autoridade incontestada, tentou fundar *em razão* o saber histórico aplicado às obras de arte.

[Questão colocada a um tom kantiano, a algumas palavras mágicas e ao estatuto de um saber]

Essa questão de "razão", essa indagação metodológica, é essencial, hoje que a história em geral utiliza cada vez mais as imagens da arte como documentos e mesmo como monumentos ou objetos de estudos específicos. Essa questão de "razão" é essencial porque é através dela que podemos compreender no fundo *o que a história da arte espera do seu objeto de estudo*. Todos os grandes momentos da disciplina — desde Vasari até Panofsky, desde a época das Academias até a dos institutos científicos — sempre consistiram em recolocar o problema das "razões", em redistribuir as cartas ou mesmo em reformular as regras do jogo, e sempre em função de uma espera, de um desejo renovado, de *fins requeridos* para esses olhares mutáveis que pousavam sobre as imagens.

Questionar de novo a "razão" da história da arte é questionar de novo seu *estatuto de conhecimento*. Que há de espantoso no fato de Panofsky — que não tinha medo de nada, nem de empreender o paciente trabalho da erudição, nem de se lançar ele próprio na tomada de posição teórica — ter se voltado para a filosofia kantiana para redistribuir as cartas da história da arte e lhe dar uma configuração metodológica que, em linhas gerais, não deixou de vigorar? Panofsky se voltou para Kant porque o autor da *Crítica da razão pura* soube *abrir* e reabrir o problema do conhecimento, definindo os limites e as condições subjetivas do seu jogo. Tal é o aspecto propriamente "crítico" do kantismo; ele formou e informou, de maneira consciente ou não, gerações inteiras de estudiosos. Ao se apoderar da chave kantiana ou neokantiana — por intermédio de Cassirer —, Panofsky abria portanto novas portas para sua disciplina. Mas é possível que, tão logo abertas essas portas, ele as tenha tornado a fechar com firmeza diante de si, não deixando à crítica senão o momento de uma breve passagem: uma corrente de ar. É o que o kantismo em filosofia também havia feito: abrir para tornar a fechar melhor, recolocar em questão o saber não para deixar transbordar o turbilhão radical — isto é, a negatividade inalienável de um não-saber —, mas sim para reunificar, ressintetizar, reesquematizar um saber cujo fechamento agora se satisfazia consigo mesmo por meio de um alto enunciado de transcendência.

Dirão que tais problemas são muito gerais? Que eles já não concernem mais à história da arte e que devem ser tratados num outro setor do campus universitário, aquele ocupado, lá adiante, pela faculdade de filosofia? Dizer isso (como é dito com frequência) é tapar os olhos e os ouvidos, é deixar a boca falar sozinha. Não é preciso muito tempo — o tempo de uma indagação — para perceber que o historiador da arte, em cada um de seus gestos, por humilde ou complexo ou rotineiro que seja, não cessa de operar *escolhas filosóficas*. Elas o orientam, o ajudam silenciosamente a resolver um dilema, elas formam abstratamente sua eminência parda — mesmo e sobretudo quando ele não o sabe. Ora, nada é mais perigoso que ignorar sua própria eminência parda. Pode se tornar rapidamente alienação. Fazer escolhas filosóficas sem sabê-lo não é senão a melhor maneira de fazer a pior filosofia que existe.

Nossa interrogação lançada ao tom de certeza adotado pela história da arte se transformou assim, por intermédio do papel decisivo desempenhado pela obra de Erwin Panofsky, numa interrogação lançada ao *tom kantiano* que o historiador da arte adota seguidamente sem se dar conta. Não se trata portanto — não se trata mais, depois de Panofsky — de uma aplicação rigorosa da filosofia kantiana ao domínio do estudo histórico sobre as imagens da arte. Trata-se, e é pior, de um tom. De uma inflexão, de uma "síndrome kantiana" na qual o próprio Kant não se reconheceria mais. Falar de um tom kantiano em história da arte é falar de um gênero inédito do neokantismo, é falar de uma *filosofia espontânea* que orienta as escolhas do historiador e dá forma ao discurso do saber produzido sobre a arte. Mas o que é, no fundo, uma filosofia espontânea? Onde ela encontra seu motor, para onde conduz, em que se baseia? Ela se baseia em palavras, somente palavras, cujo uso particular consiste em tapar as brechas, negar as contradições, resolver sem um instante de hesitação todas as aporias que o mundo das imagens propõe ao mundo do saber. O uso espontâneo, instrumental e não criticado de certas noções filosóficas leva assim a história da arte a fabricar para si não filtros ou beberagens de esquecimento, mas *palavras mágicas*: embora conceitualmente pouco rigorosas, elas serão eficazes para *resolver* tudo, isto é, dissolver, suprimir o universo das indagações a fim de lançar à frente, com um otimismo às vezes tirânico, um batalhão de respostas.

Não quisemos opor às respostas prontas outras respostas prontas. Quisemos apenas sugerir que nesse domínio as perguntas sobrevivem ao enunciado de todas as respostas. Se o nome de Freud vem aqui se contrapor ao de Kant, não é para estabelecer a disciplina da história da arte sob o jugo de uma nova concepção do mundo, de uma nova *Weltanschauung*. O neofreudismo, como o neokantismo — e como toda teoria oriunda de um pensamento poderoso —, está longe de ser imune a usos espontâneos, mágicos ou tirânicos. Mas no campo freudiano há indiscutivelmente todos os elementos de uma crítica do conhecimento capaz de retrabalhar em profundidade o estatuto mesmo do que chamamos genericamente as ciências humanas. Foi por ter reaberto de forma fulgurante a questão do *sujeito*[2] — sujeito agora pensado como rasgadura e não como fechamento, sujeito agora inabilitado à síntese, ainda que transcendental — que Freud pôde reabrir também, e também de maneira decisiva, a questão do *saber*.

Terão compreendido que o apelo feito à obra de Freud diz respeito muito precisamente ao emprego de um paradigma *crítico* — e não absolutamente ao emprego de um paradigma *clínico*. O destino dado neste livro à palavra *sintoma*, em particular, nada terá a ver com qualquer "aplicação" ou resolução clínica. Esperar do freudismo uma clínica das imagens da arte ou um método de resolução de enigmas equivaleria simplesmente a ler Freud com os olhos, com as expectativas, de um Charcot. O que se pode esperar aqui da "razão freudiana" seria, antes, o ressituar-nos em relação ao *objeto da história*, por exemplo, sobre cujo trabalho extraordinariamente complexo a experiência psicanalítica nos informa por meio de conceitos tais como posterioridade [*après-coup*],[3] a repetição, a deformação ou a perlaboração. Ou então, de modo ainda mais geral, a ferramenta crítica deveria aqui permitir reconsiderar, no quadro da história da arte, o estatuto mesmo desse *objeto de saber* em relação ao qual seríamos agora convocados a pensar o que ganhamos no exercício da nossa disciplina *em face do que nela perdemos*: em face de uma mais obscura e não menos soberana *coerção ao não-saber*.

[A antiquíssima exigência de figurabilidade]

É isso, portanto, o que está em jogo: saber, mas também pensar o não-saber quando ele se desvencilha das malhas do saber. Dialetizar. Para além do próprio saber, lançar-se na prova paradoxal de não *saber* (o que equivaleria exatamente a negá-lo), mas de

---

[2] No original, *sujet* ("sujeito", "assunto", "tema"). Em grande parte das ocorrências, a tradução manteve o termo original entre colchetes. (N. do T.)

[3] O termo *après-coup* traduz o conceito freudiano de *Nachträglichkeit*, definido como "temporalidade psíquica". (N. do T.)

pensar o elemento do não-saber que nos deslumbra toda vez que pousamos nosso olhar sobre uma imagem da arte. Não se trata mais de pensar um perímetro, um fechamento — como em Kant —, trata-se de experimentar uma rasgadura constitutiva e central: ali onde a evidência, ao se estilhaçar, se esvazia e se obscurece.

Eis-nos assim de volta ao paradoxo de partida, que havíamos situado sob a égide de uma consideração da "apresentação" ou *apresentabilidade* das imagens nas quais nossos olhares pousam antes mesmo que nossa curiosidade — ou vontade de saber — passe a se exercer. "Levar em consideração a apresentabilidade" se diz em alemão *Rücksicht auf Darstellbarkeit*, e é justamente por essa expressão que Freud designava o trabalho de *figurabilidade* próprio às formações do inconsciente. Poder-se-ia dizer, de maneira muito abreviada, que a exigência de pensar a perda em face do ganho, ou melhor, nele aninhada, o não-saber aninhado no saber ou a rasgadura incluída na trama, equivale a interrogar o trabalho mesmo da figurabilidade presente nas imagens da arte — admitindo que as palavras "imagem" e "figurabilidade" ultrapassam aqui em muito o quadro restrito do que habitualmente se chama arte "figurativa", isto é, representativa de um objeto ou de uma ação do mundo natural.

Que ninguém se engane, diga-se de passagem, quanto ao caráter "moderno" de tal problemática. Não foi Freud que inventou a figurabilidade, e não foi a arte abstrata que empregou a "apresentabilidade" do pictórico como contrapartida da sua representabilidade "figurativa". Todos esses problemas são tão velhos quanto as imagens mesmas. Textos muito antigos os expõem igualmente. E nossa hipótese se deve justamente ao fato de que a história da arte, fenômeno "moderno" por excelência — pois nascida no século XVI —, quis enterrar as velhíssimas problemáticas do *visual* e do *figurável* conferindo novos fins às imagens da arte, fins que colocavam o visual sob a tirania do *visível* (e da imitação) e o figurável sob a tirania do *legível* (e da iconologia). Aquilo que a problemática "contemporânea" ou "freudiana" nos fala como de um trabalho ou de uma coerção estrutural havia sido há muito formulado por antigos Padres da Igreja — evidentemente num outro registro de enunciação — e os pintores da Idade Média o haviam empregado como uma *exigência* essencial de sua própria noção de imagem.[4] Noção hoje esquecida e tão difícil de exumar.

Eis aí o que ensejou este pequeno trabalho: buscou-se apenas acompanhar um outro de maior fôlego[5] com algumas reflexões que visam registrar por escrito certo mal-estar vivido no âmbito da história da arte acadêmica. Mais exatamente, buscou-se compreender por que, no curso do olhar posto sobre certas obras do final da Idade Média e do Renascimento, o método iconográfico herdado de Panofsky revelava de repente sua insuficiência ou, dito de outro modo, sua maneira de *suficiência* metodológica: seu fechamento. Tentamos precisar todas essas questões a propósito da obra de Fra Angelico e, depois, num curso dado em 1988-89 na École des Hautes Études en Sciences Sociales, relendo o livro consagrado pelo "Mestre de Princeton" à obra de Albrecht Dürer. Convidado a um desses seminários, o psicanalista Pierre Fédida veio responder a algumas das nossas indagações lançando outras — em particular esta: "Panofsky terá sido afinal o Freud ou o Charcot de vocês?". Outra maneira de fazer a pergunta. E este livro talvez não seja mais que o eco prolongado da pergunta, como o caderno sempre aberto de uma discussão sem fim.[6]

---

[4] Permitam-me a remissão a um trabalho precedente, "La couleur de chair ou le paradoxe de Tertullien", *Nouvelle Revue de Psychanalyse*, XXXV, 1987, pp. 9-49.

[5] *Fra Angelico: dissemblance et figuration*, Paris, Flammarion, 1990. *L'image ouverte: motifs de l'incarnation dans les arts visuels*, Paris, Gallimard, 2007.

[6] Dois fragmentos dele foram publicados, um nas atas do colóquio realizado em Estrasburgo em 1988, *Mort de Dieu. Fin de l'art*, Estrasburgo, CERIT, 1990. O outro nos *Cahiers du Musée National d'Art Moderne*, nº 30, dezembro 1989, pp. 41-58.

1. Fra Angelico, *Anunciação*, c. 1440-41. Afresco, Florença, Convento de San Marco, cela 3.

1.
A HISTÓRIA DA ARTE
NOS LIMITES DA SUA SIMPLES PRÁTICA

[O olhar pousado sobre um trecho de parede branca: o visível, o legível, o invisível, o visual, o virtual]

Pousemos um instante nosso olhar sobre uma imagem célebre da pintura renascentista (*fig. 1*). É um afresco do convento de San Marco, em Florença. Provavelmente foi pintado, nos anos 1440, por um frade dominicano que habitava o local, mais tarde cognominado Fra Angelico. Ele se encontra numa cela muito pequena caiada de branco, uma cela da *clausura* onde um mesmo religioso, podemos imaginá-lo, cotidianamente se recolheu durante anos, no século XV, para ali se isolar, meditar sobre as Escrituras, dormir, sonhar, talvez morrer. Quando penetramos hoje na cela ainda bastante silenciosa, o projetor elétrico apontado para a obra de arte não consegue sequer conjurar o efeito de ofuscamento luminoso que o primeiríssimo contato impõe. Ao lado do afresco há uma pequena janela, orientada para o leste, e cuja claridade basta para envolver nosso rosto, para velar antecipadamente o espetáculo esperado. Pintado numa contraluz voluntária, o afresco de Angelico obscurece de certo modo a evidência da sua apreensão. Dá a vaga impressão de que não há grande coisa a ver. Quando o olho se habituar à luz do local, a impressão curiosamente vai se impor ainda mais: o afresco só "se aclara" para retornar ao branco da parede, pois tudo que está pintado aqui consiste em duas ou três manchas de cores desbotadas, sutis, postas num fundo da mesma cal, ligeiramente umbrosa. Assim, ali onde a luz natural investia nosso olhar — e quase nos cegava —, é agora o branco, o branco pigmentar do fundo, que vem nos possuir.

Mas estamos prevenidos para lutar contra essa sensação. A viagem a Florença, o convento transformado em museu, o próprio nome de Fra Angelico — tudo nos pede para ver mais adiante. E é com a emergência de seus detalhes representacionais que o afresco, pouco a pouco, se tornará realmente *visível*. Ele passa a ser visível no sentido de Alberti, isto é, põe-se a emitir elementos discretos de significação visível — elementos discerníveis enquanto *signos*.[1] Passa a ser isso no sentido do historiador de arte, que hoje se aplica em reconhecer aqui a mão do mestre e ali a do discípulo, juiz da regularidade ou não da sua construção em perspectiva, e tenta situar a obra na cronologia de Angelico ou mesmo numa geografia da estilística toscana do século XV. O afresco se tornará visível também — e mesmo sobretudo — porque algo nele terá sabido evocar ou "traduzir" para nós unidades mais complexas, "temas" ou "conceitos", como dizia Panofsky, histórias ou alegorias: unidades de saberes. Nesse momento, o afresco percebido se torna realmente, plenamente visível — torna-se claro e distinto como se ele se explicitasse por si só. Torna-se, portanto, *legível*.

Somos agora capazes, ou supostamente capazes, de ler o afresco de Angelico. Nele, é claro, lemos uma história — essa *istoria* a qual Alberti já considerava a razão e a causa final de toda composição pintada...[2] Essa história pela qual o historiador evidentemente não poderia fazer outra coisa senão se apaixonar. Assim, aos poucos, modifica-se para nós a temporalidade da imagem: seu caráter de imediatez obscura passa ao segundo plano, se podemos dizer, e é uma sequência, uma sequência narrativa que surge aos nossos olhos para se dar a ler, como se as figuras vistas de um só golpe na imobilidade fossem dotadas agora de uma espécie de cinetismo ou de tempo que se desenrola. Não mais uma duração de

---

[1] "Chamo aqui de signo (*segno*) uma coisa qualquer que se mantém na superfície de tal modo que o olho a possa ver. Das coisas que não podemos ver, ninguém dirá que elas pertencem ao pintor. Pois o pintor se aplica apenas em fingir aquilo que se vê (*si vede*)." L. B. Alberti, *De Pictura* (1435), I, 2, Cecil Grayson (org.), Bari, Laterza, 1975, p. 10.

[2] "Digo da composição (*composizione*) que ela é essa razão de pintar (*ragione di dipignere*) pela qual as partes se compõem na obra pintada. A maior obra do pintor (*grandissima opera del pittore*) será a história (*istoria*). As partes da história são os corpos. As partes dos corpos são os membros. As partes dos membros são as superfícies." *Id.*, *ibid.*, II, 33, pp. 56-8.

cristal, mas a cronologia de uma história. Estamos, com a imagem de Angelico, no caso mais simples que existe: é uma história que todos conhecem, uma história da qual o historiador não terá sequer de procurar a "fonte" — isto é, o *texto* de origem —, de tanto que ela faz parte da bagagem comum do Ocidente cristão. Assim, apenas tornado visível, o afresco põe-se a "contar" sua história, o relato da Anunciação tal como São Lucas o escreveu uma primeira vez no seu Evangelho. Há razões de sobra para crer que um iconógrafo em formação, ao entrar na pequena cela, não levará mais que um ou dois segundos, uma vez visível o afresco, para ler nele o texto de *Lucas*, I, versículos 26 a 38. Julgamento incontestável. Julgamento que desperta, talvez, a vontade de fazer o mesmo em relação a todos os quadros do mundo...

Mas tentemos ir um pouco mais longe. Ou melhor, permaneçamos um momento mais face a face com a imagem. Bem rapidamente, nossa curiosidade por detalhes representacionais corre o risco de diminuir, e certo mal-estar, certa decepção virão talvez velar, mais uma vez, a clareza dos nossos olhares. Decepção quanto ao legível: de fato, esse afresco se apresenta como uma história contada de maneira muito pobre e sumária. Nenhum detalhe em realce, nenhuma particularidade aparente nos dirão jamais como Fra Angelico "via" a cidade de Nazaré — lugar "histórico", dizem, da Anunciação — ou situava o encontro do anjo e da Virgem. Nada de pitoresco nessa pintura: é a menos tagarela que existe. São Lucas contava o acontecimento como um diálogo falado, enquanto os personagens de Angelico parecem imobilizados para sempre numa espécie de reciprocidade silenciosa, com os lábios bem fechados. Não existe aí nem sentimentos expressos, nem ação, nem teatro de pintura. E não é a presença marginal de São Pedro mártir, de mãos juntas, que arranjará nossa história, pois São Pedro justamente nada tem a fazer nessa história: ele antes ajuda a desfazer a peripécia.

A obra decepcionará também o historiador de arte muito bem informado da profusão estilística que caracteriza em geral as Anunciações do *Quattrocento*: de fato, em todas elas há uma abundância de detalhes apócrifos, fantasias ilusionistas, espaços exageradamente complexificados, pinceladas realistas, acessórios cotidianos ou referências cronológicas. Aqui — exceto o tradicional livrinho nos braços da Virgem — não há nada disso. Fra Angelico parece simplesmente inapto para uma das qualidades essenciais requeridas pela estética do seu tempo: a *varietà*, que Alberti considerava um paradigma maior para a invenção pictórica de uma história.[3] Nesses tempos de "renascimento" em que Masaccio, na pintura, e Donatello, na escultura, reinventavam a psicologia dramática, nosso afresco parece fazer uma pálida figura, com sua *invenzione* muito pobre, muito minimalista.

A "decepção" de que falamos não tem, evidentemente, outra fonte que não a aridez particular na qual Fra Angelico *captou* — solidificou ou coagulou, ao contrário de um instante "captado em pleno voo", como se diz — o mundo visível da sua ficção. O espaço foi reduzido a um puro lugar de memória. Sua escala (personagens um pouco menores que o modelo "natural", se podemos pronunciar aqui tal palavra) impede qualquer veleidade de *trompe-l'œil*, mesmo se o pequeno alpendre representado prolonga de certo modo a arquitetura branca da cela. E, apesar do jogo de ogivas cruzadas no alto, o espaço pintado que se encontra à altura dos nossos olhos não parece oferecer senão um suporte de cal, com seu piso pintado em largas pinceladas e que sobe abruptamente, sem os pavimentos construídos por Piero della Francesca ou por Botticelli. Somente os dois rostos foram mais delineados, realçados de branco leve, trabalhados na cor encarnada. Todo o resto não é feito senão de desprezo aos detalhes, todo o resto não é feito senão de estranhas lacunas — da pictografia veloz das asas angélicas e o inverossímil caos do drapeado virginal à vacuidade mineral desse simples lugar que vem nos confrontar.

Dessa impressão de "malvisto, mal dito", os historiadores de arte retiraram com frequência um julgamento mitigado quanto à obra em geral e quanto ao próprio artista. Ele é apresentado às vezes como um criador de imagens um pouco sumário ou mesmo *naïf* — beato, "angélico", no sentido um pouco pejorativo dos

---

[3] "O que em primeiro lugar dá volúpia à história (*voluttà nella istoria*) vem da abundância e da variedade das coisas (*copia e varietà delle cose*)." Id., *ibid.*, II, 40, p. 68.

termos —, de uma iconografia religiosa à qual se consagrava de maneira exclusiva. Ou então, ao contrário, são valorizados o angelismo e a beatitude do pintor: se o *visível* ou o *legível* não foram o forte de Fra Angelico, é que lhe interessavam o *invisível* e o inefável, justamente. Se não há nada entre o anjo e a Virgem da sua Anunciação, é que o *nada* dava testemunho da inefável e infigurável voz divina à qual, como a Virgem, Fra Angelico devia se submeter inteiramente... Tal julgamento tem por certo alguma pertinência no que diz respeito ao estatuto religioso ou mesmo místico da obra em geral. Mas ele se priva de compreender os meios, a *matéria* mesma na qual esse estatuto existia. Ele vira as costas à pintura e ao afresco em particular. Vira-lhes as costas para partir sem eles — isto é, sem Fra Angelico também — rumo às regiões duvidosas de uma metafísica, de uma ideia, de uma crença sem sujeito. Portanto, acredita compreender a pintura somente ao desencarná-la, se podemos dizer. Ele funciona, na realidade — assim como o julgamento precedente —, dentro dos limites arbitrários de uma semiologia que possui apenas três categorias: o visível, o legível e o invisível. Assim, excetuado o estatuto intermediário do legível (cuja questão é de traduzibilidade), uma única escolha é dada a quem pousa o olhar sobre o afresco de Angelico: ou o capturamos e estamos então no mundo do visível, do qual uma descrição é possível, ou não o capturamos e estamos na região do invisível, em que uma metafísica é possível, desde o simples fora de campo [*hors-champ*] inexistente do quadro até o mais-além ideal da obra inteira.

No entanto há uma alternativa a essa incompleta semiologia. Ela se baseia na hipótese geral de que as imagens não devem sua eficácia apenas à transmissão de saberes — visíveis, legíveis ou invisíveis —, mas que sua eficácia, ao contrário, atua constantemente nos entrelaçamentos ou mesmo no imbróglio de saberes transmitidos e deslocados, de não-saberes produzidos e transformados. Ela exige, pois, um olhar que não se aproximaria apenas para discernir e reconhecer, para nomear a qualquer preço o que percebe — mas que primeiramente se afastaria um pouco e se absteria de clarificar tudo de imediato. Algo como uma atenção flutuante, uma longa suspensão do momento de concluir, em que a interpretação teria tempo de se estirar em várias dimensões, entre o visível apreendido e a prova vivida de um desprendimento. Haveria assim, nessa alternativa, a etapa dialética — certamente impensável para um positivismo — que consiste em não apreender a imagem e em deixar-se antes ser apreendido por ela: portanto, em *deixar-se desprender do seu saber sobre ela*. O risco é grande, sem dúvida. É o mais belo risco da ficção. Aceitaríamos nos entregar às contingências de uma fenomenologia do olhar, em perpétua instância de transferência (no sentido técnico da *Übertragung* freudiana) ou de projeção. Aceitaríamos *imaginar*, com o simples anteparo do nosso pobre saber histórico, como um dominicano do século XV chamado Fra Angelico podia em suas obras fazer passar a cadeia do saber, mas também rompê-la até desfiá-la completamente, para deslocar seus percursos e fazê-los significar *noutra parte*, de outro modo.

Para isso é preciso voltar ao mais simples, isto é, às obscuras evidências do ponto de partida. É preciso deixar por um momento tudo que acreditamos ver porque sabíamos nomeá-lo, e voltar a partir daí ao que nosso saber não havia podido clarificar. É preciso portanto voltar, aquém do visível representado, às condições mesmas de olhar, de *apresentação* e de figurabilidade que o afresco nos propôs desde o início. Então lembraremos aquela impressão paradoxal de que não havia grande coisa a ver. Lembraremos a luz contra o nosso rosto e sobretudo o branco onipresente — esse *branco presente* do afresco difundido em todo o espaço da cela. O que vem a ser essa contraluz e o que vem a ser esse branco? A primeira nos forçava a *nada* distinguir inicialmente, o segundo esvaziava todo espetáculo entre o anjo e a Virgem, fazendo-nos pensar que entre seus dois personagens Angelico simplesmente havia posto *nada*. Mas dizer isso é não olhar, é contentar-se em buscar o que haveria a ver. Olhemos: não há o nada, pois há o branco. Ele não é nada, pois nos atinge sem que possamos apreendê-lo e nos envolve sem que possamos prendê-lo nas malhas de uma definição. Ele não é *visível* no sentido de um objeto exibido ou delimitado; mas tampouco é *invisível*, já que impressiona nosso olho e faz inclusive bem mais que isso. Ele é matéria. É uma onda de partículas luminosas num caso, um polvilhar de partículas calcárias no outro.

É um componente essencial e maciço na apresentação pictórica da obra. Dizemos que ele é *visual*.

Tal seria, pois, o termo novo a introduzir, a distinguir tanto do visível (enquanto elemento de representação, no sentido clássico da palavra) como do invisível (enquanto elemento de abstração). O branco de Angelico evidentemente faz parte da economia mimética do seu afresco: ele fornece, diria um filósofo, o atributo acidental desse alpendre representado, aqui branco, e que noutra parte ou mais tarde poderia ser policromo sem perder sua definição de alpendre. Nesse aspecto, pertence claramente ao mundo da representação. Mas a intensidade desse branco extravasa seus limites, desdobra outra coisa, atinge o espectador por outras vias. Chega mesmo a sugerir ao pesquisador de representações que "não há nada" — quando ele representa uma parede, mas uma parede tão próxima da parede real, branca como ela, que acaba por *apresentar* somente sua brancura. Por outro lado, ele não é de modo algum abstrato, oferecendo-se, ao contrário, como a quase tangibilidade de um choque, de um face a face visual. Devemos nomeá-lo pelo que ele é, com todo o rigor, nesse afresco: um concretíssimo *trecho*[4] de branco.[5]

Mas é muito difícil nomeá-lo como o faríamos com um simples objeto. Seria mais um *acontecimento* do que um objeto de pintura. Seu estatuto parece ao mesmo tempo irrefutável e paradoxal. Irrefutável porque de uma eficácia sem desvio: sua *potência* sozinha o impõe antes de qualquer reconhecimento de aspecto — "há branco", simplesmente, aí diante de nós, antes mesmo que esse branco possa ser pensado como o atributo de um elemento

---

[4] No original, *pan*, termo que possui vários sentidos em francês, dos quais os mais pertinentes aqui são: "trecho ou parte de alguma coisa", "estalo forte e seco", além de designar a totalidade de possibilidades do deus Pã. (N. do T.)

[5] Já tentei introduzir teoricamente essas duas noções ligadas de *visual* e de *trecho* [*pan*] pictórico em *La peinture incarnée* (Paris, Minuit, 1985) e num artigo intitulado "L'art de ne pas décrire. Une aporie du détail chez Vermeer" (*La Part de L'Oeil*, nº 2, 1986, pp. 102-19), retomado *infra*, no Apêndice.

representativo. Portanto, ele é tanto paradoxal quanto soberano: paradoxal porque *virtual*. É o fenômeno de algo que não aparece de maneira clara e distinta. Não é um signo articulado, não é legível como tal. Simplesmente se dá: puro "fenômeno-índice" que nos põe em presença da cor gredosa, bem antes de nos dizer o que essa cor "preenche" ou qualifica. Assim, aparece destacada a qualidade do figurável — terrivelmente concreta, ilegível, apresentada. Maciça e desdobrada. Implicando o olhar de um sujeito, sua história, seus fantasmas, suas divisões intestinas.

A palavra *virtual* quer sugerir o quanto o regime do visual tende a nos desprender das condições "normais" (digamos antes: habitualmente adotadas) do conhecimento visível. A *virtus* — palavra que o próprio Fra Angelico devia declinar em todos os tons, palavra cuja história teórica e teológica é prodigiosa, particularmente entre as paredes dos conventos dominicanos desde Alberto, o Grande, e São Tomás de Aquino — designa justamente a potência soberana do que não aparece visivelmente. O acontecimento da *virtus*, do que está em potência, do que é potência, nunca dá uma direção a seguir pelo olho, nem um sentido unívoco à leitura. Isso não quer dizer que seja desprovida de sentido. Ao contrário: ela extrai da sua espécie de negatividade a força de um desdobramento múltiplo, torna possível não uma ou duas significações unívocas mas constelações inteiras de sentidos, que estão aí como redes cuja totalidade e o fechamento temos de aceitar nunca conhecer, coagidos que somos a simplesmente percorrer de maneira incompleta o seu labirinto virtual. Em suma, a palavra *virtual* designa aqui a dupla qualidade paradoxal desse branco gredoso que nos confrontava na pequena cela de San Marco: ele é irrefutável e simples enquanto acontecimento; situa-se no cruzamento de uma proliferação de sentidos possíveis do qual extrai sua necessidade, que ele condensa, desloca e transfigura. Talvez seja preciso chamá-lo um *sintoma*, entroncamento repentinamente manifesto de uma arborescência de associações ou de conflitos de sentidos.

Dizer que a região do visual produz "sintoma" no visível não é buscar alguma tara ou estado mórbido que flutuaria, aqui e ali, entre o anjo e a Virgem de Fra Angelico. É, mais simplesmente, tentar reconhecer a estranha dialética segundo a qual a obra, ao se apresentar *de uma só vez* ao olhar do espectador, na entrada da cela, libera ao mesmo tempo a meada complexa de uma *memória virtual*: latente, eficaz. Ora, não é exatamente isso o que acontece com o nosso olhar de hoje. A apresentação da obra, a dramaturgia da sua imediata visualidade são parte integrante da própria obra e da estratégia pictórica de Fra Angelico. O artista poderia muito bem ter realizado seu afresco numa das três outras paredes da cela, ou seja, em superfícies corretamente iluminadas e não *iluminantes*, como é o caso aqui. Poderia igualmente ter se abstido de um uso tão intenso do branco, criticado em sua época enquanto elemento de uma tensão esteticamente desagradável.[6] Enfim, a meada de memória virtual cuja hipótese avançamos sem no entanto a "ler" imediatamente no branco desse afresco e na sua iconografia bastante pobre — essa meada de memória tem todas as razões para atravessar também, passar como um vento entre as duas ou três figuras da nossa Anunciação. De fato, é o que nos informa o que sabemos de Fra Angelico e da sua vida conventual: a cultura exegética considerável requerida de cada noviço, os sermões, o uso prodigiosamente fecundo das "artes da memória", a reunião de textos gregos e latinos na biblioteca de San Marco, a apenas alguns passos da pequena cela, a presença esclarecida de Giovanni Dominici e de Santo Antonino de Florença no círculo imediato do pintor — tudo isso vem confirmar a hipótese de uma pintura virtualmente proliferante de sentido... e acentuar o paradoxo de simplicidade visual em que esse afresco nos coloca.

Tal é, portanto, o não-saber que a imagem nos propõe. Ele é duplo: diz respeito primeiro à evidência frágil de uma fenomenologia do olhar, com a qual o historiador não sabe bem o que fazer, pois ela só é apreensível através do olhar dele, do seu próprio olhar que o desnuda. Diz respeito em seguida a um uso esquecido, perdido, dos saberes do passado: ainda podemos ler a *Summa theologiae* de Santo Antonino, mas não podemos mais ter acesso às associações, aos sentidos convocados pelo mesmo Santo Antonino quando contemplava o afresco de Angelico em sua própria cela do

---

[6] "Expõe-se a graves censuras o pintor que utiliza imoderadamente o branco..." L. B. Alberti, *De Pictura*, II, 47, *ed. cit.*, p. 84.

convento de San Marco. Santo Antonino certamente escreveu algumas passagens conhecidas sobre a iconografia — em particular a da Anunciação —, mas nenhuma palavra sobre seu correligionário próximo, Fra Angelico, muito menos sobre sua percepção dos brancos intensos de San Marco. Simplesmente não fazia parte dos costumes de um prior dominicano (e da prática em geral da escrita) consignar a força de abalo suscitada por um olhar pousado sobre a pintura — o que não quer dizer, evidentemente, que o olhar não existisse ou que fosse indiferente a tudo. Não podemos nos contentar em nos reportar à autoridade dos textos — ou à pesquisa das "fontes" escritas — se quisermos apreender algo da eficácia das imagens: pois esta é feita de empréstimos, é verdade, mas também de interrupções praticadas na ordem do discurso. De legibilidades transpostas, mas também de um trabalho de *abertura* — e portanto de efração, de sintomatização — praticado na ordem do legível e para além dele.

Essa situação nos desarma. Ela nos força ou a nos calarmos sobre um aspecto no entanto essencial das imagens da arte, por receio de dizer algo que seria inverificável (e é assim que o historiador se obriga com frequência a dizer apenas banalidades verificáveis), ou a imaginarmos e assumirmos o risco, em último recurso, do inverificável. De que maneira o que chamamos de a região do visual seria verificável no sentido estrito do termo, no sentido "científico", se ela mesma não é um objeto de saber ou um ato de saber, um tema ou um conceito, mas somente uma eficácia sobre os olhares? Mesmo assim podemos avançar um pouco. Em primeiro lugar, mudando de perspectiva: constatando que postular essa noção de *não-saber* apenas nos termos de uma privação do saber não é certamente a melhor maneira de abordar nosso problema, pois é um meio de preservar ainda o saber no seu privilégio de referência absoluta. Em seguida, é preciso reabrir justamente o que parecia não dever fornecer ao afresco de Angelico — tão "simples", tão "sumário" — sua fonte textual mais direta: é preciso reabrir o conjunto luxuriante e complexo das *Summae theologiae* que, de Alberto, o Grande, a Santo Antonino, modelaram a cultura de Angelico e sua forma de crença; é preciso reabrir as *Artes memorandi* ainda em uso nos conventos dominicanos do século

XV, ou ainda essas enciclopédias delirantes que eram chamadas *Summae de exemplis et de similitudinibus rerum...*

Ora, o que encontramos nessas "sumas"? Sumas de saber? Não exatamente. Antes, labirintos nos quais o saber se desvia, vira fantasma, nos quais o sistema se torna um grande deslocamento, uma grande proliferação de imagens. A própria teologia não é considerada aí como um saber no sentido como o entendemos hoje, isto é, no sentido como o possuímos. Ela trata de um Outro absoluto e submete-se inteiramente a ele, um Deus que é o único a comandar e possuir esse saber. Se há saber, ele não é "adquirido" ou apreendido por ninguém — nem mesmo São Tomás em pessoa. É *scientia Dei*, a ciência de Deus, em todos os sentidos do genitivo *de*. Por isso dele se diz que ultrapassa por princípio — funda num sentido e arruína no outro — todos os saberes humanos e todas as outras formas ou pretensões de saber: "Seus princípios não lhe vêm de nenhuma outra ciência, mas de Deus imediatamente, por revelação (*per revelationem*)".[7] Mas a revelação nada dá a apreender: consiste antes em *ser apreendido* na *scientia Dei*, a qual permanece até o fim dos tempos — quando os olhos supostamente se abrirão de vez — inapreensível, isto é, produtora de um circuito indeslindável de saber e de não-saber. Aliás, como seria de outro modo, num universo da crença que exige incessantemente acreditar no inacreditável, acreditar em algo posto no lugar de tudo aquilo que não se sabe? Há assim um trabalho real, uma coerção do não-saber nos grandes sistemas teológicos. É o que chamam o inconcebível, o *mistério*. Ele se dá na pulsação de um acontecimento sempre singular, sempre fulgurante: essa evidência obscura que São Tomás chama aqui uma revelação. Ora, é perturbador para nós reencontrar nessa estrutura de crença algo como uma construção exponencial dos dois aspectos experimentados quase tatilmente diante da simples matéria gredosa de Fra Angelico: um *sintoma*, portanto, que emite ao mesmo tempo seu choque único e a insistência da sua memória virtual, seus labirínticos trajetos de sentido.

Os homens da Idade Média não pensaram de outra forma o que constituía para eles o fundamento da sua religião, a saber: o

---

[7] Tomás de Aquino, *Summa theologiae*, Ia, 1, 5.

Livro, a Sagrada Escritura, na qual cada partícula era apreendida como contendo a dupla potência do acontecimento e do mistério, do alcance imediato (ou mesmo milagroso) e do inalcançável, do próximo e do distante, da evidência e da obscuridade. Esse é o seu grande valor de fascinação, o seu valor de aura. Para os homens daquele tempo, a Escritura não foi, portanto, um objeto *legível* no sentido em que geralmente o entendemos. Eles precisavam — a crença o exigia — cavoucar o texto, abri-lo, praticar nele uma arborescência infinita de relações, de associações, de desdobramentos fantásticos em que tudo, especialmente tudo que não estava na "letra" mesma do texto (seu sentido manifesto), podia florescer. Isso não se chama uma "leitura" — palavra que etimologicamente sugere o estreitamento de um laço — mas uma *exegese* — palavra que, por sua vez, significa a saída do texto manifesto, palavra que significa a abertura a todos os ventos do sentido. Quando Alberto, o Grande, ou seus discípulos comentavam a Anunciação, eles viam ali algo como um cristal de acontecimento único e, ao mesmo tempo, viam uma floração absolutamente extravagante de sentidos inclusos ou associados, de aproximações virtuais, de memórias, de profecias referentes a tudo, desde a criação de Adão até o fim dos tempos, desde a simples forma da letra M (a inicial de Maria) até a prodigiosa construção das hierarquias angélicas.[8] Para eles, portanto, a Anunciação não era nem um "tema" (a menos que se compreenda essa palavra num sentido musical) nem um conceito, nem mesmo uma história no sentido estrito — mas antes uma matriz misteriosa, virtual, de acontecimentos inumeráveis.

É nessa ordem associativa do pensamento — ordem por natureza entregue ao fantasma, que exige o fantasma — que devemos pousar de novo o olhar no trecho, no *pan* branco de Fra Angelico. E, no entanto, essa brancura é tão simples. Mas ela o é inteiramente como o interior vacante do pequeno livro que a Virgem segura:

[8] Cf., entre vários outros textos autógrafos ou apócrifos de Alberto, o Grande, o *Mariale sive quaestiones super Evangelium, Missus est Angelus Gabriel...*, A. e E. Borgnet (org.), *Opera omnia*, XXXVII, Paris, Vivès, 1898, pp. 1-362.

isto é, não necessita uma legibilidade para conter todo um mistério de Escritura. Do mesmo modo, ela havia depurado suas condições descritivas, suas condições de visibilidade, a fim de deixar ao acontecimento visual do branco sua livre potência de figurar. Portanto ela *figura*, no sentido de que consegue na sua imediata brancura tornar-se ela mesma uma matriz de sentido virtual, um ato pigmentar de exegese (e não de tradução ou de atribuição de cor) — um deslocamento estranho e familiar, um *mistério feito pintura*. De que maneira isso? Basta então imaginar o espaço que nos confronta, "dobrado" pela linha do chão, à imagem desse livro aberto e vazio, à imagem dessa Escritura agráfica da revelação? Sim, num certo sentido basta — imagino que podia ser suficiente para um dominicano formado, durante anos, em extrair da menor relação exegética um verdadeiro desdobramento do mistério ao qual votava sua vida inteira.

Há, nas palavras enigmáticas pronunciadas pelo anjo da Anunciação, esta que é central: "*Ecce concipies in utero, et paries filium, et vocabis nomen eius Iesum*" — "Eis que conceberás no teu útero, e darás à luz um filho, e o chamarás de Jesus".[9] A tradição cristã utilizou a relação exegética já presente na frase — que é uma citação muito precisa, quase literal, de uma profecia de Isaías —[10] para abrir o pequeno livro da Virgem na página mesma do versículo profético: assim podia se fechar, a partir da Anunciação, um ciclo de tempo sagrado. Tudo isso, que se encontra por toda parte na iconografia dos séculos XIV e XV, Fra Angelico não o negou: simplesmente o incluiu no branco mistério que essas frases designam. A página "vazia" (ou antes virtual) corresponde no afresco aos lábios fechados do anjo, e os dois acenam para o mesmo mistério, a mesma virtualidade. É o nascimento por vir de um Verbo que se encarna e que na Anunciação apenas se forma, em alguma parte nas dobras do corpo de Maria. Compreende-se assim que o audacioso clarão da imagem, essa espécie de desnudamento

[9] *Lucas*, I, 31.

[10] *Isaías*, VII, 14: "*Ecce, virgo concipiet et pariet filium, et vocabit nomen eius...*".

ou de *catarse*, visava em primeiro lugar tornar o próprio afresco misterioso e puro como uma superfície de unção — como um corpo santificado em alguma água lustral —, de modo a *virtualizar* um mistério que ele sabia de antemão ser incapaz de representar.

Trata-se da Encarnação. Toda a teologia, toda a vida do convento dominicano, toda a visada do pintor modesto não terão deixado de girar em torno desse centro inconcebível, ininteligível, que postulava ao mesmo tempo a imediata humanidade da carne e a virtual, a potente divindade do Verbo em Jesus Cristo. Não dizemos que o *bianco di San Giovanni*, utilizado como pigmento para a pequena cela do convento, representou a Encarnação ou serviu de atributo iconográfico ao mistério central do cristianismo. Dizemos apenas que ele fazia parte dos meios de figurabilidade — meios lábeis, sempre transformáveis, deslocáveis, meios sobredeterminados e "flutuantes" de certo modo — que Fra Angelico utilizava, e que aqui *se apresentou* para envolver o mistério encarnacional em uma movente rede visual. A intensidade de tal arte se deve em grande parte a essa consideração sempre última — porque visando seu mais-além — dos meios materiais mais simples e mais ocasionais do ofício de pintor. O branco, para Angelico, não era nem uma "coloração" a escolher arbitrariamente para singularizar — ou, ao contrário, para neutralizar — os objetos representados em suas obras; não era tampouco o símbolo fixo de uma iconografia, por abstrata que fosse. Fra Angelico utilizou simplesmente a *apresentação* do branco — a modalidade pictórica da sua presença *aqui* no afresco — para "encarnar" à sua altura algo do mistério irrepresentável no qual toda a sua crença se projetava. O branco, em Fra Angelico, é da ordem de um código representativo: ao contrário, ele *abre a representação* tendo em vista uma imagem que seria absolutamente depurada — branco vestígio, sintoma do mistério. Embora se dê sem desvio e quase como um choque, nada tem a ver com a ideia de um "estado de natureza" da imagem ou de um "estado selvagem" do olho. Ele é simples *e* terrivelmente complexo. Produz o choque — o *pan* — de uma extraordinária capacidade de *figurar*: condensa, desloca, transforma um dado infinito e inapropriável da Sagrada Escritura. Produz o acontecimento visual de uma exegese em ato.

Ele é assim uma superfície de exegese, no sentido em que se falaria de uma superfície de adivinhação. Capta o olhar apenas para provocar a incontrolável cadeia das imagens capazes de tecer uma malha virtual em torno do mistério que conjuga o anjo e a Virgem nesse afresco. Esse branco frontal não é mais que uma superfície de contemplação, uma tela de sonho — mas na qual todos os sonhos serão possíveis. Ele quase pede ao olho que se feche diante do afresco. No mundo *visível*, é aquele operador de "catástrofe" ou de arrombamento, um operador *visual* próprio para lançar o olhar do dominicano em regiões integralmente fantasmáticas — aquelas que, no final das contas, a expressão *visio Dei* designava. Ele é, portanto, nos múltiplos sentidos da palavra, uma superfície de *expectativa*: nos faz sair do espetáculo visível e "natural", nos faz sair da história e nos faz esperar uma modalidade extrema do olhar, modalidade sonhada, nunca inteiramente ali, algo como um "fim do olhar" — como se diz "fim dos tempos" para designar o objeto do maior desejo judaico-cristão. Compreende-se então o quanto esse branco de Angelico, esse quase nada visível, terá conseguido enfim tocar concretamente o mistério celebrado nesse afresco: a Anunciação, o anúncio. Fra Angelico reduzira todos os seus meios visíveis de imitar o aspecto de uma Anunciação a fim de dar-se o operador visual capaz de *imitar o processo* de um anúncio. Ou seja, algo que aparece, se apresenta — mas sem descrever nem representar, sem fazer aparecer o conteúdo do que ele anuncia (caso contrário não seria mais um anúncio, justamente, mas o enunciado da sua solução).[11]

Existe aí uma maravilhosa figurabilidade — à imagem de tudo que nos devora na evidência dos sonhos. Bastava que esse branco estivesse ali. Intenso como uma luz (reencontramo-lo assim, nas celas adjacentes, na irradiação das mandorlas ou das glórias divinas) e opaco como uma rocha (ele é também o branco mineral de todos os sepulcros). Sua simples apresentação faz dele a impossível

---

[11] Aliás, é a razão pela qual Santo Antonino proscrevia veementemente aos pintores representar o menino Jesus — "termo" ou solução do anúncio — nos quadros de Anunciações. Cf. Antonino de Florença, *Summa theologiae*, IIIa, 8, 4, 11 (edição de Verona e reed. Graz, 1959, III, pp. 307-23).

matéria de *uma luz dada com seu obstáculo*: o *pan de mur*, o trecho de parede com sua própria evaporação mística. Será uma surpresa reencontrar a mesma imagem paradoxal ao longo das luxuriantes exegeses dominicanas do mistério da Encarnação? Pouco importa que Fra Angelico tenha lido ou não esse ou aquele comentário da Anunciação que compara o Verbo que se encarna a uma intensidade luminosa que atravessa todas as paredes e se aninha na cela branca do *uterus Mariae*...[12] O importante não reside numa improvável tradução, termo a termo, de uma exegese teológica precisa, mas no autêntico trabalho exegético que o emprego de um pigmento consegue ele próprio trazer à luz. O ponto comum não reside (ou só reside facultativamente) numa fonte textual única: reside primeiro na exigência generalizada de produzir imagens paradoxais, misteriosas, para figurar os paradoxos e os mistérios que a Encarnação propunha desde o início. O ponto comum é essa noção geral de *mistério* à qual um frade dominicano decidiu um dia submeter todo o seu conhecimento de pintor.

Se esse trecho branco de parede consegue, como acreditamos, impor-se bem enquanto paradoxo e mistério para o olhar, então há motivo de pensar que ele consegue igualmente funcionar não como imagem ou símbolo (isoláveis), mas como paradigma: uma matriz de imagens e de símbolos. Aliás, bastam alguns instantes a mais na pequena cela para sentir o quanto o branco frontal da Anunciação sabe se metamorfosear em potência obsidional. O que está diante passa a estar ao redor, e o branco que o frade dominicano contemplava talvez lhe murmurasse também: "Eu sou o lugar que habitas — a cela mesma —, sou o lugar que te contém. Assim te fazes presente ao mistério da Anunciação mais do que representá-lo para ti". E com isso o invólucro visual se aproximava a ponto de tocar o corpo de quem olhava — pois o branco da parede e da página são ao mesmo tempo o branco da veste dominicana... O branco murmurava então ao espectador: "Sou a superfície que

---

[12] Fra Angelico não podia ignorar, em todo caso, a exposição elementar que serve de matriz a numerosas exegeses, a de Tomás de Aquino, *Exposição da saudação angélica*, III e X, bem como a *Catena aurea* e as grandes exegeses de Alberto, o Grande.

te envolve e que te toca, noite e dia, sou o lugar que te reveste". Como poderia o dominicano contemplativo (à imagem de São Pedro mártir na imagem) recusar tal impressão, ele a quem haviam explicado, no dia em que vestiu o hábito, que sua própria vestimenta, dom da Virgem, já simbolizava pela cor a dialética misteriosa da Encarnação?[13]

[A exigência do visual, ou como a encarnação "abre" a imitação]

Mas precisamos interromper essa introdução ao paradoxo visual da Anunciação.[14] Nossa questão é aqui de método. Esses poucos instantes de um olhar pousado na brancura de uma imagem já nos levaram para bem longe do tipo de determinismo ao qual a história da arte nos habituou. Avançamos na região de uma iconologia singularmente fragilizada: privada de código, entregue às associações. Falamos de não-saber. Ao praticar uma cesura na noção de *visível*, liberamos sobretudo uma categoria que a história da arte não reconhece como uma de suas ferramentas. Por quê? Seria ela demasiado estranha ou demasiado teórica? Corresponderia, no fim das contas, a uma simples visão pessoal, a uma visão extremamente detalhista do espírito, esta que cinde o visível em dois?

Dois caminhos se oferecem a nós, justamente, para responder a tal objeção. O primeiro consiste em evidenciar, em defender a pertinência histórica da nossa hipótese. Acreditamos que a cesura do visível e do visual é antiga, que ela se desenvolve na longa duração. Acreditamos que está implícita e muitas vezes explícita em inúmeros textos, em inúmeras práticas figurativas. E só a acreditamos tão antiga — pelo menos no campo da civilização cristã — porque lhe atribuímos um valor antropológico ainda mais geral. Mas demonstrar essa generalidade equivaleria estritamente a refa-

---

[13] Cf. o *Tractatus de approbatione Ordinis fratrum praedicatorum* (*c.* 1260-70), T. Käppeli (org.), *Archivum fratrum praedicatorum*, VI, 1936, pp. 140-60, em particular pp. 149-51.

[14] Damos uma trajetória bem mais extensa em *Fra Angelico: dissemblance et figuration, op. cit.*

zer, passo a passo, toda a história que nos preocupa — e essa história é longa. Contentemo-nos por ora em fornecer apenas seu esboço e sua problemática de conjunto. Não ignoramos, em todo caso, que é na duração própria da pesquisa mesma que a hipótese em questão demonstrará seu valor de pertinência ou, ao contrário, seu caráter de engano.

A arte cristã ainda nem mesmo havia nascido e já os primeiros Padres da Igreja, Tertuliano em particular, praticavam uma formidável brecha na teoria clássica da *mímesis*, por onde haveria de surgir um modo imaginário novo, específico, um modo imaginário dominado pela problemática — pelo fantasma central — da Encarnação. Uma teologia da imagem, que nada tinha a ver com qualquer programa artístico, já oferecia todos os fundamentos de uma estética por vir: uma estética então impensável em termos iconográficos ou em termos de "obras de arte" — essas palavras não tendo ainda, na época, a menor chance de recobrir uma realidade qualquer —,[15] mas uma estética mesmo assim, algo como o imperativo categórico de uma atitude a reinventar diante do mundo visível. Ora, essa atitude abria um campo paradoxal que misturava o ódio feroz às aparências, e mesmo ao visível em geral,

---

[15] De fato, tanto do ponto de vista iconográfico como do ponto de vista de uma definição "moderna" e acadêmica (portanto anacrônica) da arte, se dirá que na época paleocristã *a arte cristã não existe*: "Se uma arte se define por um estilo próprio, por um conteúdo exclusivo, não há arte cristã assim como não há arte hercúlea ou dionisíaca; não há sequer uma arte dos cristãos, pois estes continuam sendo homens da Antiguidade, da qual conservam a linguagem artística". F. Monfrin, "La Bible dans l'iconographie chrétienne d'Occident", *Le monde latin antique et la Bible*, J. Fontaine e C. Pietri (orgs.), Paris, Beauchesne, 1985, p. 207. Vê-se o quanto esse julgamento só tem sentido segundo uma definição da arte que, no caso, não leva em conta a época considerada. Percebe-se assim, consequentemente, a necessidade de um ponto de vista mais amplo — isto é, antropológico — sobre a eficácia própria do *visual* no cristianismo dos primeiros séculos: é o mérito dos trabalhos de P. Brown, *Genèse de l'Antiquité tardive* (1978), trad. de A. Rousselle, Paris, Gallimard, 1983; *Le culte des saints. Son essor et sa fonction dans la chrétienté latine* (1981), trad. de A. Rousselle, Paris, Le Cerf, 1984; *La société et le sacré dans l'Antiquité tardive* (1982), trad. de A. Rousselle, Paris, Le Seuil, 1985.

com uma busca intensa e contraditória dirigida ao que chamamos *a exigência do visual*: exigência votada ao "impossível", a algo que fosse o Outro do visível, sua síncope, seu sintoma, sua verdade traumática, seu mais-além... e que no entanto não fosse o invisível ou a Ideia, muito pelo contrário. Esse algo permanece difícil de pensar, como são difíceis de pensar, como são "impossíveis" os paradoxos mesmos da Encarnação.

Mas nossa hipótese mais geral será de sugerir que as artes visuais do cristianismo fizeram em realidade, e na longa duração, essa aposta. Elas efetivamente realizaram, na sua matéria imagética, essa síncope, essa sintomatização do mundo visível. Elas efetivamente *abriram* a imitação para o motivo da Encarnação. Por que puderam fazer isso e por que, ao fazerem, constituíram a religião mais fecunda em imagens que jamais existiu? Porque o "impossível" dos paradoxos encarnacionais, sob pretexto de transcendência divina, tocava o núcleo mesmo de uma imanência que poderíamos qualificar, com Freud, de metapsicológica — a imanência da capacidade humana de inventar corpos impossíveis... para conhecer algo da carne real, nossa misteriosa, nossa incompreensível carne. Essa capacidade se chama, justamente, o poder da *figurabilidade*.

Já vimos: a figurabilidade se opõe ao que entendemos habitualmente por "figuração", assim como o momento visual, que ela faz advir, se opõe a, ou melhor, torna-se obstáculo, incisão e sintoma, no regime "normal" do mundo visível, regime no qual se acredita saber o que se vê, isto é, no qual se sabe nomear cada aspecto que o olho está acostumado a capturar. Para além das aparentes contradições da sua apologética, Tertuliano em realidade lançava uma espécie de desafio à imagem, que consistia em dizer: "Ou és apenas o visível e te execrarei como um ídolo, ou te abres aos esplendores do visual e então reconhecerei em ti o poder de ter-me tocado fundo, de ter feito surgir um momento de verdade divina, como um milagre". O contraste aparente entre a existência de poderosas teologias da imagem e a quase inexistência de uma "arte" cristã até o final do século III, esse contraste se deve em parte, certamente, ao fato de o cristianismo antigo não buscar de modo algum constituir para si mesmo um museu de obras de arte; ele buscava antes de mais nada fundar, no espaço do rito e da crença, sua própria *eficácia visual*, sua própria "arte visual" no sentido amplo, que podia se manifestar através de coisas muito diferentes, um simples sinal da cruz, uma acumulação de túmulos *ad sanctos* e até mesmo o teatro vivido por um mártir que aceita a morte no centro da arena.

Nessa época dos começos, cabe lembrar que o cristianismo estava longe de ter refutado a interdição mosaica das imagens.[16] Se Tertuliano e muitos outros Padres da Igreja, e mais tarde numerosos autores místicos, começaram a aceitar o mundo visível, aquele em que o Verbo se dignara encarnar-se e humilhar-se, foi com a condição implícita de fazê-lo sofrer uma perda, um dano sacrificial. Era preciso de certo modo "circuncidar" o mundo visível, poder praticar-lhe uma incisão e colocá-lo em crise, em débito, poder quase extenuá-lo e sacrificá-lo em parte, a fim de poder, adiante, dar-lhe a chance de um milagre, de um sacramento, de uma transfiguração. É o que se chamará com um termo essencial a toda essa economia: uma *conversão*. Era preciso nada menos que uma conversão, de fato, para encontrar no próprio visível o Outro do visível, a saber, o índice visual, o sintoma do divino. Compreende-se melhor agora por que não foi a visibilidade do visível que os cristãos primeiro reivindicaram — isso continuava sendo aparência, a *venustas* das figuras de Vênus, em suma, a idolatria —, mas sim sua *visualidade*: ou seja, seu caráter de acontecimento "sagrado", perturbador, sua verdade encarnada que atravessa o aspecto das coisas como a desfiguração passageira delas, o efeito escópico de *outra coisa* — como um efeito de inconsciente. Para enunciá-lo concisamente, diremos que o cristianismo convocou não o domínio, mas o inconsciente do visível. Ora, se nos fosse necessário dar sentido a essa expressão — "o inconsciente do visível" —, não é do lado do seu contrário, o invisível, que ele deveria ser buscado, mas do lado de uma fenomenologia mais retorcida, mais contraditória, também mais intensa — mais "encarnada". É isso que tenta designar o acontecimento, o sintoma do visual.

---

[16] *Êxodo*, XX, 4. *Deuteronômio*, V, 8.

A história da arte fracassa em compreender a imensa constelação dos objetos criados pelo homem em vista de uma eficácia do visual quando busca integrá-los ao esquema convencional do domínio do visível. É assim que ela seguidamente ignorou a consistência antropológica das imagens medievais. É assim que seguidamente tratou o ícone como simples imaginária estereotipada e implicitamente desprezou sua "pobreza iconográfica".[17] É assim que excluiu e ainda exclui do seu campo uma série considerável de objetos e de dispositivos *figurais* que não correspondem diretamente ao que um especialista chamaria hoje uma "obra de arte" — as molduras, os elementos não representacionais, uma mesa de altar ou as pedrarias votivas que sobrecarregam a visibilidade de uma imagem santa, mas em troca trabalham de maneira eficaz para constituir seu valor visual por intermédio desses "sintomas" que são o espelhamento, o brilho ou o recuo na sombra... coisas que evidentemente estorvam o inquérito do historiador da arte no seu desejo de identificar as formas. A realidade *visível* de um vitral gótico pode ser definida pelo tratamento específico de um tema iconográfico e pelo detalhe do seu "estilo"; mas isso só se apreende hoje por meio de uma operação de telescopia fotográfica, enquanto a realidade *visual* desse mesmo vitral será primeiramente o modo pelo qual uma matéria imagética foi concebida, na Idade Média, de modo que os homens, ao entrarem numa catedral, se

---

[17] Além dos notáveis trabalhos já publicados de E. Kitzinger e K. Weitzmann, é provável que o livro de H. Belting sobre o ícone, ainda inédito, ajude definitivamente a desfazer essa injustiça, e isso a partir de uma *história das imagens* e não da "arte"... Cf. de Belting: *Das Bild und sein Publikum im Mittelalter. Form und Funktion früher Bildtafeln der Passion*, Berlim, G. Mann, 1981. Notemos ainda que é do lado da antropologia histórica que vemos surgir os trabalhos mais importantes sobre o "campo visual" extensivamente compreendido (desde os sonhos até as relíquias, passando pelos rituais e, obviamente, pelas imagens). Cf. em particular: J. Le Goff, *L'imaginaire médiéval*, Paris, Gallimard, 1985; M. Pastoureau, *Figures et couleurs: études sur la symbolique et la sensibilité médiévales*, Paris, Le Léopard d'Or, 1986; J.-C. Schmitt, *Religione, folklore e società nell'Occidente medievale*, Bari, Laterza, 1988; J.-C. Schmitt, *La raison des gestes: pour une histoire des gestes en Occident, IIIe-XIIIe siècle*, Paris, Gallimard, 1990.

sentissem como que caminhando na luz e na cor: cor misteriosa, entrelaçada lá no alto, no próprio vitral, numa rede díspar de zonas pouco identificáveis, mas de antemão reconhecidas como sagradas, e aqui, no piso da nave, numa nuvem policromática de luz que o passo do caminhante atravessava religiosamente... Digo religiosamente porque esse encontro sutil do corpo e da luz já funcionava como uma metáfora da Encarnação.[18]

Fazer a história de um paradigma visual equivale, portanto, a fazer a história de uma fenomenologia dos olhares e dos tatos, uma fenomenologia sempre singular, sustentada por uma estrutura simbólica, é verdade, mas sempre interrompendo ou deslocando sua regularidade. É uma tarefa difícil fazer essa história, pois ela exige encontrar a articulação de dois pontos de vista aparentemente alheios, o ponto de vista da estrutura e o ponto de vista do acontecimento — isto é, a abertura feita na estrutura. Ora, o que podemos conhecer do singular? Eis aí uma questão central para a história da arte: uma questão que a aproxima, do ponto de vista epistêmico — e longe de qualquer "psicologia da arte" —, da psicanálise.[19] A aproximação se revela impressionante também na medida em que o destino dos olhares sempre envolve uma memória tanto mais eficaz *quanto não manifesta*. Com o visível, é claro, estamos no reinado do que se manifesta. Já o visual designaria antes essa malha irregular de acontecimentos-sintomas que atingem o visível como tantos rastros ou estilhaços, ou "marcas de enunciação", como outros tantos índices... Índices de quê? De alguma coisa — um trabalho, uma memória em processo — que em parte alguma foi inteiramente descrita, atestada ou posta em ar-

---

[18] Cf., por exemplo, Alberto, o Grande, *Enarrationes in Evangelium Lucae*, I, 35, A. Borgnet (org.), *Opera Omnia*, XXII, Paris, Vivès, 1894, pp. 100-2; Tomás de Aquino, *Catena aurea* (Lucas), I, Turim, Marietti, 1894, II, p. 16. Esses dois textos comentam a encarnação do Verbo no momento da Anunciação, segundo a metáfora do encontro do corpo e da luz (e mesmo da zona de sombra que resulta da passagem).

[19] Questão e aproximação já formuladas por R. Klein, "Considérations sur les fondements de l'iconographie" (1963), *La forme et l'intelligible: écrits sur la Renaissance et l'art moderne*, Paris, Gallimard, 1970, pp. 358 e 368-74.

quivos, porque sua "matéria" significante foi antes de mais nada a imagem. Trata-se de saber agora como incluir, no método histórico, essa eficácia — visual — do *virtual*. Mas o que poderá significar a virtualidade de uma imagem em história da arte? Seríamos forçados, para pensar essa virtualidade, a pedir a ajuda duvidosa de um reinado invisível das Ideias que duplicasse o tecido das formas e das cores? E não é evidente, por outro lado, que um quadro dá tudo a ver "manifestamente" por si mesmo, sem nenhuma sobra para quem sabe interpretar o menor detalhe? O que é que se entende, no fundo, por *sintoma* numa disciplina inteiramente ligada ao estudo de objetos apresentados, oferecidos, visíveis? Essa, certamente, é a pergunta fundamental.

[Onde a disciplina desconfia tanto da teoria como do não-saber. A ilusão de especificidade, a ilusão de exatidão e o "golpe do historiador"]

Mas devemos recolocar a pergunta num outro nível ainda. Em quê tais categorias — o sintoma, o visual, o virtual — dizem respeito à *prática* da história da arte? Não são essas categorias demasiado gerais ou demasiado filosóficas? Por que se obstinar em interrogar um "visual" que ninguém parece utilizar para extrair tudo o que podemos saber das obras de arte? Devemos assim escutar as objeções de princípio, em todo caso as desconfianças que essa pergunta pode suscitar num domínio que hoje se vale de um progresso interno do seu método e, portanto, de uma *legitimidade* — legitimidade que em troca teremos de interrogar à luz de sua própria metodologia, ou mesmo de sua própria história.[20]

A primeira desconfiança se dirigirá à própria forma questionadora, a seu teor, digamos, filosófico. É um fato curioso, mas bastante observável, que os profissionais acadêmicos de uma disciplina que não obstante deve muito, na sua história, ao pensa-

---

[20] Ainda está por ser feita uma história da história da arte, que analisaria a disciplina sob o ângulo de seus verdadeiros *fundamentos*, no sentido que Husserl deu à palavra. O livro de Germain Bazin, *Histoire de l'histoire de l'art, de Vasari à nos jours* (Paris, Albin Michel, 1986), está muito distante desse cuidado.

mento filosófico — "mestres" como H. Wölfflin, A. Riegl, A. Warburg ou E. Panofsky nunca ocultaram isso —, se mostrem hoje pouco hospitaleiros em relação ao pensamento teórico.[21] Percebe-se com frequência uma desconfiança, velada ou explícita, em relação às "visões do espírito", como se o historiador da arte, seguro de seu *savoir-faire*, opusesse implicitamente *teorias* feitas para mudar, e sua própria *disciplina* que, de catálogos a monografias, seria feita apenas para progredir.

Mas progredir em direção a quê? A uma maior exatidão, é claro. Pois essa é a forma adotada hoje pelo progresso em história da arte. Em todos os níveis se informatiza, isto é, se refina ao extremo o que procede da *informação*. É o que ocorre com a história da arte no seu estado médio (que é um estado conquistador): uma exatidão sempre mais exata, o que em si é evidentemente louvável, contanto que se saiba o *porquê* dessa busca do detalhe e da exaustividade. A exatidão pode constituir um meio da verdade — mas não poderia ser seu único fim, muito menos sua forma exclusiva. A exatidão constitui um meio da verdade somente quando a verdade do objeto estudado é reconhecida como admitindo uma possível exatidão da observação ou da descrição. Ora, há objetos, mesmo objetos físicos, a propósito dos quais a descrição exata não traz verdade alguma.[22] O objeto da história da arte faz parte dos

---

[21] Em relação à França, basta constatar o teor quase exclusivamente monográfico das grandes exposições de arte antiga nos museus, ou verificar a temática dos órgãos "oficiais" da história da arte, a *Revue de L'Art* e *Histoire de L'Art* (uma publicada pelo CNRS, a outra pelo Institut National d'Histoire de l'Art). Poderão me opor notáveis exceções — com razão, pois não faltam pesquisadores atentos a uma forma "questionadora". Mas é forçoso constatar que eles formam apenas uma minoria. O exame crítico diz respeito aqui ao *main stream*, isto é, em um certo sentido, ao *impensado médio* da história da arte considerada como corpo social. Conservemos, em todo caso, essa desconfiança com relação à, cito, "intelectualização recente" e à "aparência semiológica" das ciências humanas, para as quais se contraporia "o duplo aspecto material e histórico das obras". A. Chastel, *Fables, formes, figures*, Paris, Flammarion, 1978, I, p. 45.

[22] Esse era já todo o sentido da crítica feita por G. Bachelard ao "conhecimento detalhado" em certas condições da experiência física, *Essai sur*

objetos a propósito dos quais ser exato equivale a dizer a verdade? A pergunta merece ser colocada, e para cada objeto recolocada.

Se quisermos fotografar um objeto em movimento, digamos um *objeto relativo*, podemos e mesmo devemos fazer uma escolha: realizar um instantâneo ou uma série de instantâneos, ou então estabelecer um tempo de exposição que poderá se estender até a duração do próprio movimento. Num caso, obteremos o objeto exato e um esqueleto de movimento (uma forma absolutamente vazia, desencarnada, uma abstração); no outro, obteremos a curva tangível do movimento, mas um fantasma de objeto vaporoso (por sua vez "abstrato"). A história da arte, na qual predomina hoje o tom assertivo de uma verdadeira retórica da certeza — num contraste espantoso com as ciências exatas, nas quais o saber se constitui no tom bem mais modesto das variações da experiência: "suponhamos agora que..." —, a história da arte ignora com frequência que está confrontada por natureza a esse tipo de problema: *escolhas* de conhecimento, alternativas em que há uma *perda*, seja qual for o partido adotado. Isto se chama, estritamente falando, uma alienação.[23] Uma disciplina que se informatiza por completo, que garante a suposta cientificidade do mercado mundial da arte, que acumula quantidades assombrosas de informação — essa disciplina está prestes a se descobrir como *alienada*, constitucionalmente alienada por seu objeto, portanto votada a uma perda? Outra pergunta.

la connaissance approchée, Paris, Vrin, 1927. Hoje uma disciplina avançada como a geometria morfogenética das catástrofes busca menos modelos da exatidão descritiva do que aqueles pelos quais se possa afirmar, no curso de um processo temporal, que uma forma *se torna significante*. Cf. R. Thom, *Esquisse d'une sémiophysique*, Paris, InterEditions, 1988, p. 11.

[23] Segundo a forma lógica do "A bolsa ou a vida!", analisada por J. Lacan, *Le Séminaire XI. Les quatres concepts fondamentaux de la psychanalyse*, Paris, Le Seuil, 1973, pp. 185-95. Convém lembrar que essa "alienação" já seria o drama do próprio artista, segundo o admirável "estudo filosófico" de Balzac, *Le chef-d'oeuvre inconnu* [A obra-prima desconhecida]. Cf. G. Didi-Huberman, *La peinture incarnée*, Paris, Minuit, 1985, pp. 47-9.

Enfim, a técnica impressionante com a qual se equipa hoje a história da arte não deve ocultar esta interrogação complementar: o incontestável progresso dos meios é que faz progredir uma disciplina, um campo do saber? Não é antes numa *problemática* renovada, isto é, num deslocamento teórico, que cabe ver o avanço de um conhecimento? A hipótese deveria parecer banal, mas não o é nesse domínio, no qual ainda se colocam velhas questões com novas ferramentas, mais exatas e com maior desempenho: acumulam-se exatidões ou mesmo certezas, mas para melhor virar as costas à inquietação que todo compromisso com a verdade supõe. Assentou-se firmemente a história da arte na "época das concepções do mundo"[24] — mas de costas viradas à pergunta. Ora, quando encontramos uma resposta, caberia sempre reinterrogar a pergunta que a viu nascer, não se satisfazer com respostas. O historiador da arte que desconfia naturalmente do "teórico", em realidade desconfia, ou melhor, teme o fato estranho de que as questões podem perfeitamente sobreviver às respostas. Meyer Schapiro, que renovou tantas problemáticas e reformulou admiravelmente tantas perguntas, incorreu ele mesmo no perigo — esse perigo epistemológico, igualmente ético, que definiremos por sua consequência extrema, a suficiência e o fechamento metodológicos. Quando opunha seus sapatos de Van Gogh, "corretamente atribuídos", aos de Heidegger, Schapiro sem dúvida punha o dedo em algo importante, ele deslocava de novo a questão. Mas ele terá dado a muitos (certamente não a si mesmo) a ilusão de resolver a questão, de encerrar o assunto — portanto de simplesmente invalidar a problemática heideggeriana. É ainda a ilusão de que o discurso mais exato, nesse domínio, seria necessariamente o mais verdadeiro. Mas um exame atento dos dois textos remete, no fim das contas, os dois autores à sua parte recíproca de mal-entendido — sem que a exatidão, e em particular a *atribuição* desses sapatos "de" Van Gogh, possa decididamente se valer da *verdade* "'de' tal pintura".[25]

[24] "*Die Zeit des Weltbildes*", segundo a expressão de M. Heidegger, "L'époque des conceptions du monde" (1938), trad. de W. Brokmeier, *Chemins qui ne mènent nulle part*, Paris, 1962 (nova edição, 1980), pp. 99-146.

[25] É uma das consequências da análise feita por J. Derrida sobre esse

Outro perigo a que se presta esse tipo de debate é o efeito de fechamento recíproco dos pensamentos em confronto. O filósofo permanecerá "brilhante", isto é, inútil para um historiador da arte que, por sua vez, justificará a estreiteza da sua problemática dizendo a si mesmo que, pelo menos, tem razão no que propõe (ele é exato, encontrou resposta). Assim acontece com a ilusão cientificista em história da arte. Assim acontece com a *ilusão de especificidade* a propósito de um campo de estudo não obstante indefinível, a não ser como campo relativo e, oh, quão movente. O historiador da arte acredita talvez guardar para si e salvaguardar seu objeto ao encerrá-lo no que ele chama uma especificidade. Mas, ao fazer isso, ele mesmo se encerra dentro dos limites impostos ao objeto por essa premissa — esse ideal, essa ideologia — do fechamento.[26]

debate entre M. Schapiro e M. Heidegger: análise que põe em questão, nos dois autores, o "desejo de atribuição" interpretado como "desejo de apropriação". Cf. J. Derrida, *La vérité en peinture*, Paris, Flammarion, 1978, pp. 291-436. Quanto ao texto de M. Schapiro, "O objeto pessoal, tema de natureza-morta. A propósito de uma observação de Heidegger sobre Van Gogh" (1968), ele foi publicado pela revista *Macula*, nº 3-4, 1978, pp. 6-10, e retomado na coletânea *Style, artiste et société*, trad. de G. Durand, Paris, Gallimard, 1982, pp. 349-60.

[26] É exatamente assim que a *Revue de L'Art* (citada acima, nota 21) intitulava seu programa no momento da sua criação, em 1968: desenvolver sua intervenção tendo em vista "uma disciplina que se encarregue completamente desses 'produtos' originais que se chamam obras de arte" — disciplina radicalmente, mas de maneira muito vaga, distinguida da antropologia, da psicologia, da sociologia e da estética (A. Chastel, *L'histoire de l'art: fins et moyens*, Paris, Flammarion, 1980, p. 13). Curiosamente, após essa certidão de nascimento em forma de ato delimitador — assim como totalizador: "encarregar-se *completamente*" —, o segundo número dessa revista constatava com pesar a "compartimentação intelectual" bastante real entre os próprios historiadores da arte (*ibid.*, p. 20). Mas essa constatação só podia ser a consequência do espírito do "programa" mesmo. Assinalemos que o argumento da história da arte como disciplina específica é igualmente exposto por A. Chastel, "L'histoire de l'art", *Encyclopaedia Universalis*, II, Paris, E.U., 1968, pp. 506-7.

Onde está a "especificidade" do vitral gótico? Absolutamente em parte alguma. Está no cozimento da pasta de vidro, está no longo transporte de minerais coloridos pelos negociantes, está na abertura calculada pelo arquiteto, na tradição das formas, mas também na pena do monge que recopia a tradução, feita por João Escoto Erígena, do Pseudo-Dionísio, o Areopagita, está num sermão dominical sobre a luz divina, está na sensação tátil de ser atingido pela cor e de simplesmente olhar, no alto, a origem desse contato. Os objetos visuais, os objetos investidos de um valor de figurabilidade, desenvolvem toda a sua eficácia em lançar pontes múltiplas entre ordens de realidades no entanto positivamente heterogêneas. Eles são operadores luxuriantes de deslocamentos e de condensações, organismos que produzem tanto saber quanto não-saber. Seu funcionamento é polidirecional, sua eficácia polimorfa. Não haveria alguma inconsequência em separar sua "definição" de sua eficácia? Como então o historiador da arte não teria necessidade, para pensar a dinâmica e a *economia* do objeto visual — que vão além dos limites visíveis, físicos, desse objeto —, como não teria necessidade de uma semiologia elaborada, de uma antropologia, de uma metapsicologia? Aquele que diz: "Vou lhes falar desse objeto visual do ponto de vista específico do historiador da arte", este provavelmente corre o risco de deixar escapar o essencial. Não que a história da arte deva por definição deixar escapar o essencial, muito pelo contrário. Mas porque a história da arte deve constantemente reformular sua extensão epistemológica.

Como toda defesa e como toda denegação, o discurso da especificidade visa ocultar — mas sem nunca conseguir — esta evidência: ele mesmo é determinado por um sistema de pensamento que, na origem, lhe foi alheio. Todo o mal vem daí: pois é ao ocultar seus próprios modelos que neles um saber se aliena, se esquece, se arruína. A defesa consiste em recusar todos os conceitos "importados", a denegação consiste em recusar ver que nunca se faz senão isto — utilizar e transformar conceitos importados, conceitos emprestados. Fazer um catálogo não significa um puro e simples saber dos objetos logicamente agenciados: pois há sempre a escolha entre dez maneiras de saber, dez lógicas de agenciamentos, e cada catálogo em particular resulta de uma opção — implícita ou não, consciente ou não, em todo caso ideológica — em relação a um tipo particular de categorias classificatórias.[27] Aquém do catálogo, a atribuição e a datação mesmas envolvem toda uma "filosofia" — a saber, a maneira de entender-se sobre o que é uma autoria, a paternidade de uma "invenção", a regularidade ou a maturidade de um "estilo" e tantas outras categorias que têm sua própria história, que foram inventadas, que nem sempre existiram. Portanto, é claramente a *ordem do discurso* que conduz, em história da arte, todo o jogo da prática.

Fazer iconografia não significa tampouco um puro e simples saber dos textos-fontes, dos simbolismos ou das significações. O que é exatamente um texto? O que é uma fonte, um símbolo, uma significação? O historiador da arte na maioria das vezes não quer saber disso. A palavra *significante*, como a palavra *inconsciente*, no melhor dos casos o amedronta, no pior o irrita. Com o passar dos anos e a insistência do efeito de moda, ele aceitará talvez empregar a palavra *signo* ou a palavra *subconsciente*... indicando com isso que nada quis compreender.[28] Mas seu argumento principal, seu ataque definitivo a categorias que lhe parecerão alheias ou "contemporâneas" demais, consistirá finalmente em simular uma estocada — o que poderíamos chamar o *golpe do historiador*: "Como podem acreditar que seja pertinente em história utilizar as categorias do presente para interpretar as realidades do passado?". Tal é, de fato, a consequência, para a noção mesma de história, do discurso da especificidade. Tal é sua forma mais radical, mais evidente, mais bem compartilhada. Tertuliano nunca enunciou — com essas palavras, entenda-se — a diferença do visível e do visual; a Idade Média nunca falou de inconsciente; e, se falou de *significans* ou de *significatum*, não foi certamente no sentido saussuriano nem

---

[27] A menor ordenação, mesmo guiada pelo bom senso, resulta de um conjunto de escolhas lógicas, epistêmicas e retóricas; daí o caráter singular de toda catalogação. É o que analisa em relação ao *Cinquecento*, em termos quase lévi-straussianos, a tese de P. Falguières, *Invention et mémoire: recherches sur les origines du musée au XVIe siècle*, a ser publicada.

[28] Cf., por exemplo, G. Bazin, *Histoire de l'histoire de l'art*, op. cit., pp. 322 ss.

lacaniano. Conclusão: o visual não existe em Tertuliano, o inconsciente não existe na Idade Média e o significante não passa de um tique do pensamento contemporâneo. Não há nada de "histórico", nada de medieval aí.

O argumento é, em mais de um aspecto, enorme: tem o peso de uma evidência sobre a qual, aos olhos de muitos, toda uma disciplina parece fundada (e o "peso" poderia se chamar aqui *gravidade*); mas tem também o peso de uma ingenuidade epistemológica extremamente tenaz, apesar de alguns trabalhos críticos decisivos, os de Michel Foucault em particular (e o "peso" se chamará nesse caso *pesadume* ou *inércia*). Pois logo se percebe que tal "evidência" envolvia desde o início toda uma filosofia da história... filosofia da história que tem ela mesma sua história e que, valendo-se de sedimentos e confusões, não cessou de camuflar seus defensores para melhor exibir, na tela das evidências, seus próprios resultados práticos. Portanto, é como historiador que se deve responder ao "golpe do historiador", mas também como dialético, partindo para isso do mais simples — as aporias da prática — em direção ao mais complexo — as aporias da razão.

[Onde o passado funciona como um anteparo ao passado. O achado indispensável e a perda impensável. Onde a *história* e a *arte* acabam sendo um obstáculo para a história da arte]

É preciso assim começar por interrogar a proposição do "golpe do historiador" positivando-a, isto é, invertendo-a: Pode-se, *praticamente*, interpretar as realidades do passado com as categorias do passado (do *mesmo* passado, entenda-se)? E qual seria então o teor desse *mesmo*? O que é no fundo o *mesmo* para uma disciplina histórica? Como se apreende a "mesmidade" de um rito desaparecido, de um olhar medieval, de um objeto cujo mundo *passou*, isto é, cujo mundo desmoronou? Há em todo historiador um desejo (um desejo absolutamente justificado) de empatia; pode chegar às vezes à obsessão, à coerção psíquica, até mesmo a um delírio borgiano. Tal desejo nomeia ao mesmo tempo o indispensável e o impensável da história. *O indispensável*, pois só se pode compreender o passado, no sentido literal do termo "compreender", entregando-se a uma espécie de enlace matrimonial: penetrar no passado e fundir-se nele, em suma, sentir que o esposamos para possuí-lo inteiramente, quando nós mesmos somos, nesse ato, possuídos por ele: abocanhados, enlaçados, até mesmo paralisados. É difícil ignorar, nesse movimento de empatia, o caráter profundamente mimético da própria operação histórica. Assim como o restaurador retoca com a mão cada pincelada do quadro ao qual "restitui vida", como se diz, e do qual poderá ter o sentimento de ser quase o criador, de *saber tudo* a respeito dele, assim também o historiador colocará na sua boca as palavras do passado, na sua cabeça os dogmas do passado, diante dos seus olhos as cores do passado... e assim avançará na esperança de conhecer carnalmente esse passado, de *prevê-lo*, num certo sentido.

Esse caráter mimético não é no fundo senão o avanço conquistador do desejo de que falamos mais acima. Quanto à "conquista" mesma, cuja solidez estritamente verificatória só pode ser excepcional, ela revelará sob muitos aspectos sua consistência de fantasma. Será, no mínimo, um ato de imaginação.[29] Poderá desdobrar-se, como em Michelet, numa verdadeira poética do passado (o que não quer dizer, mais uma vez, que seja "falsa", ainda que produza inexatidões). Mas será sempre a vitória *relativa* de um Sherlock Holmes chegado tarde demais para investigar: os rastros talvez tenham desaparecido, a menos que continuem aí, em meio a milhões de outros sedimentados nesse meio-tempo; não se sabe mais o número nem o nome de todos os personagens do drama; a arma do crime sumiu ou foi muito bem polida pelo tempo; o motivo poderia ser inferido a partir dos documentos existentes — mas não haveria outros documentos escondidos ou desaparecidos? Não seriam esses documentos artimanhas, mentiras fomen-

---

[29] Lembremos o belo começo do livro de G. Duby, *L'Europe au Moyen Âge* (1981), Paris, Flammarion, 1984, p. 13: "Imaginemos. É o que são sempre obrigados a fazer os historiadores. Seu papel é recolher vestígios, traços deixados pelos homens do passado, estabelecer, criticar escrupulosamente um testemunho. Mas esses traços, sobretudo os que deixaram os pobres, o cotidiano da vida, são leves, descontínuos. Para tempos muito distantes como os que se abordam aqui, são raríssimos. Sobre eles uma armação pode ser construída, mas muito frágil. Entre as poucas escoras permanece aberta a incerteza. A Europa do ano mil, precisamos portanto imaginá-la".

tadas nesse meio-tempo para melhor ocultar o verdadeiro motivo? Aliás, por que o motivo teria sido escrito? E, afinal, houve realmente crime? É o que Sherlock Holmes, claro, imaginava desde o começo, mas sem poder, dali onde está, ter certeza absoluta...

Grandeza e miséria do historiador: seu desejo estará sempre suspenso entre a melancolia tenaz de um passado como *objeto de perda* e a vitória frágil de um passado como *objeto de achado* ou objeto de representação. Ele tenta esquecer, mas não consegue, que as palavras "desejo", "imaginação", "fantasma" só estão aí para lhe indicar uma falha que o solicita constantemente: o passado do historiador — o passado em geral — está ligado ao impossível, ao *impensável*. Temos ainda alguns monumentos, mas não sabemos mais o mundo que os exigia; temos ainda algumas palavras, mas não sabemos mais a enunciação que as sustentava; temos ainda algumas imagens, mas não sabemos mais os olhares que lhes davam carne; temos a descrição dos ritos, mas não sabemos mais sua fenomenologia nem o valor exato da sua eficácia. O que isso quer dizer? Que todo passado é definitivamente *anacrônico*: só existe, ou só consiste, através das figuras que dele nos fazemos; só existe nas operações de um "presente reminiscente", um presente dotado da potência admirável ou perigosa de *apresentá-lo*, justamente, e, no *après-coup* dessa apresentação, de elaborá-lo, de representá-lo.[30]

Todo historiador poderá responder que sabe perfeitamente isso, ou seja, a perpétua coerção do presente sobre nossa visão do passado. Mas não se trata apenas disso. Trata-se do contrário igualmente, a saber: que o passado também funciona como uma coerção. Primeiro, enquanto *Zwang*[31] no sentido freudiano, pois

---

[30] Cf. o artigo notável, fértil não só no seu campo particular, de P. Fédida, "Passé anachronique et présent réminiscent. Epos et puissance mémoriale du langage", *L'Écrit du Temps*, nº 10, 1985, pp. 23-45. Outra elaboração igualmente fértil das relações complexas do presente e do passado aparece no recente livro de M. Moscovici, *Il est arrivé quelque chose: approches de l'évènement psychique*, Paris, Ramsay, 1989.

[31] *Zwang* costuma ser traduzido em francês por *contrainte*, palavra reiterada por Didi-Huberman ao longo deste livro e traduzida como "coer-

o passado se oferece ao historiador como a obsessão soberana, a obsessão estrutural; a seguir, porque ele se impõe às vezes como elemento alienador da própria interpretação histórica — paradoxo incômodo. De fato, o que ganharíamos em realizar até o extremo o programa de interpretar as realidades do passado apenas com as categorias do passado, supondo que isso tenha um sentido concreto? Ganharíamos talvez uma interpretação da Inquisição armada apenas com os argumentos — argumentos "específicos" — do inquisidor. Fosse ela também armada com os argumentos (a defesa e os gritos) do supliciado, essa interpretação cairia mesmo assim num círculo vicioso. Desposar o passado em imaginação é necessário, mas não basta. Certamente temos acesso às sutilezas de um tempo que nos esforçamos por *compreender através da sua inteligibilidade própria*. Mas é preciso também saber quebrar o anel, trair o enlace matrimonial, se quisermos *compreender a inteligibilidade mesma*. Isso só se obtém ao preço de um olhar distanciado: ele flutua no presente, sabe disso, e esse saber o torna fecundo por sua vez.

Aqui também a situação é a da escolha alienante, escolha sempre perigosa. Há, de um lado, o perigo do logocentrismo contemporâneo: perigo segundo o qual um ponto de vista estritamente saussuriano ou lacaniano desencarnaria de sua substância o *signum* ou a "referência" ockhamistas.[32] De outro lado, há o perigo de um totalitarismo vazio no qual o passado — o passado suposto, isto é, o passado ideal — atuaria como mestre absoluto da interpretação. Entre os dois, a prática salutar: dialetizar. Por exemplo, a fecundidade de um encontro no qual ver o passado com os olhos do presente nos ajudaria a dobrar um cabo e a mergulhar literalmente num novo aspecto do passado, até aí despercebido, um aspecto *desde aquela data* enterrado (e esse é o verdadeiro flagelo do historiador: o trabalho insidioso do *desde aquela data*) e que o olhar novo, não digo ingênuo ou virgem, de repente teria desvelado.

ção". Em Freud implica as ideias de coerção forte, alteridade e estranhamento. (N. do T.)

[32] Cf. o belo livro de P. Alféri, *Guillaume d'Ockham, le singulier*, Paris, Minuit, 1989.

O que é que autoriza, em história da arte, esses encontros, esses saltos qualitativos? Com frequência a própria história da arte — precisemos de imediato: a história *da* arte no sentido do genitivo subjetivo, isto é, no sentido de que a arte mesma tem sua história, e não do genitivo objetivo (no qual a arte é inicialmente compreendida como o objeto de uma disciplina histórica). Muitas vezes essas duas acepções da história da arte são confundidas ou minimizadas, na certa por se imaginar uma disciplina objetiva que falaria inteiramente em nome de uma prática subjetiva. Evidentemente não é o que acontece. A história da arte no sentido subjetivo é com muita frequência ignorada pela disciplina objetiva, embora a preceda e a condicione. Goya, Manet e Picasso *interpretaram As meninas* de Velázquez antes de qualquer historiador da arte. Ora, em que consistiam suas interpretações? Cada um *transformava* o quadro do século XVII jogando com seus parâmetros fundamentais; jogando com esses parâmetros, cada um os mostrava ou mesmo os demonstrava. Tal é o interesse, autenticamente histórico, de ver como a própria pintura pôde interpretar — no sentido forte do termo e para além das problemáticas de influências — seu próprio passado; pois seu jogo de transformações, por ser "subjetivo", não é menos rigoroso.[33] Mas não somos aqui re-

---

[33] A grande força da análise de *As meninas* proposta por H. Damisch é incluir, como etapa estrutural necessária, a série de telas pintadas por Picasso em agosto-dezembro de 1957. Cf. H. Damisch, *L'origine de la perspective*, Paris, Flammarion, 1987, pp. 387-402. De minha parte, fiz a experiência de uma descoberta impressionante relacionada a Fra Angelico (uma seção inédita, de cerca de 4,5 metros quadrados, exposta aos olhos de todos mas nunca observada, nem mesmo incluída em catálogos supostamente exaustivos), baseada numa atenção "estética" formada pelo convívio com a arte contemporânea... Cf. G. Didi-Huberman, "La dissemblance des figures selon Fra Angelico", *Mélanges de l'École française de Rome/Moyen Âge — Temps modernes*, XCVIII, 1986, 2, pp. 709-802, retomado em *Fra Angelico: dissemblance et figuration, op. cit.* Que a história da arte no sentido do genitivo "objetivo" (a disciplina) é de uma ponta a outra tributária da história da arte no sentido do genitivo "subjetivo" (a saber, a arte contemporânea), é o que mostra com força o livro de H. Belting, *Das Ende der Kunstgeschichte?*,

metidos ao "trabalho insidioso do *desde aquela data*"? Sim, somos. Mas somos coagidos a isso de qualquer maneira — e é o que constantemente teremos de pensar e administrar como menor dos males. Dialetizar, portanto, e sem esperança de síntese: é a arte do funâmbulo. Ele alça voo, caminha no ar por um momento, e no entanto sabe que nunca irá voar.

Voltemos uma vez mais à situação de escolha na qual o historiador se vê colocado quando busca categorias pertinentes para interpretar seu objeto *x* do passado. O que de fato acontece? Algo um pouco mais sutil que uma simples escolha entre categorias do passado (o passado com X maiúsculo ao qual pertence o objeto *x*) e categorias do presente. Percebemos com muita frequência que o historiador escolhe a categoria *mais passada* de que possa dispor (isto é, a mais próxima do passado X), a fim de não se debater no anacronismo berrante de uma categoria muito "presente" a seus olhos. Ao fazer isso, ele se cega no anacronismo estrito — menos berrante, é verdade, mas muito mais enganador — em que fez a sua escolha. O que pode dar ensejo a alguns mal-entendidos. Quando lemos, por exemplo, o livro já clássico de Michael Baxandall, *Painting and Experience in Fifteenth Century Italy*,[34] temos a impressão reconfortante de uma época enfim considerada através de seus próprios olhos.[35] Eis aí o "golpe do historiador" na sua realização mais acabada: foi necessário e suficiente interpretar os quadros do *Quattrocento* através das dezesseis categorias do "me-

Munique, Deutscher Kunstverlag, 1983. Insistamos, enfim, no fato de que o "encontro" evocado em nada fornece um modelo generalizador: é somente o exemplo de uma exigência (a do presente) da qual um *benefício* pôde ser tirado.

[34] Ed. br., *O olhar renascente: pintura e experiência social na Itália da Renascença*, trad. de Maria Cecília Preto da Rocha de Almeida, Rio de Janeiro, Paz e Terra, 1991. (N. do T.)

[35] É nesse sentido de um olhar voltado sobre si mesmo que vai a tradução francesa: M. Baxandall, *L'oeil du Quattrocento: l'usage de la peinture dans l'Italie de la Renaissance* (1972), trad. de Y. Delsaut, Paris, Gallimard, 1985. O próprio Baxandall escreve no prefácio que seu livro "reconstitui os elementos de um equipamento intelectual adaptado ao exame das pinturas do *Quattrocento*" (p. 8).

lhor crítico de arte" do *Quattrocento*, Cristoforo Landino, para compreender exatamente o que foi a pintura desse período.[36] Mas, quando verificamos os resultados dessa aplicação conceitual a um dos quatro grandes artistas apresentados no livro, rapidamente compreendemos o limite do princípio analítico ou mesmo seu valor de sofisma. Em realidade, foram suficientes os trinta anos que separam a morte de Fra Angelico e o julgamento de Landino sobre sua obra para que interviesse o anteparo[37] do anacronismo: a análise das categorias empregadas por Landino e depois por Baxandall — em particular as categorias *vezzoso*[38] e *devoto* — mostra a que ponto o mal-entendido pode surgir em proveito da menor deriva do sentido. Entre a época X (e o espaço singular a ela associado) na qual Fra Angelico desenvolvia sua arte "devota", e a época $X + 30$ na qual Landino emitia seu julgamento, a categoria *devoto*, e com ela outras categorias fundamentais para a pintura, *figura* ou *istoria* por exemplo, haviam mudado completamente de valor. Pode-se portanto dizer que, no espaço estreito desses trinta anos, o historiador foi pego na armadilha de um *passado anacrônico*, quando acreditava escapar à armadilha do simples presente anacrônico.[39]

Vemos assim o quanto o próprio passado pode ser um anteparo ao passado. O anacronismo não é, em história, aquilo do qual devemos absolutamente nos livrar — isso não passa, no limite, de um fantasma ou de um ideal de adequação —, mas aquilo que temos de tratar, debater e quem sabe até aproveitar. Se o historiador geralmente escolhe de saída a categoria do passado (seja qual for) e não do presente, é porque constitucionalmente gostaria de colocar a verdade do lado do passado (seja qual for) e desconfia

---

[36] *Id., ibid.*, p. 168.

[37] No original, *écran*.

[38] "*Vezzoso*: libertino, afetado, irrefletido, caprichoso, brincalhão, jovial, gracioso, delicado, insubmisso, charmoso, amaneirado." J. Florio, citado por *id., ibid.*, p. 225.

[39] *Id., ibid.*, pp. 224-31. Desenvolvi essa crítica às categorias de Landino aplicadas a Fra Angelico no artigo citado *supra* (nota 33).

não menos constitucionalmente de tudo que poderia significar "no presente". Nesses múltiplos movimentos de inclinações e de desconfianças "naturais", de rejeições teóricas e de reivindicações de especificidades, tem-se a impressão de que o historiador da arte não faz senão tomar ao pé da letra as palavras que designam sua própria prática, as palavras *história* e *arte*. Tem-se a impressão de que uma identidade social ou discursiva (universitária, em particular) se dá através desses movimentos — mas como um impensado. E porque o impensado conduz aqui o jogo inteiro, o jogo confuso das reivindicações e das rejeições, a *arte* e a *história*, longe de formarem uma base definitiva à prática que as conjuga, acabam sendo os principais obstáculos epistemológicos para constituí-la...

A hipótese pode surpreender. No entanto não é senão a consequência lógica de um discurso da especificidade que renunciou a criticar a extensão real do seu campo.[40] Tomar ao pé da letra as palavras *história* e *arte*, sem interrogar suas relações, equivale implicitamente a utilizar como axiomas as duas proposições seguintes: primeiro, que *a arte é uma coisa do passado*, apreensível como objeto na medida em que se insere no ponto de vista da história; em seguida, que *a arte é uma coisa do visível*, uma coisa que tem sua identidade específica, seu aspecto discernível, seu critério de demarcação, seu campo fechado. É ao assumir implicitamente tais imperativos que a história da arte esquematiza para si mesma os limites da sua prática: doravante ela progride na gaiola dourada da sua "especificidade" — quer dizer que ali ela gira em círculo.

Os dois "axiomas", eles próprios giram em círculo, como se um fosse a cauda e o outro, aquele que perseguisse a cauda, que não é senão a sua. As duas proposições são assim complementares; a operação redutora que efetuam juntas encontra sua coerência no

---

[40] Disso, R. Klein tinha também plena consciência e cuidado quando escreveu: "Para a história da arte especialmente, todos os problemas teóricos se reduzem [...] a esta pergunta única e fundamental: como conciliar a história, que lhe fornece o ponto de vista, com a arte, que lhe fornece o objeto?". *La forme et l'intelligible*, op. cit., p. 374.

laço paradoxal em que se ataram de maneira duradoura uma certa definição do passado e uma certa definição do visível. A forma extrema desse laço poderia, em última análise, ser assim enunciada: *A arte acabou, tudo é visível*. Tudo é, no fim das contas, visível porque a arte acabou (pois a arte é uma coisa do passado). A arte está morta enfim, pois tudo que era possível de ver foi visto, mesmo a não-arte... Estaríamos aqui emitindo um paradoxo a mais, levando a um hipotético limite algumas proposições sobre a arte? Não só isso. O que fazemos com essa espécie de slogan é dar voz a uma dupla *banalidade* do nosso tempo. Uma banalidade que condiciona sub-repticiamente a prática da história da arte — uma banalidade também bastante bem condicionada por um esquematismo mais fundamental no qual a própria história da arte teria, de antemão, estabelecido os limites da sua prática. Essas coisas se esclarecerão, talvez, ao termo da análise.

[Primeira banalidade: a arte acabou... desde que existe a história da arte. Armadilha metafísica e armadilha positivista]

Primeira banalidade, portanto: a arte, coisa do passado, seria coisa acabada. Seria coisa morta. Num elemento que nada mais deveria ao visível nem ao visual (em suma, um caos), numa atmosfera de desmoronamento de impérios, falaríamos todos, consternados ou cínicos, a partir do lugar, ou melhor, da época de uma morte da arte. De quando data essa época? Quem a consuma? A história da arte — no sentido do genitivo objetivo, isto é, no sentido da disciplina — afirma simplesmente encontrar a resposta na história da arte no sentido "subjetivo", isto é, nos discursos e nos produtos de certos artistas que teriam arruinado no século XX — ou mesmo já no século XIX — a serena ordenação ou a especificidade histórica das Belas-Artes. Nesse sentido, o "fim da arte" pode se enunciar a partir de objetos mais ou menos iconoclastas como o *Quadrado branco sobre fundo branco* de Malevitch, o *Último quadro* de Rodchenko em 1921, os *ready-made* de Marcel Duchamp ou, mais perto de nós, a *bad painting* americana e a ideologia pós-modernista... Mas se trata sempre de um mesmo fim da arte? O que uns chamaram *fim* não apareceu a outros como o elemento depurado do que a arte ainda podia e mesmo devia *ser*?

A ambiguidade e inclusive a esterilidade dessas formulações não tardam a saltar aos olhos.[41]

Aliás, "fim da arte" é uma expressão estranha em si: pois imagina-se que ela serve de slogan aos arautos (ou heróis, não sei) das pós-modernidades, mas também de clamor arrebatado àqueles a quem a arte contemporânea, de maneira global, causa horror... É como se a ostentação de um valor, positivo-exaltado num sentido ou negativo-amedrontado no outro, não fosse suficiente para reduzir a ironia de uma mesma e única expressão brandida por duas facções rivais: o que evoca o diálogo dos surdos (um que berra *Fim da arte!* e o outro que lhe retorque *De modo nenhum! Fim da arte!!*) — ou o absurdo de uma batalha na qual dois exércitos se lançariam um contra o outro exibindo a mesma bandeira ou fazendo soar o mesmo toque de clarim.

Certo, os dois exércitos não dão o mesmo sentido, cada um no seu clamor, ao sentido da história da arte quando brandem a expressão "fim da arte". Mas o que lhes iguala o toque de clarim é que ambos, cada um no "seu sentido", cantam à glória de um *sentido da história* — um sentido da história da arte. No fundo, a expressão "fim da arte" só pode ser pronunciada por alguém que decidiu ou pressupôs o seguinte: a arte tem uma história e essa história tem um sentido. Que a arte possa ser pensada morrendo significa que ela foi previamente pensada como nascendo, ou seja, que começou e dialeticamente desenvolveu, até seu ponto extremo, algo que poderemos chamar sua *autoteleologia*. O pensamento do "fim", nesse domínio como em outros, faz parte de um pensamento dos "fins", ou melhor, de sua definição, de sua identificação categórica a partir de um registro de nascimento e de uma ideia do seu desenvolvimento.

---

[41] Assinalemos apenas, entre a imensa bibliografia: sobre A. Rodchenko, N. Taraboukine, *Le dernier tableau* (trad. de A. B. Nakov e M. Pétris, Paris, Champ libre, 1972, em particular pp. 40-2); sobre Marcel Duchamp e o julgamento "isto é arte", o livro recente de Th. de Duve, *Au nom de l'art: pour une archéologie de la modernité* (Paris, Minuit, 1988); sobre o pós-modernismo, a boa análise de Y.-A. Bois, "Modernisme et postmodernisme" (*Encyclopaedia Universalis. Symposium*, Paris, E.U., 1988, pp. 187-96).

Compreende-se então que o motivo "moderno" do fim da arte é, em realidade, tão velho como a própria história da arte: não a história da arte no sentido do genitivo subjetivo, pois uma prática não tem necessidade de ser esclarecida sobre seu fim para ser eficaz e se desenvolver no elemento histórico em geral; refiro-me à ordem do discurso constituída com vistas a dar sentido específico a um conjunto de práticas — na ótica de um sentido da história. Não apenas a história da arte desejaria seu objeto como *passado*,[42] objeto de um "pretérito perfeito",[43] se podemos dizer, mas também, no limite, o desejaria como objeto fixo, extinto, gasto, fanado, findo e finalmente descolorido: em suma, como um objeto *defunto*. Estranho esse desejo desolado, esse trabalho do luto realizado pela razão diante do seu objeto, tendo-o secreta e antecipadamente assassinado.

Basta ler o primeiro texto ocidental no qual se formou, de maneira ampla e explícita, o projeto de uma história da arte — elo de um projeto enciclopédico bem mais vasto, como sabemos — para encontrar imediatamente, já nas primeiras linhas, esse motivo do fim da arte. Trata-se do famoso livro XXXV da *Historia naturalis*. Plínio anuncia ali desde o início, se podemos dizer, a cor — a cor do que *passou*:

"É assim que acabaremos primeiro o que resta a dizer sobre a pintura [*dicemus quae restant de pictura*: diremos as coisas que 'restam' da pintura, assim como Cícero podia dizer: *pauci restant*, resta pouco dela, o resto está morto...], arte outrora ilustre, quando estava em voga junto aos reis e aos cidadãos, e que além disso celebrizava os particulares julgados dignos de passarem à posteridade [*posteris tradere*]; mas que hoje se viu to-

---

[42] Para uma crítica do *passado* em história da arte, que emprega os termos teóricos *paradigma* e *origem*, cf. H. Damisch, *L'origine de la perspective, op. cit.*, pp. 12-17, 37-52 e 79-89.

[43] O autor joga com o duplo sentido de *passé simple*, literalmente "passado simples", mas que também designa em francês o modo verbal equivalente ao pretérito perfeito. (N. do T.)

talmente suplantada [*nunc vero in totum pulsa*: agora verdadeira e totalmente expulsa]...".[44]

A conjugação aqui de dois temas aparentemente contraditórios nos informa já alguma coisa sobre o estatuto dado a seu objeto por uma história da arte em via de instaurá-lo: será preciso, por assim dizer, que ele seja expulso (*pulsa*) do seu mundo originário a fim de que possa, enquanto "resto", passar à posteridade e transmitir-se como tal (*tradere*)... isto é, como objeto *imortal*. Vemos que, sob o olhar de uma certa história, os objetos mais imortais são talvez os que melhor realizaram, completaram sua própria morte. Quinze séculos após Plínio, Vasari, considerado por todos como o verdadeiro pai fundador da história da arte, emitia ao mesmo tempo sua célebre "lei dos três estados" das artes do desenho (*arti del disegno*) e a constatação de que ele próprio escrevia num tempo em que a arte em geral já havia completado sua autoteleologia:

> "Não quero me perder nos detalhes e assinalarei três partes, chamemo-las antes períodos [*età*: idades] desde o renascimento das artes até o nosso século; cada um deles se distingue dos outros por diferenças manifestas [*manifestissima differenza*: uma diferença muito manifesta].
> No primeiro e mais remoto, vimos, com efeito, que as três artes estavam longe de ser perfeitas [*queste tre arti essere state molto lontane dalla loro perfezione*]; embora houvesse bons elementos, elas apresentavam tantas insuficiências [*tanta imperfezione*] que certamente não mereciam grandes elogios. Contudo, forneceram um ponto de partida, abriram o caminho, propiciaram uma técnica aos artistas superiores que viriam a seguir. Só por isso é impossível não falar bem dele e lhe atribuir

---

[44] Plínio, o Velho, *Histoire naturelle*, XXXV, I, 2, org. e trad. de J.-M. Croisille, Paris, Les Belles Lettres, 1985, p. 36.

alguma glória, ainda que as obras mesmas, julgadas nas estritas regras da arte, não a mereçam.

No segundo, são manifestos os progressos (*si veggono manifesto esser le cose migliorate assai*) na invenção, no desenho, no estilo mais cuidado, no cuidado mais aprofundado. O desgaste da velhice, a inabilidade, as desproporções devidas à rudeza da época precedente desapareceram. Mas quem ousaria afirmar que nesse período houve um só, perfeito em tudo (*essersi trovato uno in ogni cosa perfetto*), que tenha atingido nosso nível atual de invenção, de desenho e de colorido? [...]

O terceiro período merece toda a nossa admiração (*lode*: nosso louvor). Pode-se dizer com certeza que a arte foi tão longe na imitação da natureza quanto é possível ir; elevou-se tão alto que é de temer vê-la rebaixar-se, em vez de esperar vê-la elevar-se ainda mais (*e che ella sia salita tanto alto, che più presto si abbia a temere del calare a basso, che sperare oggimai più augmento*). Pessoalmente refleti muito sobre tudo isso e penso que essas artes, em sua natureza, têm uma propriedade particular: começam humildemente, aos poucos vão melhorando e finalmente chegam ao auge da perfeição (*al colmo della perfezione*)".[45]

Desde Vasari, portanto, a história da arte definiu-se a si mesma[46] como o automovimento de uma *idea* da perfeição — voltaremos a esse termo —, uma *idea* a caminho, rumo à sua total realização. A historicidade própria das "artes do desenho", suas

---

[45] G. Vasari, *Le Vite de' più eccellenti pittori, scultori ed architettori* (1550-1568), G. Milanesi (org.), Florença, Sansoni, 1906 (reed. 1981), II, pp. 95-6; trad. fr. de N. Blamoutier, *Les Vies des meilleurs peintres, sculpteurs et architectes*, A. Chastel (org.), Paris, Berger-Levrault, 1983, III, pp. 18-9.

[46] Ou melhor, a história da arte no sentido do genitivo objetivo definiu a história da arte no sentido do genitivo subjetivo — o interessante é que a cisão das duas ocorreu em um pintor que decidiu passar a escrever...

"diferenças" segundo a época, a singularidade de cada artista, de cada obra, tudo isso já se avaliava, se media conforme sua maior ou menor distância em relação a um ponto único cujo nome comum, no texto, se pronuncia *colmo della perfezione*, e cujo nome próprio se pronuncia em todo Vasari: *Michelangiolo* — Michelangelo como perfeição realizada, perfeição feita obra.[47] Muitos historiadores raciocinam ainda hoje segundo esse esquema de valores: ele tem particularmente a dupla vantagem de apresentar a história como uma aventura *ideal* e de fornecer uma base "esclarecida" (diríamos antes: idealista) às avaliações mercantis da arte hoje.

Aliás, se poderia afirmar, com alguma ironia, que o primeiro grande historiador da arte já havia optado, seguramente sem o saber — mas o de hoje não o sabe em geral muito mais —, por uma posição neo-hegeliana em relação à historicidade.[48] O que isso significa? Apenas três coisas, que proporcionam uma aproximação a um sistema ao mesmo tempo mais rigoroso, mais generoso e soberano do que o proposto pelo próprio Hegel. Em suma, um Hegel reduzido (e em parte falseado, o que o prefixo *neo* estaria a indicar) a três reivindicações para a história. A primeira: o motor da história (da arte) está *mais além* de suas figuras singulares. É ele, o mais além, que se realiza propriamente falando: é ele que se per-faz no *colmo della perfezione*. Vasari lhe dá com frequência o epíteto de *divino* — o divino que designou e mesmo tocou com o dedo Michelangelo para sua realização. Pode-se também chamá-lo Ideia, pode-se chamá-lo Espírito.[49] É a longa e persistente tradição do idealismo histórico.

---

[47] Cuja "vida" constitui ela mesma o ponto culminante da obra de G. Vasari, *Le Vite...*, *op. cit.*, VII, pp. 135-404 (trad. fr., IX, pp. 169-340).

[48] Isso quanto à historicidade. Veremos, quanto à sua filosofia implícita do conhecimento, que o historiador da arte é em geral neokantiano — sem que o saiba. Para abordar essa questão da *filosofia implícita*, seu papel específico na prática e sua diferença com uma pura e simples "concepção do mundo", cf. L. Althusser, *Philosophie et philosophie spontanée des savants* (1967), Paris, Maspero, 1974, em particular pp. 98-116.

[49] Hegel precisava: "A história universal [...] é assim, de maneira geral, a exteriorização do Espírito (*Geist*) no tempo, assim como a Ideia (*Idee*) se

A segunda: a história é pensada *com a morte* de suas figuras ou de seus objetos singulares. O "prodigioso labor da história", diz Hegel, é ter encarnado o conteúdo total do Espírito em cada forma, mas através de um movimento contínuo do negativo e da "supressão-superação" (*Aufhebung*) na qual cada forma se esgota e morre ao revelar para a história sua própria verdade.[50] Assim tomou-se ao pé da letra a expressão famosa de Hegel sobre o fim da arte,[51] mas cuja consequência implícita para o historiador da arte resultou numa curiosa mistura de paradoxo e de bom senso cruel: mais vale ter esperado a morte do seu objeto — ou, no limite, tê-lo matado com as próprias mãos — para estar seguro de fazer dele uma história absoluta, completa e verdadeira... Daí a terceira reivindicação: esse duplo trabalho do Espírito e da Morte terá permitido o acesso a algo como um *Saber absoluto*. Lembramos de como se eleva o tema da *história concebida* nas duas últimas páginas da *Fenomenologia do espírito*, nas quais Hegel nos fazia viajar de uma metáfora prodigiosa, a do devir pensado como "galeria de quadros", à exigência de uma "concentração em si mesmo" do espírito, que faria surgir, de um lado, a História, de outro, um "novo mundo" — aquele, desde sempre esperado, do Saber absoluto:

> "A *história* é o devir [do Espírito] que se atualiza *no saber*, o devir que se mediatiza a si mesmo [...]. Esse devir apresenta um movimento lento e uma sucessão de espíritos, uma galeria de imagens (*eine Galerie von Bildern*), cada uma ornada de toda a riqueza do Espírito, e ela se move justamente com muita lentidão porque o Si

exterioriza no espaço". G. W. F. Hegel, *Leçons sur la philosophie de l'histoire* (1837), trad. de J. Gibelin, Paris, Vrin, 1970, p. 62.

[50] Id., *La phénoménologie de l'esprit* (1807), trad. de J. Hyppolite, Paris, Aubier-Montaigne, 1941, I, p. 27, e II, p. 311.

[51] Remeto, para uma análise rigorosa do *fim da arte* (o que não quer dizer em realidade nem o termo, nem a morte) no próprio Hegel, à comunicação de P.-J. Labarrière, "Deus redivivus. Quand l'intelligible prend sens", *Mort de Dieu, op. cit.*

deve penetrar e assimilar toda essa riqueza da sua substância. Como a perfeição (*Vollendung*) do Espírito consiste em saber *integralmente* (*vollkommen zu wissen*) o que ele é, sua substância, esse saber é então concentração em si mesmo, na qual o Espírito abandona seu ser-aí e confia sua figura à lembrança".[52]

É assim que a história da arte no sentido do genitivo objetivo se dá uma esperança de incorporar e de digerir inteiramente a história da arte no sentido do genitivo subjetivo... Voltamos a esta compulsão essencial da história, seu *Zwang* fundamental e mortífero — que, aliás, não lhe é específico, longe disso —, segundo o qual seria necessário que uma coisa estivesse morta para que ela fosse imortal, de um lado, e conhecível, de outro. Não cessaremos de interrogar aqui esse paradoxo, que denota a tirania, levada às suas consequências extremas, do *après-coup* — sua temível e soberana eficácia. Lembremos ainda que é nos termos desse paradoxo que o próprio Hegel, em linhas muito belas, situou a verdade da obra de arte sob o olhar de seu historiador:

"As estátuas [gregas] são agora cadáveres cuja alma vivificante escapou, os hinos são palavras que a fé abandonou. As mesas dos deuses estão sem alimento, e a bebida espiritual e os jogos e as festas não restituem mais à consciência a bem-aventurada unidade dela mesma com a essência. Às obras das Musas falta a força do espírito [...]. Doravante elas são o que são para nós: belos frutos separados da árvore que um destino amistoso nos ofereceu, como uma jovem apresenta esses frutos; não há mais a vida efetiva do seu ser-aí, nem a árvore que os carregou, nem a terra, nem os elementos que constituíam sua substância, nem o clima que os determinava ou a alternância das estações que regulavam o processo do seu devir. Assim o destino não nos entrega, com as obras

---

[52] G. W. F. Hegel, *La phénoménologie de l'esprit*, op. cit., II, pp. 311-2.

de arte, o mundo delas, a primavera e o verão da vida ética nos quais elas floresciam e amadureciam, mas apenas a lembrança velada ou o recolhimento interior dessa efetividade. Quando usufruímos dessas obras, nossa operação não é mais a do culto divino graças à qual nossa consciência atingiria a verdade perfeita que a preencheria, mas é a operação exterior que purifica esses frutos de algumas gotas de chuva ou de alguns grãos de poeira e que, em vez dos elementos interiores da efetividade ética que os cercava, os engendrava e lhes dava o espírito, estabelece a armação interminável dos elementos mortos de sua existência exterior, a linguagem, o elemento da história etc., não para penetrar sua vida, mas somente para representá-los em nós mesmos.

Mas, assim como a jovem que oferece os frutos da árvore é mais do que a natureza que os apresentava imediatamente, a natureza desdobrada em suas condições e em seus elementos, a árvore, o ar, a luz etc., porque ela sintetiza numa forma superior todas essas condições no brilho do seu olho consciente de si e no gesto que oferece os frutos, assim também o espírito do destino que nos apresenta essas obras de arte é mais do que a vida ética e a efetividade desse povo, pois é o recolhimento e a *interiorização* do espírito outrora disperso e ainda exteriorizado nelas".[53]

Esse texto é admirável, especialmente por ser, nas suas menores articulações, um texto dialético no sentido *inquieto*, eu diria, do termo. Ele conclui certamente com uma ideia da história que teria interiorizado, ultrapassado o mundo do seu objeto, portanto com a ideia de que a síntese do historiador "consciente de si" é uma "forma superior" a seu próprio objeto passado... Mas é um texto que, igualmente, não esqueceu o sentido mortífero do *après--coup*. Ele sabe que o discurso da história estabelece apenas "*a armação interminável dos elementos mortos*" de um passado. Sabe

[53] *Id., ibid.*, II, pp. 261-2.

e diz que o tempo da história da arte significa tanto a morte de Deus quanto a morte da arte. Em suma, Hegel não esquece a *perda* que todo saber supõe — uma perda que concerne à "vida efetiva do seu ser-aí", como ele diz a propósito das imemoriais e enigmáticas estátuas da Grécia antiga. Perda à qual poderíamos referir, hoje, a urgência de um questionamento voltado para a eficácia visual e a dimensão antropológica desses objetos visíveis que são as chamadas "obras de arte". "A admiração que sentimos ao ver essas estátuas [...] é incapaz de nos fazer dobrar os joelhos", dizia ainda Hegel no seu curso de estética.[54] Se seguisse de perto o ensinamento desse texto, o historiador da arte descobriria o estatuto fatalmente *aberto*, clivado, do seu objeto: objeto colocado agora *sob seu olhar*, mas privado de algo que hoje não queremos mais: algo que foi efetivamente *ultrapassado*. Algo que fazia, no entanto, a vida desse objeto, sua função, sua eficácia: algo que colocava, em compensação, cada um *sob o olhar dele, objeto*... A dificuldade sendo agora olhar o que permanece (visível) convocando o que desapareceu: em suma, perscrutando os rastros visuais desse desaparecimento, o que antes chamamos (e sem qualquer conotação clínica): seus sintomas.[55]

Tarefa paradoxal para a história da arte? Tarefa tanto mais paradoxal na medida em que o tom "neo-hegeliano" geralmente adotado por essa disciplina evita a paciência de uma releitura de Hegel ou, pelo menos, evita dialetizar sua própria posição. Ela não retém mais que o sonho ou a reivindicação do saber absoluto e, ao fazer isso, cai em duas armadilhas filosóficas ao mesmo tempo. A primeira é de ordem metafísica; poderíamos chamá-la *armadilha da quididade*, no sentido em que essa palavra evoca ainda para nós o famoso "dito de Sólon" relatado por Aristóteles: não poderíamos proferir uma verdade sobre alguém ("Sócrates é feliz") senão *após sua morte* ("se Sócrates ainda vive no momento em que falo, ele

---

[54] *Id., Esthétique*, trad. de S. Jankélévitch, Paris, Flammarion, 1979, I, p. 153.

[55] *Symptôma*, em grego, é o que sucumbe ou cai com. É o encontro fortuito, a coincidência, o acontecimento que vem perturbar a ordem das coisas — de forma imprevisível mas soberana (*tuchè*).

pode a qualquer instante ficar infeliz, e então não terei dito a verdade").[56] Seria então por um motivo fundamentalmente metafísico que o historiador gostaria de fazer do seu objeto um objeto defunto: direi quem tu és, obra de arte, quando estiveres morta. Assim estarei seguro de dizer a verdade sobre a história da arte quando essa história tiver terminado... Compreende-se melhor agora por que esse fim pôde, secretamente, ser desejado; por que, também, o tema da "morte da arte" pôde *persistir* desde tanto tempo nos discursos históricos ou teóricos sobre a pintura.

A segunda armadilha filosófica é de ordem positivista. Ela crê erradicar toda "perda" quanto ao passado através da resposta de uma definitiva *vitória do saber*. Ela não diz mais que a arte está morta, diz que a arte é imortal. Ela a "conserva", a "cataloga", a "restaura". Ora, assim como a banalidade do fim da arte não é senão uma caricatura de dialética, assim também esse saber seguro demais de si irá propor apenas uma caricatura do saber absoluto hegeliano aplicado às obras de arte: *tudo é visível*.

[Segunda banalidade: tudo é visível... desde que a arte morreu]

Segunda banalidade, segunda armadilha, portanto: tudo se tornou visível desde que a arte está morta e dissecada. Tudo se tornou visível desde que a arte é agora um monumento que pode ser visitado a toda hora, sem resto, uma vez que se tornou também imortal e bem iluminado. Basta hoje percorrer um museu ou mesmo abrir um livro bem ilustrado para crer caminhar na arte da Idade Média ou do Renascimento. Basta introduzir uma moeda nesses novos tipos de caixa de esmola de igreja para ver, sob uma luz de duzentos e cinquenta watts, o retábulo de um primitivo, e acreditar vê-lo melhor do que se o observássemos um pouco menos distintamente, mas durante mais tempo, nessa penumbra para a qual foi pintado, e na qual ainda lança, como manchas de apelo,

---

[56] Sobre esse tema fundamental da "morte reveladora", do "dito de Sólon" e do *to ti èn einaï* aristotélico (traduzido na tradição latina pelo termo *quidditas*), cf. P. Aubenque, *Le problème de l'être chez Aristote*, PUF, Paris, 1962 (3ª ed., 1972), pp. 460-76.

o brilho do seu fundo dourado. Uma obra de arte se torna célebre? Tudo será feito para torná-la visível, "audiovisual", e mais ainda se fosse possível, e todos virão ver esse belo ídolo imortal, restaurado, desencarnado, protegido por um vidro blindado que nos enviará de volta somente nossos próprios reflexos, como se um retrato de grupo tivesse invadido para sempre a solitária imagem.[57]

A tirania do visível, eis aí o anteparo, o *écran*, em todos os sentidos que pode ter essa palavra, do saber produzido e proposto hoje sobre as obras de arte. Essa acumulação de visibilidade torna-se certamente uma apaixonante iconoteca, ou um laboratório. Mas torna-se também um hipermercado para cuja administração a história da arte desempenha seu papel. Através dos meios sempre crescentes que lhe concedem, nossa cara disciplina crê aproveitar essa situação de *demanda*, como dizem. Em realidade, ela cai na armadilha dessa demanda: forçada a revelar a todos o "segredo das obras-primas", forçada a exibir apenas certezas, ela avalia milhares de objetos visíveis destinados ao *investimento*, desde o estrado bem iluminado das salas de venda até os cofres onde ninguém mais os verá. O historiador da arte estaria então a ponto de desempenhar o papel bastante confuso de um mestre do picadeiro extremamente erudito, mas talvez mais ingênuo do que supõe: ele apresenta e cauciona um *espetáculo*; mesmo mantendo-se à margem da pista, ele também é forçado a realizar bem o seu número, isto é, a apresentar sempre a máscara da certeza.

A história da arte não conseguirá compreender a eficácia visual das imagens enquanto continuar entregue à tirania do visível. Se ela é uma história e se sua tarefa é compreender o passado, ela deve levar em conta — pelo menos no que concerne à arte cristã — esta longa inversão: antes da demanda houve o *desejo*, antes do anteparo houve a *abertura*, antes do investimento houve o *lugar* das imagens. Antes da obra de arte visível houve a exigência de uma "abertura" do mundo visível, que não produzia somente for-

---

[57] Vão ao Louvre, diante da *Gioconda*, se o que desejam contemplar é uma multidão de turistas refletidos no vidro. Seria esse um efeito visual a mais, associado ao culto prestado à imagem?

mas, mas também furores visuais, por ações, escritos ou cantados; não somente chaves iconográficas, mas também os sintomas ou os rastros de um mistério. Mas o que se passou entre esse momento em que a arte cristã era um desejo, isto é, um futuro, e a vitória definitiva de um saber que postulou que a arte se declinava no passado?

2.
A ARTE COMO RENASCIMENTO E A IMORTALIDADE DO HOMEM IDEAL

[Onde a arte foi inventada como renascendo de suas cinzas e onde a história da arte se inventou com ela]

Houve o Renascimento. Magnífica maré mítica, idade de ouro do espírito humano, reino inventado de todas as invenções. A palavra soa magicamente — é uma palavra que *promete*. Parece declinar-se no tempo muito especial de um futuro em via de nascer e de se lembrar, fechando a sombra do passado e do esquecimento, abrindo a aurora da lucidez. É no Renascimento na Itália que a arte, tal como a entendemos ainda hoje — embora cada vez pior —, foi talvez inventada e, seja como for, solenemente investida.[1] Como se a questão da origem, nesse domínio, só pudesse ser dita, aí também, através da palavra *renascimento*, palavra da origem repetida.

Uma coisa é certa, é que entre a origem e a origem repetida, o *Quattrocento* e depois o *Cinquecento* inventaram a ideia de uma idade-fênix, uma idade na qual a arte renascia das suas cinzas. Era de supor, portanto, que houvera cinzas, era de supor que *a arte estivera morta*. Ao inventar algo como a ressurreição da arte, o Renascimento liberava ao mesmo tempo um fantasma da morte da arte. Ora, o que há no intervalo que separa o nascimento e a morte, a morte e a ressurreição da arte? Há o pôr em marcha da

---

[1] "Esse 'bicho sarnento' de onde nos vem todo o mal, refiro-me ao Renascimento, inventou a noção de arte de que vivemos ainda, embora cada vez menos. Conferiu à produção de objetos, razão de ser confessada desde sempre da profissão de artistas, essa investidura solene de que não podemos mais nos livrar senão jogando fora também o objeto." R. Klein, "L'éclipse de l'*oeuvre d'art*" (1967), *La forme et l'intelligible, op. cit.*, p. 408.

sua história concebida. Assim o fluxo mítico do Renascimento devia trazer em si a invenção de uma história — *a invenção da história da arte*. Esse laço entre o Renascimento e a história da arte é tão constitutivo, tão preeminente ainda hoje,[2] que não se sabe mais muito bem se a noção de Renascimento é o fruto de uma grande disciplina chamada História da Arte, ou se a possibilidade e a noção mesmas de uma história da arte não seriam senão o fruto histórico de uma grande época de civilização chamada (por ela mesma) o Renascimento... Cada uma das duas hipóteses tem seu valor de verdade, em particular a segunda que explicaria bastante bem por que, quatro séculos após sua eclosão, a história da arte podia ainda se colocar sob o signo do humanismo[3] ou mesmo sob a coerção implícita de um postulado cruel que enunciaria o seguinte: ou a arte está morta, ou ela é renascente, e se é renascente será ainda mais *imortal*...

Esse postulado provém, em realidade, de um movimento de identificação, de autorreconhecimento e de desejo triunfal. Suponhamos que a história da arte — no sentido do genitivo objetivo: a disciplina que tem a arte como objeto — foi inventada como fase necessária a um autorreconhecimento da arte por si mesma, seu batismo, digamos. Como se, para ser reconhecida enquanto *sujeito* distinto (nos dois sentidos do termo), a arte do Renascimento se visse obrigada, num momento, a se colocar como *objeto* sob o olhar de outrem (na verdade, sob o olhar dos príncipes): objeto que assumiria todo o seu sentido assim que tivesse uma história. Inventar a história da arte foi, portanto, o trabalho propriamente identificador de uma prática que buscava — para além de si mes-

---

[2] Não é fortuito que os historiadores da arte mais *célebres* tenham se ocupado antes de tudo do Renascimento italiano — desde H. Wölfflin e A. Warburg até B. Berenson, E. Panofsky, E. Wind, E. Gombrich, F. Hartt ou A. Chastel...

[3] Cf. o artigo famoso de E. Panofsky, "A história da arte é uma disciplina humanista" (1940), trad. fr. de M. e B. Teyssèdre, *L'oeuvre d'art et ses significations. Essais sur les "arts visuels"*, Paris, Gallimard, 1969, pp. 27-52, e sobre o qual voltaremos a falar.

ma, como sua ideia ou seu ideal — fundar-se como ordem dogmática e social. Ela devia para tanto operar um *trabalho de cisão*, desjuntar a história da arte no sentido do genitivo objetivo e a história da arte no sentido do genitivo subjetivo — prática daí por diante reificada (por ela mesma, por outrem), mas enfim dotada de sentido, *identificada*.

A grande obra desse trabalho de identificação foi realizada no século XVI por um artista hábil e sincero, culto e cortesão, um artista incrivelmente obstinado que cobriu quilômetros quadrados de pintura alegórica em Roma, Nápoles, Veneza, Bolonha e, sobretudo, Florença, que construiu numerosos palácios (e particularmente aquele que haveria de se tornar o mais prestigioso museu do Renascimento italiano, a *Galleria degli Uffizi* [dos Ofícios]), um artista que elevou túmulos e presidiu aos funerais oficiais de Michelangelo — mas cuja obra mais célebre continua sendo, justificadamente, o texto gigantesco de historiador no qual ele conta *As vidas dos melhores arquitetos, pintores e escultores italianos desde Cimabue até os nossos tempos*...[4] Terão reconhecido a figura de Giorgio Vasari, arquiteto e pintor do ducado de Toscana no tempo de Cosme de Médici, amigo dos humanistas, fundador da Academia, colecionador esclarecido e, enfim, "o verdadeiro patriarca e Pai da Igreja da história da arte", segundo a fórmula se-

---

[4] Lembremos o título completo da primeira edição das *Vidas* de G. Vasari: *Le Vite de' più eccellenti architetti, pittori et scultori italiani, da Cimabue infino a' tempi nostri: descritte in lingua toscana da Giorgio Vasari, pittore aretino — Con una sua utile et necessaria introduzzione a le arti loro*, L. Torrentino, Florença, 1550, 2 vol., in-4º. Dezoito anos mais tarde, ele publicou uma nova edição aumentada e ilustrada com retratos xilografados, com um título levemente diferente em que os pintores passavam ao primeiro plano: *Le Vite de' più eccellenti pittori, scultori et architettori, scritte e di nuovo ampliate da Giorgio Vasari con i ritratti loro e con l'aggiunta delle vite de' vivi et de' morti dall'anno 1550 infino al 1567*, Giunti, Florença, 1568, 3 vol., in-4º. Sobre a evolução da escrita vasariana entre as duas edições, cf. R. Bettarini, "Vasari scrittore: come la Torrentiana diventò Giuntina", *Il Vasari storiografo e artista — Atti del Congresso Internazionale nel IV centenario della morte* (1974), Florença, Istituto Nazionale di Studi sul Rinascimento, 1976, pp. 485-500.

guidamente retomada de Julius von Schlosser, que acrescentava com razão: "tanto no bom quanto no mau sentido do termo".[5]

Todo aquele que quiser estudar a arte italiana, de Cimabue até o final do século XVI, fatalmente marchará na sombra de Vasari. Sombra reconfortante porque é um tesouro de informações, uma crônica quase diária, um catálogo, uma visão *interna* das coisas: quem, melhor do que um artista italiano que conta as *Vidas* dos seus pares, podia assim nos contar a vida da arte renascentista? Mas é uma sombra igualmente enganadora. A justa observação de Julius von Schlosser seguiu seu caminho e os editores modernos de Vasari, desde G. Milanesi, nos ensinam a desconfiar desse texto: pois ele é também um tesouro de má-fé, de exageros, de mexericos e contraverdades. Em suma, o historiador da arte sabe hoje medir o texto vasariano à luz de suas inexatidões.[6]

É o suficiente para julgar esse texto? Evidentemente não. As "inexatidões" de Vasari não podem ser compreendidas como devendo simplesmente ser corrigidas. Elas são tanto estratégias positivas de enunciação como "erros" negativos de enunciados. Fa-

---

[5] J. von Schlosser, *La littérature artistique* (1924), trad. fr. de J. Chavy, Paris, Flammarion, 1984, p. 341. Vasari ocupa o centro dessa obra clássica: é o livro V, intitulado "Vasari", precedido de outros livros que se referem a ele como a seu polo de atração fundamental, por exemplo o livro III intitulado "A historiografia da arte antes de Vasari". O tema de Vasari inventor da história da arte foi retomado por E. Panofsky, "Le feuillet initial du *Libro* de Vasari, ou le style gothique vu de la Renaissance italienne" (1930), trad. fr. de M. e B. Teyssèdre, *L'oeuvre d'art et ses significations*, *op. cit.*, p. 138: "É o nascimento da história da arte". Cf. igualmente J. Rouchette, *La Renaissance que nous a leguée Vasari*, Paris, Les Belles-Lettres, 1959, pp. 113-406 ("La Première histoire de l'art renaissant"), e E. Rud, *Vasari's Life and "Lives": The First Art Historian*, Londres, Thames and Hudson, 1963.

[6] As principais edições modernas das *Vite* são as de G. Milanesi (Florença, Sansoni, 1878-1885, reed. 1973, 9 vol.), C. L. Ragghianti (Milão, Rizzoli, 1942-50, reed. 1971-74, 4 vol.), P. della Pergola, L. Grassi e G. Previtali (Milão, Club del Libro, 1962, 7 vol.), e sobretudo a edição comentada, contendo os textos de 1550 e 1568, por R. Bettarini e P. Barocchi (Florença, Sansoni, 1966). Lembremos a tradução francesa das *Vite* sob a direção de A. Chastel (Paris, Berger-Levrault, 1981-88, 11 vol.).

zem parte de um projeto, de um grande *querer-dizer* que se propagava pelas milhares de folhas escritas por Vasari durante os dez anos que levou a preparação do seu livro, que se propagava ainda nos dezoito anos de modificações necessárias para a segunda edição das *Vidas* — e que, certamente, continua a se propagar nas folhas escritas hoje por um erudito desejoso de escrever uma história da arte, italiana ou não, sob o olhar de uma moderna edição das *Vidas*. Como esse querer-dizer, que envolvia de saída a constituição (no sentido temporal) de uma história da arte, podia não virar uma obsessão e dar forma à constituição (no sentido estrutural) de toda história da arte. Assim ele envolve ainda hoje a atualidade teórica da disciplina — a atualidade dos seus *fins*. A pergunta, de fato, se coloca nestes termos: para que fins Vasari inventou a história da arte? E sobretudo: a que descendência esses fins nos condenaram?[7]

[As quatro legitimações das *Vidas* de Vasari: a obediência ao príncipe, o corpo social da arte, o apelo à origem e o apelo aos fins]

Abramos as *Vidas* — abramos, apenas. Fiquemos nas bordas, com a intuição teórica de que os fins sempre se aninham melhor

[7] Na ampla bibliografia dedicada a Vasari, a primeira interrogação é às vezes tratada, a segunda, por assim dizer, nunca. Assinalemos, de todo modo, as seguintes obras: W. Kallab, *Vasaristudien*, Viena, Grasser, 1908; A. Blunt, *La théorie des arts en Italie: 1450-1600* (1940), trad. de J. Debouzy, Paris, Gallimard, 1966, pp. 149-73; *Studi vasariani. Atti del convegno internazionale per il IV centenario della prima edizione delle "Vite" di Vasari* (1950), Florença, Sansoni, 1952; T. S. R. Boase, *Giorgio Vasari, the Man and the Book*, Washington, Princeton University Press/National Gallery of Art, 1971; *Il Vasari storiografo e artista*, op. cit.; *Giorgio Vasari — Principi, letterati e artisti nelle carte di G. Vasari*, Florença, Edam, 1981; P. Barocchi, *Studi vasariani*, Turim, Einaudi, 1984; *Giorgio Vasari tra decorazione ambientale e storiografia artistica* (1981), Florença, Olschki, 1985; Dossiê "Autour de Vasari", *Revue de l'Art*, nº 80, 1988, pp. 26-75; R. Le Mollé, *Georges Vasari et le vocabulaire de la critique d'art dans les "Vite"*, Grenoble, ELLUG, 1988.

nas bordas dos grandes textos.[8] O caso de Vasari, nesse aspecto, é exemplar, pois se tratava claramente de desenhar, com as *Vidas*, a *moldura* de um novo gênero de discurso, de escrita, e de conduzir o leitor às margens de uma nova era do saber sobre a arte. A moldura das *Vidas* deve ser lida — e vista — como um sistema estratificado, complexo, de procedimentos de *legitimações*. É uma moldura "em ação", é um rito de passagem que define o perímetro no qual entramos quando abrimos o livro, é a definição de uma área de jogo nova, de um templo novo: a história da arte. Vasari introduz seu leitor nas *Vidas* apresentando-lhe sucessivamente quatro tipos de legitimações, cujo esclarecimento por si só diz muito sobre os fins a que ele se propunha, isto é, sobre o grande movimento identificador de que falamos. Abrir as *Vidas* já é despojar a sutil dialética pela qual uma prática humana terá buscado seu reconhecimento simbólico (reconhecer-se ela mesma e fazer-se reconhecer) postulando sua *autoteleologia*: que ela não tinha outros fins senão ela mesma, e que era possível, nesse sentido, contar sua história, sua história muito específica...

Sutil dialética, de fato. Ela se assemelha de início a um desses estranhos movimentos de cabeça que certamente era executado em cada corte da Europa no século XVI: um movimento no qual a cabeça só se inclina para melhor se alçar. É a reverência, a polidez do poder, que diz de certo modo: "Estou ao seu dispor", e depois: "Reconheça que não pode passar sem mim", e finalmente que subentende: "Não pertenço a ninguém senão a mim mesmo, pois sou da raça dos nobres". Assim Vasari procedeu: polidamente, politicamente. Sua primeira legitimação ao escrever as *Vidas* foi estabelecer uma *relação de obediência*, de resto tradicional, e começar por inclinar-se diante do "ilustríssimo e excelentíssimo príncipe Cosme de Médici, duque de Florença", a quem Vasari "beija

---

[8] Essa "intuição", em realidade, se beneficia de elaborações importantes e bem conhecidas sobre o trabalho do *parergon* (cf. J. Derrida, *La vérité en peinture*, *op. cit.*, pp. 19-168), do *paratexto* (cf. G. Genette, *Seuils*, Paris, Le Seuil, 1987) ou da *moldura* tanto textual quanto pictórica (cf. L. Marin, "Du cadre au décor, ou la question de l'ornement dans la peinture", *Rivista di Estetica*, XXII, n° 12, 1982, pp. 16-25).

muito humildemente as mãos" (*umilissamamente Le bacio le mani*) e dedica todo o seu trabalho. É portanto "sob seu nome muito honrado" (*sotto l'onoratissimo nome Suo*) que o livro "deve chegar às mãos dos homens": Vasari invoca desde o início o laço imemorial que colocou a grande história da arte (no sentido do genitivo subjetivo) sob o nome dos Médici; a primeira história da arte (no sentido do genitivo objetivo) devia assim, logicamente, colocar-se também sob o emblema majestoso. É o que representam, aliás, os frontispícios gravados das duas edições sucessivas, frontispícios coroados com o célebre brasão da família florentina (*fig. 2 e 4*).[9]

"Humilíssimo servidor" e "devotadíssimo servidor" dos Médici,[10] Vasari abre assim seu grande livro com o duplo jogo da humildade e do elogio. Humildade de cortesão e de artista-funcionário: pois oferece todo o seu labor ao príncipe, "o único pai, senhor e protetor das nossas artes"; pois rebaixa seu "frusto trabalho" (*rozza fatica*) de pintor oficial ao pegar a pena, para melhor exaltar a "grandeza de alma" e a "real magnificência" de Cosme.[11] Mas com isso inaugura um rico teatro do elogio, no qual, ao final, encontrará seu papel. É o elogio da linhagem mediciana e dos "ilustríssimos antepassados" cujos passos Cosme soube seguir ao proteger as artes (*seguendo in ciò l'orme degli illustrissimi Suoi progenitori*).[12] É ainda o elogio da cidade, essa *Florentia* de origens míticas da qual dois *putti* revelam, no frontispício de 1550, uma paisagem estilizada. Ora, a cidade de Florença também correspon-

---

[9] G. Vasari, *Le Vite*, I, pp. 1-4 (damos a referência da edição G. Milanesi, atualmente a mais disponível, acompanhada da tradução francesa, que modificamos quando é por demais imprecisa, *trad. cit.*, I, pp. 41-3).

[10] *Id., ibid.*, I, pp. 4 e 7 (*trad. cit.*, I, pp. 43 e 45), conforme a primeira e depois a segunda dedicatória a Cosme de Médici (1550 e 1568). Convém notar que, na edição torrentiniana, Vasari invocava também a proteção do papa Júlio III.

[11] *Id., ibid.*

[12] *Id., ibid.*, I, p. 1 (*trad. cit.*, I, p. 41). Sobre Vasari escritor e pintor da corte, cf. H. T. Van Veen, *Letteratura artistica e arte di corte nella Firenze granducale*, Florença, Istituto Universitario Olandese di Storia dell'Arte, 1986.

de, metonimicamente, a seus habitantes, em particular seus habitantes célebres que a tornaram esplêndida, os artistas. Pouco antes de 1400, Filippo Villani já evocava Cimabue e Giotto entre os *uomini famosi* de sua *Crônica*, e Landino, em 1482, colocava no alto da sua monumental edição da *Divina comédia* um elogio de Florença e de seus grandes homens. Vasari — ele próprio pintor toscano — não fez senão dar a essa tradicional dedicatória do orgulho comunal a dimensão de um prodigioso livro de história.[13]

O segundo procedimento de legitimação aparece na edição de 1568, que o sucesso considerável da primeira edição permitiu refazer inteiramente, acrescentando-lhe toda uma série xilografada de retratos de artistas, bem como um número importante de biografias *de' vivi et de' morti dall'anno 1550 infino al 1567*[14] —, a última delas não sendo senão a autobiografia do próprio pintor-historiador... Esse circuito que se fecha em 1568 nos informa exatamente sobre o que visava tal procedimento: tratava-se para Vasari de invocar a *constituição de um corpo social*, um corpo social já enobrecido pela operação histórica do livro, mas também pela criação em 1563 da Academia florentina das *Arti del disegno*, que consagrava definitivamente o ofício de artista como "arte liberal", longe das corporações medievais e do artesanato servil.[15] Assim, em 1568, Vasari fazia acompanhar a dedicatória ao príncipe de uma outra dedicatória *Agli artefici del disegno*, que se desdobra em duas páginas densas e começa no tom caloroso de uma carta: "Meus caríssimos e excelentes artistas" (*eccellenti e carissimi artefici miei*)...[16] E o que diz essa carta? Ela fala de afeição e de talentos múltiplos (*la eccellente virtù vostra*). Repete o quanto uma história da arte devia ser feita para lembrar aos homens o grande mérito (*tanta virtù*) dos artistas. Conta o sucesso da primeira edi-

---

[13] Assim, "a história da arte nasceu do orgulho dos florentinos", segundo a justa expressão de G. Bazin, *Histoire de l'histoire de l'art*, op. cit., p. 15.

[14] Título da edição giuntina (cf. *supra*, nota 4).

[15] Cf. S. Rossi, *Dalle botteghe alle accademie. Realtà sociale e teorie artistiche a Firenze dal XIV al XVI secolo*, Feltrinelli, Milão, 1980.

[16] G. Vasari, *Le Vite*, I, p. 9 (trad. cit., I, p. 47).

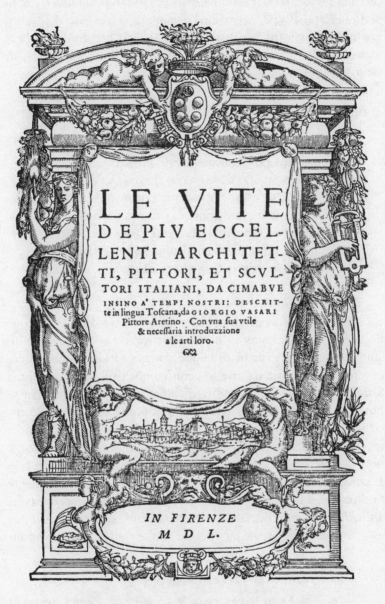

2. Giorgio Vasari, Frontispício das *Vidas*, 1ª edição (Florença, L. Torrentino, 1550). Xilografia.

ção das *Vidas*, "da qual não há mais nas livrarias um único exemplar", e o trabalho da segunda. Por fim revela o essencial, a saber, um verdadeiro canto de ambição — "cobrir o mundo de obras numerosas" e, em troca, ser coberto por ele de recompensas, de estima e de glória:

> "Diante da nobreza e da grandeza da nossa arte (*vedendo la nobiltà e grandezza dell'arte nostra*), diante da estima e das recompensas que lhe concederam os mais nobres gênios e os mais poderosos príncipes, arderemos por cobrir o mundo de obras numerosas e de uma rara excelência. Que esta, embelezada por nossos cuidados, nos coloque no mesmo grau de estima que esses famosos e maravilhosos espíritos. Recebam assim com gratidão este trabalho que realizei com amor, para a glória da arte e a honra dos artistas (*per gloria dell'arte e onor degli artefici*)".[17]

Algumas linhas adiante, Vasari não deixava de assinalar que dessa *gloria* dos artistas ele mesmo participava — maneira de incluir-se como objeto na história que contava e fechar circularmente o jogo da história da arte (o genitivo objetivo recobrindo uma última vez o sentido do genitivo subjetivo). Vasari colocava-se portanto "no fim" do seu livro, na outra borda da moldura, consciente do duplo sentido, humilde e emproado, que esse gesto podia ter. Mas ao mesmo tempo, e nas mesmas linhas, Vasari *invocava uma origem*: de fato, como podia o historiador renascentista não se colocar sob a ascendência famosa de uma história estritamente "nascente", a de Plínio contando *le opere de' più celebrati artefici antichi*?[18] Tal será, portanto, a terceira legitimação proposta por essa história (re)nascente da arte: ela não se contenta em constituir

[17] *Id., ibid.*, I, pp. 11-12 (*trad. cit.*, I, pp. 48-9).

[18] *Id., ibid.* Vasari resume essas "vidas dos mais célebres artistas da Antiguidade" numa *Lettera di Messer Giovambattista Adriani* incluída na edição de 1568 (*ibid.*, I, pp. 15-90), bem como no prefácio à segunda parte (*ibid.*, II, pp. 94-7; *trad. cit.*, III, pp. 19-20).

3. Giorgio Vasari, Última página das *Vidas*, 1ª edição (Florença, L. Torrentino, 1550). Xilografia.

um corpo social — corpo reconhecido pelo príncipe ou corpo próprio de uma classe específica —, ela quer agora constituir o quadro da sua temporalidade. A *Rinascita* de Vasari tinha necessidade de um passado glorioso, e é Plínio louvando Apeles que devia lhe fornecer esse passado.

Mas a *Rinascita* envolve também o futuro, a saber, a ideia de uma teleologia. Assim um quarto procedimento de legitimação completará o quadro. Ele fecha o sistema: para isso, *invoca um fim dos tempos*. Ora, o prodigioso golpe desferido pela obra de Vasari — para além mesmo de suas intenções confessadas — terá sido nos fazer acreditar que o fim dos tempos e a meta da história da arte (no sentido do genitivo subjetivo) podiam ser *o tempo da história da arte* no sentido do genitivo objetivo...

[Onde Vasari salva os artistas do esquecimento e os "renomeia" na *eterna fama*. A história da arte como religião segunda, votada à imortalidade de homens ideais]

Mas voltemos um pouco mais acima. Retomemos as cinzas e o nome que Vasari inicialmente lhes dá: é o *oblivione*, o esquecimento — caberia mesmo dizer: o esquecimento dos nomes.

> "Pois a voracidade do tempo (*voracità del tempo*) é evidente: não contente de ter roído as obras e os testemunhos honoríficos de um grande número de artistas, ele apagou e extinguiu os nomes (*ha... cancellato e spento i nomi*) de todos aqueles cuja lembrança fora preservada apenas pela piedade imperecível dos escritores. Após reflexão madura sobre o exemplo dos antigos e dos modernos, constatei que os nomes de numerosos arquitetos, escultores e pintores antigos e modernos, com muitas de suas obras-primas, estão votados ao esquecimento em diversas regiões da Itália e desaparecem aos poucos (*si vanno dimenticando e consumando a poco a poco*), condenados a uma espécie de morte próxima. A fim de preservá-los o quanto eu puder dessa segunda morte (*da questa seconda morte*) e de mantê-los o maior tempo possível na memória dos vivos, passei um tempo

considerável pesquisando suas obras, dedicando uma diligência extrema em reencontrar a pátria, a origem e a atividade dos artistas, dando-me o trabalho de recolher sobre eles relatos de velhos conhecidos, textos de memórias abandonados por seus herdeiros à poeira e às traças. Disso obtive, finalmente, prazer e interesse (*e ricevutone finalmente et utile et piacere*)."[19]

Assim os artistas do passado não morreram uma vez, mas duas — como se o esquecimento de seus nomes consumisse suas almas depois que a morte consumiu os corpos e a poeira as obras. "O tempo destrói tudo", compraz-se em dizer Vasari, mas destrói bem mais quando, estando as coisas mortas, não há mais sequer um escritor para lembrar como se soletrava o título, o nome delas... Pois é a escrita que relembra: "Sem escritor para transmitir sua lembrança, [as obras dos pintores] ficaram desconhecidas da posteridade, e seus criadores igualmente".[20] Eis por que era preciso primeiro tomar a pena para escrever uma história da arte — nobre razão, de fato. Eis também por que a Idade Média (*media età*), segundo Vasari, não foi senão obscurantismo: é que ela esqueceu os nomes dos artistas famosos da Antiguidade clássica e, com os nomes, esqueceu o exemplo. Quando Boccaccio compara Giotto ao pintor Apeles, louvando sua aptidão em imitar a natureza, a própria pintura recupera sua memória, sai da sombra e começa a *renascer*. Eis por que, enfim, Vasari devia levar sua crônica até a geração dos discípulos de Michelangelo e dos grandes venezianos:

---

[19] *Id., ibid.*, I, pp. 91-2 (*trad. cit.*, I, pp. 53-4). O tema é recorrente em Vasari: ele aparece particularmente em *ibid.*, I, pp. 2 e 9 (*trad. cit.*, I, pp. 42 e 47).

[20] *Id., ibid.*, I, pp. 222-3 (*trad. cit.*, I, p. 221). Lembremos as admiráveis explanações de Maquiavel sobre "como a memória dos tempos se perde", no *Discurso sobre a primeira década de Tito Lívio* (1513-20), II, 5; trad. fr. de E. Barincou, *Oeuvres complètes*, Paris, Gallimard, 1952, pp. 528-30.

"Fui movido também por outra razão: pode acontecer um dia (queira Deus que não) que, pela incúria dos homens, pela malignidade dos tempos ou pela vontade do céu que não parece se importar muito com a integridade das coisas deste mundo, a arte sofra de novo desordens e uma ruína análogas. Desejo que tudo que acabo de escrever e tudo que vou expor possa contribuir (se meu trabalho merece esse afortunado papel) para mantê-la viva!"[21]

Tal foi, portanto, o primeiro *disegno*, o primeiro grande desígnio do Vasari historiador: salvar os artistas de sua suposta "segunda morte", tornar a arte inesquecível. Ou, dito de outro modo: imortal. Imortal por seus nomes declinados, eterna por sua "reputação" transmitida, sua *fama*. A intenção, uma vez mais, se revelava nos enquadramentos do livro. A começar pelo título mesmo da primeira edição (*fig. 2*), cujas figuras em cariátide assumiam ambas uma função alegórica: a da direita, com a lira e a coroa de louros — atributos apolíneos —, olha em direção a uma figura feminina cuja interpretação parece hoje mais delicada; ela empunha uma tocha e a seus pés jaz um objeto esférico. O estudo de outras séries alegóricas em Vasari, em particular suas pinturas para a sala dos "Fastos Farnèse", no palácio da Chancelaria, em Roma, mostra claramente que se trata precisamente de uma personificação da *eternità*.[22]

Ora, nós a reencontramos, ao mesmo tempo mais imponente e mais ambígua, na gravura que servia de página final à edição *torrentiniana* (*fig. 3*). Mais imponente porque ocupa toda a parte superior da imagem e porque sua tocha — e ela mesma também — ilumina o espaço mediano com um feixe fulgurante que se irradia como uma glória. Suas ambiguidades, digamos antes seu caráter compósito, não são menos interessantes e calculadas. Antes de

[21] G. Vasari, *Le Vite*, I, p. 243 (*trad. cit.*, I, p. 233).
[22] Cf. J. Kliemann, "Le xilografie delle 'Vite' del Vasari nelle edizioni del 1550 e del 1568", *Giorgio Vasari. Principi, letterati e artisti, op. cit.*, p. 238.

tudo porque se trata de um personagem vagamente andrógino que evoca o anjo da Ressurreição — sua trombeta despertando os mortos —, embora represente também a feminina *Fama*[23] tocando sua trombeta em glória das três Artes do Desenho: Escultura, Arquitetura e Pintura, figuradas na parte mediana como três Parcas que presidem ao destino dos artistas mortos — pobres artistas que jazem amontoados nos subsolos do esquecimento. Compreende-se então que a leitura dessa vinheta é ascendente e alegoriza a própria operação histórica, quando esta salva os artistas de sua "segunda morte", trazendo-os à luz e lembrando-nos seus nomes para a glória das artes-mães (pois a palavra *arte*, como sabemos, se declina no feminino na língua italiana).[24]

A noção geral de um projeto histórico parece condensar, portanto, as diferentes figuras da Ressurreição, da Eternidade e da Glória. *Fama eterna*, "a eterna Renomada", é um lugar-comum do pensamento vasariano, que encontramos também na sua obra de pintura — a *Camera della Fama* da sua própria casa em Arezzo, ou um projeto de decoração alegórica desenhado em 1545.[25] Seja como for, a história da arte inventada por Vasari ressuscitava os nomes dos pintores para *renomeá-los* no sentido forte do termo, e os renomeava para que a arte se tornasse *imortal*; com isso essa arte se fazia *renascente* e, ao renascer, tinha acesso a seu duplo

---

[23] No original, *Renomée*: divindade feminina do panteão greco-latino que era incumbida de divulgar as notícias, provindas dos deuses ou dos homens. Personificava o reconhecimento público ou social, e era representada iconograficamente sob a figura de uma formosa mulher alada tocando trombetas. Em francês, as palavras "renomada" e "renomeada" são grafadas do mesmo modo, *renomée*, e, aqui, Didi-Huberman jogará com essa ambivalência de sentido. (N. do T.)

[24] Vale lembrar que, em francês, "arte" é substantivo masculino. (N. do T.)

[25] Florença, Uffizi, Sala dos Desenhos, 1618 E. Cf. J. Kliemann, "Le xilografie", *art. cit.*, pp. 238-9; *Id.*, "Su alcuni concetti umanistici del pensiero e del mondo figurativo vasariani", *Giorgio Vasari tra decorazione, op. cit.*, pp. 73-7, que desenvolve o tema das três Parcas e o papel de um texto de Ariosto (*Orlando furioso*, XXXIII) na constituição desse motivo alegórico.

estatuto definitivo: imortalidade reencontrada da sua origem, glória social do seu florescimento. Isto é, os dois grandes tipos de legitimação enunciados nos prefácios e dedicatórias do livro. Poderíamos quase reconhecer agora, no personagem meio homem, meio mulher, que toca trombeta e ilumina as Artes, a figura mesma do historiador da arte, esse anjo erudito que ressuscita mortos e vela por sua glória, maternal como uma alegoria.

Vasari oferece uma figuração ainda mais precisa de tudo isso na xilografia que serviu ao mesmo tempo de frontispício e de página final à edição *giuntina* de 1568 (*fig. 4*). É dizer já toda a sua importância e o seu caráter programático. O dispositivo geral lembra, de fato, o da imagem precedente — só que entre 1550 e 1568 o tema da ressurreição se intensificou ainda mais: dos sete ou oito personagens confinados no purgatório do esquecimento, dois ou três despertavam vagamente ao som da trombeta *torrentiniana*; agora vemos dezesseis personagens claramente ressuscitando, isto é, rompendo a superfície e passando o limiar temível do limbo. Seus corpos saem da terra nas mais perfeitas ondulações do maneirismo. Seus gestos não são mais contraídos ou melancólicos, mas expressivos, ruidosos, voltados para o alto, erguendo os braços ou agradecendo ao céu.

Que céu? Não o céu cristão, é claro, mesmo se nosso anjo ambíguo — dama Renomada — evoca ainda uma cena do Juízo Final. A trombeta de três bocas fora sugerida por Vasari como motivo alegórico para os funerais de Michelangelo. Reencontramo-la aqui, fazendo ressurgir os homens da terra, numa dramaturgia que lembra bem mais as *Metamorfoses* de Ovídio (em particular o episódio de Deucalião e Pirra) do que o *Apocalipse* de São João e seu imaginário de terrores luminosos... Os homens que saem da terra são musculosos, gordos, alimentados de prazeres. O personagem barbudo do primeiro plano, por exemplo, não parece, com seu aspecto faunesco e declamatório, voltar do além-mundo angustiante do cristianismo. A distância decisiva em relação ao que seria uma iconografia cristã da Ressurreição se manifesta, enfim, no grupo das três damas *Arti del disegno* que presidem à cena como a um julgamento pagão. Elas seguram ostensivamente nas mãos seus atributos — atributos que pendem, aliás, junto dos en-

4. Giorgio Vasari, Frontispício e última página das *Vidas*, 2ª edição (Florença, Giunti, 1568). Xilografia.

cantadores *putti* de largas coxas, na cornija desenhada que serve de enquadramento.

Para terminar há a inscrição: Hac sospite nunquam/ hos periisse viros, victos/ aut morte fatebor. "Este sopro" — é o anjo que parece falar de sua própria trombeta — "proclamará que esses homens não pereceram e não foram vencidos pela morte." O exergo foi composto pelo humanista Vincenzo Borghini — o mestre literário de Vasari — em evocação de uma passagem da *Eneida*.[26] Ele suscita imediatamente algumas observações óbvias: *hos viros* são "esses homens" que, diante de nós e em número restrito, saem do esquecimento. Não são "todos os homens", dos quais o dogma cristão disse que ressuscitariam todos. Formam, portanto, uma classe, uma elite... uma elite que nunca pereceu (*nunquam periisse*) e que, portanto, propriamente falando, não ressuscita. Estava apenas esquecida no purgatório mental que foi a Idade Média. Agora, nas bordas das *Vidas* de Vasari, ela retorna, "renomeada" pela trombeta da *eterna fama* e a pena do anjo-historiador.

Compreende-se então que todo o sistema de distanciamentos empregados por Vasari em contraponto a um dos principais motivos da iconografia cristã — uma Ressurreição de seres sensuais ao chamado de um anjo efeminado e mundano, sob o olhar de uma Trindade de matronas com seios nus —, compreende-se que esses distanciamentos criam mais uma relação do que uma não-relação. São involuntariamente paródicos. Seu fundo é extremamente sério, e pode-se arriscar a hipótese de que essa gravura, disposta tanto na porta de saída como na de entrada das *Vidas*, colocava de uma ponta à outra a pergunta sobre os *fins* — os fins da nossa própria história da arte a caminho de inventar-se.[27] Em todo

---

[26] Virgílio, *Eneida*, VIII, 470-1. Cf. J. Kliemann, "Le xilografie", *art. cit.*, p. 239.

[27] Para uma "pré-história" dessa invenção, cf. J. von Schlosser, *La littérature artistique*, *op. cit.*, pp. 221-303; R. Krautheimer, "Die Anfänge der Kunstgeschichtsschreibung in Italien", *Repertorium für Kunstwissenschaft*, L, 1929, pp. 49-63; G. Tanturli, "Le biografie d'artisti prima del Vasari", *Il Vasari storiografo e artista*, *op. cit.*, pp. 275-98.

caso, não é uma surpresa reencontrar na gravura de 1568 os dois grandes tipos de ideais já empregados no que chamamos os procedimentos de legitimação do texto vasariano. Notemos de passagem o caráter sofístico de toda a operação, que dava como razões legitimadoras o que em realidade eram apenas razões desejantes... Notemos também o quanto a proposição de um objeto (salvar do esquecimento os nomes dos artistas famosos) podia contribuir de maneira eficaz para a assunção nova de uma posição de sujeito (o historiador da arte, enquanto novo humanista, sábio de um gênero novo e específico).

[Fins metafísicos e fins cortesãos. Onde a fenda é recosida no ideal e no realismo: a operação do bloco de anotações mágico]

Primeiro desejo, portanto, primeiros fins invocados: são *fins metafísicos*. Lemo-los, no exergo gravado, sob as palavras *nunquam periisse*. Vemo-los sob a figura alegórica do nosso historiador alado e feminino, que se chama *eterna fama*, a eterna Renomada. Reconhecemo-los em todas as passagens nas quais Vasari invoca tanto uma origem quanto um fim último. O que se constitui aí não é senão uma religião segunda, religião localizada no campo designado "Arte" e que fomenta seu conceito de imortalidade sobre a base de uma utilização glorificadora da memória — a memória empregada para "renomear" os artistas e os cobrir para sempre com a asa protetora da *eterna fama*. A imortalidade tem aqui seu enviado messiânico, que pesa as almas e pronuncia os nomes eleitos: é o historiador da arte, cuja era começa com o intempestivo rebatimento de um genitivo objetivo sobre um genitivo subjetivo...

Os segundos fins dessa era fictícia, mas eficaz, completam a imortalidade com uma aura de glória. *Hos viros*, dizia o exergo. "Nobreza e grandeza da nossa arte", dizia a dedicatória aos *eccellenti artefici miei*. Em suma, a religião que Vasari inventa é uma religião de classe — e mesmo uma religião de primeira classe. Ela diz respeito apenas aos "espíritos de elite", estando bem entendido que estes não apenas têm direito ao "renome imperecível" (*eterna fama*) do pós-morte, mas que "nada pode barrar a seus esforços o acesso aos graus superiores, às honrarias já nesta vida" (*pervenire a'sommi gradi... per vivere onorati*).[28] Mesmo de nascimento humilde, os artistas excelentes — "renomeados" pelo historiador — terão direito de cidadania na ideal mas concreta *nobiltà*, ou seja, na corte dos príncipes. Não esqueçamos a coroa grã-ducal e o brasão dos Médici que pairam exatamente acima das trombetas da Renomada. Os segundos fins da história vasariana podem ser agora qualificados de *fins cortesãos*.[29]

A história da arte teria então nascido ou "renascido" ao inventar um novo gênero humano: uma elite, uma nobreza não do sangue, mas da *virtù*. Ela teria formado algo como uma humanidade ideal, um Parnaso de semideuses ressuscitados, que partilham com o príncipe os *sommi gradi* da vida social — tais são seus fins cortesãos —[30], além de partilhar com o verdadeiro Deus a capacidade de inventar e de criar formas que Vasari chamava o *disegno* — e chegaríamos aí às dimensões propriamente metafísicas do seu projeto. Mas não é exagerar um pouco? Deve-se realmente afirmar que o *disegno*, o desenho, é um conceito de tonalidade metafísica? Não estaríamos, ao trazer assim os fins para o primeiro plano, omitindo o principal, que é simplesmente a constituição por Vasari de um novo saber histórico, com seus achados e suas possibilidades de erros, com seus meios de investigação e sua especificidade de objeto?

Atualmente, os historiadores da arte hesitam em ver em Vasari um homem de sistema, com mais razão ainda um metafísico.

---

[28] G. Vasari, *Le Vite*, I, p. 91 (*trad. cit.*, I, p. 53).

[29] Cf. H. T. van Veen, *Letteratura artistica e arte di corte*, *op. cit*. Para uma introdução à história das cortes principescas do Renascimento, cf. S. Bertelli, F. Cardini e E. Garbero Zorzi, *Le corti italiane del Rinascimento*, A. Mondadori, Milão, 1985.

[30] Em seus afrescos da Chancelaria, em Roma, Vasari celebrava sob as figuras da *Fama* e da *Eternità* o mecenato do papa Paulo III — e chamava isso a *Rimunerazione della virtù*... Prova de que a eternidade da História tem necessidade da remuneração do Príncipe. J. Kliemann ("Su alcuni concetti", *art. cit.*, p. 80) notou com exatidão que Vasari amalgamava aí duas concepções *a priori* heterogêneas da *virtù*: a humanista e a cortesã.

O aspecto superficial do seu pensamento é às vezes sublinhado.[31] Pergunta-se mesmo se ele teve ou não uma doutrina.[32] Insiste-se — com razão — sobre o não-fechamento da sua obra, concebida ao longo de várias décadas e consideravelmente móvel, modificada de uma edição a outra.[33] Erwin Panofsky já havia com muita pertinência destacado a contradição interna da historicidade concebida por Vasari: de um lado ela busca a síntese, de outro resulta no fracasso da síntese. A famosa "teoria da evolução" ou "lei dos três estados" que organiza todo o discurso de Vasari pelo diapasão de uma grande metáfora biológica — infância, adolescência, maturidade —, essa teoria herdada de dogmas antigos e cristãos, misturados, "prolifera em contradições", como escreve Panofsky,[34] quando se vê diante dos seus próprios objetos de aplicação, as obras de arte. Ela clarifica, mas falseia o real do seu objeto. Nela, o dogmatismo tropeça constantemente no pragmatismo, e a observação no julgamento. A espécie de *economia da salvação* reinventada por Vasari para explicar o sentido da história da arte mostrou-se ser também uma *economia da angústia*: Panofsky não diz outra coisa.[35] Há realmente um sistema em Vasari, mas é um sistema fendido. Nós que herdamos essa flamejante história da arte

---

[31] "Giorgio Vasari was not a profound or original thinker" — assim começa o livro de T. S. R. Boase, *G. Vasari, op. cit.*, p. 3.

[32] Segundo A. Chastel, Vasari produziu "uma história calmamente ordenada e concebida em função de uma grande doutrina" (apresentação das *Vies, trad. cit.*, I, p. 13). Em troca, R. Le Mollé se pergunta: "Tem ele pelo menos uma doutrina?", *G. Vasari et le vocabulaire de la critique d'art, op. cit.*, p. 100.

[33] Cf. Z. Wazbinski, "L'idée de l'histoire dans la première et la seconde édition des *Vies* de Vasari", *Il Vasari storiografo e artista, op. cit.*, p. 1.

[34] E. Panofsky, *La Renaissance et ses avant-courriers dans l'art d'Occident* (1960), trad. de L. Verron, Paris, Flammarion, 1976, p. 33.

[35] *Id.*, "Le feuillet initial du *Libro* de Vasari", *art. cit.*, pp. 169-85, no qual Vasari é finalmente visto como o "representante de uma época que, apesar da segurança que exibia, era profundamente angustiada, muitas vezes próxima do desespero" (p. 185).

e seu estatuto enfim manifesto, herdamos também a fenda. E é por isso que devemos analisá-la.

O problema não será, portanto, saber se Vasari tinha uma doutrina completa ou não, original ou não. O problema consiste em identificar nas falhas mesmas ou nas fendas de uma doutrina em movimento o que poderíamos chamar *a passagem dos fins*: seu ritmo é sempre dúplice, pois os fins se dizem tanto no desejo que passa quanto na angústia que passa. É essa passagem que qualificamos de metafísica em Vasari: metafísico o triunfo sonhado de uma era do *disegno*; metafísica também a angústia de uma morte da arte na qual todos os *disegni* virariam pó. O método de Vasari, o método da história da arte em geral, não deve ser julgado apenas na ótica dos seus resultados, exatos ou inexatos; deve ser interrogado também na ótica dos seus ideais ou das suas fobias, ou dos seus fins nunca realizados — fins que não definem "resultado" algum, porque procedem de uma dialética do desejo.

Há assim dois personagens em Vasari, que se acredita poderem ser separados a fim de simplificar as coisas: guardar a observação e rejeitar o julgamento, por exemplo. Mas essa separação trai a obra vasariana e, sobretudo, oculta sua fenda, essa fenda de onde saímos todos nós, historiadores da arte. Tentemos por um instante precisar essa noção: é uma *fenda recosida*, constantemente recosida porque constantemente a se formar de novo. De fato, a proliferação contraditória das *Vidas*, que poderia aparentar a obra vasariana a um imenso palácio de pedras díspares, é recosida magicamente, ao ritmo dos grandes prefácios que escandem suas três partes. A síntese parece então triunfar por cima, como um cenário aplicado, mas a fenda persiste por baixo. No entanto a construção continuará a impor sua triunfal estatura, dando a impressão de um gigantesco e maneirista *Wünderblock*, um bloco de anotações mágico inteiramente desenhado com motivos gloriosos — enquanto embaixo a cera continua a reter o rastro de todos os apagamentos, de todos os arrependimentos e de todas as retificações.[36]

---

[36] *Wünderblock* é um brinquedo de criança a que Freud se refere no texto de 1924 *Notiz über den "Wünderblock"* ["Nota sobre o 'bloco mágico'"], associando-o à percepção e à memória. Consiste em uma prancha de

Essa fenda é, no fundo, o que separa o *saber* e a *verdade*.[37] Vasari montou um tesouro de saberes, mas teceu esses saberes com o fio do *verossímil* que, como se compreende facilmente, tem pouco em comum com a verdade. Vasari portanto nos "desenhou" — desejou e nos representou — uma grande história verossímil que suturava de antemão todas as fendas ou as inverossimilhanças da história verdadeira. E é por isso que lemos as *Vidas* com tanto prazer: a história da arte se desenvolve ali como um romance familiar em episódios, no qual os maus finalmente morrem de vez (a Idade Média) enquanto os bons ressuscitam "de verdade" (o Renascimento)... Donde a dificuldade de discernir os acontecimentos dos *topoï* retóricos. Donde o ofuscamento permanente das observações concretas pela ideia totalizante que deslinda a meada. Donde a instabilidade do léxico vasariano que atua constantemente em vários níveis ao mesmo tempo. Era preciso construir um relato que tivesse um sentido, isto é, uma direção e um fim — reencontramos aqui o aspecto metafísico do evolucionismo vasariano —, mas também um relato que fosse legível pelo príncipe, que fosse eficaz e autoglorificador para todos os *artefici del disegno* — e redescobrimos o essencial teor retórico dessa (da nossa) história da arte a caminho de se inventar.[38]

cera escura sobre a qual são colocadas duas folhas: a primeira, de papel bastante fino e transparente, que adere completamente à cera; e outra folha de cobertura, feita de celofane ou celuloide. Basta calcar com uma ponta a folha de cobertura para que os traços se tornem visíveis como linhas pretas na superfície do celuloide. Para se apagar o que foi escrito, retira-se de uma só vez as duas folhas e o que foi escrito sobre a cera desaparece imediatamente. Com a repetição do procedimento, entretanto, a cera registra em sua superfície as marcas dos riscos e dos apagamentos anteriores. (N. do T.)

[37] Cf. J. Lacan, "La science et la vérité" (1965), *Écrits*, Paris, Le Seuil, 1966, pp. 855-77.

[38] Esse duplo aspecto, totalizador e retórico, foi muito bem analisado por J. von Schlosser, *La littérature artistique*, op. cit., pp. 319-25. G. Bazin reafirma basicamente o mesmo, ao escrever que "o patriarca da história da arte criou em sua língua materna não uma nova ciência, mas um novo gênero literário [...]. Vasari não escreveu a história da arte, mas o romance da história da arte" (*Histoire de l'histoire de l'art*, op. cit., pp. 45-6). A. Chastel,

Mas não faltaram vozes, tanto no século XV como no XVI, para proclamar bem alto a importância essencial do *critério realista* na constituição do saber histórico. Leonardo Bruni, depois Vincenzo Borghini e Giambattista Adriani, já haviam declarado sua hostilidade em relação à fantasia literária: eles separavam assim com firmeza *l'ufficio del Poeta da quel dello Istorico*.[39] Ora, dispomos precisamente de uma correspondência entre Vasari e Vincenzo Borghini. Ela cobre os anos 1546-74 e permite avaliar a influência das concepções "realistas" do erudito florentino sobre a segunda edição das *Vidas*: se Vasari se recusa a aceitar as limitações propostas por Borghini quanto ao elemento biográfico, ele desenvolverá amplamente os procedimentos de catalogação, cronologia e écfrase das obras, que o humanista lhe sugeria.[40] Mas isso significa, como é dito geralmente, que Vasari entre 1550 e 1568 passou do campo "literário" ao da história da arte propriamente dita? De modo nenhum. Pois o problema, mais uma vez, está em outra parte.

Uma história pode ser realista e exata como se diz de um romance verossímil. Realismo e catálogo podem perfeitamente corresponder aos traços *retóricos* de um discurso — sem que isso altere em nada o problema da fenda entre saber e verdade. Vasari de fato elaborou listas, forneceu datas, pesquisou detalhes. Como um

---

por sua vez, tenta salvar alguma coisa ao propor uma fórmula ambígua, a meio caminho entre a disciplina científica e o gênero literário: "Assim Vasari inventou uma disciplina literária nova: a história da arte" (apresentação a *Vies*, *trad. cit.*, I, p. 16). Sobre o estilo vasariano, cf. ainda M. Capucci, "Forme della biografia nel Vasari", *Il Vasari storiografo e artista*, *op. cit.*, pp. 299-320.

[39] V. Borghini, citado por Z. Wazbinski, "L'Idée de l'histoire", *art. cit.*, p. 8. Cf. igualmente W. Nelson, *Fact or Fiction: The Dilemma of the Renaissance Storyteller*, Cambridge (MA), Harvard University Press, 1973, pp. 38-55.

[40] Cf. K. Frey, *Der literarische Nachlass Giorgio Vasaris*, Munique, G. Müller, 1923-30, 2 vol.; Z. Wazbinski, "L'idée de l'histoire", *art. cit.*, pp. 10-21. Cf. igualmente S. Alpers, "*Ekphrasis* and aesthetic attitudes in Vasari's Lives", *Journal of the Warburg and Courtauld Institutes*, XXIII, 1960, pp. 190-215.

historiador de hoje, ele deve ter montado um fichário. Poderíamos mesmo dizer que ele não esperou as sugestões de Borghini para constituir uma das ferramentas fundamentais da sua história da arte, a saber, sua famosa coleção de desenhos de mestres, seu *Libro de' Disegni*.[41] Mas com isso os fins de Vasari mudavam? Nada menos certo. Pois sua coleção de desenhos, longe de ser o chamado à ordem de algum suposto "real" da história, tornava-se, ao contrário, a melhor ferramenta possível para a *invenção de uma ordem*, a invenção de um sentido da história. Fazer uma coleção não consistia em ilustrar a história que estava sendo feita com um rosário de provas concretas; consistia antes em preconceber e em fabricar a realidade dessas provas, equivalia a, no fundo, inventar a própria história enquanto estratégia retórica da compilação.[42] Era escolher a ordem antes das provas, escolher as relações antes dos termos. E assim inventar propriamente uma realidade — na verdade, uma ordem simbólica — da história. Era *enquadrar*, isolar o que parecia necessário isolar ou, em outros momentos, criar relações de lugares, de anterioridades, de analogias etc.; em suma, era *legislar* sobre os objetos e lhes dar um sentido.[43] Vasari dispôs seu *Libro* de desenhos como seu livro das *Vidas*: ele juntava pérolas (maneira de dizer que acumulava um tesouro de *saber*), mas para dar forma ao seu colar (a forma preconcebida dos fins *ideais*) e criar ao mesmo tempo um objeto de prestígio (segundo os fins sociais da *nobiltà*).[44]

---

[41] Cf. L. Collobi Ragghianti, *Il Libro de' Disegni del Vasari*, Florença, Vallecchi, 1974, 2 vol.

[42] Cf. P. Barocchi, "Storiografia e collezionismo dal Vasari al Lanzi", *Storia dell'arte italiana II: L'artista e il pubblico*, Turim, Einaudi, 1979, pp. 3-82. Infelizmente falta um eixo Roma-Florença ao belo estudo de K. Pomian, *Collectionneurs, amateurs et curieux — Paris, Venise: XVIe-XVIIIe siècle*, Paris, Gallimard, 1987.

[43] Lembremos a admirável análise de Panofsky, quando vê no emolduramento da folha inicial do *Libro* vasariano o nascimento, "o ponto de partida de uma abordagem estritamente conforme à história da arte". E. Panofsky, "Le feuillet initial du *Libro* de Vasari", *art. cit.*, p. 186.

[44] Entre as *Vidas* e o *Libro*, há também o laço estabelecido pela série de

Com isso Vasari ganhava em todas as frentes: um saber realista e preciso, um ideal construído, um prestígio assegurado. Cada um deles ajudando a negar a fenda do saber e da verdade, a redesenhar sua unidade na superfície do *Wunderblock*. O "desígnio" de Vasari, portanto, se assemelha a uma operação mágica: palavras são convocadas para recoser a abertura — palavras que se tornarão, para além das *Vidas*, algo como noções-totens de toda a história da arte. Assim encontramos a *rinascita*, palavra-totem reinventada e reinvestida para declinar o sentido da história moderna; assim encontramos o *disegno*, palavra-totem reinventada e reinvestida para declinar o sentido último, sincrônico, da atividade artística em geral compreendida como imitação. É graças a tal operação mágica que a expressão "história da arte", em sua acepção mais radical, terá podido se pronunciar em Vasari: *rinascita del disegno*.[45]

[As três primeiras palavras mágicas: *rinascita, imitazione, Idea*]
Rinascita, como vimos, é o que dá sentido à instauração de uma idade suscetível de ser chamada a idade absoluta da História da Arte. Convencido de pertencer a uma época em que a história

---

retratos de artistas dispostos tanto junto aos desenhos como no frontispício de cada biografia, na edição de 1568. Sabe-se que esse "museu de rostos" tem relação direta com a coleção de retratos de grandes homens constituída por Paolo Giovio na sua *villa* do lago de Como. Cf. W. Prinz, *Vasari Sammlung von Kunstlerbildnissen. Mit einem kritischen Verzeichnis der 144 Vitenbildnisse in der Zweiten Ausgabe der Lebensbeschreibungen von 1568*, suplemento a *Mitteilungen des Kunsthistorischen Institutes in Florenz*, XII, 1966. C. Hope, "Historical Portraits in the *Lives* and in the Frescoes of G. Vasari", *G. Vasari tra decorazione, op. cit.*, pp. 321-38.

[45] Há evidentemente muitas outras "noções-totens", cuja herança terá condicionado todo o desenvolvimento da disciplina: é o caso de *composizione, fantasia, giudizio, grazia, invenzione, maniera, moderno, natura, regola* etc. Todas essas noções são apresentadas — mas infelizmente muito pouco problematizadas — por R. Le Mollé em *G. Vasari et le vocabulaire de la critique d'art, op. cit.*

da arte (no sentido do genitivo subjetivo) havia chegado a seu estágio de mais alta perfeição, Vasari nos inventava a história da arte (no sentido do genitivo objetivo) para explicar em detalhe, retrospectivamente, o "progresso desse renascimento" (*il progresso della sua rinascita*) como uma evolução em três fases (*età*), sendo que cada uma correspondia por metáfora a uma etapa da vida humana e começava, via de regra, com o início de um novo século. Em 1260 renascia a criança; a partir de 1400 se constituíam o vigor dos gênios e o enunciado explícito das verdadeiras "regras da arte"; a partir de 1500, os grandes mestres levavam o enunciado ao triunfo, usando as regras com a mais perfeita liberdade.[46] Convém repetir aqui que a história da arte (a disciplina) nasceu com a ideia de um progresso — *progresso* ou *augmento*, segundo os termos empregados pelo próprio Vasari —, um progresso que a história da arte (a prática) teria demonstrado a partir desse proto-herói do Renascimento que foi o pintor Giotto:

> "Os pintores estão sob a dependência da natureza: ela lhes serve constantemente de modelo (*esempio*); eles aproveitam seus melhores e mais belos elementos para tentar copiá-la e imitá-la (*contraffarla ed imitarla*). É a Giotto, pintor de Florença, que devemos essa dependência. [...] Ele ressuscitou a arte da bela pintura [desde a Antiguidade] tal como a praticam os pintores modernos, introduzindo o retrato a partir do modelo natural (*introducendo il ritrarre di naturale le persone vive*)".[47]

---

[46] G. Vasari, *Le Vite*, IV, pp. 7-15 (*trad. cit.*, V, pp. 17-22). Cf. E. Panofsky, *La Renaissance et ses avant-courriers*, *op. cit.*, p. 31.

[47] G. Vasari, *Le Vite*, I, pp. 369 e 372 (*trad. cit.*, II, pp. 102 e 104). Aqui se reconhecerá a tese clássica segundo a qual "não teria havido história da arte sem a ideia de um *progresso* dessa arte através dos séculos". E. H. Gombrich, "The Renaissance Conception of Artistic Progress and its Consequences" (1952), *Norm and Form: Studies in the Art of the Renaissance*, I, Oxford, Phaidon, 1966, p. 10. Cf. igualmente *id.*, "Les idées de progrès et leur répercussion dans l'art" (1971), trad. de A. Lévêque, *L'écologie des images*, Paris, Flammarion, 1983, pp. 221-89. Por seu lado, E. Garin relativizou essa noção

E o exemplo citado aqui por Vasari não é senão o famoso retrato de Dante, "seu contemporâneo e amigo íntimo [...] poeta de uma celebridade comparável à de Giotto na pintura".[48] De saída, portanto, tudo é colocado: o prestígio liberal, "poético" e intelectual do ofício de pintor; mas também a ideia, que vai prosperar até os nossos dias, do valor paradigmático do *retrato* considerado como o padrão dos estilos artísticos em geral e mesmo como o critério do seu "progresso".[49] Compreende-se então que o Renascimento engendrado por Giotto, depois guiado por Masaccio e "divinamente" realizado por Michelangelo —, compreende-se que esse Renascimento tenha podido aparecer como a idade de ouro reencontrada da *semelhança*.

Isto já foi por demais repetido: o que renasce no Renascimento é a *imitação* da natureza. Essa é a grande noção-totem. É a deusa-mãe de todas as artes-mães, a divindade suprema dessa religião segunda que não queria mais ter o Outro absoluto como referência essencial do desejo, mas sim um "outro" muito relativo, um "outro" que devia tender constantemente ao "mesmo" que a palavra *mímesis* contém. A arte imita: todos parecem estar de acordo nesse ponto, sem levar muito em conta críticas de princípio às quais o conceito de imitação esteve exposto desde o início.[50] Em Vasari, porém, ele parece ser evidente:

---

ao mostrar as bases... medievais da *Rinascita* vasariana: E. Garin, "Giorgio Vasari e il tema della Rinascita", *Il Vasari storiografo e artista, op. cit.*, pp. 259-66.

[48] G. Vasari, *Le Vite*, I, p. 372 (*trad. cit.*, II, p. 404). Cf. A. Chastel, "Giotto coetaneo di Dante" (1963), *Fables, formes, figures*, Paris, Flammarion, 1978, I, pp. 377-86. Mas sobretudo E. H. Gombrich, "Giotto's Portrait of Dante?", *The Burlington Magazine*, CXXI, 1979, pp. 471-83.

[49] Uma frase de Hegel resume bem esse estado de espírito: "Os progressos da pintura [...] sempre se fizeram no sentido do retrato". G. W. F. Hegel, *Esthétique, op. cit.*, VII, p. 119.

[50] De fato, é sumário demais julgar a teoria platônica da *mímesis* como uma pura e simples rejeição da atividade artística em geral. Cf. J.-P. Vernant, "Image et apparence dans la théorie platonicienne de la Mimêsis" (1975),

"Sim, nossa arte é inteiramente imitação: da natureza em primeiro lugar, e depois das obras dos melhores artistas, porque lhe é impossível sozinha subir tão alto (*l'arte nostra è tutta imitazione della natura principalmente, e poi, perché da se non può salir tanto alto, delle cose che da quelli che miglior maestri di sè giudica sono condotte*)".[51]

Mas o slogan, tão logo pronunciado, já revela toda a sua fragilidade. A imitação certamente há de impor sua lei, governando e talvez até tiranizando seus súditos. Quem é ela, porém? Quem é ela, senão a deusa fantoche de um simulacro de sistema? Na *imitazione* do século XVI, é o compromisso filosófico que preside aos destinos da arte, escritos com obstinação tanto em história como nos *trattati d'arte*. Nada mais inabalável do que a imitação nessa "literatura de arte" do *Cinquecento*, no entanto nada mais fugaz — não propriamente inconsistente, mas inapreensível, luxuriante, proteiforme. A imitação no Renascimento é um *credo*, mas nem por isso um princípio unitário. Seria antes um operador extraordinariamente fecundo de multiplicações, transformações, arranjos de todo tipo. Uma palavra mágica, um "significante flutuante". Uma grande bolsa aberta a todos os ventos, uma cornucópia que Vasari revirou copiosamente, como tantos outros, para tirar dela tudo o que quisesse.[52]

Religions, histoires, raisons, Paris, Maspero, 1979, pp. 105-37. Pensemos também na teoria das *duas semelhanças* contraditórias em Plotino (*Ennéades*, I, 2, 1-2) ou na famosa teoria da imitação *dessemelhante* no Pseudo-Dionísio, o Areopagita. Para uma crítica contemporânea do conceito de imitação, cf. em particular J. Derrida, "Economimèsis", *Mimesis des articulations*, Paris, Flammarion, 1975, pp. 55-93; P. Lacoue-Labarthe, "Typographie", *ibid.*, pp. 165-270; *Id.*, *L'imitation des modernes* (*Typographies 2*), Galilée, Paris, 1986.

[51] G. Vasari, *Le Vite*, I, p. 222 (*trad. cit.*, I, p. 221).

[52] Cf. J. von Schlosser, *La littérature artistique, op. cit.*, pp. 336-7, que observa a propósito do conceito de imitação em Vasari: "A estética do nosso autor é incerta e inclinada às conciliações". Cf. igualmente J. Rouchette, *La Renaissance que nous a léguée Vasari, op. cit.*, pp. 73-97; R. Le Mollé, *G. Vasari et le vocabulaire de la critique d'art, op. cit.*, pp. 99-152.

O que era então imitar? Era submeter-se, igualar, ou era rivalizar na esperança de superar o que se imita ou até mesmo eclipsá-lo inteiramente? As indagações são clássicas, no entanto indicam duas ou três éticas contraditórias. Vasari, a exemplo dos seus contemporâneos, nunca deixou de afirmar a "dependência" mimética do artista em relação a seu modelo — e também a "igualdade" entre eles quando a ilusão é perfeita —, mas também a "supremacia" da obra imitativa quando nela se juntam *invenzione* ou *maniera*... Tratava-se no fundo, desde o século XV, de ganhar em todos os quadros, isto é, de promover *mímesis* sem perder *phantasia* — a faculdade imaginativa —, mesmo se no início as duas noções podiam parecer contraditórias.[53] É igualmente bem sabido que, à pergunta "*o que imitar?*", o Renascimento dava duas respostas muito diferentes que, no entanto, foram cuidadosamente entremeadas uma com a outra. A primeira enunciava que a arte só soube renascer ao recordar e imitar *a bela arte*, ou seja, a arte da Antiguidade; a segunda enunciava que a arte só era renascente se observasse e imitasse *a bela natureza*, sem a ajuda dos mestres. Mesmo se alguns autores apresentaram as coisas sob esse aspecto de exclusão, não foi muito difícil para outros sugerir que não havia aí senão duas maneiras de declinar o mesmo ideal.[54]

E afinal eles tinham realmente razão. Pois é do *idealismo* que tudo procedia. Imitar a bela natureza, segundo os humanistas do *Cinquecento*, não era senão fazer reviver os ideais da arte e do pensamento antigos; praticar a perspectiva e usá-la *con licenza* não era senão outra forma de obter o que a retórica de Cícero e Quintiliano ofereciam; promover o critério realista na ordem do visível não era senão outra forma de assegurar o poder das Ideias. Em

---

[53] Cf. M. Kemp, "From *Mimesis* to *Fantasia*: The *Quattrocento* Vocabulary of Creation, Inspiration and Genius in the Visual Arts", *Viator — Medieval and Renaissance Studies*, VIII, 1977, pp. 347-98.

[54] Cf. F. Ulivi, *L'imitazione nella poetica del Rinascimento*, Milão, Marzorati, 1959, pp. 62-74. Sobre as origens desse duplo sentido da imitação, cf. M. Baxandall, *Giotto and the Orators: Humanist Observers of Painting in Italy and the Discovery of Pictorial Composition, 1350-1450*, Oxford, Clarendon Press, 1971, pp. 34, 70-5, 97 e 118.

suma, a tirania do visível e a tirania da Ideia são as duas faces de uma mesma moeda. No horizonte de cada uma delas há a armadilha do ver ou do saber absolutos, há a armadilha da quididade. Não é por acaso que o famoso ensaio consagrado por Panofsky à história das teorias sobre a arte no Ocidente se chama *Idea*; ali ele mostrava, em particular, como a "visão da natureza" no Renascimento pôde se aplicar sem dano à "produção da Ideia".[55] Poderíamos então sugerir o paradoxo de que o *realismo* (não no sentido medieval, é claro, mas no sentido estético do termo) constitui o tom, o estilo, a retórica por excelência do idealismo metafísico no domínio das artes visuais. Um ajudando o outro a recoser suas falhas. Um confirmando o outro nessa grande mania triunfalista da *adæquatio*, da conformidade e do reflexo.

Não devemos nos surpreender de ver aqui realidades "artísticas" expressas em termos de filosofia do conhecimento. O termo *Ideia* já se presta a isso por si só, mas há mais ainda. Quando Vasari empregava a palavra, ele mesmo se mantinha naquele limite sutil no qual a história da arte (no genitivo subjetivo do seu valor prático) passa à história da arte concebida agora como uma atividade de conhecimento. *Idea* fornecia o meio mais geral para operar essa passagem: Vasari a dizia interna ao espírito, mas também "extraída da realidade" (*cavata dalla realtà*).[56] Mais tarde, Filippo Baldinucci definia a Ideia, no seu célebre *Vocabolario toscano dell'arte del disegno*, segundo o duplo parâmetro do "perfeito conhecimento" intelectual e da invenção artística:

"IDEIA, s.f. Perfeito conhecimento do objeto inteligível (*perfetta cognizione del'obbietto intelligibile*), adquirido e confirmado pela doutrina e pelo uso. — Nossos artistas (*i nostri artefici*) empregam essa palavra

---

[55] E. Panofsky, *Idea. Contribution à l'histoire du concept de l'ancienne théorie de l'art* (1924), trad. de H. Joly, Paris, Gallimard, 1983, p. 87. O que Panofsky nega nessa página é que a região assim definida pertença ainda à metafísica.

[56] Cf. R. Le Mollé, G. *Vasari et le vocabulaire de la critique d'art*, op. cit., pp. 114-6.

quando querem falar de uma obra muito original e bem inventada (*opera di bel capriccio, e d'invenzione*)".[57]

É preciso levar essas definições a sério e, em vez de separar seus níveis, tentar compreender a passagem, o deslocamento que elas operam. A história da arte nasceu com tais deslocamentos. Ela continua com muita frequência a praticá-los. Sua moeda usual seria assim essa moeda metafísica que, lançada no ar, brilha intensamente, mas nunca nos diz quem comanda, a Ideia ou o visível, cada face falando pela outra. Nunca Vasari responde claramente à pergunta *com o que se imita?* Quando responde: *com o olho*, o olho se legitima pela Ideia. Quando responde: *com o espírito*, o espírito se legitima pelo visível. Esse vínculo de dupla legitimidade é um vínculo metafísico. Ele também possui sua palavra mágica, sua palavra "técnica" capaz de operar todas as conversões, todas as passagens: é a palavra *disegno*.

[A quarta palavra mágica: *disegno*. Onde a arte se legitima enquanto objeto unificado, prática nobre e conhecimento intelectual. A metafísica de Federico Zuccari. Onde a história da arte cria a arte à sua própria imagem]

Disegno, em Vasari, serve antes de mais nada para *constituir a arte como um objeto unitário*, ou mesmo como um assunto independente ao qual ele forneceria, por assim dizer, o princípio de uma identificação simbólica. "Sem ele nada existe", escreve Vasari; e ele esclarece, na abertura à sua grande *Introduzzione alle tre arti del disegno*, que o desenho é o "pai de nossas três artes — arquitetura, escultura e pintura", isto é, o princípio da unidade delas, princípio estritamente *genérico*.[58] É ele que informa e fecunda a deusa-mãe — a imitação — para dar vida a essa ninhada de três deusas que se destacam nas gravuras das *Vidas* como três Parcas que tecem o destino da arte reunificada... Certamente não falta-

---

[57] F. Baldinucci, *Vocabolario toscano dell'arte del disegno* (1681), Florença, SPES, 1975, p. 72.

[58] G. Vasari, *Le Vite*, I, pp. 168 e 213 (*trad. cit.*, I, pp. 149 e 206).

ram, antes de Vasari, textos para sublinhar o valor fundamental do *disegno*.[59] Mas ninguém antes dele havia afirmado com tanta força e solenidade que o desenho podia ser o denominador comum de tudo aquilo que chamamos "arte". Há assim, na operação vasariana, um ato de batismo: doravante não se diz mais *as artes*, diz-se *as artes do desenho*. Operação carregada de consequências, como se percebe, pois ela terá determinado toda a visão da história em Vasari — e, portanto, a unidade daquilo que a história da arte chama ainda hoje de *as belas-artes*.[60]

Seria forçado isolar a noção de *disegno* dentro do quadro puro e simples das disputas acadêmicas sobre o desenho inimigo da cor, ou sobre a precedência reivindicada por cada uma das três "artes maiores" contra as outras duas. A palavra *acadêmico* se emprega hoje adjetiva e pejorativamente, mas não se deve esquecer a profunda realidade social das academias de arte no *Cinquecento*, no interior das quais os debates em questão, os *paragoni*, têm apenas um valor de efeito (mesmo se o efeito só é feito para pro-

---

[59] Cf. L. B. Alberti, *De Pictura*, *op. cit.*, II, 31, pp. 52-4; L. Ghiberti, citado por P. Barocchi, *Scritti dell'arte del Cinquecento*, Milão, Ricciardi, 1971-1977, II, p. 1899: "Il disegno è il fondamento e teorica di queste due arti" (a pintura e a escultura)...

[60] Eis o que escreve, por exemplo, E. Panofsky, "Le feuillet initial du Libro de Vasari", *art. cit.*, pp. 177-8: "Além disso ele estabeleceu a tese que nos parece evidente: a unidade interna do que chamamos as artes visuais ou, de maneira ainda mais concisa, as belas-artes. [...] Nunca foi abalado em sua convicção de que todas as belas-artes se fundam no mesmo princípio criador e, portanto, se submetem a um desenvolvimento paralelo". Cf. igualmente P. O. Kristeller, "The Modern System of the Arts: A Study in the History of Aesthetics", *Journal of the History of Ideas*, XII, 1951, pp. 496-527. Sobre o *topos* do desenho como princípio de todas as artes, cf. P. Barocchi, *Scritti d'arte del Cinquecento*, *op. cit.*, II, pp. 1897-2118, que cita textos de A. F. Doni, F. de Hollande, B. Cellini, A. Allori, R. Borghini, G. P. Lomazzo, G. B. Armenini, R. Alberti, F. Zuccari... Cf. também *id.*, *Trattati d'arte del Cinquecento*, Bari, Laterza, 1960-62, I, pp. 44-8 (B. Varchi) e pp. 127-9 (P. Pino). E, enfim, o catálogo da exposição *Firenze e la Toscana dei Medici nell'Europa del Cinquecento: il primato del Disegno*, Florença, Edizioni Medicee, 1980, em que L. Berti fala do desenho como de um "arquétipo" (p. 38).

duzir consequências). Por se oferecer enquanto denominador comum das três "artes do desenho", o *disegno* funcionava certamente como um critério possível de diferenciação em tais debates. Mas antes disso, e de modo mais fundamental, ele serviu para *constituir a arte como uma prática nobre*, coerente, uma prática intelectual e "liberal" — isto é, apta a liberar o espírito da matéria — e, finalmente, uma prática específica, "desinteressada". A *Accademia del Disegno*, fundada em Florença em 1563 segundo o modelo da academia literária dirigida por Benedetto Varchi, pode ser considerada como obra exclusiva de Vasari.[61] Ela não é a única, longe disso, pois cerca de duas mil e duzentas academias foram criadas na Itália entre o século XV e o XVI; mas foi certamente a mais célebre. E forma um casal com o grande empreendimento das *Vidas*. Inaugura definitivamente a era das belas-artes, isto é, das artes "principais" — arquitetura, escultura, pintura — consideradas na sua unidade social e no seu caráter comum de artes liberais.

Mas a unidade da arte não ocorre sem uma cisão, assim como a imortalidade histórica da arte não ocorria sem a morte de alguma outra coisa. Vasari matara a Idade Média para melhor imortalizar o Renascimento; também consagraria a cisão das *artes maiores* e das *artes menores* — ou seja, inventaria ou reinventaria a distinção entre arte e artesanato — para salvar a aristocracia das três *arti del disegno*. É na embriaguez triunfal desse fenômeno acadêmico que um pintor como Giovanni Battista Paggi pôde pen-

---

[61] Cf. N. Pevsner, *Academies of Art: Past and Present*, Cambridge, Cambridge University Press, 1940, pp. 42-55; A. Chastel, *Art et humanisme à Florence au temps de Laurent le Magnifique: études sur la Renaissance et l'humanisme platonicien*, Paris, PUF, 1959 (2ª ed., 1961), pp. 514-21, que associa com razão a era das academias com o "sentimento de uma história realizada" (p. 521, nota), a saber, o sentimento de entrar na era da História da Arte; A. Nocentini, *Cenni storici sull'Accademia delle Arti del Disegno*, Florença, ITF, 1963; A. Hughes, "An Academy of Doing, I: The Accademia del Disegno, the Guilds and the Principates in Sixteenth Century Florence", *Oxford Art Journal*, IX, 1, 1986, pp. 3-10; S. Rossi, *Dalle botteghe alle accademie*, *op. cit.*, pp. 146 e 162-181. Sobre as relações de Vasari com a *Accademia Fiorentina*, cf. M. D. Davis, "Vasari e il mondo dell'Accademia fiorentina", *G. Vasari. Principi, letterati e artisti*, *op. cit.*, pp. 190-4.

sar em eliminar os riscos da decadência artística com a proibição do exercício da pintura a todos os que não eram de sangue nobre.[62]

Para além de tais extremos, evidentemente isolados, a grande questão continuava sendo a seguinte: a noção de *disegno* devia permitir fundar a atividade artística como atividade "liberal", e não mais artesanal, porque a palavra *disegno* era tanto uma palavra do espírito quanto uma palavra da mão. Portanto, *disegno* servia enfim para *constituir a arte como um campo de conhecimento intelectual*. Para compreender a amplitude de tal programa, é preciso voltar às frases solenes e alambicadas que abrem o capítulo dedicado à pintura, na famosa *Introduzzione alle tre Arti del Disegno*:

> "Procedendo do intelecto (*procedendo dall'intelletto*), o desenho, pai de nossas três artes — arquitetura, escultura e pintura —, extrai a partir de coisas múltiplas um julgamento universal (*cava di molte cose un giudizio universale*). Este é como uma forma ou ideia de todas as coisas da natureza (*una forma overo idea di tutte le cose della natura*), sempre muito singular em suas medidas. Quer se trate do corpo humano ou do dos animais, de plantas ou de edifícios, de esculturas ou de pinturas, conhece-se a proporção que o todo mantém com as partes, e a das partes entre si e com o todo (*cognosce la proporzione che ha il tutto con le parti e che hanno le parti fra loro e col tutto insieme*). E desse conhecimento (*cognizione*) nasce um certo conceito ou julgamento (*concetto e giudizio*) que forma no espírito essa coisa, a qual, expressa a seguir com as mãos (*poi espressa con le mani*), se chama o desenho. Pode-se daí concluir que esse desenho não é senão a expressão aparente e a declaração do conceito que se possui no espírito (*una apparente espressione e dichiarazione del concetto che si ha nell'animo*), ou daquilo que outros imaginaram no seu espírito e fa-

---

[62] Cf. G. Bazin, *Histoire de l'histoire de l'art*, op. cit., p. 18.

bricaram na ideia (*nella mente imaginato e fabricato nell'idea*). [...] Seja como for, o desenho, quando extrai a invenção de uma coisa a partir do julgamento (*quando cava l'invenzione d'una qualche cosa dal giudizio*), tem necessidade de que a mão seja dirigida e tornada apta — através do estudo e do exercício de muitos anos — a desenhar e a exprimir bem (*disegnare e esprimere bene*) todas as coisas que a natureza criou, seja com a pena, o buril, o carvão [o lápis de carvão], a pedra [o creiom] ou qualquer outro meio. De fato, quando o intelecto produz com julgamento conceitos purificados (*quando l'intelletto manda fuori i concetti purgati e con giudizio*), essas mãos, exercitadas durante tantos anos no desenho, fazem conhecer a perfeição e a excelência das artes, e ao mesmo tempo o saber do artista (*il sapere dell'artefice*)".[63]

Um texto como esse poderia evidentemente suscitar amplos comentários filológicos e teóricos. Limitemo-nos a sublinhar aqui sua estrutura ao mesmo tempo circular e contraditória. Circular porque Vasari nos apresenta a arte da pintura progredindo do conhecimento ao conhecimento e do intelecto ao intelecto, ou seja, do desenho concebido como *procedendo dall'intelletto* ao desenho concebido como *sapere dell'artefice*. Contraditória porque num caso o desenho é definido como a extração universalizante de um julgamento a partir das coisas naturais e sensíveis (*cava di molte cose un giudizio universale*), enquanto no outro é definido como a expressão singularizante desse mesmo julgamento: sua expressão justamente sensível e aparente (*apparente espressione*), mediatizada pelo trabalho manual (*espressa con le mani*). Num caso, portanto, o desenho nos terá dado o caminho para nos extrairmos do mundo sensível em direção aos "conceitos purificados" do entendimento (*concetti purgati*); no outro, nos terá dado o caminho para

---

[63] G. Vasari, *Le Vite*, I, pp. 168-9 (*trad. cit.*, I, pp. 149-50, bastante modificada, pois aqui particularmente infiel ao vocabulário vasariano).

nos extrairmos do julgamento puro e "expressá-lo", não obstante, por meio do "carvão" ou da "pedra"...

Poderíamos imaginar Vasari reivindicando claramente sua posição filosófica instável, e valendo-se de sua própria prática de pintor para refutar que haja na pintura um dualismo qualquer do sensível e do inteligível. Ele teria então tocado, nessa hipótese, o cerne de um verdadeiro problema. Mas não é o que ele faz, preocupado demais em fundir sua noção do desenho nas categorias intelectuais do seu tempo, preocupado demais com as hierarquias que não deseja suprimir, mas apenas deslocar. Assim ele se arranja com a circularidade e a contradição das suas teses sobre o desenho elaborando compromissos e operações "mágicas" nas quais circularidades e contradições saberão se conciliar. De fato, *disegno* é para ele uma palavra *mágica*, primeiro por ser uma palavra polissêmica, antitética, infinitamente manejável. É quase um significante flutuante — e Vasari não se priva de utilizá-lo como tal. Nos dezoito longos parágrafos que abrange hoje a análise da palavra no *Grande dizionario della lingua italiana*, oito declinam a lista dos sentidos "concretos" e dez a dos sentidos "abstratos", o conjunto recobrindo o que a língua francesa denota com os vocábulos *dessin* [desenho] e *dessein* [desígnio], outrora idênticos.[64] Temos aqui um primeiro elemento para compreender a extensão prodigiosa da palavra *disegno* na semântica vasariana.

É uma palavra descritiva e uma palavra metafísica. É uma palavra técnica e uma palavra ideal. Aplica-se à mão do homem, mas também a sua *fantasia* imaginativa, e igualmente a seu *intelletto*, e ainda a sua *anima* — para finalmente se aplicar ao Deus criador de tudo. Procede do vocabulário de ateliê, no qual designa a forma obtida sobre um suporte pelo lápis de carvão ou pelo creiom do artista; designa também o esboço, a obra em gestação, o projeto, o esquema composicional ou o traçado das linhas de força. Exprime a regra que preside a toda essa técnica, a *buona regola* do pintor, a que permite a *retta misura*, a *grazia divina* do

---

[64] Cf. S. Battaglia, *Grande dizionario della lingua italiana*, IV, Turim, UTET, 1966, pp. 653-5.

traço — em suma, o *disegno perfetto*... O vocabulário das *Vidas*, submetido à progressão ideal das "três idades do desenho", constantemente se amplifica, se eleva. A regra da arte torna-se-á lei da natureza. O efeito visível, causa inteligível. E, sempre sob a autoridade da mesma palavra mágica, a forma produzida sobre o suporte tornar-se-á a forma dos filósofos, isto é, a *Idea* (isto é, a negação de todo suporte material).[65]

Nesse ponto, aliás, Vasari invertia sutilmente — ou melhor, sub-repticiamente — o sentido de uma passagem do velho *Libro dell'arte*, na qual Cennino Cennini aconselhava seu discípulo a praticar durante um ano o desenho com grafite (*istil di piombo*), para a seguir poder "praticar o desenho a pena" (*praticare il disegno con penna*), "conduzindo" os claros, os semitons e as sombras pouco a pouco (*conducendo le tue chiare, mezze chiare e scure, a poco a poco*)... Tudo isso visando fazer do discípulo um experto da prática, um "experto prático", ele dizia (*sperto, pratico*), no qual o trabalho seria "capaz de fazer entrar muito desenho na cabeça" (*capace di molto disegno entro la testa tua*).[66] Compreendemos: o que em Cennini era prática material capaz de investir a cabeça do pintor, torna-se em Vasari um conceito ideal que se forma no intelecto para investir sensivelmente, sob uma *apparente espressione*, o subjétil[67] do pintor. Vasari, como homem do ofício, nunca buscou ocultar o sentido técnico do *disegno* — isso

---

[65] Cf. J. Rouchette, *La Renaissance que nous a léguée Vasari*, op. cit., pp. 79-97; G. De Angelis d'Ossat, "*Disegno* e *invenzione* nel pensiero e nelle architetture del Vasari", *Il Vasari storiografo e artista*, op. cit., pp. 773-82; R. Le Mollé, G. *Vasari et le vocabulaire de la critique d'art*, op. cit., pp. 184-5, 193 etc.

[66] C. Cennini, *Il Libro dell'arte o trattato della pittura*, XIII, F. Tempesti (org.), Milão, Longanesi, 1984, p. 36; trad. fr. de V. Mottez, *Le livre de l'art*, Paris, De Nobele, 1982, pp. 10-11. É sintomático que nesse ponto preciso o tradutor tenha cometido um contrassenso que poderíamos qualificar de pós-vasariano: ele faz o desenho *sair da cabeça* do discípulo, quando Cennini diz o contrário.

[67] No original, *subjectile*, conceito que na obra de Didi-Huberman aponta para a interface entre um suporte, uma superfície e uma subjetividade. (N. do T.)

se lê em cada página que ele consagra às obras dos seus pares. Mas ele inverteu as ordens de inferência, indo do sujeito ao subjétil e não mais do subjétil ao sujeito, subsumindo o desenho como prática no desenho como conceito... nunca dizendo claramente onde, quando e por que faz isso. Então não sabemos mais se Vasari nos fala, no *disegno*, do signo gráfico ou da ideia; não sabemos mais se ele fala de um significante ou de um significado, ou de alguma outra coisa. Sentimos apenas que vêm se instalar, no discurso sobre a arte, os equívocos de um velho idealismo mágico.

Trata-se, mais fundamentalmente, dessa antiga magia que se chama *mímesis*. De fato, o desenho em Vasari coincide exatamente com a extensão semântica da imitação; é como que o seu vocábulo especificado ou instrumental. Se a deusa-mãe tivesse que possuir um atributo ou uma arma favorita, seria a ponta que sabe desenhar. Nada se fará de bom nas artes, escreve Vasari, "sem o recurso constante ao desenho a partir do modelo ou estudando os mestres excelentes e as estátuas antigas".[68] E todas as discussões críticas sobre o emprego da cor, a fatura da luz ou o critério tão importante da *unione* serão referidos, num momento ou noutro, ao paradigma soberano do *disegno*.[69] Pois é realmente como paradigma soberano que o desenho vai reinar, por muito tempo, nos espíritos: ele dará a todas as práticas de pigmentos triturados, blocos desbastados ou paredes trabalhadas o prestígio da Ideia. Ideia do princípio e Ideia do fim: isso já se dizia no tempo em que Vasari compunha sua obra.[70] E continuaria sendo dito na esteira das *Vidas* e das *Accademie del Disegno*, tanto em grandes tratados como em fórmulas lapidares:

[68] G. Vasari, *Le Vite*, I, p. 172 (*trad. cit.*, I, p. 155).

[69] Cf. R. Le Mollé, *G. Vasari et le vocabulaire...*, *op. cit.*, pp. 28, 43-60, 106 etc.

[70] Cf., por exemplo, a célebre "sentença" de Benedetto Varchi: "Todos admitem hoje que há um mesmo e único fim para essas duas artes [a pintura e a escultura], a saber, uma imitação artificiosa da natureza, mas também que elas têm um mesmo e único princípio, a saber, o desenho", citado por P. Barocchi, *Scritti d'arte*, *op. cit.*, II, p. 1899. Lembremos ainda que em 1549 foi publicado em Veneza o *Il Disegno* de A. F. Doni.

"DESENHO, s.m. Forma expressa a partir de todas
as formas inteligíveis e sensíveis, que dá luz ao intelecto
e vida às operações práticas".[71]

Onde chegamos então, ao cabo desse longo excurso vasariano? Chegamos ao ponto em que o discurso sobre a arte parece ter conseguido nomear o *princípio* vital do seu objeto, utilizando para isso os conceitos filosóficos do intelecto e da forma ou Ideia — magicamente instrumentalizados pelo vocábulo *disegno*. Chegamos assim ao ponto em que a arte, no discurso da sua história, parece ter reconhecido seu verdadeiro desígnio e formulado seu verdadeiro destino através dos termos de uma filosofia do conhecimento. Mas nesse meio-tempo se produziu um fenômeno estranho, talvez devido ao fato de os artistas famosos, reunidos em academias, elaborarem eles próprios esse novo campo que se chamará a história da arte: produziu-se um longo recobrimento do objeto sobre o sujeito e do sujeito sobre o objeto. De seu objeto de estudo, a disciplina quis arrogar-se o prestígio; ao fundá-lo intelectualmente, quis regê-lo. Quanto ao *saber sobre a arte* cujo campo ela abria, ele passou a considerar apenas, a aceitar apenas uma arte *concebida como saber*, como adequação do visível e da Ideia, denegação de suas potências visuais e sujeição à tirania do "desenho". A arte era menos reconhecida como um objeto pensante — o que ela sempre fora — do que como um objeto *de* saber, todos os genitivos confundidos.

Um sintoma marcante e quase excessivo desse movimento pode ser lido num texto publicado quarenta anos após a edição *giuntina* das *Vidas* de Vasari. Foi escrito por Federico Zuccari, irmão do pintor Taddeo, na esfera de influência explicitamente

---

[71] "DISEGNO, m. Forma espressa di tutte le forme intelligibili e sensibili, che dà luce all'intelletto e vita alle operazioni pratiche." R. Alberti, *Origini e progresso dell'Accademia del Disegno de' Pittori, Scultori e Architetti di Roma* (1604), citado por P. Barocchi, *Scritti d'arte, op. cit.*, II, p. 2.056. Cf. igualmente F. Baldinucci, *Vocabolario, op. cit.*, p. 51.

reivindicada da *Accademia del Disegno* de Roma.[72] Longe de adotar a prudência de um Paleotti que, na sua definição da imagem, opunha um *concetto interno* à sua realização sensível chamada *disegno esterno*,[73] Zuccari radicaliza a soberania do próprio *disegno*, desdobrando todo um arsenal teórico a fim de estabelecer a noção "*con ordine filosofico*".[74] É uma verdadeira gnoseologia que se estabelece então — e não uma estética ou uma fenomenologia. Ela invoca a autoridade de Aristóteles, promete explicar o "nome" do desenho, sua definição, suas propriedades, suas espécies, sua necessidade. Distinguindo o *disegno esterno* do *disegno interno*, justificava a primazia do segundo através dos critérios da Ideia clara e distinta. *Disegno* e *Idea* coincidiam assim inteiramente: "Se não utilizo o nome *intenção*, como fazem os lógicos e os filósofos, ou *modelo* ou *ideia*, como o fazem os teólogos, é porque falo enquanto pintor e me dirijo principalmente aos pintores, escultores e arquitetos, a quem o conhecimento e o auxílio do desenho é necessário para poder operar bem".[75]

Mas esse apelo ao ofício de pintor não deve enganar quanto à radicalidade do conceito. *Disegno*, daí por diante, não diz mais a ideia expressa na mão ou o inteligível no sensível. Diz a Ideia simplesmente, ele é essa Ideia que subsome tanto a intenção do pintor quanto seu ato de pintar. Zuccari, portanto, vai bem além de Vasari. Aliás, ele lhe censura o "grave erro" de ter falado do

---

[72] F. Zuccari, *Idea de' pittori, scultori et architetti* (1607), D. Heikamp (org.), Florença, Olschki, 1961, e citado em P. Barocchi, *Scritti d'arte*, *op. cit.*, II, p. 2062. Cf. S. Rossi, "Idea e accademia. Studio sulle teorie artistiche di Federico Zuccari. I, Disegno interno e disegno esterno", *Storia dell'Arte*, XX, 1974, pp. 37-56. Para o texto de Zuccari em português, ver os volumes 1 e 3 da coleção *A pintura*, São Paulo, Editora 34, 2004.

[73] G. Paleotti, *Discorso intorno alle imagini sacre e profane* (1582), P. Barocchi (org.), *Trattati d'arte*, *op. cit.*, II, pp. 132-49 ("Che cosa noi intendiamo per questa voce *imagine*").

[74] F. Zuccari, *Idea de' pittori*, *op. cit.*, pp. 2.063-4.

[75] *Id., ibid.*, p. 2.065. Ele reivindica mais adiante a equivalência do *disegnare* e do *intendere* (p. 2.066). Essa passagem foi comentada por E. Panofsky, *Idea*, *op. cit.*, pp. 107-8.

desenho como de algo que pudesse ser adquirido pela prática... Se o desenho é Ideia, então é inato: com isso será compreendido como uma faculdade da alma ou como um *a priori*. Ele não ajuda o artista (*non pur aiuta l'artefice*), já que é a causa mesma da arte enquanto tal (*ma è causa dell'arte istessa*).[76] E nessa lógica da conversão metafísica, que demonstraria todas as suas ambiguidades se fosse lida de perto, o *disegno* acaba sendo reconhecido como o que há de comum ao homem, ao anjo e a Deus: uma espécie de alma. E assim Zuccari soletrará a palavra "desenho" escrevendo--o DI-SEGN-O e recompondo-o como "*segno di Dio*", o signo de Deus. "Isso é bastante claro por si mesmo", ele concluirá — acrescentando de maneira bastante ousada que o desenho é por si só "quase uma outra divindade criada" (*quasi... un altro nume creato*), criada por Deus para melhor se significar entre anjos e homens.[77] Dez atributos metafísicos completam o sistema:

"Os dez atributos do Desenho interno e externo: 1. Objeto comum interno de todas as inteligências humanas. — 2. Termo último de todo conhecimento humano acabado. — 3. Forma expressiva de todas as formas intelectivas e sensíveis. — 4. Modelo interno de todos os conceitos e de todas as coisas produzidas pela arte. — 5. Quase uma outra divindade, uma outra natureza naturante, na qual vivem as coisas produzidas pela arte. — 6. Uma faísca ardente da divindade em nós. — 7. Luz interna e externa do intelecto. — 8. Primeiro motor interno, princípio e fim de nossas operações. — 9. Alimento e vida de toda ciência e de toda prática. — 10. Crescimento de toda virtude e aguilhão da glória, pelos quais são finalmente trazidos ao homem todos os benefícios da arte e da indústria humanas".[78]

---

[76] F. Zuccari, *Idea de' pittori, op. cit.*, pp. 2.074, 2.080-1.

[77] *Id., ibid.*, pp. 2.068-70 e 2.107-18.

[78] O texto será retomado por R. Alberti, *Origini e progresso dell'Accademia del Disegno, op. cit.*, p. 2.060-1.

O sistema, de fato, parece acabado ou pelo menos constituído. Nada lhe falta, nem mesmo "o aguilhão da glória" e um retorno à obediência cortesã em relação às artes figurativas.[79] Mas sobretudo algo se constituiu, no cadinho mítico do Renascimento: é o lugar-comum do que se entende em geral pelo termo *belas-artes*, termo formulado no momento preciso — como aposta inicial e como sua consequência — em que se inventava o discurso da *história da arte*. Sendo simultaneamente religião segunda, retórica da imortalidade e fundação de um saber, a história da arte constituía assim seu objeto, *a arte*, no mesmo movimento em que este se constituía enquanto tema [*sujet*] de discurso. Uma religião segunda na qual o inteligível descia ao sensível e o subsumia pela operação mágica do *disegno*; uma retórica da imortalidade na qual o artista se reunia aos semideuses no céu da *eterna fama*; enfim a fundação de um saber, esse *sapere dell'artefice* que fora preciso justificar, tornar inteligível, inteligente, "liberal". Assim a história da arte criou a arte à sua imagem — sua imagem específica, especificada, sua imagem triunfal e fechada.

[79] S. Rossi, "Idea e accademia", *op. cit.*, p. 55, observa com razão de que maneira, ao cabo de todo esse grandioso movimento, Zuccari recoloca as artes figurativas no regaço da Igreja, do Estado e mesmo do Exército.

3.
A HISTÓRIA DA ARTE
NOS LIMITES DA SUA SIMPLES RAZÃO

[Os fins que Vasari nos legou. A simples razão, ou como o discurso inventa seu objeto]

A origem não é apenas o que teve lugar uma vez e nunca mais terá lugar. É também — e mesmo mais exatamente — o que no presente nos volta como de muito longe, nos toca no mais íntimo e, como um trabalho insistente do retorno, mas imprevisível, vem trazer seu sinal ou seu sintoma. Por intervalos, mas se aproximando sempre mais do nosso presente — nosso presente obrigado, sujeito, alienado à memória.[1] Assim seria um engano acreditar-nos definitivamente liberados, quando fazemos história da arte hoje, dos fins inerentes a esse discurso quando esse discurso se inventava. Vasari, por mais distante que esteja de nossas preocupações manifestas, nos legou *fins*, os fins que ele atribuía, por boas ou más razões ou irrazões, ao saber que traz o nome de história da arte. Ele nos legou o fascínio pelo elemento biográfico, a imperiosa curiosidade em relação a essa espécie de indivíduos "distintos" — em todos os sentidos do termo — que são os artistas, a ternura excessiva ou, ao contrário, a mania do julgamento clínico quanto a seus menores atos e gestos. Legou-nos a dialética das regras e de suas transgressões, o jogo sutil da *regola* e dessa *licenza* que poderá, conforme o caso, ser dita a pior ou a melhor.

Mais fundamentalmente, como vimos, Vasari nos sugeriu que arte pôde um dia (e esse "dia" se chamava Giotto) *renascer* das suas cinzas; que ela pôde, portanto, *morrer* (nessa longa noite cha-

---

[1] Sempre segundo a bela fórmula de P. Fédida, "Passado anacrônico e presente reminiscente", *art. cit.*

mada Idade Média); e que ela trazia em si, como sua condição essencial, correr sempre o risco de uma nova morte para além dos seus êxitos mais altos. Entre Renascimento e morte segunda, Vasari interpunha, para tudo salvar e tudo justificar, uma problemática nova da *imortalidade*: imortalidade construída, declinada em voz alta por um novo anjo da ressurreição que se nomeou ele próprio o Historiador da Arte (*fig. 3*). Na mão do anjo resplandecia uma tocha — e através dela esse conceito essencial a toda a problemática vasariana: a *fama eterna*, a eterna Renomada que, em duas simples palavras conjugadas, já enunciava a conivência de ideais éticos, cortesãos, políticos, e de ideais metafísicos, gnoseológicos, que davam fundamento a esse novo saber sobre a arte.

De tudo isso somos herdeiros. Direta ou indiretamente. Quando lançamos um olhar sobre a longa duração do fenômeno "história da arte", quando nos interrogamos globalmente sobre sua prática, não podemos senão ficar impressionados pelo movimento contínuo e pela insistência dos seus *fins*. O fascínio pelo elemento biográfico permanece intacto; manifesta-se hoje pela obsessão monográfica e pelo fato de que a história da arte se apresenta ainda em grande parte como uma história dos artistas — as obras sendo em geral convocadas mais como ilustrações que como objetos para o olhar e a interrogação. A mania do julgamento clínico encontrou num uso impróprio da psicopatologia ou da psicanálise seu novo campo de aplicação. O jogo binário das regras e das transgressões tampouco foi abandonado: os padrões estilísticos se formam ao longo dos discursos, e a *licença* coloca os maus pintores embaixo, os gênios no alto. Na amplitude dessas diferenças reina uma escala de *valores* tão palpáveis que eles rapidamente podem se traduzir em "cotação" e em moeda de troca. Portanto, os ideais cortesãos da história vasariana não desapareceram: tornaram-se ideais — mas também realidades, "necessidades", como dizem — de ordem mercantil. Falta uma sociologia ou mesmo uma etnologia recente de toda essa população que faz a arte "viver", entre a sala de vendas e a galeria de arte, o prestígio privado e o museu público, entre o tráfico e a sociedade erudita.[2] Nada disso impedindo o fluxo e o

---

[2] Cf., no entanto, os estudos de R. Moulin, *Le marché de la peinture en*

refluxo perpétuos da "morte da arte" e do seu "renascimento". Sejam motivos de satisfação ou de inquietação, esses ideais estão presentes nos discursos hoje pronunciados em toda parte sobre a arte e a cultura em geral. Os ideais foram talvez invertidos; mas inverter uma metafísica não é revertê-la — é até mesmo, num certo sentido, recuperá-la.

No entanto esse modelo de continuidade permanece muito vago e ainda não explica grande coisa. O originário volta sempre — mas não volta *simplesmente*. Ele usa de desvios e de dialéticas, que têm suas próprias histórias e suas estratégias. Se nos interrogamos hoje sobre nossos próprios atos de historiadores da arte, se nos perguntamos seriamente — e é o que devemos fazer sempre — *a que preço se constitui a história da arte que produzimos*, então devemos interrogar nossa própria razão bem como as condições de sua emergência. Essa seria, repito, a tarefa de uma história *problemática* da história da arte; ainda não chegamos lá. Mas podemos ao menos esboçar um movimento. Podemos ao menos assinalar, a título de sintoma eletivo, de que maneira seu inventor, Vasari, foi lido, seguido, criticado, invertido talvez, e talvez posto de novo em pé por seus melhores filhos. Não se trata de fazer aqui a fortuna crítica do primeiro grande historiador da arte: seria retomar a ideia ingênua, no fundo vasariana, de que são os homens, os historiadores da arte, que fariam sozinhos a história da sua disciplina... Trata-se antes de seguir os meandros de um problema bem mais difícil e fundamental, que diz respeito aos *poderes de invenção de um discurso sobre o objeto que ele pretende descrever*. Todo campo de saber se constituiu imaginando-se terminado, "vendo-se" possuir inteiramente a suma do saber que ainda não possui e para o qual se constitui. Ele se constitui, portanto, votando-se a um ideal. Mas, ao fazer isso, arrisca-se também a votar seu objeto ao ideal em questão: sujeita o objeto a esse ideal, imaginan-

---

France, Paris, Minuit, 1967 (reed. 1989); P. Bourdieu, "Le marché des biens symboliques", *L'Année Sociologique*, XXII, 1971, pp. 49-126; H. S. Becker, *Les mondes de l'art* (1982), trad. de J. Bouniort, Paris, Flammarion, 1988 (que dedica um capítulo aos "estetas" e aos "críticos", mas não aos historiadores da arte).

do-o, vendo-o ou prevendo-o — em suma, dando-lhe forma e inventando-o por antecipação. Assim talvez não seja exagerado dizer que a história da arte começou, no século XVI, por criar a arte à sua própria imagem, para poder ela mesma se constituir enquanto discurso "objetivo".

Essa imagem mudou? Escapamos dela? E, sobretudo: saímos, podemos sair de tal processo de invenção *especular*? A resposta a essa pergunta deveria passar pela escuta atenta do *tom* adotado pela história da arte — a que ainda nos forma — em relação a seu objeto. Ora, o movimento que se esboça na história é o de uma dialética pela qual as coisas só foram negadas ou invertidas para serem *vertidas novamentes* a seguir no regaço de uma mesma síntese — ou melhor, no regaço de um mesmo processo abstrato da síntese, quaisquer que tenham sido seus conteúdos explícitos. Pois é o movimento implícito de uma *simples razão* (não tão simples em realidade, mas espontaneamente mantida) que gostaríamos agora de interrogar.

[Metamorfoses da tese vasariana, emergências do momento da antítese: o tom kantiano adotado pela história da arte]

Ninguém ignora o imenso sucesso que seguiu a publicação das *Vidas* de Vasari. Não foi apenas um sucesso mundano ou de circunstância. Foi um ponto estrutural de transformação, o estabelecimento duradouro de um tipo de discurso cujas premissas fundamentais não seriam postas em dúvida por ninguém até o século XVIII, seja na Espanha, na Alemanha ou mesmo na Holanda. A famosa "polaridade" da Itália e dos Países Baixos, analisada por Panofsky,[3] existe talvez na arte, na história *da* arte no sentido do genitivo subjetivo; não existe na história da arte compreendida no sentido "objetivo" do discurso feito sobre a arte. Assim Vasari inspirou tanto Carel Van Mander quanto Francisco Pacheco e Joachim von Sandrart.[4] Mesmo quando os meios acadêmicos fran-

---

[3] Cf. E. Panofsky, *Early Netherlandish Painting: Its Origins and Character*, Cambridge, Harvard University Press, 1953, I, pp. 1-20.

[4] C. Van Mander, *Le livre des peintres* (1604), trad. de H. Hymans, Paris, Rouam, 1884-1885; F. Pacheco, *L'art de la peinture* (1649), trad. de

ceses criticaram no século XVII o componente narrativo da história vasariana, foi apenas para radicalizar um pensamento normativo vindo diretamente da *Introduzzione alle tre Arti del Disegno* e da concepção humanista da arte em geral: concepção na qual *Mímesis* já andava de mãos dadas com *Idea*, na qual a tirania do visível — a tirania da semelhança e do aspecto congruente — soubera perfeitamente se exprimir nos termos abstratos de uma verdade de ideia ou de uma verdade ideal, de um *disegno interno* do Verdadeiro ou de um ideal de Beleza... tudo isso devendo fatalmente resultar no mesmo, refiro-me ao *Mesmo* enquanto autoridade metafísica comum.[5]

Essa continuidade, esse sentido comum se verificam, por exemplo, no famoso livrinho de Charles Batteux, publicado em 1747, e que se intitula *Les Beaux-Arts réduits à un même príncipe* [As belas-artes reduzidas a um mesmo princípio] — este sendo evidentemente enunciado sob o título da imitação, como se lia em todos os *proemii* vasarianos.[6] Lá onde Vasari proclamava, no tom do entusiasmo prático e da certeza compartilhada: "Sim, nossa arte é inteiramente imitação", Batteux encarecia, valendo-se da autoridade de Aristóteles, a universalidade absoluta do princípio em questão. Lá onde Vasari propunha, em resposta à interrogação "*o que imitar?*", os dois parâmetros da natureza e da Antiguidade, Batteux retomava exatamente o refrão da natureza e transformava um pouco o parâmetro antigo ao falar de uma "lei do gosto" mais geral.[7] Mas o valor teórico dos *exempla* continuava idêntico.

L. Fallay d'Este, Paris, Klincksieck, 1986; J. von Sandrart, *L'academia todesca della architectura, scultura e pittura*, Nuremberg, Frosberger, 1675-1679, 2 vol.

[5] Cf. os estudos agora clássicos de E. Panofsky, *Idea, op. cit.*, pp. 61-135; D. Mahon, *Studies in* Seicento *Art and Theory*, Londres, The Warburg Institute, 1947; P. O. Kristeller, "The Modern System of the Arts", *op. cit.*, pp. 496-527; R. W. Lee, *Ut Pictura Poesis: The Humanistic Theory of Painting*, Nova York, Norton, 1967.

[6] C. Batteux, *Les Beaux-Arts réduits à un même principe*, Paris, Durand, 1747.

[7] *Id., ibid.*, pp. 78-102.

Lá onde Vasari definia uma unidade das "três artes do desenho", Batteux estendia o mesmo sistema à música, ao que ele chama a "arte do gesto", e sobretudo à poesia, que constituía em realidade o paradigma central de todo o seu livro. A palavra de ordem *Ut Pictura Poesis*, da qual Vasari havia outrora se apropriado ao pintar na sua casa de Arezzo a alegoria da Poesia com as das Artes figurativas — todas as quatro cercando a *Fama*, a Renomada central —, essa palavra de ordem é retomada em espelho por Charles Batteux: bastar-lhe-á desenvolver a teoria da imitação poética em dez capítulos para dizer, em três curtas páginas, que a pintura faz exatamente a mesma coisa.[8] Notemos enfim que a posição soberana da poesia nesse livro não impediu Batteux de retomar a preeminência, cara a Vasari, ao *disegno* nas artes: "Qual é então a função das artes? É transportar os *traços* que estão na natureza e apresentá-los em objetos aos quais eles não são de modo algum naturais".[9]

Eis aí o discurso entendido, o discurso comum e *continuado* desde Vasari pelo menos. Eis aí, em todo caso, em nosso esboço de dialética, o momento da *tese*. A arte imita e, ao imitar, produz uma congruência visível acompanhada de uma congruência de ideia — uma "Verdade" estética acompanhada de um "belo" conhecimento do mundo natural. Certamente dirão que tais princípios procedem de uma "teoria da arte" — teoria muitas vezes nomeada com a única finalidade de isolá-la num campo fechado, fora do desenvolvimento, supostamente específico, da história enquanto tal. Uma vez mais, a decupagem discursiva demonstra aqui seu caráter arbitrário: não apenas tais princípios só foram elaborados e difundidos por causa da sua extraordinária capacidade de extensão a outros modos de discurso, como também é a eles, até

---

[8] *Id., ibid.*, pp. 156-99 e 256-8: "SOBRE A PINTURA. Este artigo será muito curto, porque o princípio de imitação da bela Natureza, sobretudo após termos feito sua aplicação à Poesia, se aplica quase identicamente à Pintura. Há uma conformidade tão grande entre essas duas artes que, para tratar das duas ao mesmo tempo, basta mudar os nomes e colocar *Pintura, Desenho, Colorido* no lugar de *Poesia, Fábula, Versificação*" (p. 256).

[9] *Id., ibid.*, p. 13. Eu sublinho.

certo ponto, que a história da arte deve sua existência. Pois é através deles que a disciplina vasariana e acadêmica pôde se constituir outorgando-se a autoridade de *princípios* e de *fins*, portanto, de valores e de normas.

Esse movimento parece, se não se interromper, pelo menos se inverter na segunda metade do século XVIII. Quando Winckelmann publica em 1764 sua famosa *Geschichte der Kunst des Altertums* [História da Arte Antiga], os pressupostos da história vasariana parecem já ter cumprido seu tempo, sobretudo se nos lembrarmos dos propósitos autoglorificadores — a cidade de Florença inscrita no frontão de uma história de todas as artes (*fig. 2*) — que presidiam ao empreendimento *mediciano* das *Vidas*. A partir de Winckelmann, a história da arte saberá um pouco mais que deve refletir sobre seu ponto de vista, isto é, sobre seus *limites* de princípio, e tentar não compreender a arte grega com o pensamento do Renascimento ou mesmo do Classicismo.[10] Em suma, a história da arte começará a se submeter à prova de uma real *crítica do conhecimento* — crítica filosoficamente induzida, crítica na qual já se agitava o temível espectro da *especularidade* cognitiva: o historiador da arte devia tentar então uma primeira contorção, a de não inventar seu objeto de saber à sua própria imagem de sujeito conhecedor. Ou, pelo menos, a de conhecer os limites dessa invenção.

O tom está dado: será o tom kantiano. Kant, como sabemos, começava a produzir na mesma época uma grande teoria crítica que haveria de propagar seu império muito além da estrita comunidade filosófica. Kant formou gerações inteiras de intelectuais e de cientistas, sobretudo nessa Alemanha que se tornava, contemporaneamente, o verdadeiro berço da história da arte "científica".[11]

---

[10] J. J. Winckelmann, *Geschichte der Kunst des Altertums* (1764), cuja tradução italiana se apressou em adaptar o título às normas vasarianas: *Storia delle arti del Disegno presso gli Antichi*, Milão, S. Ambrogio Maggiore, 1779.

[11] Cf. W. Waetzoldt, *Deutsche Kunsthistoriker vom Sandrart bis Rumohr*, Leipzig, Seeman, 1921; U. Kultermann, *Geschichte der Kunstgeschichte. Der Weg einer Wissenschaft*, Viena/Düsseldorf, Econ, 1966.

Através do kantismo, é todo o edifício dos saberes que terá tremido desde as bases — e tal seria o momento decisivo de *antítese* produzido pela filosofia crítica — para se constituir em seguida com mais firmeza, refundando-se numa magistral *síntese*. Como imaginar que a história da arte tenha permanecido impermeável a esse grande movimento teórico? Avancemos a hipótese de que a história da arte pós-vasariana — a história da arte de onde viemos e que ainda opera — é, em parte, de inspiração kantiana ou, mais exatamente, neokantiana... mesmo quando não o sabe. Tal seria a extensão, mas também o limite, da sua "simples razão" conhecedora.

Já é perturbador, para um historiador da arte, pensar que um livro que dedica metade de suas páginas ao juízo estético tenha podido representar para o seu autor o término de um percurso sistemático iniciado com a *Crítica da razão pura*.[12] A filosofia kantiana não só não deixava a questão da arte fora do seu questionamento fundamental, mas fazia dela uma peça essencial para a análise das faculdades humanas em seu conjunto. A estética kantiana é um verdadeiro tesouro de pensamento, cujos meandros internos não nos cabe aqui seguir. Limitemo-nos a assinalar algumas modificações radicais que ela trouxe aos grandes temas vasarianos, aos temas clássicos evocados até aqui. Notemos primeiro que o gosto, na *Crítica da faculdade do juízo*, é a faculdade de julgar ela mesma: uma faculdade de conhecimento, uma instância *subjetiva* extremamente ampla — e não mais esse objeto normativo de conformidade, esse *exemplum* absoluto do Antigo que as academias prescreviam aos pintores como norma incondicional.[13] Notemos a seguir o rigor com que Kant usou o termo *Ideia* — nos antípodas das manipulações que os acadêmicos de outrora utilizavam para fazer triunfar o liberal *sapere dell'artefice* em todos os quadros ao

---

[12] "É por aí que termino toda a minha obra crítica." I. Kant, *Critique de la faculté de juger* (1790), trad. de A. Philonenko, Paris, Vrin, 1979, p. 20.

[13] "O gosto é a faculdade de julgar um objeto ou um modo de representação, *sem nenhum interesse*, por uma satisfação ou uma insatisfação." Id., *ibid.*, p. 55.

mesmo tempo.[14] A Ideia continua presente, mas para se concentrar na originária exigência platônica:

> "Platão se serviu da palavra *Ideia* de tal maneira que se percebe claramente que ele entendia com isso algo que não apenas nunca deriva dos sentidos, mas que inclusive ultrapassa em muito os conceitos do entendimento, dos quais se ocupou Aristóteles, pois nunca se encontrou, na experiência, algo que corresponda a esse conceito. As Ideias são para ele arquétipos das coisas mesmas e não simplesmente chaves para experiências possíveis... [...] Quem quisesse buscar na experiência os conceitos da virtude [...], este faria da virtude um fantasma (*ein Unding*) equívoco, variável conforme os tempos e as circunstâncias, e incapaz de servir de regra. [...] [Mas] é também na natureza mesma que Platão vê, com razão, provas que demonstram claramente que *as coisas obtêm sua origem das Ideias*".[15]

No entanto Kant não extrai disso nenhuma consequência "platônica", no sentido em que esse adjetivo significaria uma condenação global das atividades artísticas, sua exclusão pura e simples do mundo das Ideias. Ao contrário, ele incluía a Ideia como uma "pretensão" essencial do juízo estético. Simetricamente, propunha a Ideia como "aquilo de que a obra de arte é a expressão" através da Beleza.[16] Mas a Ideia estética não dizia tudo, não se fundava placidamente numa única e lisa entidade. Também aí, o que chamamos o momento de antítese terá produzido o enunciado rigoroso e talvez inquieto dos *limites* que traz consigo cada noção

---

[14] O livro de E. Panofsky, *Idea, op. cit.*, não é senão o romance de todas essas manipulações.

[15] I. Kant, *Critique de la raison pure* (1781-87), trad. de A. Tremesaygues e B. Pacaud, Paris, PUF, 1971 (7ª ed.), pp. 262-5.

[16] *Id.*, *Critique de la faculté de juger, op. cit.*, pp. 78 e 149.

proposta. Assim a Ideia estética foi primeiro apresentada por Kant através do seu valor de *inadequação ao conceito*:

> "Pela expressão *Ideia estética*, entendo aquela representação da imaginação que dá muito a pensar, sem que um pensamento determinado, isto é, de *conceito*, lhe possa ser adequado, e que, por consequência, nenhuma língua possa completamente exprimir e tornar inteligível. — Percebe-se facilmente que tal Ideia é a contrapartida (o *pendant*) de uma *Ideia da razão* que, muito pelo contrário, é um conceito, ao qual nenhuma *intuição* (representação da imaginação) pode ser adequada".[17]

O *disegno* de Vasari e depois de Zuccari — que tentavam, cada um a seu modo, suturar tudo, promover a unidade do intelecto e da mão, do conceito e da intuição —, esse *disegno* dos acadêmicos viu-se assim diante de uma nova fenda, de um corte em dois que se abria de novo. Não será uma surpresa encontrar em Kant uma crítica implacável ao maneirismo, considerado precisamente sob o ângulo do uso abusivo e sofístico da Ideia.[18] Ao restabelecer esse corte, Kant deslocava enfim a conjunção humanista da *mímesis* e da *idea* estética, distinguindo a faculdade de conhecer a natureza e a de julgar a arte, distinguindo a universalidade objetiva da razão pura e a universalidade subjetiva das obras do gênio.[19] Isso significa em particular que o gênio, essa "faculdade das Ideias estéticas" que sabe "exprimir e tornar universalmente comunicável o que é indizível", isso significa que o gênio da arte "é totalmente oposto ao espírito de imitação", palavra que espon-

---

[17] *Id., ibid.*, pp. 143-4. Cf. igualmente a Observação I do parágrafo 57: "Poder-se-ia chamar a Ideia estética uma representação *inexponível* da imaginação e a Ideia racional um conceito *indemonstrável* da razão" (p. 166).

[18] *Id., ibid.*, p. 148.

[19] *Id., ibid.*, p. 42.

taneamente dava a Kant a ocasião de associar a ela as expressões "macaquice" ou mesmo "parvoíce".[20]

Essas poucas observações, sumárias e incompletas, são mesmo assim suficientes para nos fazer perceber certo número de modificações essenciais que, a partir de Kant, afetariam a esfera do questionamento sobre a arte, em particular a de seu questionamento histórico. Ao mudar de Ideia, se podemos dizer, ao mudar de metafísica, o objeto artístico não podia mais ter a mesma história. E essa história se contava daí por diante segundo uma legitimação que não mais correspondia ao mundo social das academias, muito menos das cortes principescas, mas ao da Universidade. A primeira obra decisiva, nesse contexto, terá sido certamente a de K. F. von Rumohr, cujas *Italienische Forschungen* [Investigações italianas] reconsideravam o conceito de Renascimento através da crítica das fontes, da comparação metódica das obras e do interesse pelas correntes de influências.[21] Ao se legitimar como discurso universitário, a história da arte parecia ter acesso ao estatuto de um saber realmente desinteressado e *objetivo*: não mais apenas "objetivo" no sentido gramatical do genitivo contido na expressão *história da arte*, mas também "objetivo" no sentido teórico de uma verdadeira epistemologia. A palavra epistemologia, porém, é deslocada, pois ainda não faz parte do vocabulário teórico das ciências na Alemanha do século XIX. O que se deve dizer então? Deve-se dizer: filosofia crítica do conhecimento.

[Onde Erwin Panofsky desenvolve o momento de antítese e de crítica. Como o visível adquire sentido. A violência da interpretação]

Compreender-se-á, nessas condições, que uma disciplina universitária preocupada em se constituir enquanto *conhecimento* e

---

[20] *Id., ibid.*, pp. 139, 146-7 e 167.

[21] K. F. von Rumohr, *Italienische Forschungen* (1827-31), Julius von Schlosser (org.), Frankfurt, Frankfurter Verlags-Unstalt U.G., 1920. A primeira parte era de caráter geral (a divisão norte-sul etc.); a segunda tratava a pintura de Duccio até a "nova arte"; a terceira era inteiramente consagrada a Rafael.

não enquanto julgamento normativo tenha podido apelar ao kantismo da razão pura, bem mais do que ao da faculdade do gosto estético. O tom kantiano geralmente adotado pela história da arte tem talvez sua origem no simples fato de que a *Crítica da razão pura* podia ser vista — especialmente aos olhos daqueles cujo ofício não era confrontar-se com ela de ponta a ponta — como um grande templo no qual se proferia a palavra que funda todos os saberes verdadeiros. Quando os historiadores da arte tiveram consciência de que seu trabalho dependia exclusivamente da faculdade de conhecer e não da faculdade de julgar, quando decidiram produzir um discurso da universalidade objetiva (*objektive Allgemeinheit*, dizia Kant) e não mais um discurso da norma subjetiva, então o kantismo da razão pura se tornou como que uma passagem obrigatória para todos aqueles que buscavam refundar sua disciplina e redefinir "a arte" como um *objeto* de conhecimento, não como um tema de disputas acadêmicas.

Não percamos de vista que "todos aqueles" foram, de início, mesmo na Alemanha, somente uma minoria de espíritos exigentes. Se uma parte da história da arte praticada hoje veio a adquirir espontaneamente esse tom neokantiano, é que a minoria em questão conseguiu impor suas ideias, fazer escola, propagar-se em toda parte — com o risco, aliás, de emprestar suas ideias a todas as deformações, ou mesmo de deformá-las ela própria para melhor fazê-las compreender. Se essa minoria pôde fazer escola ou lei é também porque uma figura importante estava ali para lhe servir de arauto, logo de chefe incontestado, finalmente de pai. Trata-se, é claro, de Erwin Panofsky. De Hamburgo a Princeton, da língua filosófica alemã à pedagogia americana, Panofsky definitivamente encarnou o prestígio e a autoridade dessa escola "iconológica" oriunda de outro espírito fascinante — hoje um pouco esquecido à sombra do mestre de Princeton —, Aby Warburg.[22] Panofsky

---

[22] Warburg é um espírito tão original — sua inspiração filosófica, por exemplo, estava voltada mais para Nietzsche do que para Kant — que ele não poderia entrar no quadro de uma simples indagação colocada ao *main stream* da história da arte contemporânea. Os raros trabalhos desse homem bastante solitário foram reunidos e prefaciados por G. Bing: A. Warburg, *Gesam-*

terá impressionado cada um dos seus leitores pela amplitude extraordinária da sua obra, pelo rigor dos problemas que colocou, pela imensidade — tornada proverbial — da sua erudição e pela autoridade das inúmeras respostas que nos propôs diante das obras de arte da Idade Média e do Renascimento.[23]

Foi ele o melhor filho de Vasari? Talvez sim. Talvez o tenha sido também no sentido em que Zeus foi o melhor filho de Cronos — melhor a ponto de tomar seu lugar. O que impressiona nos trabalhos alemães de Panofsky, na época em que trabalhava junto a Ernst Cassirer e Fritz Saxl no âmbito do Instituto Warburg, é a intensidade da sua *exigência teórica*, da qual se pode afirmar que constitui um verdadeiro ápice no momento de antítese (de crítica) que buscamos delimitar.[24] Ora, o instrumento essencial dessa exi-

---

melte Schriften, Leipzig/Berlim, Teubner, 1932, 2 vol. Sobre Aby Warburg pode-se consultar, em particular, o ensaio de E. Wind, "Warburg's Concept of *Kulturwissenschaft* and its Meaning for Aesthetics" (1930-31), *The Eloquence of Symbols: Studies in Humanist Art*, Oxford, Clarendon Press, 1983, pp. 21-35. Cf. também a biografia escrita por E. Gombrich, *Aby Warburg: An Intellectual Biography*, Londres, Warburg Institute, 1970. Notemos que foi a E. Panofsky que foi pedida a necrologia de A. Warburg no momento da sua morte. Cf. E. Panofsky, "A. Warburg", *Hamburger Fremdenblatt*, 28 de outubro de 1929, retomado em *Repertorium für Kunstwissenschaft*, LI, 1930, pp. 1-4.

[23] Encontramos uma lista de seus trabalhos na coletânea de homenagens reunidas por M. Meiss, *De Artibus Opuscula XL: Essays in Honor of E. Panofsky*, Nova York, New York University Press, 1961, pp. XIII-XXI, bem como em apêndice à edição francesa de *Architecture gothique et pensée scolastique*, trad. de P. Bourdieu, Paris, Minuit, 1967. Pode-se consultar sobre Panofsky: S. Ferretti, *Il demone della memoria: simbolo e tempo storico in Warburg, Cassirer, Panofsky*, Casale Monferrato, Marietti, 1984; *Erwin Panofsky. Cahier pour un temps*, A. Chastel (org.), Paris, Centre G. Pompidou/Pandora, 1983.

[24] A força perturbadora dessa exigência teórica não havia perdido nada de sua eficácia teórica uns quarenta anos mais tarde, quando apareceram as traduções francesas dos *Ensaios de iconologia* e de *Arquitetura gótica e pensamento escolástico*, sob as direções respectivas de B. Teyssèdre e de P. Bourdieu. A. Chastel (*Le Monde*, 28 de fevereiro de 1968, p. VI) deplorou, por exemplo, sua apresentação demasiado "filosófica", evocando a trajetória pa-

gência teórica não foi senão a filosofia kantiana do conhecimento, com a qual cada página dos artigos publicados por Panofsky até 1933 — data de sua partida definitiva para os Estados Unidos — mostra um convívio preciso e convicto. Se há um princípio metodológico e quase ético que Panofsky jamais abandonou, é o da *consciência*, não especular (no sentido da captação pelo objeto), mas reflexiva (no sentido que a filosofia clássica dá a essa palavra), e à qual o historiador da arte deve constantemente voltar, nas operações mais humildes assim como nas mais nobres da sua prática: "O historiador da arte difere do espectador 'ingênuo' no sentido de que ele é consciente do que faz".[25] O que é que isso implica?

Implica primeiro passar na peneira as categorias mais usuais da história da arte. Por exemplo: o que é "tempo histórico"? O que são as "modas do tempo" (*die Modi der Zeit*) em história da arte? Certamente algo muito distinto do tempo natural, físico, ou mesmo cronológico.[26] O que valem exatamente, do ponto de vista "metodológico e filosófico" (*in ihrer methodisch-philophischen Bedeutung*), as noções elaboradas por estes prestigiosos predecessores que foram Heinrich Wölfflin e Alois Riegl? Panofsky responde ponto por ponto, exige rigor, pergunta-se "se é lícito", interroga os fundamentos.[27] As famosas dualidades de Wölfflin sofrerão

---

nofskiana como a passagem do "rico e às vezes confuso pensamento alemão pela peneira da 'ingenuidade' anglo-saxônica". Outro sinal dessa desconfiança em relação ao período alemão de Panofsky reside na dificuldade de acesso a seus primeiros textos, reeditados somente quatro anos antes da sua morte: E. Panofsky, *Aufsätze zu Grundfragen der Kunstwissenschaft*, H. Oberer e E. Verheyen (orgs.), Berlim, Hessling, 1964 (2ª ed. revista, 1974, à qual nos reportamos aqui para o texto alemão dos artigos do período 1915-1932).

[25] E. Panofsky, citado por Pierre Bourdieu em eco a F. de Saussure que escreveu, algumas décadas antes, que queria "mostrar ao linguista o que ele faz". Posfácio a E. Panofsky, *Architecture gothique et pensée scolastique*, op. cit., p. 167.

[26] E. Panofsky, "Le problème du temps historique" (1931), trad. de G. Ballangé, *La perspective comme forme symbolique et autres essais*, Paris, Minuit, 1975, pp. 223-33.

[27] *Id.*, "Le problème du style dans les arts plastiques" (1915), *ibid.*, p. 185.

uma dura crítica, especialmente o substrato antinômico do "olho" e do "estado de espírito" (*Auge und Gesinnung*): Panofsky mostrará que em história da arte não há nenhuma "lei de natureza", e que a antropologia ou a psicologia da visão não são mais do que esquemas culturais, "elaborações da alma" — em nada se assemelhando, portanto, a um estado de natureza. O caráter arquetípico das oposições definidas por Wölfflin entre o linear e o pictórico, a superfície e a profundidade etc., esse caráter perdia de um só golpe seu valor de fundamento ou de *a priori*. Ele mesmo não era, aos olhos de Panofsky, senão um ato elaborado do espírito:

> "Só pode haver uma única resposta: só a alma é culpada. Com isso essa antítese, tão convincente à primeira vista — aqui estado de espírito, ali ótica, aqui sentimento, ali olho —, deixa de ser uma antítese. É certo que as percepções visuais só podem adquirir forma linear ou pictórica graças a uma intervenção ativa do espírito. Em consequência, é certo que a 'atitude ótica' é, rigorosamente falando, uma atitude intelectual diante da ótica e que a 'relação do olho com o mundo' é, em realidade, uma relação da alma com o mundo do olho (*so gewiss ist das 'Verhältnis des Auges zur Welt' in Wahrheit ein Verhältnis der Seele zur Welt des Auges*)".[28]

Leiamos outra vez essa frase. "A relação do olho com o mundo é, em realidade, a relação da alma com o mundo do olho." Frase admirável — frase perigosa, talvez. Não fecha ela todas as portas? Não encerra a história da arte na especularidade mais alienada que existe, a mais "psicológica"? Justamente não, responde Panofsky, cuja desconfiança em relação ao *psicologismo*, desconfiança visceral, se fará a cada página um pouco mais evidente e precisa. Assim, quando desenvolver seu "exame metodológico" e seu "espírito filosófico crítico", como ele diz, na análise de um conceito famoso instaurado por Alois Riegl, o *Kunstwollen* — ou "vontade artística" —, Panofsky só afirmará o valor *fundamental*

---

[28] *Id., ibid.*, p. 188.

desse conceito ao fulminar, uma após outra, cada uma de suas possíveis acepções psicológicas. A "vontade artística" tem a ver com um ato psicológico do artista? Não, responde taxativamente Panofsky, a menos que se renuncie ao conteúdo "objetivo" (*objektiv*) cujo desafio o conceito justamente suporta. Tem a ver então com uma "psicologia da época"? Também não, pois seria ilusório encontrar um "critério para julgar objetivamente" intenções artísticas na "maneira pela qual os contemporâneos compreendiam essas intenções" — objeção premonitória, como se percebe, quanto aos excessos e às ingenuidades de toda teoria da recepção. Nossa *apercepção* atual pode então fornecer o critério buscado? Menos ainda, responderá Panofsky em duas páginas que fustigam tudo que ele chama de "a estética moderna", na qual vê apenas "o amálgama de uma estética psicologizante e de uma estética normativa", isto é, acadêmica.[29]

O movimento crítico, em realidade, vai se aprofundar e se precisar até que um dedo se coloque no ponto mais elementar da nossa atitude de sujeitos conhecedores diante dos objetos da arte e, de modo ainda mais geral, diante dos acontecimentos do mundo visível. De que maneira "a relação da alma com o mundo do olho" exprime o que se torna para cada um de nós "a relação do olho com o mundo"? Tal é, no fundo, a pergunta colocada. Ela toma as coisas no seu estado nascente, interroga já a fenomenologia da percepção sob o seguinte ângulo: *de que maneira o visível percebido adquire sentido para nós?* Portanto, ela aborda as coisas também no nível de uma semiologia elementar do visível. Ora, sobre esse modo de considerar o problema, Panofsky nos deixou dois textos ligeiramente diferentes, um escrito em alemão e publicado em 1932 na revista filosófica *Logos*,[30] o outro escrito em inglês,

---

[29] *Id.*, "Le concept du *Kunstwollen*" (1920), *ibid.*, pp. 199-208. É antes de tudo Théodore Lipps que é visado nessa última crítica.

[30] *Id.*, "Zum Problem der Beschreibung und Inhaltsdeutung von Werken der bildenden Kunst", *Logos*, XXI, 1932, pp. 103-19, trad. de G. Ballangé, "Contribution au problème de la description d'oeuvres appartenant aux arts plastiques et à celui de l'interprétation de leur contenu", *La perspective comme forme symbolique, op. cit.*, pp. 235-55.

disposto como abertura aos famosos *Studies in Iconology*, em 1939, retomado e um pouco transformado em 1955, depois em 1962.[31] É evidentemente a segunda versão que todos os historiadores têm na memória quando desejam convocar o texto-constituição no qual julgaram ver fundar-se a "nova" disciplina da história da arte, a iconologia.

Todos lembram assim que, nessa versão americana, desde as primeiras linhas tudo partia — a própria história da arte parecia "partir de novo" — de um exemplo muito simples da vida cotidiana: "Suponhamos que um conhecido meu, encontrado na rua, me saúde levantando o chapéu".[32] Digamos que o exemplo é não apenas pedagógico na medida certa, mas literalmente *insinuante*, um pouco como se o próprio Panofsky levantasse seu chapéu diante do público anglófono, novo e acolhedor, com a consciência de restaurar o sentido original do gesto — que ele nos explica ser uma "sobrevivência da cavalaria medieval: os homens de armas tinham o costume de tirar o capacete para testemunhar suas intenções pacíficas e sua confiança nas intenções pacíficas de outrem"...[33] Muito diferente, diga-se de passagem, tinha sido a atitude de Freud ao atravessar o Atlântico no mesmo sentido, a acreditar na célebre frase relatada: "Eles não sabem que lhes trago a peste". Seja como for, o exemplo de Panofsky, bem como a atenta pedagogia de todo o seu texto, nos colocam simplesmente no nível de uma *comunicação* proposta, desejada — uma comunicação que quer persuadir o interlocutor guiando-o, sem violência, do que há de mais simples (o que vejo quando uma pessoa na rua levanta seu chapéu?) até o mais complexo (em que consiste a interpretação iconológica das obras de arte?). Permaneçamos um instante no nível mais simples. Panofsky o chama *nível formal* da visão:

---

[31] *Id.*, "Introduction", *Essais d'iconologie: thèmes humanistes dans l'art de la Renaissance* (1939-62), trad. de C. Herbette e B. Teyssèdre, Paris, Gallimard, 1967, pp. 13-45.

[32] *Id., ibid.*, p. 13.

[33] *Id., ibid.*, p. 15.

"O que vejo de um ponto de vista *formal* não é senão a modificação de certos detalhes no interior de uma configuração que participa do tipo geral de cores, linhas e volumes que constitui meu universo visual".[34]

A partir daí, sabemos, Panofsky vai inferir todo um sistema que se construirá segundo uma ordem de complexidade crescente: quando "identifico (e o faço espontaneamente) essa configuração como um *objeto* (um senhor) e a modificação de detalhe como um *acontecimento* (levantar o chapéu), já transpus o limiar da percepção puramente formal para penetrar numa primeira esfera de *significação*", que será chamada *natural* ou *primária*. Um segundo limiar é transposto com a significação *secundária* ou *convencional*: é quando "tomo consciência de que levantar o chapéu equivale a saudar". Eis aí, portanto, uma "consciência" estabelecida para fornecer o modelo do nível iconográfico de interpretação das obras de arte... Um terceiro nível, chamado *intrínseco* ou *de conteúdo*, nos levará enfim ao que Panofsky entende por "iconologia" no sentido radical: aí se manifestarão os elementos ao mesmo tempo mais específicos (de que maneira esse senhor levanta exatamente seu chapéu?) e os mais fundamentais (gerais, "culturais") do objeto visível. A história da arte tem assim acesso a seus *fins*: ver numa obra singular ou num estilo inteiro os "princípios subjacentes" que condicionam sua existência mesma, com mais razão sua significação.[35]

No artigo alemão de 1932, a vocação interpretativa ou os fins dados à história da arte não eram menos radicais e ambiciosos, voltados igualmente para a "suprema região" de um "sentido da essência", segundo uma terminologia tomada então de Karl Mannheim.[36] Mas, se o projeto se mostrava radical, a maneira de in-

[34] *Id., ibid.*, p. 13.

[35] *Id., ibid.*, pp. 13-21. Essa explanação resultava num *quadro* célebre que parecia resumir a história da arte tanto em seus fins como em seus meios. Convém recordá-lo (ver página ao lado).

[36] *Id.*, "Contribution au problème de la description", *art. cit.*, p. 251.

O quadro de Panofsky (nota 35)

Objeto de interpretação	Ato de interpretação	Equipamento para a interpretação	Princípio regulador da interpretação
I. Tema *primário* ou *natural*, *a)* factual, *b)* expressivo, que constitui o universo dos motivos artísticos.	*Descrição pré-iconográfica* (e análise pseudoformal).	*Experiência prática* (familiaridade com *objetos* e *acontecimentos*).	História do *estilo* (investigação sobre a maneira pela qual, em diversas condições históricas, *objetos* e *acontecimentos* foram expressos por *formas*).
II. Tema *secundário* ou *convencional*, que constitui o universo das *imagens*, *histórias* e *alegorias*.	*Análise iconográfica*.	*Conhecimentos das fontes literárias* (familiaridade com *temas* e *conceitos* específicos).	História dos *tipos* (investigação sobre a maneira pela qual, em diversas condições históricas, *temas* ou *conceitos* específicos foram expressos por *objetos* e *acontecimentos*).
III. *Significação intrínseca* ou *conteúdo*, que constitui o universo dos *valores "simbólicos"*.	*Interpretação iconológica*.	*Intuição sintética* (familiaridade com as *tendências essenciais do espírito humano*), condicionada por uma psicologia e uma *Weltanschauung* pessoais.	História dos *sintomas culturais* ou *"símbolos"* em geral (investigação sobre a maneira pela qual, em diversas condições históricas, as *tendências essenciais do espírito humano* foram expressas por *temas* e *conceitos* específicos).

A história da arte nos limites da sua simples razão

traduzi-lo era diferente: inquieta, atravessada por algo que não era em absoluto uma pedagogia, mas sim uma força questionadora, quase convulsiva... e muito autenticamente filosófica. Já é bastante significativo que o exemplo escolhido para começar fosse bem distinto do gentil cavalheiro que levanta o chapéu. É um exemplo tomado da própria pintura, e da pintura mais paradoxal, mais violenta e mais perturbadora que existe: "Suponhamos que temos de 'descrever' — para tomar um exemplo qualquer — a célebre *Ressurreição* de Grünewald"...[37] Terão compreendido que o exemplo em questão ardia de outros desejos ou de outras intenções. Não era, propriamente falando, "persuasivo" ou sereno, mas obcecado pelo contraste com esse corpo inesquecivelmente lacerado de espinhos que o Cristo exibe em cima e embaixo da *Ressurreição* — pendurado na cruz ou deitado no túmulo — no mesmo retábulo. Panofsky nos lembra, aliás, de que maneira os "espectadores" do mesmo espetáculo, os que o próprio Grünewald pintou no quadro, estão "agachados no chão como que aturdidos ou [...] titubeiam e caem no chão com gestos de horror ou de assombro".[38] A seguir, será em termos quase repelentes que Panofsky vai apontar as dificuldades de *saber o que se vê* quando se olha um quadro "qualquer". Quanto ao exemplo acrescentado de um quadro de Franz Marc, ele tampouco fará algo para simplificar a leitura do historiador acadêmico ou do estudante em busca de um modelo abordável.[39]

Assim o gesto panofskiano de 1932 não é o da comunicação persuasiva, mas o de uma *questão*, uma questão difícil cujo desenvolvimento se eriça de aspas filosóficas — essas aspas da dúvida que, por exemplo, cercam desde o início a palavra *descrever*. A progressão do texto perderá com isso em serenidade e em generosidade pedagógicas. É que de ponta a ponta ela se vê *escavada* pelo trabalho da antítese, pela incessante detenção crítica na qual cada termo, posto em perigo, se petrifica para se deslocar ainda mais. Não se trata aqui de partir do mais simples, pois desde o início o

[37] *Id., ibid.*, p. 236.
[38] *Id., ibid.*, p. 239.
[39] *Id., ibid.*, p. 240.

mais simples será questionado em sua existência própria. Panofsky retoma o *nível formal* da visão — mas para dizer em seguida que ele não existe, não pode existir. Releiamos o seu argumento:

> "Suponhamos que seja preciso 'descrever' (*beschreiben*) — para tomar um exemplo qualquer — a célebre *Ressurreição* de Grünewald. Já as primeiras tentativas nos instruem que um exame mais minucioso nos impede de conservar em todo o seu rigor a distinção feita com frequência entre uma descrição puramente 'formal' e uma descrição 'objetal'. Em todo caso, esta é impossível no domínio das artes plásticas [...]. Uma descrição verdadeiramente puramente formal não deveria sequer empregar palavras tais como 'pedra', 'homem' ou 'rochedo'. [...] O simples fato de chamar a mancha escura no alto de 'céu noturno', ou as manchas claras curiosamente diferenciadas no meio de 'corpo humano', e sobretudo dizer que esse corpo está situado 'diante' desse céu noturno, seria relacionar algo que representa a algo que é representado, um dado formal, plurívoco de um ponto de vista espacial, a um conteúdo conceitual que é, ele, sem equívoco possível, tridimensional. Ora, não há necessidade de entrar numa discussão sobre a impossibilidade prática de uma descrição formal no sentido estrito do termo. Num certo sentido, toda descrição, antes mesmo de ter começado, terá precisado inverter a significação dos fatores de representação puramente formais para fazer deles símbolos de algo que é representado (*jede Deskription wird... die rein formalen Darstellungsfaktoren bereits zu Symbolen von etwas Dargestelltem umgedeutet haben müssen*). Sendo assim, e faça o que fizer, ela abandona uma esfera puramente formal para se alçar ao nível de uma região de sentido (*aus einer rein formalen Sphäre schon in ein Sinnregion hinauf*)".[40]

[40] *Id., ibid.*, pp. 236-7. São sem dúvida as categorias "formais" de H. Wölfflin que são aqui primeiramente visadas.

Há nessa página deselegante alguns elementos críticos de alta importância, cujo essencial o texto americano dos *Studies in Iconology* terá estranhamente apagado — talvez porque esse essencial fosse um pouco pesado demais de carregar, impedindo o saber histórico de girar em roda, quero dizer, de se comprazer consigo mesmo. Primeiro se constata que o modelo de inferência, operatório e mesmo "atencioso" na versão americana, é aqui severamente limitado ou mesmo posto antecipadamente em curto-circuito. Não, não há origem simples e "formal" — as puras formas sensíveis, resultantes da relação do olho com o mundo — da qual nasceria aos poucos, ou mesmo espontaneamente, um mundo de significação e de representação organizado em níveis bem distintos. Há somente representação. Não há origem senão na possibilidade de uma *já-representação*: assim, "antes mesmo de ter começado", escreve Panofsky, toda descrição *já* terá invertido a percepção — que, estritamente falando, não existe portanto no "estado de natureza" —, a terá invertido em sistema de significação. É dizer também que não transpomos os supostos limiares que nos levariam da realidade ao símbolo. O simbólico precede e inventa a realidade, assim como o *après-coup* precede e inventa a sua origem. Ao assinalar, por outro lado, a atitude comum segundo a qual um quadro é espontaneamente olhado através da relação de "algo que representa a algo que é representado", Panofsky punha o dedo na questão do *significante pictórico* (mas a expressão é certamente mal formulada, exigindo esclarecimento), esse "dado plurívoco" que dá a ocasião paradoxal de formular um "conteúdo conceitual" unívoco, ou seja, um significado da representação. O que de toda forma fica claro — mas se perderá na versão americana — é que cada nível "superior" condiciona antecipadamente o estatuto do nível "inferior".

> "Do que acabo de desenvolver, segue-se que a simples descrição primária de uma obra de arte ou, para retomar nossa terminologia, a descoberta do simples simples-fenômeno, já é, em verdade, uma interpretação que diz respeito à história das formas, ou pelo menos

que essa descrição inclui implicitamente tal interpretação (*die primitive Deskription... in Wahrheit eine gestaltungsgeschichtliche Interpretation ist, oder zum mindesten implizit einschliesst*)."[41]

Assim se apresenta, em 1932, o movimento crítico proposto por Panofsky à história da arte. Movimento insistente, magistral, inquietante. Movimento que se transmite e transfere o problema de um lugar a outro: toda forma visível *já* traz o "conteúdo conceitual" de um objeto ou de um acontecimento; todo objeto, todo fenômeno visíveis *já* trazem sua consequência interpretativa. E a interpretação? Em que consiste? O que ela vai trazer ou *já* traz consigo? Não é indiferente que Panofsky, para responder a essa pergunta na última parte do seu texto, tenha tido que apelar, não diretamente a Kant, mas a um conceito heideggeriano da interpretação tirado do famoso livro *Kant und das Problem der Metaphysik*, publicado três anos antes:

> "Em seu livro sobre Kant, Heidegger diz algumas frases notáveis sobre a natureza da interpretação, frases que à primeira vista se referem apenas à interpretação de escritos filosóficos, mas que no fundo caracterizam bem o problema de toda interpretação. 'Se uma interpretação', escreve Heidegger, 'reproduz apenas o que Kant disse expressamente, então no ponto de partida já não é mais uma interpretação, na medida em que esta tem por tarefa tornar expressamente visível aquilo que, para além da sua formulação explícita, Kant trouxe à luz no seu fundamento mesmo; mas isso Kant não estava mais em condições de dizer, assim como, em todo conhecimento filosófico, não é o que este diz *expressis verbis* que deve ser decisivo, mas o inexpresso que ele põe ante os olhos ao exprimi-lo... Para arrancar do que as palavras dizem o que elas querem dizer, é claro que toda interpretação deve necessariamente empregar a violência (*Um*

[41] *Id., ibid.*, p. 243.

freilich dem, was die Worte sagen, dasjenige abzuringen, was sie sagen wollen, muss jede Interpretation notwendig Gewalt brauchen).' Devemos claramente reconhecer que essas frases concernem também a nossas modestas descrições de quadros e às interpretações que damos do conteúdo deles, na medida em que não permanecem no nível da simples constatação mas já são interpretações".[42]

[Da antítese à síntese. Fins kantianos, fins metafísicos. A síntese como operação mágica]
Compreende-se facilmente que, expulso da universidade alemã pelos nazistas e acolhido calorosamente pela universidade americana, Panofsky tenha podido deixar nas margens do velho continente todas essas diferentes *violências* contidas, em níveis diversos, no seu exemplo de Grünewald, a severidade intransigente da sua crítica e, sobretudo, o seu apelo ao conceito heideggeriano de interpretação. Mas não podemos deixar de lado, mais uma vez, a questão de saber a que preço Panofsky escolhia levantar seu chapéu em vez de atacar de novo o intuicionismo dos historiadores da arte. Chama igualmente a atenção o fato de que, com a obra americana de Panofsky — aliás, é preciso assinalar que, a partir de 1934 e até sua morte, ele não utilizará mais a língua alemã —,[43] o tom crítico

[42] *Id., ibid.*, p. 248. A citação provém de M. Heidegger, *Kant et le problème de la métaphysique* (1929), trad. de A. de Waelhens e W. Biemel, Paris, Gallimard, 1953 (ed. 1981), em que o texto é assim expresso: "É verdade que, para captar além das palavras o que essas palavras querem dizer, uma interpretação deve fatalmente usar de violência" (p. 256).

[43] Com raríssimas exceções. Cf. as bibliografias de E. Panofsky citadas *supra*. Sobre a passagem da Alemanha aos Estados Unidos, cf. E. Panofsky, "The History of Art", *The Cultural Migration: The European Scholar in America*, W. R. Crawford (org.), Filadélfia, University of Pennsylvania Press, 1953, pp. 82-111. É significativo que a língua alemã seja com frequência associada ao tom "inexato" da filosofia, na ideia que fazem dela muitos historiadores da arte: "A passagem do alemão ao inglês, imposta a todos os emigrados alemães, ajudou a maioria deles a escrever de maneira mais sucinta e precisa. Panofsky é um exemplo particularmente glorioso, Pächt é um ou-

se morigerou por completo e o "negativismo" destruidor se transformou nas mil e uma positividades de saber que o mestre de Princeton finalmente nos legou. Da Alemanha à América, é um pouco o momento da antítese que morre, enquanto o da *síntese* — otimista, positiva e até mesmo positivista em alguns de seus aspectos — alça voo. É um pouco o desejo de fazer todas as perguntas que teria dado lugar ao desejo de dar todas as respostas.

Mas é preciso matizar. Antes de mais nada, insistindo no fato de que as críticas de princípio enunciadas por Panofsky no seu artigo de 1932 não ficaram sem eco. Reencontramo-las, como por ondas, de tempos em tempos, na obra de historiadores atentos ao estatuto da sua própria prática. Por exemplo em Ernst Gombrich, que abordava o problema da imitação colocando, de forma tipicamente kantiana, uma série de aporias — aporias do objeto e do sujeito, da verdade e da falsidade em um quadro, da escolha alienante em que a ilusão nos coloca: "Não comemos um doce ao olhar para ele, não nos servimos de uma ilusão no instante em que o observamos" etc. —, aporias que ele procurava em seguida resolver dialeticamente.[44] Robert Klein, discutindo longamente o estatuto da iconografia, reconduziu a questão ao ponto em que Panofsky a abrira quase vinte anos antes dos *Studies in Iconology*: "Para a história da arte especialmente, todos os problemas teóricos se reduzem [...] a esta indagação única e fundamental: como conciliar a história, que lhe fornece o ponto de vista, com a arte, que lhe fornece o objeto?".[45] Seria preciso citar ainda, entre outros, Meyer Schapiro, Pierre Francastel e mais recentemente Michael Baxandall, que redescobrem sem o saber a força das expressões do

---

tro". C. Nordenfalk, "Otto Pächt, *in memoriam*", trad. de C. Rabel, *Revue de l'Art*, n° 82, 1988, p. 82.

[44] E. H. Gombrich, *L'art et l'illusion: psychologie de la représentation picturale* (1959), trad. de G. Durand, Paris, Gallimard, 1971, pp. 21, 24, 93-102 etc.

[45] R. Klein, "Considérations sur les fondements de l'iconographie", *art. cit.*, p. 374. É um eco implícito a E. Panofsky, "Le concept du *Kunstwollen*", *art. cit.*, pp. 197-8 (citado *supra*, como na epígrafe).

jovem Panofsky,[46] ou enfim o retorno muito meditado de Hubert Damisch ao "texto-limiar" panofskiano.[47]

Por outro lado, seria simplificar demais imaginar um Panofsky "da antítese" na Alemanha ante o Panofsky "da síntese" que lhe teria sucedido. A interrogação e o pensamento crítico do nosso autor não foram pura e simplesmente lançados água abaixo no navio que o conduzia à América. É sobretudo no outro sentido que se deve refletir: pois não se tarda a perceber que *a síntese estava inscrita desde o ponto de partida no discurso crítico*. Estava inscrita no texto de Kant, no qual a palavra *abismo* só reaparecia com tanta frequência para se abrigar na palavra *subsunção* ou na palavra *síntese*. A filosofia crítica, com efeito, visava à doutrina. A abertura antitética, o jogo das aporias, buscavam no fundo apenas superar-se, resolver-se, num fecho transcendental. A estética kantiana fala, é verdade, do "subjetivo", mas é para melhor incluí-lo na sua *universalidade* própria, que é a do juízo do gosto.[48] Ela é aporética num sentido, mas votada no outro ao poder da Ideia, votada a *fins*, à famosa teleologia kantiana que orienta todo o movimento da terceira *Crítica*.[49] Ela ataca duramente as problemáticas triviais da origem, mas porque está em busca de *princípios a*

---

[46] Cf. os dois volumes de *Selected Papers* de Meyer Schapiro, Londres, Chatto & Windus, 1980; P. Francastel, *La figure et le lieu: l'ordre visuel au Quattrocento*, Paris, Gallimard, 1967, pp. 7-23, 55 etc.; M. Baxandall, *Patterns of Intentions: On the Historical Explanation of Pictures*, New Haven/Londres, Yale University Press, 1985, pp. 1-11, em que é reafirmado que toda descrição é "partially interpretative", não sendo a "representation of seeing the picture", mas a "representation of thinking about having seen the picture" (p. 11).

[47] Cf. H. Damisch, *L'origine de la perspective*, op. cit., pp. 21-36. O livro inteiro manifesta a exigência da interrogação crítica — portanto antitética e até mesmo "impaciente", como escreve seu autor logo de saída — como um movimento necessário à produção de qualquer saber sobre a arte. O "texto-limiar", como claramente se percebe, é o artigo de E. Panofsky, *A perspectiva como forma simbólica* (*La perspecive comme forme symbolique*, op. cit., pp. 37-182).

[48] Cf. I. Kant, *Critique de la faculté de juger*, op. cit., p. 121.

[49] *Id., ibid.*, pp. 29-42, 169-173 etc.

priori pelos quais deveriam se regular tanto o jogo das faculdades humanas quanto a organização do saber filosófico.[50] Ela só admite a inadequação da Ideia estética ao conceito para melhor fazer subsumir a inadequação mesma. Talvez seu apetite não consista, no fundo, senão em querer digerir o sensível no inteligível, e o visível na Ideia.[51]

Não há, nessa tensão dirigida à síntese, um gosto curioso de retorno à tese? Não podemos ainda decidir isso. Primeiro é preciso, e uma vez mais, ler Panofsky segundo o ponto de vista que foi o seu, a saber: o ponto de vista — reivindicado, depois espontâneo e finalmente mitigado — do neokantismo que vai de Wilhelm Windelband a Hermann Cohen e a Ernst Cassirer. É preciso tentar identificar essa linha de partilha que se tornou linha de passagem, entre um emprego crítico do kantismo (abrir, escavar as evidências, deslocar as pesadas rochas do pensamento trivial) e seu emprego propriamente doutrinal, metafísico, no qual, a nosso ver, sua lucidez se perde, se imobiliza numa nova rocha, bem mais imponente e inamovível ainda. Tal seria, portanto, a dupla face do apelo ao kantismo no domínio da história da arte: ele terá permitido as *operações críticas* mais salutares, mas ao mesmo tempo terá se votado ao *desejo dos fins*, que davam fundamento e doutrina, que

[50] "É assim que me aplico atualmente a uma Crítica do gosto e esta enseja a descoberta de uma nova espécie de princípio *a priori*. De fato, as faculdades da alma são três: a faculdade de conhecer, o sentimento de prazer e de dor, e a faculdade de desejar. Encontrei na Crítica da Razão pura (teórica) princípios *a priori* para a primeira faculdade — na Crítica da Razão prática os encontrei para a terceira faculdade. Eu os procurava também para a segunda faculdade e, embora considerasse impossível encontrá-los, a estrutura sistemática que a análise precedente das outras faculdades da alma me fez descobrir [...] acabou por me orientar para o bom caminho, de modo que distingo agora três partes da filosofia que possuem cada uma delas seus princípios *a priori* [...]: filosofia teórica, teleologia, filosofia prática." I. Kant, carta a K. L. Reinhold, dezembro de 1787, citado por A. Philonenko, introdução a *Critique de la faculté de juger*, *op. cit.*, p. 7.

[51] Cf., por exemplo, *id.*, *ibid.*, p. 144. Em outra passagem, Kant chamou as artes figurativas de "artes da expressão das Ideias na intuição dos sentidos" (*ibid.*, p. 150).

fechavam ou tornavam a fechar o circuito metafísico da questão da arte.

Assim, quando Panofsky negava ao conceito de tempo histórico — à historicidade da arte, em particular — toda evidência "natural", ele desferia um golpe decisivo no positivismo reinante,[52] e também nas intuições "psicológicas" de Wölfflin sobre a raiz universal dos estilos plásticos; mas ao mesmo tempo ele visava fundar um conhecimento objetivo dos fenômenos artísticos sobre a base de "condições metafísicas" definidas à maneira de Kant. A filosofia crítica negava à história e à psicologia toda causalidade "natural", mas para exigir ainda mais — a saber, uma historicidade *metafisicamente* fundada e uma psicologia das formas *metapsicologicamente* edificada:

> "Provavelmente nunca será possível encontrar, dado o caráter universal desses fenômenos culturais, uma explicação real [natural] que deveria consistir em mostrar uma causalidade. [...] Mas se, por essa razão, o conhecimento científico é incapaz de descobrir as causas históricas e psicológicas das formas de representação na arte, ele deveria ser ainda mais meta-histórico e metapsicológico (*methistorischen und metapsychologischen*). Seria preciso então colocar a questão de saber qual é, considerada do ponto de vista das condições metafísicas fundamentais da criação artística (*von den metaphysischen Grundbedingungen des Kunstschaffens*), a significação do fato de uma época conhecer uma representação linear ou pictórica, em superfície ou em profundidade".[53]

---

[52] Cf. o julgamento de P. Bourdieu: "*Arquitetura gótica e pensamento escolástico* é sem dúvida nenhuma um dos mais belos desafios jamais lançados ao positivismo". Posfácio a E. Panofsky, *Architecture gothique et pensée scolastique, op. cit.*, p. 135.

[53] E. Panofsky, "Le problème du style", *art. cit.*, pp. 195-6. Mais adiante voltaremos a falar do termo "metapsicologia".

O tom está novamente dado: todo o movimento crítico se fará tendo em vista "condições metafísicas fundamentais"... A noção de *Kunstwollen*, por exemplo, será quase defendida metafisicamente contra seu próprio criador, Alois Riegl, a quem Panofsky censura formulações "ainda psicológico-empíricas", em vez de um recurso a princípios *a priori* nos quais todas as "manifestações fenomênicas" devem ser subsumidas.[54] O tom volta a ser dado e a exigência é clara: "Argumentamos aqui", escreverá Panofsky, "em favor de um método transcendental-científico", um método que não estaria fundado na utilização de *conceitos de espécie*, obtidos por simples abstração a partir dos fenômenos artísticos como tais, mas num *conceito fundamental* e fundador, um "*Grundbegriff* que, ao descobrir esse mesmo fenômeno no seu ser original e exclusivo de qualquer outro desenvolvimento, revelará seu sentido imanente (*ihren immanentem Sinn enthüllt*)", não apenas na sua singularidade mas também na sua universalidade "objetiva". E não é por acaso que, no momento de esclarecer essa proposição, Panofsky toma emprestado de Kant um exemplo célebre dos *Prolegômenos a toda metafísica futura*.[55] Quanto à prudência filosófica exibida como último recurso, ela não fará senão indicar a altura, ou a profundidade vertiginosa, dos *fins* considerados para a história da arte.[56]

---

[54] "Só se pode compreender o conceito de *Kunstwollen* interpretando a partir de categorias *a priori* as manifestações fenomênicas." E. Panofsky, "Le concept du *Kunstwollen*", *art. cit.*, p. 218. Cf. igualmente p. 214, a crítica às formulações de A. Riegl.

[55] *Id.*, *ibid.*, pp. 210-2 e 218.

[56] *Id.*, *ibid.*, pp. 214-5: "A presente tentativa não pretende de modo algum deduzir e sistematizar tais categoriais que eu chamaria, se ousasse, transcendental-científicas. Ela quer apenas, permanecendo no plano puramente crítico, colocar o conceito de *Kunstwollen* ao abrigo de interpretações errôneas, a fim de estabelecer claramente quais são as condições metodológicas prévias a uma pesquisa cujo objetivo seria [...] não mais encontrar explicações genéticas ou subsunções fenomênicas, mas determinar claramente um sentido imanente aos fenômenos artísticos (*sondern auf die Klarstellung eines den künstlerischen Erscheinungen immanenten Sinnes*)". A problemática do "conceito fundador" será retomada cinco anos mais tarde: E. Panofsky, "Über das

O momento de antítese havia nos ensinado que todo saber procedia de uma *escolha* que, sob muitos aspectos, aparecia como uma cisão do sujeito, uma estrutura alienante condenada à perda de algo em todos os casos (segundo o modelo lógico do *ou* ameaçador: "A bolsa ou a vida!"). O neokantismo, em troca, no projeto idealista da sua gnoseologia, terá pretendido *resolver a questão da perda*. De que maneira? Panofsky nos sugere a resposta através de uma expressão que retorna em toda a sua obra — uma expressão, convém precisar, característica do tom kantiano por ele adotado: é a *intuição sintética* que, paradoxalmente, terá substituído todos os intuicionismos triviais da história da arte.[57] Há aí como uma operação mágica, na qual todos os "círculos viciosos" recuperam a dignidade de "círculos metodológicos"... Uma metáfora tomada da arte do funâmbulo vem a propósito para completar uma referência aos argumentos teóricos de E. Wind:

> "Wind fornece a prova de que aquilo que à primeira vista se assemelha a um *circulus vitiosus* é, em verdade, um *circulus methodicus* que leva 'instrumento' e 'objeto' a um confronto que lhes permite se afirmarem mutuamente. Há também a história do filho que pergunta ao pai: 'Por que o equilibrista da corda bamba não cai? — Ora, porque ele se segura na vara! — Mas por que então a vara não cai? — Ora, seu pequeno idiota, porque o equilibrista a segura'. A graça dessa velha e bonita história está no fato de que, longe de excluir a possibilidade prática da arte do funâmbulo, esse pseudocírculo vicioso a fundamenta".[58]

Verhältnis der Kunstgeschichte zur Kunsttheorie: ein Beitrag zu der Erörterung über die Möglichkeit 'Kunstwissenschaftlicher Grundbegriffe'", *Zeitschrift für Ästhetik und Allgemeine Kunstwissenschaft*, XVIII, 1925, pp. 129-61. Cf. S. Ferretti, *Il demone della memoria, op. cit.*, pp. 206-10.

[57] Cf., por exemplo, *id.*, *Essais d'iconologie, op. cit.*, p. 29.

[58] *Id.*, "Contribution au problème de la description", *art. cit.*, p. 250.

Mas basta "confrontar mutuamente" o funâmbulo e sua vara para que um e outro escapem ao risco da queda? A arte do funâmbulo pode ser considerada como uma arte do perigo ou como uma arte da sua negação, como uma arte do frágil equilíbrio humano ou como uma arte ideal feita para invencíveis homens-pássaros. Depende das circunstâncias. A *magia* do funâmbulo consistirá precisamente em nos fazer acreditar apenas nas segundas proposições. Do mesmo modo, a *síntese* para a qual se dirigia Panofsky, com o risco de criar um impasse sobre a problemática do sujeito, tendia a fazer acreditar que a história da arte fora fundada ou podia ser — fundada em razão, fundada segundo seus fins "transcendental--científicos"... Mas quais foram exatamente os operadores privilegiados dessa síntese com propósito fundador? Como podemos extraí-los das análises copiosas com que o autor de *Idea* nos gratificou? Também aí um movimento se esboçará: movimento de prestidigitação no qual o "mesmo" — objeto de todas as magias, de todas as sínteses — só desaparece para melhor retornar, transfigurado, investido dos prestígios da razão kantiana. Panofsky, portanto, levanta o chapéu (seu chapéu neokantiano) como para saudar a nova comunidade dos estudiosos da história da arte. Depois coloca o chapéu em cima da mesa (a mesa vasariana) e, à maneira dos mágicos, o levanta novamente: as quatro pombas ou os quatro coelhos brancos da história humanista ressurgem então, mais belos e mais vivos do que nunca. Todos, assombrados e tranquilizados, aplaudem. A disciplina está salva.

Precisemos a hipótese. O tom kantiano adotado pela história da arte seria apenas um operador "mágico" de transformação, visando reconduzir, sob a forma de uma "objetividade" ou de um "objetivismo transcendental", as principais *noções-totem* da história da arte humanista — evidentemente transfiguradas na operação, no entanto voltando, de certa forma, ao *mesmo*. Como se essa operação as houvesse criticado, invertido mas também reforçado, ao dar-lhes uma nova razão, a simples razão kantiana. A hipótese comporta, se tem algum valor, pelo menos dois corolários. Primeiro, supõe que conceitos rigorosos e operatórios num campo discursivo possam ser usados num outro como *significantes flutuantes*, isto é, como ferramentas, não menos operatórias, de um outro tipo de trabalho, um trabalho "mágico" e fechado do pensamento.[59] Supõe portanto que o discurso filosófico seja uma questão de enunciação, de pragmática e de "apresentação", tanto quanto de enunciados positivos e de representações conceituais.[60] Supõe, enfim, que reencontremos, no vocabulário *metodológico* da história da arte panofskiana, algo das palavras *mágicas* propostas pela história da arte vasariana para estabelecer sua legitimação acadêmica.

[A primeira palavra mágica: *humanismo*. Onde o objeto do saber torna-se forma do saber. Vasari kantiano e Kant humanista. Poderes da consciência e retorno ao homem ideal]

Quando em 1959 — época em que escrevia seu livro *Renaissance and Renascenses in Western Art* — Panofsky aceitou republicar, com trinta e cinco anos de distância, seu pequeno estudo sobre a história das teorias artísticas, eloquentemente intitulado *Idea*, ele redigiu um curto prefácio que parece à primeira vista muito convencional, prevenindo seu leitor de que o livro é antigo e mesmo "ultrapassado". Para além dessa precaução de costume, Panofsky nos fala então de uma "questão de consciência" a que seu velho livro o conduz: embora o tempo transcorrido tenha mudado todos os *detalhes* de suas concepções (o que exigiria escrever outro livro), ele nada modificou "no essencial" suas intenções.[61] Mas quais são essas intenções, esses fins? E a que se refere a advertência humorística, mas insistente, que conclui o mesmo texto? "Se os livros fossem sujeitos às mesmas regulamentações legais que os produtos farmacêuticos, cada exemplar deveria trazer na capa a inscrição: *Usar com prudência* — ou ainda a advertência dos

---

[59] Cf. C. Lévi-Strauss, "Introduction à l'oeuvre de M. Mauss", *Sociologie et anthropologie* de M. Mauss, Paris, PUF, 1950, pp. XLI-LII; *Id.*, "L'efficacité symbolique" (1949), *Anthropologie structurale*, Paris, Plon, 1958, pp. 205-26.

[60] Foi o que J.-L. Nancy percebeu muito bem a propósito de Kant. Cf. J.-L. Nancy, *Le discours de la syncope*, I. *Logodaedalus*, Paris, Aubier-Flammarion, 1976; *Id.*, *L'impératif catégorique*, Paris, Flammarion, 1983.

[61] E. Panofsky, *Idea, op. cit.*, p. 11.

antigos frascos medicinais: CAUTIUS"...[62] A que se refere essa precaução final? Que perigo há em ler *Idea*?

Sugerimos a hipótese — evidentemente arriscada, violenta, interpretativa — de que Panofsky reconheceu por um momento seu próprio livro, sua *Idea*, como um *pharmakon* mágico, um filtro do saber sobre a arte e sobre as imagens em geral: um remédio próprio a curar todas as incertezas, isto é, uma poção de síntese neokantiana; mas também uma poção de esquecimento, o veneno do conceito *ideal* instilado em nossos olhares. Panofsky talvez temesse, ao republicar no campo da história da arte esse pequeno livro outrora publicado como o prolongamento de uma conferência filosófica de Ernst Cassirer — talvez temesse tomarem sua *Idea*, objeto de estudo crítico e histórico, como um puro objeto de crença estética e como uma filosofia espontânea para o historiador da arte. Talvez Panofsky temesse, no momento em que refletia mais uma vez sobre o Renascimento, os efeitos longínquos de sua própria filosofia, construída ou espontânea.

A questão, no fundo, é tanto a da noção de Ideia quanto a da escolha fixada, aos poucos e como que imperiosamente, na grande época *humanista* da história da arte. Em 1924, Panofsky trabalhava tanto sobre a arquitetura carolíngea e a escultura do século XIII quanto sobre Dürer ou o Renascimento italiano.[63] No entanto o movimento próprio de *Idea* já exigia que fosse reservado ao Renascimento o essencial de todas as suas análises: a introdução opunha desde o início a doutrina de Platão — Ideia obriga — a algumas linhas escritas no século XVI por Melânchthon; depois, três quintos do livro eram dedicados ao *Quattrocento* e ao *Cinquecento*, deixando cinquenta páginas para o restante: Antiguidade, Idade Média e Neoclassicismo, ou seja, o equivalente a vinte e dois séculos de história; uma estranheza de composição chegava mesmo a dar a última palavra, depois de Bellori, depois de Winckelmann, a Michelangelo e a Dürer. Coisas que nos incitam a suspeitar que

---

[62] *Id., ibid.*, pp. 14-5.

[63] Cf., por exemplo, *id.*, *Die deutsche Plastik des elften bis dreizehnten Jahrunderts*, Munique, Wolff, 1924, e seus comentários sobre a arte carolíngea, a escultura romana ou Giotto (em 1923 e 1924).

o humanismo não foi simplesmente um *objeto* privilegiado do saber panofskiano, mas também uma exigência, um verdadeiro *fim* teórico congruente com sua filosofia do conhecimento. É como se o kantismo da razão pura tivesse encontrado na *Rinascita* sua melhor justificação histórica.

A hipótese surpreenderá. O que têm exatamente a ver o humanismo renascentista e a síntese kantiana? Não se pode esperar de um historiador tão rigoroso quanto foi Panofsky que se abstivesse de tal anacronismo? No entanto é preciso render-se à evidência: obscuros fins terão exigido que ele construísse ousadamente a anacrônica relação entre Vasari e Kant. Assim, a origem utilizava a astúcia da razão pura, se podemos dizer, para chegar aos fins do seu tortuoso retorno.

Panofsky nos terá inventado assim um Vasari kantiano: maneira de o filho reconciliar-se com o antigo "pai" da história da arte, ou mesmo de misturar positivamente dois "pais" distintos, o da história e o do conhecimento puro. Maneira também de fazer adotar, e por muito tempo, o famoso tom "kantiano" a toda a sua disciplina. É no centro geométrico do desenrolar de *Idea* que aparece a figura de Vasari. Panofsky a opõe de saída à de Alberti, em quem, ele escreve, a Ideia artística havia encontrado seu *lugar* — "o espírito que conhece a natureza" — mas não ainda sua *origem*. Ora, encontrar a origem de uma coisa não seria senão "deduzir" essa coisa do seu fundamento próprio: Vasari foi quem o fez primeiro porque, para além da intuição sensível e "concreta" de Alberti, *deduziu* — "para falar em termos kantianos", escreve já Panofsky — a Ideia de sua faculdade originária. Não nos surpreenderá ver ressurgir, e ser longamente citado, o famoso texto da *Introduzzione alle tre Arti del Disegno* no qual, como lembramos, Vasari fazia "proceder" o desenho do intelecto (*procedendo dall'intelletto*) e antecipava a eminente função do "juízo universal" (*giudizio universale*) própria, é claro, a fascinar todo leitor de Kant.[64] A partir daí, Panofsky não mais deixará de garantir e de precisar essa legitimação filosófica da obra vasariana.

---

[64] *Id., Idea, op. cit.*, pp. 79-80. Cf. *supra*, pp. 103-4.

O fato de o historiador das *Vidas* ter virado as costas ao exigente platonismo não fará senão justificar ainda mais o valor "kantiano" do seu gesto: pois ele dava à Ideia, nos explica Panofsky, um "sentido funcionalista" (*eine Umdeutung im Sinne des Funktionalen*). Em suma, longe de ser um simples conteúdo de representação, a *Idea* vasariana alcançava o estatuto mesmo da "faculdade da representação" (*Vorstellungsvermögen*).[65] Giordano Bruno não está distante, e Panofsky logo nos falará da sua "afirmação quase kantiana segundo a qual o artista é o único autor das regras" da sua arte, assim como a representação é deduzida de sua faculdade única na alma humana.[66] Aos poucos se percebe que Vasari nos terá sido apresentado menos como o herói de uma *rinascita* da história da arte (o que ele é absolutamente) do que como o de uma *rinascita* da filosofia do conhecimento (o que ele talvez não seja realmente). Pois Panofsky via nas *Vidas* o momento capital em que "o problema do sujeito e do objeto se torna maduro e suscetível de receber uma solução de princípio" — o que em filosofia nos ensinam geralmente a propósito de Kant.[67]

Haveria duas maneiras, digamos, de ler Vasari. Uma incluiria sua obra no que Panofsky chama a "antinomia dialética" (*dialektische Antinomie*) do idealismo e do naturalismo artísticos — antinomia que se confunde com a própria história da arte, ou melhor, com a história das teorias artísticas, e "se prolongou sob diversos disfarces [...] até em pleno século XX".[68] A outra maneira, que a leitura de *Idea* sugere ainda mais, seria ver em Vasari o precursor das sínteses estabelecidas por Kant em filosofia e por Riegl em história da arte: mesmo não tendo "exposto os fundamentos filosóficos" precisos de suas intuições, Vasari teria sido o primeiro pensador da arte a colocar em questão o realismo da "coisa em si". Na medida em que, segundo ele, a *Idea* designava "toda representação artística que, primeiro projetada no espírito

---

[65] *Id.*, *ibid.*, pp. 80-1.
[66] *Id.*, *ibid.*, p. 88.
[67] *Id.*, *ibid.*, p. 82.
[68] *Id.*, *ibid.*, p. 152.

do artista, preexiste à sua representação fora"; na medida em que essa noção "funcional" aproximava intimamente o *disegno* e o conceito, a arte e o conhecimento; na medida, enfim, em que Vasari se tornava o homem da "dedução" (*Abzug*) e da "síntese intuitiva" (*intuitiver Synthesis*) oposta à "intuição empírica" de Alberti,[69] compreende-se que as *Vidas* do primeiro historiador da arte realizavam antecipadamente o que constitui a conclusão mesma do livro de Panofsky e seu grande *disegno* neokantiano:

> "No domínio da teoria do conhecimento, foi Kant que abalou essa hipótese da 'coisa em si'. No domínio da teoria da arte, foi somente a intervenção eficaz de Alois Riegl que permitiu instaurar um ponto de vista análogo. Pensamos assim ter mostrado que a intuição artística, do mesmo modo que o entendimento conhecedor (*die künstlerische Anschauung... als der erkennende Verstand*), não remete a uma 'coisa em si', mas que, ao contrário, pode ser assegurada, assim como o entendimento, da validade de seus resultados, precisamente na medida em que ela mesma é que determina as leis do seu universo, o que significa em geral que não tem outros objetos senão aqueles que primeiramente foram constituídos por ela".[70]

Tal seria a condição essencial em que todo saber funda seu objeto — ainda que fosse um objeto de arte. Tal seria, sempre a

---

[69] *Id., ibid.*, pp. 79 e 84-6.

[70] *Id., ibid.*, pp. 151-2. Convém notar que Panofsky recusa significativamente à Ideia vasariana qualquer consistência "metafísica" (*ibid.*, p. 87); mas é justamente para aproximá-la ainda mais do kantismo implícito, cuja vocação "transcendental-científica" Panofsky reconhece, mas não sua profunda vocação metafísica — a qual Heidegger, no entanto, elucidara no seu livro de 1929, citado por Panofsky (cf. *supra*, pp. 135-6). Note-se igualmente que na mesma época J. von Schlosser evocava (mas para negá-la) essa relação da história vasariana com a ciência "neokantiana". Cf. J. von Schlosser, *La littérature artistique, op. cit.*, p. 332.

julgar pelo texto de *Idea*, a realização inaugural da obra vasariana no domínio da história da arte. Com Vasari não apenas o ofício "liberalizado" da arte descobriu para si uma autoridade comparável à do conhecimento conceitual (o que, a seu modo, Alberti já havia reivindicado), mas também chegou realmente o momento de celebrar as bodas entre o entendimento que conhece e a intuição que produz os objetos da arte. Que o *disegno* pudesse proceder do intelecto significava com razão que a arte e a ciência podiam ser congruentes. Significava também que era possível uma ciência da arte, que se chamaria História da Arte. Coisas essas nascidas no Renascimento e aptas a se declinarem para sempre sob o vocábulo *humanismo*. Em suma, *Vasari já foi kantiano*, pois trabalhava, segundo Panofsky, de uma maneira que Kant teria chamado "objetiva" ou "desinteressada", trabalhando ao mesmo tempo de uma forma atemporal e "estritamente conforme à mais exigente história da arte".[71] Mas a aproximação não se detém aí: Panofsky vai fornecer o contratema dessa estrutura ao nos sugerir que *o próprio Kant foi também um humanista*:

> "Nove dias antes de morrer, Immanuel Kant recebeu a visita do seu médico. Idoso, doente, quase cego, ele se levantou da poltrona e ficou de pé, trêmulo de fraqueza, murmurando palavras inaudíveis. Seu fiel companheiro acabou por perceber que ele não voltaria a sentar-se antes que o visitante tivesse tomado um assento; o que ele fez; então Kant permitiu que o ajudassem a voltar à poltrona e, quando recuperou alguma força, disse: *Das Gefühl für Humanität hat mich noch nicht verlassen* [O senso da humanidade ainda não me aban-

---

[71] Isso a propósito do enquadramento famoso desenhado por Vasari para um desenho medieval outrora atribuído a Cimabue (e hoje a Spinello Aretino) da sua coleção: "O enquadramento desenhado por Vasari é o ponto de partida de uma abordagem estritamente conforme à história da arte, abordagem que [...] procede, para retomar uma expressão de Kant, de forma *desinteressada*...". E. Panofsky, "Le feuillet initial du *Libro* de Vasari", *art. cit.*, p. 186.

donou]. Seus dois ouvintes, emocionados, estavam à beira das lágrimas. Pois, embora a palavra *Humanität* tivesse adquirido, no século XVIII, um sentido pouco mais forte que polidez ou cortesia, ela conservava para Kant uma significação bem mais profunda...".[72]

Essa "significação bem mais profunda" não é senão aquela na qual o *humanismo* propôs reformular, para além da Idade Média, a noção mesma de "humanidade". Ela envolvia uma ética e uma relação com a história, mas também uma estética e uma relação com o além: arte, ciência, história, metafísica, tudo nela se englobava ou se deduzia. Panofsky nos convida a considerar que o humanismo renascentista reencontrava, com os grandes pensamentos antigos, a *justa medida* da humanidade do homem. Pois colocava a *humanitas* frente a seu além (a *divinitas*), frente também a seu aquém (a *barbaritas*): miséria e grandeza formando um par. Pode-se dizer que o humanismo nasceu com essa "dupla face" (tal é, de fato, a expressão panofskiana) — pode-se dizer igualmente que o humanismo enunciava uma síntese de antinomias dialéticas.[73] Ora, se transpusermos esse ponto de partida muito geral para o nível de uma reflexão sobre o conhecimento, nos deparamos de novo com a dupla face da intuição sensível e do trabalho intelectual, nos deparamos, diz Panofsky, com as duas esferas da *natureza* e da *cultura*: "A primeira foi definida [e ele poderia também ter escrito *foi deduzida*] por referência à segunda: a natureza é o conjunto do universo acessível aos sentidos, exceto as lembranças deixadas pelo homem (*except for the records left by man*)".[74]

Compreende-se então que a dupla face do conhecimento — sensível, conceitual — foi reunida no humanismo sob a forma de uma atenção extrema dada justamente a essas "lembranças deixadas pelo homem": é a *história*, que sintetiza no domínio da arte a observação "sensível" da natureza e o recurso constante às tradi-

---

[72] Id., "L'histoire de l'art est une discipline humaniste", *art. cit.*, p. 29.

[73] Id., *ibid.*, pp. 30-1.

[74] Id., *ibid.*, p. 32.

ções culturais do passado. "De uma maneira fundamental, o humanista é um historiador."[75] O que isso quer dizer? Primeiro, que a história foi inventada ou reinventada no Renascimento: voltemos a pensar em Vasari como um dos seus maiores heróis. A seguir, que a *eruditio* humanista, ao se desenvolver no elemento da história, soube conjugar a arte com a ciência, o sensível com o inteligível.[76] Enfim, que essa conjunção — embora ela mesma histórica — tinha para Panofsky uma espécie de valor atemporal, no fundo um valor de *programa ideal para a história*: se Vasari é kantiano e se Kant é humanista, se o humanismo reinventa a história... então a história, a história da arte, será humanista em sua estrutura mesma. Agora fica claro o título do artigo cujas primeiras linhas contavam a anedota sobre Kant: "A história da arte é uma disciplina humanista"[77] — não bastando tê-lo sido; pois ela o era desde a origem, segundo os seus fins kantianos.

É desse modo que, no desenvolvimento de Panofsky, "a história da arte como disciplina humanista", após ter designado um momento histórico (o Renascimento em oposição à Idade Média), após ter fornecido um momento dialético da exposição (as "humanidades" em oposição às ciências da natureza), vai se tornar o centro e a síntese de um propósito tanto histórico quanto dialético: implicitamente, o Renascimento servirá de lei para outros períodos da história, e o conhecimento "humanista" se tornará ele próprio essa *situação orgânica* doravante assimilável, para o leitor, a um modelo absoluto de conhecimento. Num primeiro momento, de fato, Panofsky opunha às ciências naturais, capazes de *analisar* sem subjetivismo seus objetos de conhecimento, a situação do his-

---

[75] *Id., ibid.*, p. 33.

[76] Cf. *id.*, "Artiste, savant, génie. Note sur la '*Renaissance-Dämmerung*'" (1952), *L'oeuvre d'art et ses significations, op. cit.*, pp. 103-34. Cf. igualmente, entre muitos outros trabalhos desse gênero, D. Koenigsberger, *Renaissance Man and Creative Thinking: A History of Concepts of Harmony (1400-1700)*, Atlantic Highlands (Nova Jersey), Humanities Press, 1979.

[77] Como propõe a tradução francesa. Quanto à inglesa, ela poderia sem dificuldade jogar com as palavras: "The History of Art *as*... the History of Art *is*... a humanistic discipline".

toriador (ou do humanista) "que lida com ações e criações humanas, [e que] deve se envolver num processo mental de caráter *sintético* e *subjetivo*: deve mentalmente re-efetuar essas ações e re--criar essas criações".[78] Mas é a partir daí que o "tom kantiano" vai demonstrar toda a sua eficácia, seu mágico poder de conversão: a exposição dos *limites* (subjetivos) se tornará em algumas frases uma exposição da *certeza* autolegitimadora.

Em primeiro lugar, o que era "limite" se torna *existência*, e a única possível para o objeto de arte: "É em realidade por esse processo [de re-criação] que os objetos reais das 'humanidades' têm acesso à existência (*the real objects of the humanities come into being*)".[79] O que o espírito sintetiza e re-cria, eis aí o que é certo de existir. Em segundo lugar, a faculdade da *análise*, de início confinada ao domínio histórico e fornecendo o critério de diferença com o das ciências naturais, vai retornar às humanidades através do que Panofsky chama — sem realmente justificar — "a análise arqueológica racional".[80] É por trabalhar com objetos concretos (cacos de louça, fragmentos, túmulos devastados) que a arqueologia seria capaz de análise? O próprio Panofsky admite que os "materiais" da arqueologia são, de todo modo, uma "recriação estética intuitiva". No entanto ele não hesita em fazer uma espécie de *sobressíntese* graças à qual a história da arte irá encavilhar a "análise racional" na "síntese subjetiva" para estabelecer o famoso *circulus methodicus*, esse "círculo metodológico" que faz de suas próprias limitações uma força ilimitada, uma síntese doravante qualificada de *objetiva* e de *racional*. Uma frase de Leonardo da Vinci — mas colhida por um ouvido kantiano — virá significativamente dar sua caução:

"Leonardo da Vinci disse: 'Duas fraquezas que se apoiam uma na outra produzem juntas uma força'. As duas metades de um arco não podem sequer se manter

---

[78] E. Panofsky, *op. cit.*, p. 41. Eu sublinho.
[79] *Id., ibid.*, p. 41.
[80] *Id., ibid.*, p. 42.

de pé sozinhas; o arco inteiro suporta uma carga. Do mesmo modo, a pesquisa arqueológica é cega e vazia sem re-criação estética, e a re-criação estética é irracional, com frequência extraviada, sem investigação arqueológica. Mas, 'ao se apoiarem uma na outra', ambas podem suportar o 'sistema doador de sentido' — que é uma sinopse histórica".[81]

Estamos diante dessas frases como diante do que, a nosso ver, poderíamos chamar a dupla face do "tom kantiano" adotado por Panofsky para refletir sobre sua própria disciplina. Que historiador da arte poderia recusar a tais frases uma tão grande *pertinência* prática? Mas, ao mesmo tempo, que epistemólogo poderia deixar de assinalar aí algo como uma *suficiência* — quero dizer, justamente, uma insuficiência teórica? De que suficiência ou insuficiência se trata, então? A que fonte ela recorre? E do que ela se desvia? Quando Panofsky constrói seu movimento de síntese em segundo grau — que pretende sintetizar "objetivamente" a análise dita objetiva e a síntese dita subjetiva —, quando encerra o movimento no seu "sistema doador de sentido", como um númeno que daria sentido a todos os fenômenos, o que ele faz em última instância? *Ele dá à consciência a palavra final.* Lembremos sua frase simples e essencial: "O historiador da arte difere do espectador 'ingênuo' no sentido de que toma consciência (*is conscious*) dessa situação". E ele acrescenta imediatamente: "Ele *sabe*".[82] Pois não há ciência sem consciência, como é sabido. O problema — o sofisma — torna-se então: se a consciência *cria a existência mesma* do seu objeto de ciência, e se a história da arte deve ser uma "ciência das humanidades", então as obras da arte não admitirão outra coisa, nelas mesmas, senão a consciência. Elas são como *objetos de consciência*, em todos os sentidos que o genitivo *de* pode ter. Portanto,

---

[81] *Id., ibid.*, pp. 45-6. Cf. já na p. 43: "A síntese recriadora serve de fundamento à investigação arqueológica; em contrapartida, a investigação arqueológica serve de fundamento ao processo recriador; ambas se qualificam e se retificam mutuamente".

[82] *Id., ibid.*, p. 44.

a consequência natural do "tom kantiano" adotado pela história da arte será, abruptamente, que *aí o inconsciente não existe*.

Antes de aprofundar essa consequência capital, antes de reinterrogá-la sob outro ângulo, precisamos registrar a significação mais óbvia que esse primado absoluto da consciência adquire no texto de Panofsky. "Ciência com consciência", sabemos, é uma questão de alma e mesmo de ética. As páginas de que falamos foram publicadas em 1940 por um exilado: o elogio que ele dirige ao humanismo, à *vita contemplativa* e aos valores floridos do Renascimento italiano assumem nelas uma ressonância muito particular. Compreende-se claramente que Panofsky quis incluir no seu projeto gnoseológico o de uma sabedoria redescoberta — redescoberta por meio da história humanista, justamente. Esta, quatro séculos depois de Vasari, retomava assim a tocha do *homem ideal*, no momento mesmo em que a Europa inteira ardia sob o fogo do que Panofsky chama uma *satanocracia*, e ele pontua: uma "Idade Média às avessas"... Mas, contra a destruição, ele invocará a História, como se o que *havia sido* adquirisse na memória uma consistência mais forte que todos os presentes arruinados. Assim, contra a "ditadura do infra-humano", contra a própria morte, há a imortalidade do humanismo. A tocha da *eterna fama* vasariana se tornará em Panofsky a imagem bem mais trágica do fogo de Prometeu que sobrevive a seu inventor torturado:

> "Se a civilização antropocêntrica do Renascimento é suplantada, como parece, por uma 'Idade Média às avessas' (uma satanocracia por oposição à teocracia medieval), então não apenas as humanidades, mas também as ciências naturais, tais como as conhecemos, estão votadas a desaparecer, e nada subsistirá senão o que pode servir à ditadura do infra-humano. Mas mesmo isso não significará o fim do humanismo. Se Prometeu pôde ser acorrentado e torturado, o fogo aceso por sua tocha não pôde ser extinto. [...] Poderíamos comparar a meta ideal da ciência a uma dominação, e a das humanidades a uma sabedoria. Marsilio Ficino escrevia ao filho de Poggio Bracciolini: 'A história é de extrema necessidade não

apenas para tornar a vida agradável, mas para lhe conferir valores morais. O que em si é mortal tem acesso pela história à imortalidade, o que é ausente torna-se presente, as coisas velhas rejuvenescem, os jovens logo alcançam a maturidade das pessoas mais velhas. Se um homem de setenta anos é tido por avisado em razão da sua experiência, quanto mais avisado será aquele cuja vida se estende por um milhar, por três milhares de anos! Ora, pode-se dizer de um homem que ele viveu tantos milênios quanto os que abarca seu conhecimento da história'".[83]

No arco estendido entre a frase de Kant, nove dias antes de morrer, e a de Marsilio Ficino sobre a imortalidade, a história da arte se inventa assim uma sabedoria fundamental. Ela quase admite — mas sempre resistirá a admiti-lo inteiramente — que não é uma *ciência*, mas no melhor dos casos algo como uma antiga *sapiência*. "A história da arte como disciplina humanista" encontra sua finalidade em acentos proféticos mais do que cognitivos, conjuratórios mais do que descritivos. Vimos que a palavra portadora de todos os anseios, a palavra lançada *em último recurso* não era senão a palavra *consciência*: é com ela que Panofsky terá definitivamente contado para fornecer o instrumento de uma conversão da melancolia ou da angústia de morte (morte da arte, dos homens e das "humanidades", já presente em Vasari) num valor de saber, de esperança e de imortalidade (já proposto, igualmente, por Vasari). Há aqui, portanto, um último *recurso metafísico* que sonha em favor das "humanidades" de um mundo no qual estudar a imagem nos salvaria de toda violência. Como não aderir a esse programa, como não ser sensível ao fato de que ele se enunciava precisamente numa época em que a Europa desmoronava? É preciso levar em conta, porém, que Panofsky oferecia aí uma outra escapatória, uma outra denegação: ele se proibia — e proibia à história da arte — ver, ou melhor, *enfrentar esse momento em que*

---

[83] *Id., ibid.*, pp. 51-2.

as imagens configuram violência, são elas próprias atos de violência. E no entanto uma parte da arte medieval e mesmo renascentista responde a essa sombria coerção.[84] Mas a isso Panofsky voltava as costas, com o risco de *desencarnar* uma parte dos objetos que estudava. (Assim como virava as costas a esse valor particularmente assustador do nazismo que foi o de oferecer-se como uma obra de arte talhada na carne dos povos... Como podia um historiador da arte admitir o poder aterrador daquilo que presumivelmente constituía sua "humanidade", seu belo objeto de estudo?)

A palavra *humanismo* funciona portanto, nessa grande disposição dos fins, como uma palavra mágica e apaziguadora. Ela passa triunfalmente do estatuto de objeto de estudo ao de programa teórico — congruente com esse objeto, mas aplicada também, sub-repticiamente, a todos os outros.[85] Ela se mantém como um funâmbulo no centro de todas as antinomias, de todas as aporias, apaziguando-as, subsumindo-as. Faz de todas as "duplas faces" uma única superfície legível, como um aparelho anamórfico que *sintetizasse* as dessemelhanças singulares numa única semelhança "universal".[86] A história da arte, quando se intitula a si mesma como "disciplina humanista", não faz senão invocar a síntese, a conjuração das violências, das dessemelhanças ou das "inumanidades" cujo fogo, porém, a imagem carrega — e desde sempre. A história da arte como "disciplina humanista" não faz senão traçar um círculo mágico, dentro do qual ela mesma se encerra, se apa-

---

[84] Nem que seja na prática das imagens ditas "infamantes" da Idade Média e do Renascimento. Cf. G. Ortalli, *La pittura infamante nei secoli XIII-XVI*, Roma, Jouvence, 1979; S. Y. Edgerton, *Pictures and Punishment: Art and Criminal Prosecution during the Florentine Renaissance*, Ithaca/Nova York, Cornell University Press, 1985.

[85] Uma observação similar, relativa ao primado "albertiano" da *istoria* na pintura, foi feita por S. Alpers, *The Art of Describing: Dutch Art in the Seventeenth Century*, Chicago, The University of Chicago Press, 1983, pp. XIX-XXV.

[86] Cf. J. Baltrusaitis, *Anamorphoses ou magie artificielle des effets merveilleux*, Paris, Perrin, 1969, p. 157; catálogo da exposição *Anamorphoses*, Paris, Musée des Arts Décoratifs, 1976, fig. 31.

zigua e recria as imagens à imagem do seu próprio pensamento: sua *Idea* humanista da arte.

[A segunda palavra mágica: *iconologia*. Retorno a Cesare Ripa. Visível, legível, invisível. A noção de conteúdo iconológico como síntese transcendental. O recuo de Panofsky]

Havia ainda na palavra *disegno*, tal como Vasari a empregava, algo como uma referência à alteridade: era a *natureza*, a famosa natureza em face da qual toda arte devia se conformar. Ao criticar a "relação do olho com o mundo", ao desacreditar todo dado natural, Panofsky descobria o valor funcional próprio ao "mundo do olho". Mas, ao delimitar em seguida a "relação da alma com o mundo do olho", ao traçar o círculo de uma arte em que o intelecto se imita e se conforma a si mesmo, Panofsky fundava com Kant uma noção *gnoseológica* da arte, na qual o verbo *ver* se conjugava de forma finalmente transparente com o verbo *saber*. A ressonância prática que ainda conservava o termo *imitação* podia ser agora englobada, subsumida pela *iconologia* — segunda palavra mágica (ainda que operatória), segunda noção-totem. Ela nos diz que as imagens da arte imitam tanto o invisível quanto o visível. Nos diz que as "formas" sensíveis da pintura, da escultura e da arquitetura são feitas para traduzir aquelas, invisíveis, de conceitos ou de Ideias que a razão "forma".

Panofsky, sabemos, associou definitivamente seu nome à grande disciplina da iconologia.[87] Ele consagra o título em seus famosos *Studies in Iconology*, embora, na edição de 1939, se trate sobretudo de "iconografia no sentido amplo".[88] O desenvolvimento programático de *Iconography and Iconology* data de 1955, e é só então que o sufixo "logia" se justificará plenamente: com o *logos*, diz em resumo Panofsky, temos a razão inteira, enquanto o

---

[87] Mesmo se é a A. Warburg que cabe a reintrodução do termo no vocabulário metodológico da história da arte. Cf. A. Warburg, "Art italien et astrologie internationale au palais Schifanoia à Ferrare" (1912), trad. de S. Trottein, *Symboles de la Renaissance*, II, Paris, PENS, 1982, pp. 39-51; S. Trottein, "La naissance de l'iconologie", *ibid.*, pp. 53-7.

[88] E. Panofsky, "Introduction", *Essais d'iconologie, op. cit.*, p. 21.

sufixo "grafia" ainda "designa um certo procedimento de ordem descritiva".[89] Em suma, o termo iconologia traz consigo o propósito de uma disciplina que faria não mais apenas a recensão dos fenômenos artísticos, mas sua interpretação fundamental, legitimada *em razão*. Aliás, é curioso que na época Panofsky tenha deixado de assinalar sua dívida terminológica, passando em silêncio a origem dessa "boa e velha palavra" que ele "propõe ressuscitar".[90] Ora, a *Iconologia* faz parte da paisagem mental do humanista: no final do Renascimento aparecia, com esse título, uma obra de Cesare Ripa que pode ser considerada como uma clássica "ciência da arte", o que foi a *Chave dos sonhos* de Artemidoro em relação à antiga "ciência dos sonhos".[91]

Qual então o valor do retorno panofskiano à *Iconologia* de Ripa? Quais foram os principais benefícios? Em primeiro lugar, certamente, o de ter acesso à elaboração, desde o *Cinquecento*, de um traço comum *entre o visível e o legível*: sabemos que a *Iconologia* se olha, pois consiste numa série de imagens explicadas, mas igualmente se lê e se utiliza na ordem alfabética de um dicionário de palavras. Tal é sua primeira operação, sua primeira síntese mágica — a de imagens a ler. Em segundo lugar, a *Iconologia* formulava, já no prólogo, a doutrina de um traço comum *entre o visível e o invisível*: pois seu objeto não consistia senão nas "imagens feitas para significar uma coisa diferente da que o olho vê" — uma coisa que era um *conceito* abstrato e cujo catálogo o livro inteiro

---

[89] *Id., ibid.*, p. 22, nota. Convém igualmente observar que a "interpretação iconológica" só aparece, no célebre quadro recapitulativo, na edição de 1955 (*ibid.*, p. 30, nota, e p. 31). Na edição *princeps* de 1939 (*Studies in Iconology*, Nova York, Oxford University Press), tanto o texto como o quadro falam de "iconography in a deeper sense" e de "iconographical synthesis" (pp. 8-15).

[90] *Id., ibid.*, p. 22, nota. A dívida para com Cesare Ripa e Aby Warburg é "reconhecida" no prefácio à edição francesa de 1967, *ibid.*, pp. 3-4.

[91] C. Ripa, *Iconologia overo Descrittione dell'imagini universali cavate dall'Antichità e da altri luoghi [...] per rappresentare le virtù, vitii, affetti e passioni humane* (1593), Pádua, P. P. Tozzi, 1611 (2ª ed., ilustrada) (reed. Nova York/Londres, Garland, 1976). O *proemio* foi reproduzido, traduzido e apresentado por H. Damisch em *Critique*, nº 315-316, 1973, pp. 804-19.

traçava, como um museu de imagens a pensar.[92] Ora, o pensamento tem *regras*, dizem, que o discurso controla: pela retórica, pela dialética. Na menção lapidar que faz a Ripa, em 1966, Panofsky indica imediatamente que seu livro era "destinado não apenas aos pintores e aos escultores, mas aos oradores, pregadores e poetas".[93] Isso significa que os "traços comuns" considerados por Cesare Ripa resultavam em algo como "regras para a direção da imagem" — regras universais que bastava buscar no *exemplum* dos antigos:

> "As imagens feitas para significar uma coisa diferente da que o olho vê (*le imagini fatte per significare una diversa cosa da quella che si vede con l'occhio*) não têm regra mais certa nem mais universal (*non hanno altra più certa, ne più universale regola*) que a imitação dos monumentos postos nos livros e talhados nas medalhas e mármores pela indústria dos Latinos e dos Gregos e daqueles mais antigos que foram os inventores dessa arte".[94]

Há aí o princípio de uma *retórica*, na qual a história da arte ainda hoje acredita com frequência encontrar motivações definitivas para a imagem. Há também o princípio de uma *lógica* que envolve de maneira radical a questão do ser e do nome, do nome e do visível. De fato, Ripa nos fala de "raciocínios de imagens" (*ragionamenti d'imagini*) e sobrepõe à exibição visível da figura a eficácia nominal da sua "declaração" (*dichiarazione*). Por que isso?

---

[92] *Id., ibid.* (*trad. cit.*, p. 805).

[93] E. Panofsky, "Préface à l'édition française", *Essais d'iconologie, op. cit.*, pp. 3-4.

[94] C. Ripa, *Iconologia, op. cit.* (*trad. cit.*, p. 805), que continua assim: "Deixando de lado, portanto, a imagem de que se serve o orador, e que Aristóteles examina no terceiro livro da sua *Retórica*, falarei aqui apenas da que pertence aos pintores, isto é, àqueles que, por meio das cores ou de outra coisa visível, podem representar uma coisa que difere desta e que é conforme à primeira. Porque, assim como a segunda persuade com frequência por meio do olhar, também a primeira, por meio das palavras, põe em ação a vontade".

Porque a imagem, "feita para significar uma coisa diferente da que o olho vê", não tem à sua disposição um aspecto sensível que ela possa diretamente imitar. Assim ela imitará "raciocínios", inteligíveis "declarações"; acompanhará termo a termo o discurso que *define* essa "coisa", essa ideia. Em suma, do que a iconologia de Ripa finalmente se ocupará é "dessa espécie de imagem [que] se reduz facilmente à semelhança da definição" (*questa sorte d'imagine si riduce facilmente alla similitudine della definitione*), até tentar fazer corresponder cada detalhe da representação visível a uma sequência da definição verbal.[95] Compreende-se então que o edifício iconológico se apoiava em duas hipóteses de princípio, duas hipóteses tão "clássicas" quanto infundadas: a primeira exigia que o nome nomeasse e descrevesse o ser, a segunda que o nome se pudesse ver tal como nele mesmo.[96]

Traço comum entre visível e legível, entre visível e invisível, congruência possível da imagem sensível e da definição inteligível: compreende-se as esperanças que uma história da arte desejosa de se fundar *em razão* podia colocar na iconologia oriunda de Ripa. Ela permitia considerar a arte humanista com o "olho" de um humanista — e, mais que isso, o permitia sem contradição com o "olho" mais avisado ainda de um estudioso neokantiano. A "linguagem artística" (*Kunstsprache*) de que falara Wölfflin se desnaturalizava, enfim, para se votar inteiramente a uma "língua universal" das imagens e da cultura, ou mesmo a uma gramática gerativa induzida pelas Ideias da razão. Também aí, a passagem da

[95] *Id., ibid.* (*trad. cit.*, p. 811). Essa dimensão da iconologia foi comentada por H. Damisch, *Théorie du nuage: pour une histoire de la peinture*, Paris, Le Seuil, 1972, pp. 79-90.

[96] "*Vedere i nomi*", como escrevia C. Ripa, citado e comentado por H. Damisch, *ibid.*, p. 85. O "nome que dá o ser" é um tema longamente discutido por M. Foucault, *Les mots et les choses*, Paris, Gallimard, 1966, pp. 91-136. Convém notar que essa problemática não esgota a riqueza do que o humanismo renascentista entendia pelo termo *icones symbolicae*. Cf., a esse respeito, E. Gombrich, "*Icones symbolicae*: l'image visuelle dans la pensée neo-platonicienne" (1948), trad. de D. Arasse e G. Brunel, *Symboles de la Renaissance*, I, Paris, PENS, 1976, pp. 17-29.

iconografia à iconologia não se contentava em modificar os dados metodológicos: modificava ao mesmo tempo o objeto e o método. Supunha um objeto adequado ao método, isto é, uma arte que não fosse apenas "iconográfica" — uma arte que teria se contentado em imitar os fenômenos visíveis, descritíveis — mas também "iconológica", ou seja, uma arte que imitaria também númenos, conceitos inteligíveis, subsumindo e *dando razão* aos próprios fenômenos.

Ora, é exatamente a isso que tende a definição panofskiana do *conteúdo iconológico* das obras de arte. Ela pretende trazer à luz aquilo que, numa imagem, pertence à *esfera da significação* — o que, se pensarmos bem, não é absolutamente evidente: onde está o centro dessa esfera, onde estão seu envoltório, suas regiões particulares, seus limites exatos?[97] Por outro lado, seria a significação o único parâmetro a que se pode referir o *conteúdo* de uma obra de arte, se essa noção tem um sentido? Não contêm as obras de arte algo mais que significação? Seria realmente insensato imaginar uma história da arte cujo objeto fosse a esfera de todos os não-sentidos contidos na imagem? Para além do *subject matter* ou "tema" iconográfico, o *meaning* iconológico de Panofsky tinha claramente outras ambições: ele devia ser a instância definitiva de um lugar que não se contenta em encerrar as significações trazidas pela obras de arte, mas que pretende também *engendrá-las* — dando "sua significação mesma aos arranjos formais e aos procedimentos técnicos empregados" em cada quadro, cada escultura e cada construção arquitetônica.[98] Em suma, o conteúdo iconológico "tem a ver com a essência" (*it is essential...*) por oposição à aparência, e com o intrínseco (*intrinsic meaning*) por oposição ao convencional. Corresponde a um conceito do qual a obra mesma poderia se deduzir, como toda superestrutura se deduz de "princípios subjacentes" (*underlying principles*) ou de "princípios funda-

---

[97] Questões colocadas por R. Klein, "Considérations sur les fondements de l'iconographie", *art. cit.*, pp. 353-74. Ao que se deve opor B. Teyssèdre, "Iconologie: réflexions sur un concept d'Erwin Panofsky", *Revue Philosophique*, CLIV, 1964, pp. 321-40.

[98] E. Panofsky, "Introduction", *Essais d'iconologie, op. cit.*, p. 28.

mentais que subtendem a escolha e a apresentação" da obra, considerada enquanto fenômeno expressivo.[99]

Como poderá o conhecimento atingir tal princípio? Resposta: usando o arco mágico oferecido por Apolo ao historiador de arte humanista — o arco da síntese e da análise reunidas, confirmadas uma pela outra, sobressintetizadas. É nesse ponto preciso de sua hipótese que Panofsky reintroduzirá com força "o termo um tanto desacreditado de intuição sintética", termo que visa no fundo a algo como uma *síntese transcendental*: a iconologia, de fato, exige "um método de interpretação que procede mais de uma síntese que de uma análise [... e no qual] a análise correta das imagens, histórias e alegorias é o necessário preâmbulo a uma correta interpretação".[100] Em outras palavras, a essência iconológica de uma imagem se deduz ao mesmo tempo de uma análise racional feita no nível estritamente iconográfico, e de uma síntese "intuitiva" fundada, ela, numa "familiaridade adquirida com *temas* ou *conceitos* específicos tais como os transmitiram as fontes literárias (*as transmitted through literary sources*)". Panofsky irá mais longe, não para precisar, mas sim para ampliar: "com mais forte razão, nossa intuição sintética deve ser controlada por uma investigação sobre a maneira pela qual, em diversas condições históricas, as *tendências gerais e essenciais do espírito humano* foram expressas por *temas* e *conceitos* específicos".[101]

É portanto ao conceito, ao espírito, à significação e às "fontes literárias" que é dada a última palavra do conteúdo intrínseco cognoscível de uma obra pintada ou esculpida. Por esse expediente a história da arte ampliava num sentido o saber do qual seu objeto é capaz (e que ele inclusive requer) — mas num outro sentido impunha ao objeto o método dela, sua própria forma de expressão, que é conceitual, que não busca outra coisa senão a significação e que, para isso, não cessa de manipular "fontes literárias". É desse modo que os objetos da história da arte se submete-

---

[99] *Id., ibid.*, pp. 16, 20, 28 e 29.

[100] *Id., ibid.*, pp. 21-2 e 28.

[101] *Id., ibid.*, pp. 28 e 29.

ram à prova de uma espécie de descarnamento: as cores da pintura deviam — e será assim por muito tempo — dizer *sim* ou *não* em relação ao "tema", ao "conceito" ou à "fonte literária"; em suma, deviam se declinar em preto ou branco...[102] A iconologia entregava portanto toda imagem à tirania do conceito, da definição e, no fundo, do nomeável e do *legível*: o legível compreendido como a operação sintética, iconológica, na qual se "traduziriam" no *visível* (o aspecto claro e distinto das "significações primárias e secundárias" de Panofsky) *invisíveis* "temas", invisíveis "tendências gerais e essenciais do espírito humano" — invisíveis conceitos ou Ideias.

A operação é maciça — dissemos: ela é "mágica". Pode-se sugerir, mais uma vez, que Panofsky teve presciência dela? Em todo caso, é incontestável que as versões sucessivas de *Iconography and Iconology*, em particular o acréscimo em 1955 de uma longa passagem sobre os dois diferentes sufixos, manifestam uma espécie de oscilação em relação aos *fins* dados à nova disciplina. Um frêmito percorre o texto, um jogo de avanço e de recuo, de repulsa e de atração diante das consequências últimas que a iconologia trazia em si. É um pouco como se Panofsky interrompesse um movimento e se perguntasse de súbito: "Será que no fundo não estou lhes trazendo, se não a peste, ao menos a loucura da interpretação mágica, ou a certeza dos homens dementes?". O gesto de recuo se manifesta primeiro na incerteza, na hesitação quanto a *ir adiante*: até onde iremos, até onde irão — vocês, meus leitores, vocês, meus discípulos — com a iconologia? É a pergunta que deve ter se colocado, num momento ou noutro, todo inventor digno desse nome.

---

[102] Basta ler, para além da metáfora, a interpretação célebre que Panofsky fez da *Alegoria da Prudência* de Ticiano (e a maior parte das produzidas depois dele sobre o mesmo quadro) para perceber que ele não olha o quadro — e seu maciço acontecimento colorido, por mais escuro que seja — mas uma imagem em preto e branco, algo como uma gravura do manual de Ripa ou uma reprodução fotográfica. Nada do acontecimento propriamente pictórico é levado em conta. Cf. E. Panofsky, "*L'Allégorie de la Prudence*: un symbole religieux de l'Égypte hellénistique dans un tableau de Titien" (1926-55), *L'oeuvre d'art et ses significations, op. cit.*, pp. 257-77.

Panofsky a coloca ao inverter o sentido, embora recentemente estabelecido, dos sufixos "grafia" e "logia":

> "A etnologia é definida como '*ciência* das raças humanas' pelo mesmo Dicionário de Oxford que define a etnografia como '*descrição* das raças humanas', e Webster previne explicitamente contra uma confusão entre os dois termos: 'A etnografia no sentido próprio se restringe a uma maneira propriamente descritiva de abordar os povos e as raças, enquanto a etnologia designa seu estudo comparativo'. Assim, concebo a iconologia como uma iconografia tornada interpretativa, e que se torna portanto parte integrante do estudo da arte, em vez de ficar confinada no papel preliminar de uma estatística de conjunto. Contudo, e admito de bom grado, há um certo perigo de que a iconologia se comporte não como a etnologia por oposição à etnografia, mas como a astrologia por oposição à astronomia".[103]

É significativo que, dez anos mais tarde, Panofsky tenha retomado — e como que voltado a martelar — essas últimas palavras no prefácio que escreveu para a edição francesa dos *Essais d'iconologie*; que tenha mesmo proposto voltar de uma vez por todas ao termo usual *iconografia*, "mais familiar e menos sujeito a discussão"; que tenha finalmente admitido um Cautius renovado, pedindo e quase suplicando "ser lido com a mais extrema prudência".[104] Mas isso é significativo de quê? Toda a questão está em saber o que podemos e devemos fazer diante do "enigma da esfinge" a que se refere o próprio Panofsky,[105] o enigma que nos propõe a cada instante a menor parcela de obra de arte. Se a *iconologia* corre o perigo de cair em algo que se assemelharia a uma *astrologia*, não é porque sua elevada exigência — o *logos*, sob a espécie

---

[103] *Id.*, "Introduction", *Essais d'iconologie*, *op. cit.*, p. 22, nota.
[104] *Id.*, *ibid.*, pp. 3-5.
[105] *Id.*, *ibid.*, p. 22, nota.

da razão kantiana — toma da *magia* sua extrema maneabilidade, sua polivalência, sua capacidade de responder a todos os enigmas por outros enigmas, no caso discursivos? Tal foi certamente o temor de Panofsky: que a palavra *iconologia* fosse apenas a substituição "kantiana", teorética e logocêntrica, da *imitação*, essa velha palavra mágica da estética clássica.

Um segundo gesto de recuo se esboça então. Ele vai embaralhar definitivamente a questão dos fins. Como se tivesse chegado àquela lucidez cansada que às vezes têm os homens velhos, e ao mesmo tempo tivesse renunciado a muitas coisas. Teria então o arauto da exigência teórica acabado por rebaixar o *logos* ao nível da mais simples e geral razão? Teria definitivamente virado as costas a toda a *Kunstphilosophie* germânica das suas origens, para se contentar com positividades oferecidas pela demasiado simples razão do legendário *pragmatismo* anglo-saxão? É possível pensar que sim.[106] Pode-se também pensar que a questão deve ser mais complexa ainda e que será preciso sempre, mesmo nos pragmatismos mais transparentes, levar em conta modelos filosóficos espontâneos ou seus vestígios, isto é, a permanência sempre mascarada, transfigurada, de esquemas iniciais ou de escolhas de pensamento. O fato é que Panofsky acabou por apresentar seu projeto iconológico com o gesto embaraçado, desconfortável, de alguém que teria ido *longe demais*: longe demais na exigência teórica, longe demais na razão mesma. A essa atitude corresponde uma grande parte dos trabalhos de Panofsky nos anos 1956-1966 — anos nos quais se constata de fato um retorno surpreendente, decepcionante, à análise iconográfica no sentido estrito do termo.[107]

---

[106] Cf., por exemplo, A. Roger, "Le schème et le symbole dans l'oeuvre de Panofsky", *Erwin Panofsky. Cahiers pour un temps*, *op. cit.*, pp. 49-59, que também vê muito bem que "a questão prejudicial é a da relação de Panofsky com Kant" (p. 49).

[107] Cf. em particular D. e E. Panofsky, *Pandora's Box: The Changing Aspects of a Mythical Symbol*, Londres/Nova York, Routledge/Kegan Paul, 1956; Id., "The Iconography of the Galerie François Ier at Fontainebleau", *Gazette des Beaux-Arts*, LII, 1958, pp. 113-90. E. Panofsky, *The Iconography*

[Mais longe, longe demais: a coerção idealista. A terceira palavra mágica: *forma simbólica*. Onde o signo sensível é digerido pelo inteligível. Pertinência da função, idealismo da "unidade da função"]

Certamente é preciso, para compreender essa volta atrás, deslocar ligeiramente — portanto colocar em perspectiva — a *escolha* teórica tal como se apresentava a Panofsky na abordagem espinhosa de todas essas questões. É certo, por um lado, que a exigência de uma síntese iconológica ultrapassando a abordagem descritiva das obras de arte ia *bem mais longe* que qualquer atitude positivista (histórica ou filológica) a que a história da arte ainda obedece com tanta frequência. Antes da redação americana do seu texto, que insiste consideravelmente na autoridade das "fontes literárias", Panofsky *já* havia ido mais longe no seu artigo de 1932 ao sublinhar ali o fato — o fato essencial — de que as obras de arte sabem fomentar suas constelações significantes, suas associações ou seus "amálgamas" (como ele mesmo diz a propósito de Grünewald), "agindo independentemente dos textos".[108] Razão pela qual poderia haver para a história da arte uma via — uma via régia mas delicada, evidentemente — fora da tirania do legível que já caracterizava a iconologia humanista de Cesare Ripa.

Mas, por outro lado, a exigência panofskiana ia efetivamente *longe demais* — longe demais no desejo de fundar a história da arte como disciplina, não apenas humanista, mas também *idealista*. Talvez se encontre a chave das hesitações finais de Panofsky considerando como uma *armadilha* — e uma alienação — a lógica da escolha que, desde o início, comandava todo o seu empreendimento. Essa armadilha, essa lógica são as mesmas do idealismo filosófico, e formularemos a hipótese de que, após ter acreditado encontrar nas imagens da arte um objeto privilegiado, um objeto "ideal" de pensamento, Panofsky não pôde, indo mais adiante, senão se atrapalhar, se atolar e se perder nele. Tanto é verdade que

of Correggio's Camera di San Paolo, Londres, The Warburg Institute, 1961; Id., *Problems in Titian, Mostly Iconographic*, Nova York, New York University Press, 1969.

[108] Id., "Contribution au problème de la description", *art. cit.*, p. 245.

a imagem sabe devorar a Ideia no momento mesmo em que a Ideia crê poder digerir a imagem... O CAUTIUS de Panofsky não é apenas um chamado à prudência; é o grito de quem foi longe demais nas areias movediças do idealismo filosófico e não encontrou senão o pior ramo — o do positivismo, da iconografia no sentido acanhado — para não afundar e perder para sempre a singular verdade das imagens da arte.

Em suma, todo esse jogo de avanço e recuo teóricos não seria ele próprio senão um efeito da *aporia* na qual o idealismo se atrapalha frente à questão das imagens. Por mais poderosa e útil que fosse, a hipótese iconológica foi, portanto, desde o início mal colocada — porque foi com Kant ou um "neo-Kant" que foi colocada. Assim devemos uma vez mais voltar a montante do texto americano de *Iconography and Iconology* para compreender os instrumentos teóricos que possibilitaram o enunciado panofskiano da nova disciplina.[109] O que em 1939 Panofsky chamava os "invisíveis" temas ou conceitos da "significação intrínseca", pertencentes às "tendências gerais e essenciais do espírito humano", se chamava, dez anos antes, e sob a autoridade filosófica imediata de Ernst Cassirer, *formas simbólicas*. Eis aí, portanto, a terceira expressão mestra, a terceira grande magia: eis aí a *Ideia* do sistema.

Essa ideia, Panofsky a qualifica em 1932 de "sentido da essência" (*Wesenssinn*) e de "conteúdo último" (*letzter wesensmässiger Gehalt*).[110] É ela que permite, em último recurso, eliminar todos os equívocos e explicar todos os "amálgamas". Ela é uma "superinstância". Os fenômenos singulares da arte se deduzem dela como de um mais-além *a priori*. Sua esfera de interpretação, dirá ainda Panofsky, corresponde nada menos que a uma "História geral das Ideias", ou melhor, do Espírito (*Allgemeine Geistesgeschichte*), segundo a qual "a grandeza de uma produção artística depende em última instância da quantidade de 'energia em *Weltanschauung*' incorporada à matéria modelada e emanando

---

[109] Lembremos que Warburg, por sua vez, procedeu de modo diferente.

[110] E. Panofsky, "Contribution au problème de la description", *art. cit.*, p. 251.

dessa última para o espectador",[111] como uma Ideia que informa a matéria imagética para lhe instilar sua verdade universal, universalmente aceita, universalmente compreendida. É isso que é chamado de "forma simbólica" (*symbolische Form*) no estudo célebre sobre a perspectiva, no qual de partida o dualismo filosófico do singular e do universal, do sensível e do inteligível, só é proposto para ser ultrapassado, sintetizado na operação exatamente idealista do que poderíamos chamar a *subsunção inteligível*:

> "Se a perspectiva não é um fator do valor artístico, pelo menos é um fator do estilo. Melhor ainda, podemos designá-la — para estender à história da arte a feliz e forte terminologia de Ernst Cassirer — como uma dessas *formas simbólicas* graças às quais *um conteúdo significante de ordem inteligível se liga a um signo concreto de ordem sensível para se identificar profundamente com ele*; é nesse sentido que uma questão vai adquirir, para as diversas regiões da arte e suas diferentes épocas, uma significação essencial...".[112]

De que se trata nessa "ligação" e nessa "identificação" de um conteúdo inteligível a um signo sensível? O que Panofsky entendia exatamente pelo termo *símbolo*, que sabemos ser uma palavra essencial para todas as ciências humanas de hoje e que, por outro lado, o próprio Panofsky nunca abandonou?[113] Em que sentido o símbolo colocava em jogo — ou transformava — a relação do sensível com o inteligível? Essa maneira de colocar a questão, e o sistema construído para dar a ela todas as respostas, Panofsky os havia certamente encontrado na obra-mestra de Ernst Cassirer,

---

[111] *Id., ibid.*, pp. 251-2 e 255 (quadro).

[112] *Id.*, "La perspective comme forme symbolique", *art. cit.*, pp. 78-9. Eu sublinho a citação de Cassirer.

[113] Cf. *Id.*, "Introduction", *Essais d'iconologie, op. cit.*, pp. 20 ("symbolical values"), 29 ("symbols") e 31.

Philosophie der symbolischen Formen,[114] cujo primeiro volume, dedicado à linguagem e a uma introdução geral de todo o edifício interpretativo, foi publicado em 1923, ou seja, no limiar de um período extremamente intenso de reflexão teórica conduzida em seu próprio campo pelo autor de *Idea*.[115]

A "resposta" de Ernst Cassirer ao problema geral da *cultura* consistia, sabemos, em primeiro reapropriar-se dos resultados essenciais do trabalho crítico realizado por Kant no domínio do conhecimento.[116] A *Crítica da razão pura*, com efeito, fornecia os meios teóricos para uma renúncia salutar, graças à qual toda ciência se via obrigada a deitar fora "a pretensão ou a esperança de captar ou de reproduzir a realidade efetiva de maneira 'imediata'...". O que significava que toda *objetivação* do conhecimento nunca foi e nunca será senão uma *mediação*, um ato do espírito conhecedor.[117] Como já foi sugerido, essa lúcida colocação em perspectiva dos atos do saber em nada impedia — ao contrário, permitia fundar — o estabelecimento de uma *síntese* na qual a ciência podia aspirar à unidade do seu "corpo próprio", se podemos dizer. A multiplicidade das mediações, dos métodos e dos objetos do saber, embora irredutível, não devia tornar caduca, no dizer de Cassirer, "a exigência fundamental de unidade" que o conhecimento traz em si.[118] Pois essa unidade se encontrava, não exatamente sob os nossos olhos, mas *dentro* dos nossos olhos — o "mundo do olho" de que falava Panofsky —, isto é, na operação mesma na qual se desdobrava o jogo inteiro das mediações ou objetivações: em suma, no próprio conhecimento considerado en-

---

[114] Ed. br., *A filosofia das formas simbólicas I, II e III*, São Paulo, Martins Fontes, 2011. (N. do T.)

[115] E. Cassirer, *La philosophie des formes symboliques* (1923-29), trad. de O. Hansen-Love e J. Lacoste, Paris, Minuit, 1972, 3 vol.

[116] Sobre o neokantismo em geral, cf. T. E. Willey, *Back to Kant: The Revival of Kantianism in German Social and Historical Thought (1860-1914)*, Detroit, Wayne State University Press, 1978.

[117] E. Cassirer, *La philosophie des formes symboliques*, *op. cit.*, I, p. 16.

[118] *Id., ibid.*, p. 17.

quanto faculdade ou, como diz Cassirer, enquanto *função*. Eis aí a grande diferença que separava o neokantismo de Cassirer de todas as respostas da metafísica clássica: "O postulado de uma unidade puramente funcional substitui doravante o de uma unidade no substrato e na origem, sobre a qual os antigos faziam repousar seu conceito de Ser".[119]

A unidade do conhecimento existe, portanto: não é senão a unidade do espírito que conhece. Seus limites são os do *"princípio de razão suficiente"* ao qual visa, segundo Cassirer, toda atividade de saber, e que consiste em "ligar" ou "identificar" um conteúdo único a um signo plural, um conteúdo universal a um signo particular, um conteúdo inteligível a um signo sensível...[120] Começamos então a compreender de que maneira a problemática do símbolo pôde surgir em Cassirer como um deslocamento — ou mesmo uma aplicação — da filosofia kantiana do conhecimento em direção ao mundo da linguagem, do mito ou da arte. Tal é, aliás, o propósito explícito reivindicado no prefácio das *Formas simbólicas*: propor uma doutrina "que ampliasse o trabalho efetuado pela crítica transcendental sobre o conhecimento puro, aplicando-o à totalidade das formas espirituais",[121] o que, segundo Cassirer, seria uma maneira de rematar — de levar até seus fins sonhados — o *idealismo* filosófico:

"A crítica da razão torna-se então uma crítica da cultura que busca compreender e mostrar como todo

---

[119] *Id., ibid.*, p. 17. Essa tese foi longamente desenvolvida por Cassirer no seu livro *Substanzbegriff und Funktionsbegriff*, publicado em 1910. Cf. E. Cassirer, *Substance et fonction: éléments pour une théorie du concept*, trad. de P. Caussat, Paris, Minuit, 1977.

[120] "Todo conhecimento, quaisquer que sejam sua orientação e seus métodos, não visa finalmente senão a submeter a multiplicidade dos fenômenos à unidade do 'princípio de razão suficiente'. [...] Tal é portanto o objetivo essencial do conhecimento: vincular o particular a uma lei e a uma ordem que tenham a forma da universalidade." *Id., La philosophie des formes symboliques, op. cit.*, I, p. 18.

[121] *Id., ibid.*, p. 26.

conteúdo cultural, na medida em que não está isolado mas repousa sobre um princípio formal geral, supõe um ato originário do espírito. É somente aqui que a tese fundamental do idealismo se mostra plenamente confirmada".[122]

É assim que a *crítica da cultura* poderá seguir termo a termo o percurso metodológico outrora seguido por Kant no domínio do conhecimento puro. Todas as evidências de "naturalidade" serão desde o início arrasadas, e a noção de "mundo" em si desaparecerá em proveito de uma "cultura" na qual o espírito constitui para si mesmo seu próprio mundo — o que nos remete mais uma vez à bela frase de Panofsky segundo a qual a "relação do olho com o mundo" se apagava em proveito da "relação da alma com o mundo do olho".[123] Mas a partir daí vão se colocar as questões sintéticas, as questões definitivas: Cassirer propõe considerar os mais diferentes "símbolos" — os que a linguagem, o mito, a arte e o conhecimento em geral utilizam — apenas sob o ângulo de uma "simples contiguidade". Os símbolos, diz ele, procedem de uma função, "*de uma mesma e única função espiritual fundamental*" na qual cada um deles será capaz de encontrar sua razão formal, sua "razão suficiente" e universal.[124] Acabamento do idealismo, portanto: cada signo sensível, por mais "único" e particular que seja, deveria poder encontrar seu lugar na inteligibilidade e na universalidade de uma faculdade ou função do espírito humano.

Convém insistir de novo no duplo aspecto dessa grande hipótese. De um lado Cassirer promoveu uma compreensão *funcionalista* do símbolo em geral, e portanto dos fenômenos linguageiros, míticos ou artísticos considerados enquanto processo. Era dar um imenso passo adiante, era passar ao largo dos dados tradicionais, metafísicos "no sentido dos Antigos", ligados à noção mesma de objeto do conhecimento. Cassirer nos mostrava esse fato es-

---

[122] *Id.*, *ibid.*, pp. 20-1.
[123] *Id.*, *ibid.*, p. 21. Cf. *supra*, p. 127.
[124] *Id.*, *ibid.*, pp. 17-18. Eu sublinho.

sencial de que o símbolo não é dado a conhecer como um objeto isolável — um caroço que se extrai do fruto —, um arquétipo ou uma entidade autônoma qualquer... mas sim como a colocação em jogo de um paradigma que só existe porque funciona dialeticamente entre sujeitos e objetos. Assim a noção de forma simbólica visava, para além das *figuras* isoláveis da arte ou da cultura em geral (figuras-coisas, poderíamos dizer), à função mesma de *figuração* que as engendrava.[125] Assim ela visava a algo como uma *gramática geral* ou mesmo gerativa, "uma espécie de gramática da função simbólica enquanto tal, que abrangeria e determinaria de uma maneira geral o conjunto das expressões e dos idiomas particulares tais como os encontramos na linguagem e na arte, no mito e na religião".[126]

A outra face que esse projeto de conhecimento apresenta provém da expressão mesma "gramática geral". Ele pressupõe a lei e sua generalidade. Busca sua "condição de unidade" e de universalidade. Encontra-a no conceito de *representação*, essa "função fundamental" que, segundo Cassirer, fornece "o pressuposto essencial da edificação da própria consciência e como que a condição da sua unidade formal".[127] Um outro passo aqui foi dado, certamente menos prospectivo, certamente menos distante da antiga metafísica do que Cassirer o teria de início desejado. É o passo dado da função à *unidade da função*: vale dizer, tudo que funciona só funciona sob a autoridade do Mesmo, do Uno e da regra sem falha. Sujeito "subjetivizado" e coisa "reificada" se reconciliam na *unidade de um ser* — embora "funcional" — e Cassirer vê constantemente essa unidade como "meta última do idealismo".[128] Portanto, é de uma operação idealista que se tratava desde o começo.

---

[125] *Id.*, *ibid.*, p. 58. Cf. igualmente p. 41: "O único meio de escapar a essa dialética metafísica do ser é compreender desde o início o 'conteúdo' e a 'forma', o 'elemento' e a 'relação' como determinações que não são independentes, mas dadas juntas e pensadas em seu condicionamento recíproco".

[126] *Id.*, *ibid.*, p. 28.

[127] *Id.*, *ibid.*, pp. 42 e 49.

[128] *Id.*, *ibid.*, p. 17.

Na "unidade da consciência" há, não importa o que se diga, a autoridade da *Ideia*, considerada como fim ou como princípio de funcionamento: é ela que sub-repticiamente fornece a lei da imanência e do "sistema único das atividades do espírito".[129] Ela é que abre os "diversos caminhos que segue o espírito no seu processo de objetivação, isto é, na sua revelação a si mesmo".[130]

O fato de o símbolo poder revelar o espírito a si mesmo significava que a unidade e a síntese haviam sido pressupostas logo de entrada, mesmo quando o "Uno" abstrato das metafísicas tradicionais caía sob o golpe da crítica neokantiana de Cassirer. Tudo fora arranjado para que o plural pudesse *mesmo assim* abrigar-se no Uno e "cada energia particular do espírito contribuir de maneira específica ao estabelecimento" unitário, conjugado, do *eu* e do *mundo*.[131] Significava que as formas simbólicas da arte estavam votadas a recolher a diversidade *sensível* dos signos no regaço de uma dita "significação espiritual geral" — significação no fim das contas *inteligível*, enunciável como tal no discurso do conhecimento.[132] O sensível não só buscava se ligar ao inteligível, mas também sua maneira de se "identificar" a ele — como repetem juntos Cassirer e Panofsky — lhe permitia enfim a última conversão: tornar-se inteligível. Por conseguinte, a arte tornava-se inteligível tanto na sua generalidade quanto na sua singularidade, tornava-se o próprio Inteligível expresso sob as formas acidentais do sensível.

[Da imagem ao conceito e do conceito à imagem. A quarta palavra mágica: *esquematismo*. Unidade final da síntese na representação. A imagem monogramada, abreviada, "pura". Uma ciência da arte leva forçosamente à lógica e à metafísica]

Fundar *em razão* um conhecimento da arte exigiu portanto — primeiro em Cassirer, depois em Panofsky — que se encontrasse a todo custo a congruência e mesmo a *subsunção* pela qual uma

[129] *Id., ibid.*, pp. 33-4.
[130] *Id., ibid.*, p. 19.
[131] *Id., ibid.*, pp. 35, 43 e 49.
[132] *Id., ibid.*, p. 36.

diversidade sensível de fenômenos figurativos pudesse encontrar, para nele se incluir inteiramente, um marco, um molde, uma gramática geral de inteligibilidade. Era fazer um ato de síntese e mesmo, no sentido kantiano, um ato de *unidade sintética*. Há, na expressão "forma simbólica", a noção muito pesada, filosoficamente falando, de *forma* — e pensamos de imediato na de Ideia. De fato, como as Ideias kantianas, as formas simbólicas de Cassirer e de Panofsky seriam apreendidas na ótica de princípios reguladores que "sistematizam sínteses"; como as Ideias, seriam primeiro pensadas do ponto de vista da subjetividade — enquanto atos do mundo da cultura e não do mundo simplesmente —, mas a seguir re-objetivadas, se podemos dizer, na sua autoridade de regras e na sua vocação à *"unidade final"* das coisas.[133] Poderíamos mesmo arriscar a hipótese de que o famoso esquema ternário de Panofsky — em 1932, como lembram, ele nos fazia passar do "sentido-fenômeno" ao "sentido-significação" e depois ao "sentido da essência"; na versão americana, nos apresentava, depois do "tema natural", o "tema convencional" e, enfim, o "conteúdo" simbólico —, poderíamos arriscar a hipótese de que esse esquema destinado a expor as *categorias* utilizáveis pelo historiador da arte não fazia outra coisa, em suma, senão seguir espontaneamente o esquema kantiano da unidade sintética exposto na *Crítica da razão pura*.

Recordemos os três grandes momentos desse texto célebre, que busca nada menos que revelar as condições mesmas do "conhecimento *a priori* de todos os objetos": há primeiro o "diverso da intuição pura" em que os acontecimentos do mundo nos chegam abruptamente, segundo as mais elementares "condições de receptividade do nosso espírito — condições que sozinhas lhe permitem receber representações dos objetos".[134] Imaginamos Kant dando aqui o exemplo do senhor que levanta seu chapéu: reconhecer esse simples acontecimento como tal supõe, com efeito, o espaço e o tempo, e ainda outras "condições de receptividade". Es-

---

[133] Segundo uma expressão kantiana comentada por G. Deleuze, *La philosophie critique de Kant*, Paris, PUF, 1963, p. 88.

[134] I. Kant, *Critique de la raison pure*, *op. cit.*, p. 92.

tamos no nível do "tema primário" de Panofsky, estamos no nível do *diverso* sensível: ele só dará ensejo a um conhecimento uma vez "percorrido" (*durchgegangen*) — e sintetizado. Segundo movimento, portanto: cabe à *imaginação* começar o percurso. "Cega, mas indispensável", escreve Kant, a imaginação reunirá os dados do diverso recebido intuitivamente "para com eles formar certo conteúdo": isso se chama fazer uma *síntese* no sentido mais geral do termo.[135] O terceiro movimento fornecerá a *unidade sintética*, o que havíamos sugerido mais acima com a expressão "sobressíntese": esta repousa agora no entendimento puro e nisso ela funda definitivamente o ato de conhecimento.[136] O "sentido da essência" panofskiano é então atingido: trata-se de um conceito.

O mesmo se aplicaria ao conhecimento da arte como a qualquer conhecimento: ele procederia da intuição à imagem e, sobretudo, *da imagem ao conceito*. Digo "sobretudo" porque é na segunda translação que jaz o momento decisivo, aquele que, segundo Kant, justificaria o prestígio da grande palavra *conhecimento*. Mas a "ciência da arte", a *Kunstwissenschaft*, não devia se ater a essa simples exigência relativa à sua própria forma. Ela também exigia do seu objeto uma forma simétrica, de maneira que o "círculo" — metódico ou vicioso — pudesse convenientemente fechar o circuito do objeto no sujeito. Encaminhamo-nos aqui para uma definição inteiramente radical da arte e, portanto, da "forma simbólica" — mas não digamos *definição*, digamos antes *fim*, anseio de fins, anseio comum a Cassirer e a Panofsky no que se refere aos fins da história da arte. Exigir das próprias formas artísticas uma espécie de reciprocidade congruente com a forma do saber era exigir das formas simbólicas que realizassem, em sua essência, o movimento *do conceito à imagem*. Realizado esse anseio, toda a história da arte sonhada por Panofsky chegaria à sua terra prometida: enunciar em verdade o conceito *das* imagens da arte — genitivo objetivo e genitivo subjetivo doravante fundidos, justificados a ponto de se confundirem.

---

[135] *Id., ibid.*, pp. 92-3.
[136] *Id., ibid.*, p. 93.

A "simples" — mas contorcida, como vimos — razão da história da arte se completa assim com uma quarta operação mágica. É o *disegno* do sistema. É o traço inventado, a linha traçada pela qual uma imagem poderá ser reconhecida sob o perfil mesmo de um conceito. Ora, essa operação existe de fato, ela se lê no exato centro de gravidade do texto kantiano: é a operação misteriosa e soberana, num sentido já mágico para o próprio Kant, do *Schematismus der reinen Verstandesbegriffe*, o "esquematismo dos conceitos puros do entendimento". Sem essa operação mágica, o conceito de "forma simbólica" estava votado ao impasse; com ela, ao contrário, tudo era possível — isto é, que as ordens de realidades as mais heterogêneas descobrissem um desenho ou um desígnio comum... sob o alto cetro do conceito.

Kant — que, nas palavras de Heidegger, soube dar a seus leitores "esta certeza imediata que nenhum outro pensador oferece: ele não trapaceia" —,[137] Kant partia de uma situação aparentemente inextricável: se um objeto qualquer deve ser *subsumido* sob um conceito, isso exige que a representação do primeiro seja homogênea (*gleichartig*) à do segundo; ora, admite Kant, "os conceitos puros do entendimento, comparados às intuições empíricas (ou mesmo, em geral, sensíveis), lhes são totalmente heterogêneos".[138] São então os conceitos do entendimento simplesmente inaplicáveis aos objetos da nossa experiência? Talvez sim. Se o sensível *se opõe* ao inteligível, como poderia o inteligível *subsumir* o sensível? Há no entanto uma saída, escreve Kant, e é a que torna possível a "doutrina transcendental do juízo" que ele está elaborando. Ao *transcendental* será então confiado o papel de passar por cima de toda heterogeneidade, inventando "um terceiro termo que seja homogêneo à categoria, de um lado, e aos fenômenos, de outro, e que possibilite a aplicação da primeira aos segundos".[139] Esse ter-

---

[137] M. Heidegger, *Interprétation phénoménologique de la "Critique de la raison pure" de Kant* (1927-28), I. Görland (org.), trad. de E. Martineau, Paris, Gallimard, 1982, p. 373.

[138] I. Kant, *Critique de la raison pure*, op. cit., pp. 150-1.

[139] *Id.*, *ibid.*, p. 151. Precisemos — se há necessidade — que Kant não afirma de modo algum "inventar" esse terceiro termo. Ele diz: "deve haver"...

ceiro termo será chamado por Kant o "esquema transcendental" (*transzendentales Schema*).

Trata-se de uma *representação* — palavra-chave aqui — da qual Kant exige que seja de um lado *pura*, isto é, esvaziada de todo elemento empírico, e de outro *sensível*, isto é, homogênea ao elemento empírico. Ela forneceria então o princípio intermediário ideal entre as percepções da experiência — ou as imagens — e as categorias do entendimento. O "esquematismo" designa portanto a operação bem-sucedida, embora mediatizada, da *subsunção* do sensível sob o (ou pelo) inteligível. Ou, inversamente, da *conversão sensível* do conceito em imagem. A questão está resolvida, a linha traçada, o círculo fechado: a ciência do diverso, do sensível, a ciência da imagem é possível. Compreende-se então o estatuto desse termo prodigioso que foi o esquema kantiano. Ele dava uma "condição formal e pura da sensibilidade" e, ao mesmo tempo, "realizava a categoria" na experiência ou na imagem; era um "produto da imaginação" (já que em si mesmo não era um conceito puro) mas, contrariamente à imagem que é sempre inadequada ao conceito, fornecia justamente uma "regra de síntese" homogênea aos requisitos do entendimento puro; acabava assim por se opor inteiramente à própria imagem.[140] Em suma, ele dava uma regra de conversão na qual os termos convertidos não eram de modo algum recíprocos: por ser "permanente" e "invariável", por dar ao conceito o meio de se tornar "a regra do objeto" e, de maneira geral, por se colocar como condição mesma de toda *significação*,[141] o esquema jogava evidentemente o jogo do conceito contra o da imagem. Os termos eram dialetizados apenas para que um dos dois fosse comido, embora se dissesse *compreendido*:

> "Donde resulta claramente que o esquematismo do entendimento, operado pela síntese transcendental da imaginação, não tende senão à unidade de todo o diverso da intuição no sentido interno, e assim indiretamente

[140] *Id., ibid.*, pp. 152 e 155-6.
[141] *Id., ibid.*, pp. 153-5.

à unidade da apercepção como função que corresponde ao sentido interno (a uma receptividade). Os esquemas dos conceitos puros do entendimento são assim as verdadeiras e as únicas condições que permitem proporcionar a esses conceitos uma relação com objetos, portanto uma *significação*. As categorias não poderiam ter afinal qualquer outro uso empírico possível, já que elas servem simplesmente para submeter, por meio dos princípios de uma unidade necessária *a priori* [...], os fenômenos às regras gerais da síntese e torná-los aptos a formar uma ligação universal...".[142]

Entende-se facilmente o que essa ferramenta de pensamento podia produzir no domínio da "ciência da arte" panofskiana. É pela magia do esquematismo que o chapéu podia ser baixado sobre as imagens da arte e, uma vez reerguido, dar a ver um conceito unitário e sintético. A noção de "forma simbólica" joga inteiramente com a possibilidade teórica dessa operação. Talvez ela não seja, no ponto de partida, senão um "mau substituto" do próprio esquema kantiano.[143] Talvez ignore deliberadamente a oposição kantiana do esquema e do símbolo.[144] Talvez tenha acabado por enrijecer, no campo da história da arte, as ideias kantianas de relação e de função.[145] Talvez tenha mesmo esquecido o postulado kantiano segundo o qual o entendimento legisla apenas sobre a *forma* dos fenômenos, nada mais — e compreende-se o deslizamento operado, pois em história da arte os fenômenos observados são eles próprios definidos (e não somente qualificados) como *for-*

---

[142] *Id., ibid.*, p. 155.

[143] Segundo a expressão de A. Roger, "Le schème et le symbole", *art. cit.*, p. 53.

[144] Cf. I. Kant, *Critique de la faculté de juger, op. cit.*, pp. 173-4, comentado por F. Marty, *La naissance de la métaphysique chez Kant: une étude sur la notion kantienne d'analogie*, Paris, Beauchesne, 1980, pp. 342-5.

[145] Cf. P. Schulthess, *Relation und Funktion. Eine systematische und entwicklungsgeschichtliche Untersuchung zur theoretischen Philosophie Kants*, Berlim/Nova York, De Gruyter, 1981.

mas. Talvez, enfim, tenha querido fazer da verdade kantiana uma verdade de decisão, de certeza e de *adequação* — o que ela não é fatalmente, se lida por si mesma.[146] Mas o importante para nós não está na exatidão ou não da aplicação kantiana; reside, como já foi dito, na altura do *tom* a partir de então adotado pela história da arte, esse tom às vezes exigente mas, por outro lado, votado a se promover ele próprio enquanto certeza *a priori*. O importante reside no fato de que um historiador da arte tenha podido colocar a autoridade do esquematismo kantiano em exergo a toda uma explanação sobre a arte e o estilo compreendidos enquanto "*estereótipos*", fenômenos de "vocabulário" ou de "esquemas elaborados" que incluiriam, como modelos universais de comportamento, a diversidade das obras singulares de uma época:[147]

> "O esquematismo através do qual nosso entendimento aborda o mundo fenomênico [...] é uma arte tão profundamente escondida na alma humana que temos grande dificuldade em descobrir o procedimento secreto que utiliza aqui a Natureza".[148]

Nessa frase havia tudo para seduzir o historiador da arte: era pronunciada uma fórmula mágica capaz de efeitos múltiplos, entre os quais o de fundar uma certeza. Ela dizia o "mistério" da maneira pela qual os mistérios dos fenômenos se submetem ao não-mistério do esquema transformado em "estereótipo". Afirmava o mistério (do dado) e sua solução (no conceito). Continha, além

---

[146] Cf. J.-L. Nancy, *Le discours de la syncope*, *op. cit.*, pp. 9-15. *Id.*, *L'impératif catégorique*, *op. cit.*, pp. 87-112.

[147] Trata-se do capítulo sobre "O estereótipo da realidade", em E. H. Gombrich, *L'art et l'illusion*, *op. cit.*, pp. 89-123.

[148] Citado por *id.*, *ibid.*, p. 89. O texto da nossa edição francesa de Kant é ligeiramente diferente: "Esse esquematismo do nosso entendimento, relativamente aos fenômenos e à sua simples forma, é uma arte escondida nas profundezas da alma humana e cujo verdadeiro mecanismo (*Handgriffe*) será sempre difícil de extrair da natureza para expô-lo a descoberto diante dos olhos". I. Kant, *Critique de la raison pure*, *op. cit.*, p. 153.

disso, algumas palavras simples e famosas às quais todo o pensamento estético desde a Antiguidade teria, dizem, se consagrado: as palavras "arte" (*Kunst*, no texto mesmo de Kant), "alma (*Seele*) e "natureza" (*Natur*). Por fim, antecipava ou supunha implicitamente a célebre fórmula conclusiva pela qual toda a doutrina transcendental do juízo qualificava a noção de esquema:

> "Tudo que podemos dizer é que a *imagem* é um produto do poder empírico da imaginação produtora — e que o *esquema* dos conceitos sensíveis, como das figuras do espaço, é um produto e, de certo modo, um monograma da imaginação pura *a priori* (*gleichsam ein Monogramm der reinen Einbildungskraft a priori*), por meio do qual e segundo o qual as imagens são inicialmente possíveis — e que essas imagens devem sempre estar ligadas ao conceito por meio do esquema...".[149]

Transposta nos termos de um programa implícito para a história da arte, a fórmula kantiana põe-se a ressoar de maneira estranha: tratar-se-ia, no fundo, de passar da imagem ao monograma — já que o monograma pertence ao esquema, adequado ao conceito e suscetível de ciência —, tratar-se-ia então de fazer uma história das imagens *fazendo das imagens monogramas*, submetendo a expansão das imagens ao traçado dos monogramas. O que é um monograma? É um sinal gráfico que abrevia uma assinatura. Ele traz em si o poder de nomear. Geralmente não tem necessidade da cor, nem dos efeitos de matérias próprias à pintura, nem dos efeitos de massa próprios à escultura. É em preto e branco. Denota um conceito. Pertence à ordem do visível, como se bastasse "ler"

para ter o "esquema" da arte visual própria a Dürer... Falar do monograma da imaginação na esfera das artes visuais não teria outra finalidade senão *abreviar a imagem* para dela extrair apenas a simples transposição sensível de Ideias da razão.

[149] I. Kant, *ibid.*, p. 153.

Em sua obra sobre Kant, lida e depois esquecida por Panofsky, Heidegger havia percebido muito bem que o problema da "transposição sensível" (*Versinnlichung*) da imagem em conceito sob a espécie do esquematismo constituía o centro absoluto, o núcleo do empreendimento kantiano: é no cadinho do esquematismo que a finitude humana — ligada de certo modo ao estatuto mesmo da imagem — tinha acesso à unidade da *transcendência*.[150] Todo o empreendimento do idealismo se concentrava portanto aí, pois a questão colocada equivalia a esta: Que *Idea* as imagens nos confiam? O que elas transpõem no sensível? "Que relação há entre a *visão* que um ente representado imediatamente oferece e aquilo que, desse ente, é representado *no conceito*? Em que sentido essa *visão* é uma 'imagem' do conceito?"[151] Em suma, a noção de esquematismo dava a toda imagem sensível a "representação de sua regra" transcendental. Nessa regra, a imagem era submetida num sentido e explicitada no outro — em todo caso *subsumida* e votada à permanência de uma razão.[152] Seu desdobramento próprio é daí por diante sufocado numa síntese, síntese onipresente que a categoria exige, fazendo com elementos separados no ponto de partida um verdadeiro *encaixotamento*: "A síntese veritativa é, desde então, o que não apenas relaciona esses elementos um ao outro encaixando-os, mas também o que desenha de antemão essa possibilidade mesma de encaixe".[153]

Uma caixa — ainda que espaçosa, ainda que de Pandora — terá sido desenhada de antemão, portanto, para conter *em síntese* o infinito desdobramento das imagens singulares. Seguindo sempre de perto o texto kantiano, Heidegger precisava: "Essa síntese não é nem obra da intuição, nem do pensamento. Sendo mediadora 'entre' uma e outro, ela se aparenta aos dois. Deve com isso par-

---

[150] Cf. M. Heidegger, *Kant et le problème de la métaphysique*, op. cit., pp. 147 ("essas onze páginas da *Crítica da razão pura* devem formar o núcleo de toda a obra"...) e 183-257.

[151] *Id., ibid.*, pp. 152 e 155. Cf. igualmente pp. 118-21.

[152] *Id., ibid.*, pp. 156-71.

[153] *Id., ibid.*, p. 120.

ticipar do caráter fundamental [comum] dos dois elementos, isto é, deve ser um ato de *representação*".[154] Compreendemos: essa caixa não é outra coisa senão a noção filosófica de representação levada a sua última consequência (mas sendo legítimo interrogarmos sua pertinência em relação ao que chamamos "representações", quando olhamos imagens da arte). Essa caixa tinha em vista um processo — processo de caixa que Heidegger chama muito apropriadamente, depois de Kant, a *unificação representante*.[155] Ora, nessa unificação a imagem não podia mais existir senão sob o estatuto da dita "*imagem pura*": imagem esvaziada da economia irracional à qual sua singularidade sensível a destina, no entanto.[156] Mas a "subjetividade transcendental" não precisa se ocupar com tais irrazões. Doravante é ela que comanda o jogo, pois só ela é capaz de conhecimento sintético *a priori*, só ela pode formular a "instauração de um fundamento" e a "determinação total da essência".[157]

Terá sido então o fundamento instaurado, a essência totalmente determinada? E depois? Que conclusão tirar desses resultados? Talvez esta: que a história da arte, ao adotar o esquema ou, de maneira mais vaga, o tom da doutrina kantiana, curvava-se diretamente às duas exigências que Heidegger, desde 1927, havia reconhecido no núcleo do kantismo. De um lado, seu caráter metafísico: assim a história da arte esposava sem saber (ou melhor, negando-o) um movimento, um método que visavam refundar a metafísica e, mais exatamente, fazer da metafísica uma ciência.[158]

---

[154] *Id., ibid.*, p. 121. Ver também as longas explanações do curso realizado por Heidegger em 1927-28, *Interprétation phénoménologique de la "Critique de la raison pure"*, *op. cit*, pp. 240-62 e 290-337.

[155] *Id., Kant et le problème de la métaphysique*, *op. cit.*, p. 122 (e, em geral, pp. 120-4).

[156] *Id., ibid.*, p. 161.

[157] *Id., ibid.*, pp. 172-82. E *id., Interprétation phénoménologique, op. cit.*, pp. 337-50 ("Caracterização geral da subjetividade transcendental como dimensão de origem do conhecimento sintético *a priori*").

[158] *Id., Interprétation phénoménologique, op. cit.*, pp. 29-86.

Ao fazer isso, a história da arte submetia seu próprio desejo de ser uma ciência à fórmula neokantiana de uma *ciência espontaneamente concebida como metafísica*. De outro lado, Heidegger havia enunciado muito bem o *limite lógico* de todo esse sistema: limite segundo o qual Kant, também espontaneamente, rebaixou sua lógica transcendental aos procedimentos usuais da simples lógica formal.[159] Ao seguir tal sistema, a história da arte se privava assim de compreender seus objetos de um ponto de vista fenomenológico ou antropológico. Kant, escreve ainda Heidegger, afirmou que "o modo de estudo do espírito e do homem não era *empírico*; mas em oposição ao empírico ele só conhecia o *racional*; e como o que é racional é o *lógico*, a elucidação do sujeito, do espírito, dos poderes e das fontes fundamentais [...] devia portanto ser transposta numa Lógica"[160] — uma lógica insuficiente para compreender o que se dá nessas produções humanas que chamamos as imagens da arte. Seria possível então *abrir* a lógica, abrir a simples razão e ir mais longe em nossa indagação lançada às imagens?

[159] *Id., ibid.*, p. 372: "Kant sucumbe [...] aos esquemas exteriores de divisão da lógica". Cf. igualmente pp. 165, 185, 258 e 370-3.

[160] *Id., ibid.*, p. 283.

4.
A IMAGEM COMO RASGADURA
E A MORTE DO DEUS ENCARNADO

[Uma primeira aproximação para renunciar ao esquematismo da história da arte: a *rasgadura*. Abrir a imagem, abrir a lógica]

Abrir? Portanto romper alguma coisa. Pelo menos fazer uma incisão, rasgar. Do que se trata exatamente? De *debater-se* nas malhas que todo conhecimento impõe e de buscar dar ao gesto mesmo desse debate — gesto em seu fundo doloroso, sem fim — uma espécie de valor intempestivo, ou melhor, *incisivo*. Que pelo menos a simples indagação tenha adquirido, em algum momento, esse valor incisivo e crítico: tal seria o primeiro anseio.

Kant, de forma pertinente, nos enunciou limites. Ele desenhou, como do interior, os contornos de uma rede — estranha rede opaca cujas malhas seriam feitas apenas de espelhos. É um dispositivo de encerramento, extensível como pode ser uma rede, é verdade, mas tão fechado quanto uma caixa: a *caixa da representação* em cuja parede todo sujeito esbarrará como no reflexo de si mesmo. Ei-lo aqui, portanto, o sujeito do saber: ele é especulativo e especular ao mesmo tempo, e no recobrimento do especular sobre o especulativo — da autocaptação imaginária sobre a reflexão intelectual — jaz precisamente o caráter *mágico* da caixa, esse caráter de fechamento resolutivo, de sutura autossatisfatória. Como então sair do círculo mágico, da caixa de espelhos, quando esse círculo define nossos próprios limites de sujeitos conhecedores?

É preciso continuar a debater-se e, contra Kant, insistir, forçar a parede, nela encontrar a falha. É preciso tentar romper essa zona refletora na qual especular e especulativo concorrem para inventar o objeto do saber como a *simples imagem* do discurso que o pronuncia e que o julga. Compreender-se-á o que esse gesto, eventualmente, possa ter de atormentado — tormento sofrido e causado, como se pode ler nos textos alemães do próprio Panofsky — ou mesmo de suicida. Pois, ao recusar tanto a miséria do prisioneiro quanto o triunfo do maníaco, quem rompe nem que seja só um trecho da parede já assume um risco de morte para o sujeito do saber. Ou seja, arrisca-se ao não-saber. Mas esse risco só seria suicida para quem fizesse do saber toda a sua vida.

Encontramo-nos mais uma vez na situação da escolha alienante. Eis uma fórmula extrema, quando não exasperada, dessa escolha: *saber sem ver* ou *ver sem saber*. Uma perda em ambos os casos. Quem escolhe *saber* somente terá ganho, é claro, a unidade da síntese e a evidência da simples razão; mas perderá o real do objeto, no fechamento simbólico do discurso que reinventa o objeto à sua própria imagem, ou melhor, à sua própria representação. Ao contrário, quem deseja *ver*, ou melhor, olhar, perderá a unidade de um mundo fechado para se encontrar na abertura desconfortável de um universo agora flutuante, entregue a todos os ventos do sentido; é aqui que a síntese se tornará frágil a ponto de se pulverizar; e o objeto do ver, eventualmente tocado por uma ponta de real,[1] desmembrará o sujeito do saber, votando a simples razão a algo como sua rasgadura. *Rasgadura* seria então a primeira palavra, a primeira aproximação para quem renuncia às palavras mágicas da história da arte. Seria o primeiro meio de recolocar em questão o postulado panofskiano segundo o qual "o historiador da arte difere do espectador 'ingênuo' no sentido de que ele é consciente do que faz".[2] De fato, há a ingenuidade do espectador que nada sabe, mas diante dela há também a dupla ingenuidade de quem reduz inteiramente o saber à verdade e crê, além disso, que haveria sentido em pronunciar uma frase do tipo: "Sou consciente de *tudo* que faço quando vejo uma imagem da arte, porque a *sei*".

---

[1] Segundo um uso da palavra *real* referida à noção de *tuché*, o encontro imprevisto. Cf. J. Lacan, *Le Séminaire XI. Les quatre concepts fondamentaux de la psychanalyse*, op. cit., pp. 53-5.

[2] E. Panofsky, "L'histoire de l'art est une discipline humaniste" (1940), *L'oeuvre d'art et ses significations*, op. cit., p. 44.

Lembremos igualmente esta outra — e bela — frase de Panofsky: "A relação do olho com o mundo é, em realidade, uma relação da alma com o mundo do olho".[3] Lembremos seu insubstituível valor crítico — a esperança positivista de apreender o real, esperança aqui rasgada pela metade —, mas rasguemo-la por nossa vez, como se rasgaria a unidade sintética e o esquematismo transcendental herdados de Kant. Pois a "relação da alma com o mundo do olho" só poderia ser a *não-síntese* de uma instância ela mesma rasgada entre consciência e inconsciente, e de um "mundo" que faz sistema apenas até certo ponto, para além do qual a lógica mostra sua falha, sua falha constitucional. Se quisermos *abrir* a "caixa da representação", devemos então praticar nela uma dupla rachadura ao meio: rachar ao meio a simples noção de *imagem* e rachar ao meio a noção simples de *lógica*. Pois as duas constantemente se juntam para dar à história da arte a evidência própria de sua simples razão. Rachar ao meio a noção de imagem seria, em primeiro lugar, voltar a uma inflexão da palavra que não implique nem a imagística, nem a reprodução, nem a iconografia, nem mesmo o aspecto "figurativo". Seria voltar a um questionamento da imagem que não pressuporia *ainda* a "figura figurada" — refiro-me à figura fixada em objeto representacional —, mas somente a *figura figurante*, a saber, o processo, o caminho, a questão em ato, feita cores, feita volumes: a questão ainda aberta de saber o que poderia, em tal superfície pintada ou em tal reentrância da pedra, *vir a ser visível*. Seria preciso, ao abrir a caixa, abrir os olhos à dimensão de um olhar expectante: esperar que o visível "pegue" e, nessa espera, tocar com o dedo o valor *virtual* daquilo que tentamos apreender sob o termo *visual*. Seria então *com o tempo* que poderíamos reabrir a questão da imagem? E não seria isso uma forma de voltar à injunção preciosa, outrora formulada por Merleau-Ponty?

"A palavra imagem é mal-afamada porque se acreditou irrefletidamente que o desenho era um decalque,

---

[3] *Id.*, "Le problème du style dans les arts plastiques", *art. cit.*, p. 188. Cf. *supra*, p. 127.

uma cópia, uma segunda coisa, e a imagem mental um desenho desse gênero no nosso bricabraque privado. Mas se, de fato, ela não é nada disso, o desenho e o quadro não pertencem, como tampouco ela, ao em-si. Eles são o dentro do fora e o fora do dentro que a duplicidade do sentir possibilita, e sem os quais nunca se compreenderá a quase presença e a visibilidade iminente que constituem todo o problema do imaginário."[4]

Pode-se então compreender em que sentido um pensamento da imagem terá podido exigir algo como a *abertura de uma lógica*. A objeção formulada por Heidegger contra a "ciência" e a metafísica kantianas também ajuda a esclarecer nosso propósito. Pois o mundo das imagens — se podemos chamar isso um mundo, digamos antes: o transbordamento, a chuva de estrelas das imagens singulares — nunca nos propõe seus objetos como os termos de uma lógica capaz de se exprimir em proposições, verdadeiras ou falsas, corretas ou incorretas. Seria presunçoso afirmar o caráter estritamente *racional* das imagens, como seria incompleto afirmar seu simples caráter *empírico*. Em realidade, é a oposição mesma do empírico e do racional que não funciona aqui, que fracassa em "se aplicar" às imagens da arte. O que isso quer dizer? Que tudo nos escapa? De modo nenhum. Mesmo uma chuva de estrelas tem sua estrutura. Mas a estrutura de que falamos é *aberta*, não no sentido em que Umberto Eco empregava o termo abertura — acentuando as possibilidades de comunicação e de interpretação de uma obra —,[5] mas no sentido em que a estrutura seria rasgada, atingida, arruinada tanto no seu centro quanto no ponto mais essencial do seu desdobramento. O "mundo" das imagens não rejeita o mundo da lógica, muito pelo contrário. Mas *joga* com ele, isto é, entre outras coisas, cria lugares dentro dele — como quando dizemos que há "jogo" entre as peças de um mecanismo —, luga-

---

[4] M. Merleau-Ponty, *L'oeil et l'esprit* (1960), Paris, Gallimard, 1964, p. 23.

[5] Cf. U. Eco, *L'oeuvre ouverte* (1962), trad. de C. Roux e A. Boucourechliev, Paris, Le Seuil, 1965 (ed. 1979), pp. 15-40 etc.

res nos quais obtém sua potência, que se dá aí como a *potência do negativo*.[6]

Eis por que deveríamos tentar, diante da imagem, pensar a força do negativo nela. Questão menos tópica, talvez, do que dinâmica ou econômica. Questão mais de intensidade que de extensão, de nível ou de localização. Há um *trabalho* do negativo na imagem, uma eficácia "sombria" que, por assim dizer, escava o visível (a ordenação dos aspectos representados) e fere o legível (a ordenação dos dispositivos de significação). De certo ponto de vista, aliás, esse trabalho ou essa coerção podem ser considerados como uma *regressão*, pois nos levam de volta, com uma força que sempre nos espanta, para um aquém, para algo que a elaboração simbólica das obras havia no entanto recoberto ou remodelado. Há aí como um movimento *anadiômeno*, movimento pelo qual o que havia mergulhado ressurge por um instante, nasce antes de mergulhar de novo em seguida: é a *materia informis* quando aflora da forma, é a apresentação quando aflora da representação, é a opacidade quando aflora da transparência, é o visual quando aflora do visível.

Não sei, a bem dizer, se a palavra *negativo* é bem escolhida. Só o será com a condição de não ser entendida como a pura e simples privação. É a razão pela qual, nessa ótica, designamos o *visual*, e não o invisível, como o elemento dessa força coercitiva de negatividade em que as imagens são pegas, nos pegam. É também a razão pela qual o negativo não possui aqui nenhuma conotação niilista ou simplesmente "negativista", como tampouco visa a uma nostalgia ou a qualquer filosofia geral da negatividade. Não se trata de estabelecer em estética a duvidosa generalidade do irrepresentável. Não se trata de invocar uma poética da irrazão, do pulsional, ou uma ética da muda contemplação, ou ainda uma apologia da ignorância diante da imagem. Trata-se apenas de lan-

---

[6] O interesse do livro recente de J. Wirth, *L'image médiévale: naissance et développements (VIe-XVe siècle)*, Paris, Klincksieck, 1989, pp. 47-107, é mostrar o enraizamento da questão das imagens no "universo lógico medieval". Mas é também seu limite, por sugerir uma relação de inferência direta do segundo com a primeira.

çar um olhar sobre o paradoxo, sobre a espécie de douta ignorância a que as imagens nos compelem. Nosso dilema, nossa escolha alienante foi expressa há pouco em termos um tanto rudes; convém precisar, repetir que essa escolha nos *compele* enquanto tal, portanto que não se trata de modo algum de escolher um pedaço, de fatiar — saber *ou* ver: isso é um simples *ou* de exclusão, não de alienação —, mas de saber permanecer no dilema, *entre saber e ver*, entre saber alguma coisa e não ver outra coisa em todo caso, mas ver alguma coisa em todo caso e não saber alguma outra coisa... Em nenhum dos casos se trata de substituir a tirania de uma tese pela de uma antítese. Trata-se apenas de dialetizar: pensar a tese *com* a antítese, a arquitetura com suas falhas, a regra com sua transgressão, o discurso com seu lapso, a função com sua disfunção (mais além de Cassirer, portanto), ou o tecido com sua rasgadura...

[Onde o trabalho do sonho rompe a caixa da representação. Trabalho não é função. A potência do negativo. Onde a semelhança trabalha, joga, se inverte e se dessemelha. Onde figurar equivale a desfigurar]

Pensar o tecido (o tecido da representação) *com sua rasgadura*, pensar a função (a função simbólica) *com sua interrupção* ou seu disfuncionamento constitucionais, eis o que foi feito, porém, quase quarenta anos antes da iconologia de Panofsky, e mais de vinte anos antes das "formas simbólicas" de Ernst Cassirer. Eis o que foi corajosamente iniciado por um pensador e um médico, um homem muito atento à fenomenologia de um visível do qual, no entanto, desconfiava, um cientista extraordinariamente disposto a renunciar às próprias certezas da ciência que praticava, alguém que obstinadamente tentou a perigosa aventura de fundar um saber não especular, um saber capaz de pensar o trabalho do não-saber dentro dele. Esse homem foi Freud. Todos lembram que ele dedicou seu grande livro sobre *A interpretação dos sonhos*, publicado em 1900, ao movimento "anadiômeno" de um mergulho no Aqueronte que produz o surgimento das imagens noturnas.[7] Todos lem-

---

[7] *"Flectere si nequeo Superos/ Acheronta movebo"* ["Se não consigo

bram que, após ter-se confrontado ao enigma muito visível dos sintomas histéricos, lançou-se no inquietante e movediço caminho do sonho como "via régia que leva ao conhecimento (*Kenntnis*, e não *Wissenschaft*) do inconsciente".[8] Todos lembram que o caminho em questão devia levá-lo a uma compreensão mais decisiva e nova da noção de sintoma. Maneira decisiva e nova de *ver*: eis por que devemos nos deter aí quando a imagem nos pega no jogo do não-saber.

Foi com o sonho e com o sintoma que Freud rompeu a caixa da representação. Foi com eles que abriu, isto é, rasgou e livrou, a noção de imagem. Longe de comparar o sonho com um quadro ou um desenho figurativo, insistia, ao contrário, no seu valor de deformação (*Entstellung*) e no jogo das rupturas lógicas que atinge com frequência o "espetáculo" do sonho, como uma chuva perfurante. A metáfora do rébus lhe ocorreu para livrar, desde o início, a compreensão do sonho de qualquer preconceito figurativo — texto célebre:

> "Suponhamos que eu olhe um rébus (*Bilderrätsel*: um enigma em imagens): ele representa uma casa sobre cujo telhado se vê uma canoa, depois uma letra isolada, um personagem sem cabeça que corre etc. Eu poderia declarar que nem esse conjunto, nem suas diversas partes têm sentido (*unsinnig*). Uma canoa não deve estar no telhado de uma casa e uma pessoa sem cabeça não pode correr;[9] além do mais, a pessoa é maior que a casa e,

dobrar os deuses celestes, moverei o Aqueronte"], citação de Virgílio colocada em epígrafe por S. Freud, *L'interprétation des rêves* (1900), trad. de I. Meyerson, revisada por D. Berger, Paris, PUF, 1971, p. 1. A citação é retomada no corpo do texto, *ibid.*, p. 516. Cf. o belo comentário de J. Starobinski, "Acheronta movebo", *L'Écrit du Temps*, nº 11, 1986, pp. 3-14.

[8] S. Freud, *L'interprétation des rêves, op. cit.*, p. 517. Essa frase segue imediatamente os dois versos de Virgílio.

[9] Poderiam objetar que isso é possível — mas justamente se tornaria o excepcional *sintoma* de alguma catástrofe, dilúvio ou massacre dos inocentes...

admitindo que o todo deve representar uma paisagem, não convém introduzir letras isoladas que não poderiam aparecer na natureza. Só julgarei exatamente o rébus quando eu deixar de apreciar desse modo o todo e as partes, e procurar substituir cada imagem por uma sílaba ou por uma palavra que, por uma razão qualquer, pode ser apresentada por essa imagem (*durch das Bild darstellbar ist* — e não *vorstellbar ist*). Assim reunidas, as palavras não serão mais desprovidas de sentido, mas poderão formar alguma bela e profunda frase. O sonho é um rébus (*Bilderrätsel*), nossos predecessores cometeram o erro de querer interpretá-lo enquanto desenho (*als zeichnerische Komposition*)".[10]

Estamos aqui no início de um movimento que não cessará de aprofundar e radicalizar o golpe, a rasgadura aplicada ao conceito clássico da representação: algo, ali, se apresenta visualmente, mas não é um desenho — antes uma organização paradoxal que extravia tanto o sentido do discurso que se esperava ler (é o *unsinnig* do nosso texto) quanto a transparência representativa dos elementos figurados uns com os outros (é o *Bilderrätsel* enquanto inexplicável para quem o olhasse como uma obra de arte imitativa). Desde o início, portanto, Freud terá proposto um modelo visual que não podia ser explicado nem pela concepção clássica do *disegno*, por causa de sua transparência mimética, nem a da imagem-monograma (o esquema kantiano), por causa de sua homogeneidade sintética. O exemplo freudiano, aliás, se apresenta menos como um exemplo de objeto circunscrito, resultado de um trabalho, do que como o paradigma do próprio trabalho. Com efeito, ele abre o capítulo do *A interpretação dos sonhos* dedicado ao "trabalho do sonho" (*Traumarbeit*). Ele confere a esse título um paradigma estrutural de funcionamento — funcionamento bastante estranho no qual a rasgadura, após ter atingido as entidades muito estáveis e idealistas do desenho e do esquema, investirá a

[10] *Id.*, *ibid.*, p. 242.

ideia mesma de *função* tal como Cassirer conseguia entendê-la depois de Kant.[11]

Uma função rasgada — isto é, que inclui a potência do negativo nela — preside assim, enquanto *trabalho*, à intensa ou evanescente visualidade das imagens do sonho. Como compreender esse trabalho? Para além da metáfora proposta no paradigma do rébus, Freud nos previne contra a tentativa de "nos representarmos de uma maneira plástica nosso estado psíquico no momento da formação do sonho".[12] Se há uma tópica presente na formação do sonho — e nos processos inconscientes em geral —, ela não deve se confundir nem com o empirismo da nossa espacialidade sensível, ou mesmo do nosso "espaço vivido", nem tampouco com a ideia kantiana de um *a priori* ou de uma categoria ideal oriunda de alguma estética transcendental.[13] O problema só pode ser considerado a partir daquilo que, mais modestamente, *se apresenta* — e não por acaso Freud começa a problematizar a noção de *Traumarbeit* insistindo na apresentação geralmente lacunar do sonho, seu caráter de *fragmentos postos juntos*. O que se apresenta cruamente primeiro, o que se apresenta e recusa a ideia, é a rasgadura. É a imagem sem sujeito [*l'image hors sujet*], a imagem enquanto

---

[11] Ou seja, como aquela "mesma e única função espiritual fundamental" que responde a uma "exigência fundamental de unidade" entre os objetos, mas que os objetos por si sós são incapazes de manifestar. Cf. E. Cassirer, *La philosophie des formes symboliques, op. cit.*, I, pp. 17-8.

[12] S. Freud, *L'interprétation des rêves, op. cit.*, p. 244.

[13] Haveria todo um caminho a traçar entre a precedente citação de Freud e esta nota escrita no final da sua vida, em 22 de agosto de 1938: "É possível que a espacialidade seja a projeção da extensão do aparelho psíquico. Provavelmente alguma outra derivação. Em vez das condições *a priori* do aparelho psíquico segundo Kant. A psique é extensão, nada sabe disso". S. Freud, "Resultados, ideias, problemas" (1938), *Résultats, idées, problèmes*, II, 1921-38, Paris, PUF, 1985, p. 288. Pensar o enigma dessa "extensão" constitui certamente uma das tarefas mais árduas da metapsicologia freudiana. É o que mostra, por exemplo, a longa tentativa lacaniana de ultrapassar a *tópica* no sentido de uma *topologia*. Cf. igualmente os trabalhos de P. Fédida, resumidos em "Théorie des lieux", *Psychanalyse à l'Université*, XIV, 1989, nº 53, pp. 3-14, e nº 56, pp. 3-18, ambos de 1989.

imagem de sonho. Ela só vai se impor aqui pela força da omissão (*Auslassung*) ou da supressão de que é, estritamente falando, o *vestígio*: ou seja, a única sobrevivência é, ao mesmo tempo, soberana e rastro de apagamento. Um operador visual de desaparecimento. O que permite a Freud concluir em seguida que o sonho não é nem uma tradução no que concerne à sua "legibilidade", nem um desenho figurativo no que concerne à sua "visibilidade".[14]

Aqui não é o lugar para detalhar a longa série de inferências, sempre rigorosas, mas sempre arriscadas, através das quais Freud nos orienta para a compreensão *metapsicológica* do trabalho do sonho. Basta lembrar como a simples fenomenologia da omissão no sonho passou a ser vista sob a espécie de um "trabalho de condensação" (*Verdichtungsarbeit*), e como a simples fenomenologia do enigma onírico passou a ser vista sob a espécie de um outro "trabalho", dito de deslocamento (*Verschiebungsarbeit*). Aqui compreenderemos melhor o que, no sonho, impede a síntese funcional no sentido estrito do termo: "o sonho está *centrado de outro modo*", nos diz Freud, e esse *outro modo* atinge os elementos de sentido, os objetos, as figuras, mas também as intensidades, os valores.[15] Esse *outro modo* não cessa de agir e de viajar. Ele investe tudo. Produz uma lei paradoxal — antes, uma coerção — que é uma lei de labilidade, uma lei de não-regra. Lei da exceção insistente, lei ou *soberania do que se excetua* tanto no visível quanto no legível e na lógica proposicional.

Eis por que a análise freudiana dos "meios de apresentação" ou de "figuração" do sonho (*Darstellungsmittel des Traums*) vai se desdobrar como um trabalho teórico tanto de abertura da lógica quanto de abertura da imagem. De fato, é sob o ângulo da "inaptidão a representar as relações lógicas" que a figuração do sonho é desde o início posta em jogo.[16] Mas também aí a negatividade que emerge dessa constatação nada tem a ver com a ideia de uma pura e simples privação. A negatividade torna-se trabalho — o

[14] S. Freud, *L'interprétation des rêves*, op. cit., p. 244.

[15] *Id.*, *ibid.*, pp. 263-4.

[16] *Id.*, *ibid.*, p. 269 (e, em geral, pp. 267-91).

trabalho da "apresentação", o trabalho da *Darstellung*. Incapaz de representar — de significar, de tornar visíveis e legíveis como tais — as relações temporais, o trabalho do sonho se contentará, então, em *apresentar* juntos, visualmente, elementos que um discurso representativo (ou uma representação discursiva) teriam normalmente diferenciado ou inferido uns dos outros. A relação causal desaparecerá diante da *copresença*.[17] A frequência se tornará "multiplicidade", e todas as relações temporais se tornarão, em geral, relações de lugar.[18] Do mesmo modo, escreve Freud, "o sonho não pode de maneira alguma exprimir a *alternativa*, 'ou, ou'; ele reúne seus membros numa sequência, como equivalentes" — ou seja, aqui também, como copresentes: assim ele apresentará juntas todas as possibilidades da alternativa, "embora elas se excluam quase mutuamente" do ponto de vista da lógica.[19] Enfim:

> "A maneira como o sonho exprime as categorias da *oposição* e da *contradição* é particularmente impressionante: ele não as exprime, parece ignorar o 'não'. Distingue-se por reunir os contrários e apresentá-los num único objeto (*in einem dargestellt*). O sonho também apresenta com frequência um elemento qualquer por seu desejo contrário, de modo que não se pode saber se um elemento do sonho, suscetível de contradição, indica um conteúdo positivo ou negativo nos pensamentos do sonho".[20]

Assim desmorona o chão das certezas. Tudo se torna possível: a copresença pode dizer a concordância *e* a discordância, a simples presença pode dizer a coisa *e* seu contrário. E a simples presença

---

[17] *Id., ibid.*, pp. 271-2.

[18] *Id.*, "Révision de la théorie du rêve" (1933), trad. de R. M. Zeitlin, *Nouvelles conférences d'introduction à la psychanalyse*, Paris, Gallimard, 1984, p. 39.

[19] *Id., L'interprétation des rêves, op. cit.*, p. 273.

[20] *Id., ibid.*, p. 274.

poderá ser ela própria um efeito de copresença (segundo o processo da *identificação*), ou mesmo um efeito de copresença antitética e antinatural (segundo o processo da *formação compósita*). Com a certeza desmorona assim outro trecho de *mímesis*: "A possibilidade de formar imagens compósitas (*Mischbildungen*) está em primeiro plano entre os fatos que, com frequência, dão ao sonho seu caráter fantástico; elas introduzem nele elementos que nunca puderam ser objetos de percepção".[21] Todos os contrastes e todas as diferenças se cristalizarão na substância de uma imagem única, enquanto que a mesma substância arruinará toda quididade filosófica na fragmentação do seu assunto. Tal é a desconcertante poética do sonho: o tempo se inverte, se rasga, e com ele a lógica. As consequências não fazem senão antecipar suas causas, elas *são* suas causas, mas a negação delas também. "A inversão, a transformação no contrário (*Umkehrung, Verwandlung ins Gegenteil*) constitui, aliás, um dos meios que o trabalho do sonho emprega mais seguidamente e mais facilmente", constata Freud, que vai observar o mesmo tipo de trabalho no nível dos *afetos* ligados às imagens do sonho.[22] Assim a representação será como que partida em camadas, o afeto da representação e o afeto de si mesmo: como se o trabalho do sonho fosse movido pelo propósito paradoxal de uma visualidade que ao mesmo tempo *se impõe*, nos perturba, insiste e nos persegue — na medida mesmo em que *não sabemos* o que nela nos perturba, de que perturbação se trata e o que isso pode de fato significar...

Esse sobrevoo da problemática freudiana, por sumário que seja, já nos faz perceber o quanto a lógica visual da imagem — se o termo "lógica" tem ainda um sentido — se opõe aqui às certezas serenas de um pensamento que se exprimiria nos termos clássicos do *disegno* ou nos termos kantianos do esquema e do monograma. Seria preciso, certamente, assinalar com mais precisão de que maneira Freud consegue explicitar no trabalho do sonho todos esses jogos de deslocamentos orientados *e* desorientados; de que manei-

---

[21] *Id., ibid.*, p. 279.
[22] *Id., ibid.*, pp. 282 e 401.

ra se tece o uso dos "símbolos bem preparados" *com* a invenção de valores simbólicos inusitados, de traços singulares que nada permitia prever; de que maneira se elaboram estruturas de linguagem *mas* cuja gramática e código não teriam outra lei senão desaparecer enquanto tais; de que maneira se produz o intercâmbio extraordinário das formas verbais e das formas de objetos ao longo das cadeias associativas; de que maneira o absurdo consegue rimar com o cálculo e o intenso raciocínio; de que maneira todo esse trabalho, toda essa exigência, todas essas seleções apenas visam fazer da imagem *ao mesmo tempo* um operador de atração e de "regressão", no sentido técnico do termo — sentido tópico, formal e temporal — introduzido por Freud.[23] Seria preciso, enfim, para compreender inteiramente essa rasgadura feita na noção clássica da imagem, levar em conta o jogo desconcertante que o trabalho do sonho realiza em relação ao que chamamos comumente a semelhança.

Pois o sonho obtém da semelhança uma parte essencial do seu poder visual. Tudo, no sonho, se assemelha ou parece trazer a marca enigmática de uma semelhança. Mas como? De que semelhança se trata? A questão é toda essa. No entanto Aristóteles já havia prevenido, na abertura da sua *Poética*, que a imitação e a semelhança podiam mudar inteiramente de sentido conforme se diferenciassem seus *meios*, seus *objetos* ou seus *modos* —[24] mas somos regularmente tentados (e mais do que nunca depois de Vasari) a reduzir toda semelhança ao modelo do desenho imitativo do Renascimento (ou melhor, da ideia que, desde Vasari, fazemos do desenho e do Renascimento). Convém repetir que o trabalho do sonho se dá como um trabalho da semelhança que teria pouco

[23] *Id., ibid.*, pp. 291-2, 297, 300-47, 347-91 e 453-67; *Id.*, "Révision de la théorie du rêve", *art. cit.*, p. 30; *Id.*, "Complément métapsychologique à la théorie du rêve" (1917), trad. de J. Laplanche e J. B. Pontalis, *Métapsychologie*, Paris, Gallimard, 1968, pp. 125-46.

[24] De fato, segundo Aristóteles, as artes imitativas "diferem entre si de três maneiras: ou imitam por meios diferentes, ou imitam coisas diferentes, ou imitam de uma maneira diferente e não da mesma maneira". *Poétique*, 1, 1447a, trad. de J. Hardy, Paris, Les Belles Lettres, 1932 (6ª ed., 1975), p. 29.

a ver com uma *zeichnerische Komposition*, uma composição gráfica, um *disegno* vasariano. A semelhança *trabalha* no sonho — antes mesmo de se exibir, como a madeira antes de ser cortada — segundo uma eficácia que utiliza "inúmeros meios" (*mit mannigfachen Mitteln*) para chegar a seus fins, como Freud nos adverte desde o início.[25] Assim as semelhanças oferecem ao mesmo tempo "as primeiras fundações de toda construção de sonho" e as ramificações mais singulares que cada elemento do sonho torna-se capaz de suscitar, já que "uma parte considerável do trabalho do sonho consiste em criar novos [laços de semelhança], porque aqueles dos quais ele dispõe não podem, por causa da censura da resistência, penetrar no sonho...".[26]

O bom-senso nos dizia que o ato de assemelhar consistia em exibir a *unidade formal* e ideal de dois objetos, de duas pessoas ou de dois substratos materiais separados; o trabalho do sonho, ao contrário, dá a Freud a ocasião de insistir no vetor de *contato*, material e não formal (*Berührung*), que engendra na imagem onírica os processos ou as vias da semelhança.[27] Assemelhar não implicará mais, então, um estado de fato, mas um *processo*, uma figuração em ato que vem, aos poucos ou de repente, fazer se tocarem dois elementos até então separados (ou separados segundo a ordem do discurso). Daí por diante a semelhança não é mais uma característica inteligível, mas um movimento surdo que se propaga e inventa o contato imperioso de uma infecção, de uma colisão ou então de um disparo. O bom-senso nos dizia, por outro lado, que o ato de assemelhar supunha que houvesse *dois*: dois sujeitos separados entre os quais a semelhança construiria uma junção ideal, como uma ponte sutil suspensa entre duas montanhas; o trabalho do sonho nos demonstra, ao contrário, que a semelhança sabe aqui se precipitar, formar um *nó* ou um conglomerado, sabe destruir a dualidade sutil e arruinar toda possibilidade de comparar, portanto de representar-se, portanto de conhecer distintamente algo des-

---

[25] S. Freud, *L'interprétation des rêves, op. cit.*, p. 275.
[26] *Id., ibid.*
[27] *Id., ibid.*

sa semelhança que se apresenta aí. Tal seria a consequência imposta no sonho pela "tendência à condensação" que Freud invoca para explicar o fato de que "o elemento comum, que explica a união de duas pessoas [...], pode estar representado no sonho *ou faltar*":

> "Em geral a identificação ou a formação de uma personalidade compósita servem precisamente para poupar essa representação. Em vez de repetir: A não me ama, B também não, eu formo de A e de B uma personalidade compósita, ou então me represento A numa das atitudes que ordinariamente caracterizam B. A pessoa assim formada me aparece em sonho numa circunstância nova e, como ela representa tanto A quanto B, isso me permite inserir nesse ponto da interpretação o fato comum a ambas: que elas não me amam. É desse modo que se atingem condensações extraordinárias no sonho: posso me poupar a representação de circunstâncias muito complicadas substituindo uma pessoa por outra que, numa certa medida, se encontra nas mesmas circunstâncias. Percebe-se facilmente o quanto esse modo de apresentação por identificação (*Darstellung durch Identifizierung*) pode servir para escapar à censura devida à resistência e que impõe condições de trabalho tão difíceis ao sonho".[28]

O bom-senso nos dizia, enfim, que a semelhança era feita para estabelecer entre dois termos algo como a reconciliação do *mesmo*; o trabalho do sonho rasgará por dentro a serenidade dessa reconciliação. Quando esse *mesmo* é representado, nos diz Freud, "isso indica ordinariamente que se deve buscar *outra coisa* comum às duas e que permanece oculta porque a censura tornou sua figuração impossível. Produziu-se, se podemos dizer, um deslocamento (*Verschiebung*) no domínio do comum para favorecer a figurabi-

[28] *Id., ibid.*, pp. 276-7.

lidade".[29] O que isso implica? Implica que a mesmidade mimética é constantemente arruinada pelo trabalho do deslocamento, assim como, de maneira análoga, a dualidade dos polos de semelhança é constantemente arruinada pelo trabalho da condensação. Então a semelhança não exibe mais o Mesmo, mas se infecta de alteridade, enquanto os termos semelhantes se entrechocam num caos — a formação "compósita" — que impossibilita, justamente, o distinto reconhecimento deles enquanto termos. Portanto não há mais "termos" que valham, mas somente relações em nó, passagens que se cristalizam. Ora, essa espécie de *contração alterada* da semelhança comporta uma implicação decisiva para o nosso propósito, que é o entrelaçamento indefectível da *formação na deformação*. Quando Freud insiste no não-realismo das imagens compósitas e no fato de elas não mais corresponderem a nossos habituais objetos de percepção visível — apesar, ou antes, por causa da sua intensidade visual característica —, ele nos põe no caminho de uma noção da semelhança que admitiria como consequência última "a inversão, a transformação no contrário" (*die Umkehrung, Verwandlung ins Gegenteil*).[30]

Assim, os "processos de figuração do sonho" — pois é realmente sob essa rubrica que Freud nos introduzirá a todos esses paradoxos — acabam por rachar ao meio, com a semelhança, o que entendemos habitualmente por "representação figurativa". O sonho se serve das semelhanças apenas para "dar à representação um grau de deformação (*ein Mass von Entstellung*) tal que à primeira vista o sonho parece inteiramente ininteligível".[31] Eis aí o que parece afastar definitivamente a *figurabilidade* em ação no trabalho do sonho — que toda noite nos persegue solitariamente — e o mundo cultural das *figurações* pintadas ou esculpidas — que aos domingos vamos admirar, em família, em algum museu de arte... Mas nem tudo é tão simples, tão bem marcado quanto parece, e Freud não se contentará com isso. Vinte e cinco páginas após

---

[29] *Id., ibid.*, p. 277.

[30] *Id., ibid.*, pp. 279 e 282.

[31] *Id., ibid.*, p. 282.

haver sugerido, contra a metáfora do *disegno*, a do rébus, ele retorna estranhamente ao mesmo paradigma das artes plásticas. Mas para quê? Para elaborar uma homologia das representações? Para aprofundar uma diferença irremediável? De modo nenhum. Freud só menciona o paradigma pictórico para transitar, paradoxalmente, de uma *rasgadura* a uma *desfiguração*. De fato, é sob o ângulo da falha, da falta — a "falta de expressão" lógica (*diese Ausdrucksfähigkeit abgeht*) — que as artes plásticas serão convocadas aqui em relação à figurabilidade do sonho; e não é indiferente encontrar sob a pena de Freud a indicação lapidar, mas tão justa, de que a "falta de expressão" nas artes plásticas se deve "à natureza da matéria utilizada (*in dem Material*)", assim como "essa falta de expressão está ligada à natureza da matéria psíquica (*am psychischen Material*) de que o sonho dispõe".[32] E a célebre passagem que segue, evocando o procedimento medieval dos filactérios colocados diante da boca dos personagens pintados, só intervém aí para sublinhar o *paradigma faltante* das artes visuais, esse discurso ou essas palavras (*die Rede*) que o pintor — ele se permite imaginar — "desesperava por fazer compreender".[33]

Freud abordava assim a questão do figurável sob o ângulo de uma rasgadura ou de uma falta constitutivas. Mas, longe de ver aí um argumento de inefabilidade ou algo como uma filosofia neoromântica do infigurável, ele acrescentava em seguida uma concepção quase "experimental" de um *trabalho* da figuração considerado *com sua rasgadura* — sua rasgadura em trabalho. Chegamos aí a um ponto exemplar e tangível de uma diferença radical com o que Cassirer entenderia, alguns anos mais tarde, por "função simbólica" ou por "função" em geral. De fato, Freud propõe compreender a "falta de expressão" do sonho de outro modo que não como uma privação pura e simples, o que significa claramente que as relações lógicas, incapazes de ser representadas no sonho enquanto tais, serão *figuradas mesmo assim... por meio de uma*

---

[32] *Id., ibid.*, p. 269 (a tradução francesa acreditou dever restituir a mesma palavra alemã por "*matériel*" num caso e por "*matière*" no outro; a tradução mais justa — mais "materialista" pelo menos — seria talvez *matériau*).

[33] *Id., ibid.*

desfiguração apropriada: "O sonho", escreve Freud, "consegue fazer sobressair algumas das relações lógicas entre seus pensamentos modificando de uma maneira apropriada sua figuração".[34]

Compreendemos então que a falta, a rasgadura, funcionam no sonho como o motor mesmo de algo que estaria entre o desejo e a coerção — o desejo coercitivo de figurar. Figurar apesar de tudo, portanto forçar, portanto rasgar. E, nesse movimento coercitivo, *a rasgadura abre a figura*, em todos os sentidos que esse verbo pode ter. Ela se torna como que o princípio e a energia — suscitados pelo efeito de rasgadura, isto é, a ausência — do trabalho de figurabilidade. Ao escavar a representação, ela *chama* a figura e sua apresentação (*Darstellung*), desencadeia o processo infinito do desvio que, fundamentalmente, caracteriza a noção mesma de figura. Sabemos que *trópos* ou *figura* produzem desde sempre a noção da volta e do desvio.[35] São o desvio feito apresentação, e, quando nos debruçamos sobre os meios de figuração do sonho, compreendemos melhor por que seria inútil querer distinguir o que pertence à linguagem e o que pertence ao visível: tanto é verdade que o problema não está aí que a figura assim compreendida frustra, em suas expansões retóricas, a pura e simples legibilidade de um discurso, assim como frustra, em sua potência de apresentação, a pura e simples visibilidade de uma representação "figurativa" no sentido acadêmico do termo.

Talvez nunca se acabará de tirar as consequências desse *jogo figural* — aquele pelo qual uma rasgadura produz desvio para que o desvio venha a se apresentar visualmente. A rasgadura, nesse sentido, abre-se tanto à complexidade elaboradora do trabalho do

---

[34] *Id., ibid.*, p. 270: "[...] so hat sich auch für den Traum die Möglichkeit ergeben, einzelnen der logischen Relationen zwischen seinem Traumgedanken durch eine zugehörige Modifikation der eigentümlichen Traumdarstellung Rücksicht zuzuwenden".

[35] Eis por que a tradução de *Darstellbarkeit* ("apresentabilidade") por *figurabilidade* continua pertinente: de fato, ela inclui a tradição secular da "tropologia" grega e latina, sob a autoridade das palavras *trópos* e *figura*, ao mesmo tempo que indica a qualidade de "presença" e de eficácia de que seus efeitos (as figuras mesmas) são portadores.

sonho quanto à opacidade tenaz do seu caráter "regressivo". Ela suscita a expansão variegada das figuras, sem deixar de impor a branca soberania da sua abertura em vão. Ela *abre*, isto é, engendra incessantes constelações, incessantes produções visuais que não fazem cessar a "falta" mas que, muito pelo contrário, a engastam e a sublinham. A essa persistência — ou melhor: insistência — do negativo corresponde, de certa maneira, o paradoxo de semelhança com que Freud se confrontava diante do sonho e do sintoma. Paradoxo que pretendia que assemelhar se igualasse a dessemelhar e *figurar se igualasse a desfigurar*, pois figurar "mesmo assim" e "fazer sobressair" relações inexprimíveis como tais equivalia a "modificar de uma maneira apropriada sua figuração"...[36]

Sobre esse paradoxo ao qual Freud nunca renunciará sempre que tiver de dar conta de uma *formação do inconsciente* — por exemplo, quando insiste no caráter de deformação (*Entstellung*) que toda "formação de sintoma" (*Symptombildung*) comporta —, encontramos no final do seu capítulo sobre o trabalho do sonho uma formulação célebre cuja aparente simplicidade não deve ocultar a profunda lição teórica: que "o trabalho do sonho não pensa nem calcula"; que, "de uma maneira mais geral, ele não julga" (*urteilt überhaupt nicht*), o que já nos leva aos antípodas do *Urteilskraft*, esse "juízo" de onde ressoava ainda toda a filosofia kantiana. Assim, o juízo e sua "função" serão substituídos por um "trabalho" — trabalho bem menos sintético e bem mais abissal que todas as funções do mundo... trabalho que "se contenta em transformar".[37] Verbo que nos diz aqui *tanto* a formação *quanto* a deformação — uma perda de "forma" (no sentido da *Idea*) em todo caso, um fracasso da subsunção inteligível em todo caso.

[Extensão e limites do paradigma do sonho. Ver e olhar. Onde sonho e sintoma descentram o sujeito do saber]

Mas em que essa evocação do trabalho do sonho concerne exatamente à nossa questão? Não nos preveniu Freud desde o iní-

---

[36] S. Freud, *L'interprétation des rêves*, op. cit., p. 270.
[37] *Id., ibid.*, p. 432.

cio contra toda apreensão "artística" do trabalho do sonho, ao separar energicamente o rébus, apresentado como paradigma onírico, da ideia comum de um sonho concebido como desenho representativo? Sim, ele o fez, e a localização de exemplos "artísticos" no texto freudiano evidentemente não basta para nos esclarecer sobre o valor profundo de tais exemplos. A questão da estética freudiana, a questão de saber o que Freud pensava da arte ou de que maneira esperava explicar psicanaliticamente a criatividade artística — todas essas questões permanecem duvidosas em sua formulação mesma, em todo caso não entram em nosso propósito atual. O problema é aqui bem diferente: tratar-se-ia apenas — mas já seria muito — de compreender como a noção freudiana de *figurabilidade*, se ela "abre" como dissemos o conceito clássico de representação, pode dizer respeito ou atingir nosso olhar sobre as imagens da arte. Em suma, como o "abrir-se" da representação pode nos mostrar algo mais naquilo que habitualmente chamamos de as representações de pintura.

Não estamos *diante* das imagens pintadas ou esculpidas como estamos diante das, ou melhor, *nas* imagens visuais de nossos sonhos. Umas se dão enquanto objetos tangíveis; são manipuláveis, suscetíveis de coleções, de classificações ou de conservação. As outras logo desaparecem enquanto objetos definidos e se fundem aos poucos para se tornarem simples momentos — ininteligíveis momentos — de nós mesmos, vestígios de nossos destinos, fragmentos inclassificáveis de nossos seres "subjetivos". As imagens da arte circulam na comunidade dos homens, e até certo ponto podemos dizer que são feitas para serem compreendidas, ou ao menos destinadas, compartilhadas, tomadas por outros. Ao passo que as imagens de nossos sonhos não pedem a ninguém para ser tomadas nem compreendidas.[38] Mas a maior diferença é certamente que estamos despertos diante das imagens da arte — despertar que faz a lucidez, a força do nosso *ver* — ao passo que estamos adormecidos nas imagens do sonho, ou melhor, estamos ali cerca-

---

[38] "Pode-se dizer que a figuração no sonho [...] certamente não é feita para ser compreendida." *Id.*, *ibid.*, p. 293.

dos pelo sono — isolamento parceiro que faz talvez a força do nosso *olhar*.

Os quadros evidentemente não são sonhos. É de olhos bem abertos que os vemos, mas talvez seja isso que nos obstrui e nos faz perder alguma coisa. Lacan observou bem que "no estado de vigília há elisão do olhar, elisão não apenas do que isso olha, mas do que *isso mostra*".[39] "Isso mostra", no sonho, porque "isso se apresenta" — com toda a força que pode ter em Freud o verbo *darstellen*[40] —, e "isso olha" em razão da própria presença visual do apresentado... Nossa hipótese, no fundo, é muito banal e muito simples: num quadro de pintura figurativa, "isso representa" e "isso se vê" — mas alguma coisa, mesmo assim, ali se mostra igualmente, ali se olha e nos olha. Todo o problema sendo, é claro, cercar a economia desse *mesmo assim* e de pensar o estatuto dessa *alguma coisa*.

Como nomear isso? Como abordá-lo? Essa *alguma coisa*, esse *mesmo assim* estão no lugar de uma abertura e de uma cisão: a visão ali se rasga entre ver e olhar, a imagem ali se rasga entre representar e se apresentar. Nessa rasgadura, portanto, trabalha alguma coisa que não posso apreender — ou que não pode me apreender inteiramente, duradouramente — pois não estou sonhando, e que no entanto me atinge na visibilidade do quadro como um acontecimento de olhar, efêmero e parcial. Se é verdade que o sonho propicia a cada noite a ocasião de uma visualidade absolutamente desdobrada e de um reinado do olhar absolutamente soberano — se isso é verdade, então só posso abordar essa *alguma coisa* do quadro através do paradigma, não do sonho enquanto tal (o que é no fundo o sonho enquanto tal? ninguém sabe), mas do *esquecimento do sonho* (é o que sabemos, ou melhor, experimentamos todas as manhãs). Em outras palavras: o acontecimento visual do quadro só advém a partir dessa rasgadura que separa diante de nós o que é representado como lembrado e *tudo que se*

---

[39] J. Lacan, *Le Séminaire XI. Les quatre concepts fondamentaux de la psychanalyse*, op. cit., p. 72.

[40] No francês, traduzido por "*présenter*" e, em português, por "apresentar". (N. do T.)

apresenta como esquecimento. As mais belas estéticas — as mais desesperadas também, pois em geral estão votadas ao fracasso ou à loucura — seriam então as estéticas que, para se abrir inteiramente à dimensão do visual, gostariam que fechássemos os olhos diante da imagem, a fim de não mais vê-la, mas de somente olhá-la, e não mais esquecêssemos o que Blanchot chamou "a *outra* noite", a noite de Orfeu.[41] Essas estéticas são sempre singulares, se desnudam no não-saber, e nunca hesitam em chamar de *visão* o que ninguém desperto vê.[42] Mas para nós, historiadores ou historiadores de arte, nós que desejamos saber, nós que despertamos toda manhã com o sentimento de uma visualidade do sonho *soberana mas esquecida*, só resta a escrita ou a palavra falada para fazer desse esquecimento um suporte eventual do nosso saber, seu ponto de fuga sobretudo, seu ponto de fuga rumo ao não-saber.

Talvez se compreenda melhor aqui a importância do paradigma do sonho. E por que paradigma? Menos pelo objeto da interpretação — isto é, a obra de arte que se gostaria de "comparar" ao sonho — do que pela *solicitação a interpretar*, segundo a expressão proposta por Pierre Fédida no campo da psicanálise: "O que a teoria põe a descoberto é diretamente dependente de uma *Traumdeutung* como prática do sonho. A teoria só recebe aqui seu sentido original do estatuto adquirido pela palavra da interpretação, e na medida em que esta é solicitada pelo sonho".[43] Ora, o esquecimento do sonho desempenha nessa solicitação um papel absolutamente decisivo, pois ao recolher, por assim dizer, a "ma-

---

[41] Cf. M. Blanchot, "Le regard d'Orphée", *L'espace littéraire*, Paris, Gallimard, 1955 (ed. 1968), pp. 227-34.

[42] Nesse sentido, o sujeito *místico*, na história, talvez não faça senão desenvolver em nome do Outro (seu Deus) uma estética experimental, vivida e escrita. Mas essa dimensão do *olhar do adormecido* já transparece, bem mais modestamente, nas "duas horas de admiração recolhida e sonhadora" que Dora pôde passar diante da *Madona Sistina* de Rafael... Cf. G. Didi-Huberman, "Une ravissante blancheur", *Un siècle de recherches freudiennes en France*, Toulouse, Erès, 1986, pp. 71-83.

[43] P. Fédida, "La sollicitation à interpréter", *L'Écrit du Temps*, n° 4, 1983, p. 6.

téria do sono", ele propõe à interpretação a opacidade mesma do seu "ponto de fuga":

"O que resta de um sonho ao despertar está destinado ao fragmentário e é assim que a análise o entende. Destinado a se despedaçar, ele não tem vocação de síntese simbólica ou de interpretação totalizante. Assim como a lembrança do sonho não diz respeito a uma *performance* intelectual, o esquecimento não é relativo a uma falta de memória ou de julgamento. Como a dúvida que afeta uma lembrança de sonho, o esquecimento é relativo a esses distúrbios de pensamento conhecidos pelo nome de *déjà-vu*, de já-contado, de falso reconhecimento etc. O esquecimento do sonho recolhe assim a *matéria de sono* na qual ele se faz e é também a sensibilidade da sua fala. O esquecimento é, por assim dizer, aquilo a partir do qual e em direção ao qual se desenha o *umbigo* do sonho — do mesmo modo que é o ponto de fuga da interpretação".[44]

Embora evanescente, o ponto de fuga existe de fato. Ele está ali, diante de nós — mesmo marcado de esquecimento. Está ali como um rastro, um resto. Imaginemo-nos diante do quadro como numa situação simétrica (portanto, que não se identifica) à do sonho: o regime da representação só funcionaria ali sobre um leito de *restos noturnos*, esquecidos enquanto tais, mas fazendo *matéria de olhar*. Ou seja, fazendo-nos reconciliar, no espaço de um resto — ou no tempo de um resto —, com a essencial visualidade da imagem, seu poder de olhar, de ser olhada e de nos olhar ao mesmo tempo, de nos cercar, de nos concernir. Eis aí, sem dúvida, a modalidade do *mesmo assim* que buscávamos considerar: na vigília lúcida que nossa relação habitual com o visível supõe, na completude ideal que os dispositivos de representação propõem, alguma coisa — um resto, portanto, uma marca de esquecimento — vem

---

[44] *Id., ibid.*, p. 13. Sobre o esquecimento do sonho, cf. S. Freud, *L'interprétation des rêves, op. cit.*, pp. 46-50 e 435-52.

ou volta a trazer *mesmo assim* sua perturbação noturna, sua potência virtual. Alguma coisa que altera o mundo das formas representadas como uma matéria viria alterar a perfeição formal de um traço. Alguma coisa que devemos chamar um *sintoma*, tanto é verdade que não há sintoma — no sentido freudiano — sem algum trabalho do esquecimento.

É evidente que o simples fato de levar em conta essa dimensão, quando pousamos nosso olhar sobre as imagens da arte, modifica singularmente as condições do nosso saber, tanto sua prática quanto seus limites teóricos. *O que é um saber do sintoma visual*, se o sintoma vem se aninhar em nossos próprios olhos, nos desnuda, nos rasga, nos coloca em questão, interroga nossa própria capacidade de esquecimento? Devemos responder a essa pergunta de duas maneiras, pelo menos: primeiro buscando na história as figuras de um tal saber, pois seria absurdo imaginar uma "modernidade" restrita do sintoma — e estamos desde sempre entregues ao sintoma, em nossos próprios olhos como alhures.[45] A seguir tentando extrair para nós as consequências metodológicas e críticas que a elaboração freudiana suscitou no seu próprio campo, no seu próprio face a face com o sintoma. Ora, sobre esse último ponto, a situação parece ser tão clara quanto frágil: o sintoma impede, para retomar os termos já citados de Pierre Fédida, toda "síntese simbólica" e toda "interpretação totalizante".[46] Como o trabalho do sonho e como o trabalho do resto, o sintoma só se dá através da rasgadura e da desfiguração parciais a que ele submete o meio no qual advém. Do mesmo modo que o sonho, o sintoma considerado enquanto "formação do inconsciente" impedia desde

---

[45] Num texto importante, Carlo Ginzburg tentou uma compreensão ao mesmo tempo histórica e teórica do "paradigma indiciário" e do sintoma. Não partilhando de suas conclusões, em particular quanto à imagem de um Freud ávido de detalhes e "investigador policial", próximo de um Sherlock Holmes, permito-me deixar para outra ocasião o desenvolvimento dessa discussão. Cf. C. Ginzburg, "Traces. Racines d'un paradigme indiciaire" (1979), trad. de M. Aymard, *Mythes, emblèmes, traces. Morphologie et histoire*, Paris, Flammarion, 1989, pp. 139-80.

[46] P. Fédida, "La sollicitation à interpréter", *art. cit.*, p. 13.

o início que Freud tomasse o caminho de uma metapsicologia idealista, transcendental ou metafísica, isto é, o caminho de um saber unificado em seu princípio ou *por* seu princípio fundador. O prefixo *meta* na palavra *metapsicologia* deve assim ser entendido ao contrário do que entendemos quando pronunciamos a palavra *metafísica*. E em primeiro lugar porque a metapsicologia freudiana se desenvolveu como a constatação insistente da *inconsistência das sínteses* — a começar pela noção mesma de "eu" ou de "consciência" —, o que faz dela uma atitude epistêmica de "resistência à tentação de síntese".[47]

A consequência de tal atitude tem com que fazer empalidecer de angústia todo pesquisador positivista que se preze. É que estamos diante do sintoma como diante de uma espécie de coerção à desrazão, em que os fatos não podem mais se distinguir das ficções, em que os fatos são fictícios por essência, e as ficções, eficazes. Por outro lado, a interpretação analítica geralmente não faz outra coisa — única atitude possível diante do trabalho do sonho ou do sintoma — senão "despojar as palavras de sua significação", propor uma palavra apenas para "arrancá-la literalmente do dicionário e da linguagem", um meio de "dessignificá-la".[48] Quando Freud lidava com um roteiro de sonho relativamente coerente, longe de se satisfazer com essa enseada de inteligibilidade, ele despedaçava tudo e recomeçava a partir dos restos, prevenido de que uma "elaboração secundária" (*sekundäre Bearbeitung*) se interpunha ali ao trabalho do sonho enquanto tal.[49] Quando, a propósito do caso Schreber, por exemplo, propôs o termo "racionalização" (*Rationalisierung*), introduzido em 1908 por Ernest Jones, foi para evocar uma compulsão defensiva ou uma formação reativa que pusera a máscara da razão — e por isso mesmo próxima ao delí-

---

[47] *Id.*, "Technique psychanalytique et métapsychologie", *Métapsychologie et philosophie* (III Encontro Psicanalítico de Aix-en-Provence, 1984), Paris, Les Belles Lettres, 1985, p. 46.

[48] N. Abraham e M. Torok, *L'écorce et le noyau* (1978), Paris, Flammarion, 1987, pp. 209-11, no qual é elaborada a ideia da "psicanálise como antissemântica".

[49] Cf. S. Freud, *L'interprétation des rêves*, *op. cit.*, pp. 416-31.

rio.⁵⁰ Freud, enfim, ousou pregar como método de interpretação aquilo que, no jargão dos historiadores, geralmente é tido como o mais grave insulto: a saber, a "superinterpretação" (Überdeutung) — resposta no entanto inevitável metodologicamente à "sobredeterminação" (Überdeterminierung) dos fenômenos considerados.⁵¹

> "O mais difícil é convencer o iniciante que sua tarefa não está acabada quando ele chegou a uma interpretação completa, judiciosa, coerente e que explica todos os elementos do conteúdo do sonho. Pode ser que haja ainda uma outra, uma superinterpretação do mesmo sonho, e que lhe tenha escapado. É com dificuldade que nos representamos, de um lado, a quantidade prodigiosa de associações de ideias inconscientes que se comprimem dentro de nós e que querem ser expressas, e, de outro, a destreza do sonho que se esforça para, por expressões de sentido múltiplo, como o pequeno alfaiate do conto [dos irmãos Grimm], matar sete moscas de uma só vez. O leitor é sempre tentado no início a dizer que o autor tem realmente muito espírito; quando ele próprio tiver um pouco de experiência, julgará a coisa de outro modo e melhor."⁵²

É assim que a análise se confronta ao não-saber como à exuberância mesma do pensamento (do pensamento associativo). Re-

---

⁵⁰ *Id.*, "Remarques psychanalytiques sur l'autobiographie d'un cas de paranoïa" (1911), trad. de M. Bonaparte e R. M. Loewenstein, *Cinq psychanalyses*, Paris, PUF, 1954 (ed. 1979), p. 296.

⁵¹ Somente em relação ao critério de certeza — e, no fundo, ao critério positivista de que a *um* objeto corresponderia *uma* verdade — é que a "superinterpretação" pode aparecer como um princípio inaceitável. Assim não se deve hesitar em entrar no mundo perigoso da superinterpretação. Todo o problema será então encontrar e aplicar procedimentos de *verificação* capazes de guiar, infletir e suspender em alguma parte o movimento da interpretação. É o problema constante do historiador.

⁵² S. Freud, *L'interprétation des rêves*, *op. cit.*, p. 445.

conhecer o paradoxo do trabalho em ação no sonho ou no sintoma exige reconhecer que esse paradoxo *atinge o saber* — saber que buscamos, no entanto, ainda reter um pouco ou mesmo fundamentar. Dessa situação Lacan forneceu algumas fórmulas tonitruantes, ao dizer que o sintoma (grafado por ele em francês *sinthome*, em vez de *symptôme*, para imitar como que por mímica justamente a sobredeterminação) lhe deixava "embaraçado como um peixe fora d'água", confuso como diante de um enigma "tal que não há nada a fazer para analisá-lo" até o fim — e que o analista só sabia entrar nessa confusão "reconhecendo em seu saber o sintoma da sua ignorância"; maneira de dirigir ao psicanalista a injunção paradoxal da sua ética: "O que você deve saber: ignorar o que você sabe".[53] Eis aí como a psicanálise pode desempenhar o papel de uma ferramenta crítica no interior das "ciências humanas" em geral — como sintoma delas, talvez, isto é, como o retorno de um recalcado nelas —, hoje que o domínio do saber atinge, até mesmo nas ciências ditas "conjecturais", prodígios de eficiência. Conhecer alguma coisa do sintoma não pede do saber algo mais, um saber mais finamente aparelhado: por não ser *notável* enquanto tal, o sintoma exige, de maneira mais radical, modificar uma vez mais — uma vez mais depois que Kant nos pediu para fazê-lo — a *posição do sujeito* do conhecimento.[54]

Os historiadores da arte se aplicaram às vezes em criticar, no modo kantiano ou neokantiano, a extensão e os limites da sua própria disciplina. Mas eles próprios se colocaram de todas as maneiras — e sempre num modo neokantiano — no centro de comando do saber que produziam. Certamente aguçaram seus olhos, deram "consciência" à sua prática, refutaram todas as ingenuidades, digamos: quase todas as ingenuidades. Nas imagens da arte buscaram signos, símbolos ou a manifestação de númenos estilísticos, mas só raramente olharam o sintoma, porque olhar o sinto-

---

[53] E ele concluía, por uma lúcida autoderrisão: "A análise é isso, é a resposta a um enigma, e uma resposta, convém dizer, especialmente ridícula". J. Lacan, "Séminaire sur le sinthome", *Ornicar?*, n° 7, 1977, pp. 16-7; *Ibid.*, n° 9, 1977, p. 38. Cf. *Id.*, *Écrits, op. cit.*, p. 358.

[54] *Id.*, *Écrits, op. cit.*, pp. 689 e 855-77.

ma seria arriscar os olhos na rasgadura central das imagens, na sua perturbadora eficácia. Seria aceitar a coerção de um não-saber, e portanto abandonar uma posição central e vantajosa, a posição poderosa do *sujeito que sabe*. Os historiadores da arte desconfiaram do sintoma porque o identificavam à doença — noção sulfurosa demais para essa bela coisa que é a arte. Ou então, ao contrário, acenaram com o espectro do sintoma para desqualificar formas de arte que não entravam nos seus esquemas — todos os desvios, degenerescências e outras conotações clínicas das palavras que dizem a arte que não se aprecia... Mas em ambos os casos viravam as costas ao conceito mesmo de sintoma, que Freud teve o cuidado, em suas conferências de introdução à psicanálise, de distinguir da doença como tal.[55] Eles queriam *saber a arte*, inventavam a arte à imagem suturada do seu saber. Não queriam que *seu saber fosse rasgado* à imagem daquilo que, na imagem, rasga a própria imagem.

[Uma segunda aproximação para renunciar ao idealismo da história da arte: o *sintoma*. Panofsky metapsicólogo? Do questionamento à denegação do sintoma. Não há inconsciente panofskiano]

Por que afinal chamar de *sintoma* essa potência de rasgadura? O que entender exatamente por isso? *Sintoma* nos diz a escansão infernal, o movimento anadiômeno do visual no visível e da presença na representação.[56] Diz a insistência e o retorno do singular

---

[55] "Aos olhos do profano, os sintomas é que constituiriam a essência da doença e a cura seria o desaparecimento dos sintomas. O médico faz questão, porém, de distinguir entre sintoma e doença..." S. Freud, *Introduction à la psychanalyse* (1916-1917), trad. de S. Jankélévitch, Paris, Payot, 1951 (ed. 1970), p. 337.

[56] Não é indiferente assinalar que a epígrafe virgiliana da *Interpretação dos sonhos* — o *"Flectere si nequeo Superos/ Acheronta movebo"* — foi prevista na origem para introduzir um texto sobre a *formação dos sintomas*. Cf. S. Freud, carta a Fliess de 14 de dezembro de 1896 (nº 51), trad. de A. Berman, *La naissance de la psychanalyse*, Paris, PUF, 1956 (ed. 1973, revisada), p. 153. Essa simples indicação nos permite compreender o quanto a concepção freudiana da figurabilidade no sonho era ela mesma determinada por essa outra "via régia" que foi o sintoma histérico. Nosso próprio percurso terá

no regular, diz o tecido que se rasga, a ruptura de equilíbrio e o equilíbrio novo, o equilíbrio inédito que logo vai se romper. E o que ele nos diz não se traduz, mas se interpreta, e se interpreta sem fim. Coloca-nos diante da sua potência visual como diante da emergência do processo mesmo de figurabilidade.[57] Nesse sentido nos ensina — no espaço breve de um sintoma, portanto — o que é figurar, trazendo nele mesmo sua própria força de teoria. Mas é uma teoria em ato, feita carne, se podemos dizer, é uma teoria cuja força advém, paradoxalmente, quando se despedaça a unidade das formas, sua síntese ideal, e desse despedaçamento jorra a estranheza de uma matéria. *Sintoma* seria assim a segunda palavra não mágica, a segunda aproximação para abandonar o idealismo da história da arte — sua vocação tanto para a *idea* vasariana quanto para a "forma" filosófica reconduzida por Panofsky.

Esse último ponto pode surpreender. Não citou Panofsky a bela e longa frase de Heidegger, na qual o problema da interpretação era evocado sob a espécie, não de uma repetição do "expressamente dito" — isto é, para falar com Freud, do "conteúdo manifesto" —, mas de algo como uma exposição do "conteúdo latente" do *inexprimido* que o intérprete, dizia Heidegger, "põe sob os olhos ao exprimi-lo"?...[58] Mas vimos de que maneira Panofsky implicitamente renegou a hipótese de uma violência da interpretação que essa passagem no fundo sustentava. Vamos mais adiante,

---

sido tomar o mesmo caminho — do sintoma figurativo à figura pensada em seu sintoma. Cf. G. Didi-Huberman, *Invention de l'hysterie: Charcot et l'iconographie photographique de la Salpêtrière*, Paris, Macula, 1982. Que a histeria pudesse ser a "via régia" para uma compreensão do sintoma é o que Freud várias vezes indicou claramente: "Parece indicado partir dos sintomas formados pela neurose histérica...". S. Freud, *Inhibition, symptôme et angoisse* (1926), trad. de M. Tort, Paris, PUF, 1978, p. 17. Cf. igualmente *Id.*, *Introduction à la psychanalyse*, *op. cit.*, p. 339.

[57] "Lembremos também que para a formação dos sintomas (*bei der Symptombildung*) cooperam os mesmos processos do inconsciente que os que vimos em ação na formação dos sonhos (*bei der Traumbildung*)..." S. Freud, *Introduction à la psychanalyse*, *op. cit.*, p. 345.

[58] E. Panofsky, "Contribution au problème de la description", *art. cit.*, p. 248.

porém, e persistamos na objeção: da Alemanha à América, Panofsky continuou a nos falar de *sintomas* figurativos, ou mesmo de *inconsciente* e até de *metapsicologia*. A discrição das referências não nos dispensa de levá-las em consideração. Pois o que está em jogo é importante: diz respeito ao estatuto do que Panofsky entendia realmente por *forma simbólica*. Diz respeito, portanto, à maneira como Panofsky considerava o "conteúdo intrínseco" — e não imediato — das obras de arte. A expressão "forma simbólica" nos indica que Panofsky tocava aí, de todo modo, no importante e atual problema do *símbolo*, quer se trate do problema *da* simbólica — matéria essencial e cotidiana do trabalho de todo iconógrafo — ou do problema *do* simbólico, no sentido de uma função mais fundamental ainda, que rege a figurabilidade e o sentido das imagens da arte. Mas permanece a questão de saber como Panofsky compreendia essa matéria ou essa função, como situava respectivamente a ideia de sintoma e a de símbolo.

Convém aqui voltar a alguns textos essenciais nos quais Panofsky introduziu toda essa constelação teórica. Há primeiro um escrito de juventude sobre o problema do estilo, que se encerra com o desejo formulado de um "conhecimento científico" (*wissenschaftliche Erkenntnis*) capaz de abordar os fenômenos artísticos "do ponto de vista das condições metafísicas fundamentais" (*von den metaphysischen Grundbedingungen*). Ora, para qualificar mais concretamente o ato de superação que o acesso a essas condições fundamentais supunha, Panofsky introduzia duas exigências teóricas muito fortes — e, num certo sentido, geniais — que consistiam em querer expor o sentido "meta-histórico e metapsicológico" (*methistorischen und metapsychologischen*) dos fenômenos estudados.[59] Seguramente havia, nessa dupla qualificação ambiciosa, a tentativa de um pensador que busca desfazer-se da historiografia clássica e também da influência conceitual e "psicológica" dos trabalhos de Wölfflin. Mas havia mais, precisamente no sentido de que essa dupla exigência, formulada em 1915, deixava um espaço vazio, um espaço de desejo teórico que a noção de "forma

---

[59] *Id.*, "Le problème du style dans les arts plastiques", *art. cit.*, p. 196.

simbólica", estabelecida por Ernst Cassirer uns dez anos depois, ia finalmente preencher.

De todo modo é perturbador constatar que em 1915, precisamente, Freud acabava de promover, com o termo *metapsicologia*, a dimensão teórica última dessa prática inventada por ele quinze anos antes, a psicanálise.[60] A formulação vinha de longe, pois já em março de 1898 Freud havia perguntado a Fliess se ela lhe parecia convir para designar a via interpretativa que estava então sendo elaborada.[61] Pode-se perfeitamente compreender que em 1915 Panofsky tenha podido passar ao largo de um campo teórico que se constituía longe da Universidade propriamente dita, com mais razão longe do estrito domínio da história da arte. O campo psicanalítico, porém, estava bem constituído nessa época e já ultrapassava amplamente o quadro clínico da psicopatologia; prova disso é o simples título da revista freudiana *Imago*, criada em 1912 — título capaz, pelo menos é o que imaginamos, de chamar a atenção de um historiador da arte de língua alemã.

Mas o nó do problema está noutra parte. Reside no fato de que Panofsky, por um lado, herdava seu campo conceitual da filosofia neokantiana das faculdades e, mais além, da noção — absolutamente central em Cassirer — de *função*. Enquanto, por outro lado, Freud elaborava uma abordagem do inconsciente sob o ângulo de algo que não afirmava nem a "faculdade da alma", nem a "função" no sentido sintético, mas se exprimia em termos de *tra-*

---

[60] Cf. S. Freud, *Zur Vorbereitung einer Metapsychologie* ("Preliminar a uma metapsicologia"), coletânea iniciada em março de 1915 e terminada em agosto do mesmo ano. Compreendia doze artigos, cinco dos quais foram finalmente retidos e reagrupados sob o simples título de *Metapsicologia*. Num deles, intitulado "Complemento metapsicológico à teoria do sonho", Freud apresenta a noção de metapsicologia como a tentativa — de caráter fundamentalmente "incerto e tateante" — "de clarificar e aprofundar as hipóteses teóricas sobre as quais um sistema psicanalítico poderia ser fundado" (*Métapsychologie, op. cit.*, pp. 125 e 145, nota).

[61] "Aliás, é preciso que me digas seriamente se posso dar à minha psicologia, que tende ao plano de fundo do consciente, o nome de metapsicologia." *Id.*, carta a W. Fliess de 10 de março de 1898 (nº 84), *La naissance de la psychanalyse, op. cit.*, p. 218.

balho, trabalho do sonho, formações ou deformações do inconsciente... Até o fim Panofsky vai considerar sua própria "metapsicologia" das formas simbólicas como a exposição de uma função que ele não temia qualificar de *metafísica*, precisamente porque Kant, antes dele, havia assumido a tarefa de fundar a metafísica como "ciência". Até o fim ele vai considerar a psicanálise — suntuosamente ausente do livro sobre a melancolia, por exemplo[62] — como o equivalente do que podia ser a astrologia nas cortes principescas do século XVI: uma moda intelectual, um sintoma cultural. Inversamente, Freud propunha sua "metapsicologia" das profundezas contra todos os usos "mágicos" e românticos do inconsciente; de maneira mais fundamental, ele a propunha como uma alternativa à metafísica (mais ou menos associada a uma operação mágica), e mesmo como uma *conversão da metafísica* entendida — para parafrasear o próprio Panofsky — como uma conversão da astrologia em astronomia.[63]

[62] Enquanto E. Kraepelin é citado já na primeira página. Cf. R. Klibansky, E. Panofsky e F. Saxl, *Saturne et la mélancolie. Études historiques et philosophiques: nature, religion, médecine et art* (1964), trad. de F. Durand-Bogaert e L. Évrard, Paris, Gallimard, 1989, p. 29.

[63] Essa reflexão de Freud vem significativamente concluir uma passagem sobre as raízes da superstição (*Aberglaube*): "Admito portanto que são essa ignorância consciente e esse conhecimento inconsciente (*bewusste Unkenntnis und unbewusste Kenntnis*) da motivação dos acasos psíquicos que formam uma das raízes psíquicas da superstição. É *porque* o supersticioso nada sabe da motivação de seus próprios atos acidentais, e *porque* essa motivação busca se impor ao seu conhecimento, que ele é obrigado a deslocá-la, situando-a no mundo exterior. [...] Em boa parte, a concepção mitológica do mundo, que anima inclusive as religiões mais modernas, não é senão uma *psicologia projetada no mundo exterior*. O obscuro conhecimento (*die dunkle Erkenntnis*) dos fatores e dos fatos psíquicos do inconsciente (ou seja: a percepção endopsíquica desses fatores e desses fatos) se reflete (é difícil dizer de outro modo, a analogia com a paranoia devendo aqui ser chamada em socorro) na construção da realidade suprassensível (*übersinnlichen Realität*) que a ciência retransforma numa psicologia do inconsciente. Poder-se-ia tomar como tarefa decompor (*aufzulösen*), colocando-se nesse ponto de vista, os mitos relativos ao paraíso e ao pecado original, a Deus, ao mal, ao bem, à imortalidade etc., e traduzir a *metafísica* em *metapsicologia* (*die Metaphysik in Metapsycholo-*

Essa diferença dos propósitos teóricos permite compreender melhor tudo o que Panofsky podia esperar ou visar quando propunha expressões tais como o *inconsciente* ou o *sintoma*. Seria um erro reconhecer aí alguma coerência ou algum tom "freudianos". Pois o "inconsciente" e o "sintoma" em Panofsky não visam senão um mundo de "princípios fundamentais" suscetíveis por definição de um saber, ainda que metafísico (ou decididamente metafísico). O "inconsciente" em Panofsky se exprime através do adjetivo alemão *ungewusste*: o que não está presentemente na consciência, mas que uma consciência mais clara, a do historiador, deve ser capaz de expor, de explicitar, de *saber*. Ao passo que o inconsciente freudiano se exprime pelo substantivo *das Unbewusste*, que não sugere a desatenção, mas o recalque ou a forclusão, e que, estritamente falando, *não é um objeto para o saber*, inclusive o saber do analista... Mas tentemos precisar ainda mais a posição de Panofsky. Lembremos primeiro o texto de transição de 1932, no qual ele propunha um conhecimento dos "últimos conteúdos" da imagem — conteúdos de saber expressos em termos, não de recalque, mas de saber justamente, isto é, de "concepção do mundo" (*Weltanschauung*):

> "As produções da arte nos parecem ter por base, num nível de significação bem mais profundo e bem mais geral, e para além do seu sentido-fenômeno e do seu sentido-significação, um último conteúdo, que corresponde à essência. Esse conteúdo é o que o sujeito, involuntariamente e sem que o saiba (*ungewollte und ungewusste*), revela do seu próprio comportamento em relação ao mundo e aos princípios que o guiam, esse comportamento sendo, e num mesmo grau, característico de cada criador em particular, de cada época em particular, de cada povo em particular, de cada comunidade cultural em particular. Ora, como a grandeza de uma produção artística depende em última instância da quantidade

gie umzusetzen)". S. Freud, *Psychopathologie de la vie quotidienne* (1904), trad. de S. Jankélévitch, Paris, Payot, 1971, pp. 276-7.

de 'energia em *Weltanschauung*' incorporada à matéria modelada e que emana dessa última sobre o espectador (nesse sentido, uma natureza-morta de Cézanne não é tão 'boa', mas é tão 'plena de conteúdo' quanto uma Madona de Rafael), a tarefa da mais alta interpretação é penetrar nesse estrato último do 'sentido da essência' (*in jene letzte Schicht des 'Wesenssinnes' einzudringen*)".[64]

A conclusão dessa passagem um tanto confusa esclarece, na sua duplicidade mesma, o sentido real do procedimento teórico de Panofsky. Tratava-se, por um lado, de levar a história da arte a um *questionamento do sintoma* capaz de ultrapassar tanto a investigação fatual — o "sentido-fenômeno" das imagens — quanto a investigação iconográfica tradicional — o "sentido-significação", fundado este nas fontes literárias das obras de arte. A genialidade de Panofsky foi afirmar com força a insuficiência da iconografia: tomando a *Melancolia* de Dürer, exemplo que conhecia melhor que ninguém, ele afirmou que todos os textos que explicam a obra do ponto de vista da sua significação ainda nada nos dizem do seu "sentido-documento" (*Dokumentsinn*), ou seja, do seu conteúdo intrínseco. Um passo a mais fora dado, passo decisivo para além da "consciência do artista" ele mesmo — passo decisivo, portanto, rumo a uma noção do sintoma. Escandido, além de tudo, pelo surgimento inesperado do famoso tema do homem que levanta o chapéu:

> "E mesmo se Dürer declarou expressamente, como muitas vezes o fizeram mais tarde outros artistas, qual era o projeto último da sua obra, descobriríamos rapidamente que essa declaração passou ao largo do verdadeiro sentido essencial (*wahren Wesenssinn*) da gravura, e que é ela que, em vez de nos dar uma interpretação definitiva, teria muita necessidade de tal interpretação. Pois, assim como o homem que saúda outro homem po-

[64] E. Panofsky, "Contribution au problème de la description", *art. cit.*, pp. 251-2.

de estar consciente do grau de polidez com que levanta seu chapéu, mas não das conclusões que se pode tirar sobre seu ser profundo, assim também o artista sabe, para citar um americano cheio de espírito, somente *What he parades* (o que ele mostra), não *what he betrays* (o que ele trai)".[65]

Eis-nos aqui, portanto, no nível do sintoma. Mas nas mesmas linhas um segundo tema se entrelaça, que tem justamente por função — ou, pelo menos, por efeito — entravar o questionamento, "capturar" o sintoma nas malhas do saber filosófico e acionar assim um verdadeiro processo de *denegação do sintoma* como tal... Pois, para Panofsky, o que "trai" o artista não é senão um conjunto de elementos de sentido que funcionam aí "como documentos de um sentido homogêneo de *Weltanschauung*". O que isso quer dizer? Que o saber do sintoma, no caso, se reduz a uma "história geral do espírito" (*allgemeine Geistesgeschichte*), "que permite à interpretação de uma obra de arte alçar-se ao nível da interpretação de um sistema filosófico".[66] E é assim que a verdade do sintoma segundo Panofsky se vê devolvida à tríplice autoridade gnoseológica de um "sentido homogêneo", de uma "história geral" e de um "sistema filosófico" — enquanto o sintoma que Freud perscrutava no seu domínio e teorizava havia mais de trinta anos era feito precisamente para impor ao sentido a heterogeneidade do seu modo de existência; a toda cronologia do "geral", a singularidade do seu acontecimento; e a todo sistema de pensamento, o impensável do seu inesperado.

O sintoma, para Panofsky, pode ainda se traduzir como um modo de ser *mais* fundamental que a aparência, mas que (como uma Ideia talvez) se manifesta *menos*. É nesse sentido que o texto de 1932 introduzia a citação de Heidegger a propósito do "inexprimido".[67] É assim, sem dúvida, que fica entendido o termo sin-

---

[65] *Id., ibid.*, p. 252.
[66] *Id., ibid.*, pp. 252-3.
[67] *Id., ibid.*, p. 248. Cf. *supra*, pp. 135-6.

toma — supondo que seja pronunciado — no domínio da história da arte: uma pura e simples dialética do *visível* e do *menos visível*. Uma "simples razão" que volta a fazer do sintoma, por hipótese, ou melhor, por postulado de partida, uma *realidade acessível*, acessível em todo caso ao saber, com a condição de que este se aperfeiçoe. Ao se fixar definitivamente no exemplo "acessível" do senhor que levanta o chapéu, Panofsky terá finalmente proposto, nos seus dois grandes textos metodológicos de 1939 e 1940, a ideia sintética de um sintoma concebido como "significação intrínseca", situado por certo "mais além da esfera das intenções conscientes" (*above the sphere of conscious volition*), mas num mais além que se intitulava "mentalidade de base (*basic attitude*) de uma nação, de um período, de uma classe, de uma convicção religiosa ou filosófica — particularizada inconscientemente (*unconsciously qualified*) pelas qualidades próprias a uma personalidade e condensada numa obra única".[68]

Se fosse preciso buscar a qualquer preço um "inconsciente" na problemática de Panofsky, encontraríamos então algo como uma realidade de nível superior, o resultado de uma hierarquia que se exprime ou nos termos da "base" e do "fundamento", ou nos termos do "mais além" e da "generalidade". Foi o que Pierre Bourdieu chamou uma "intenção objetiva", um "sistema de esquemas de pensamento", um "inconsciente comum" — em suma, algo que poderia se aproximar das "formas primitivas de classificação" outrora definidas por Mauss e Durkheim... e que teria, diz ele, a virtude de nos fazer "entrar no jogo da interpretação estrutural" de uma dada cultura.[69] É esse um inconsciente freudiano? Seguramente não. Tratar-se-ia antes de um inconsciente transcendental, como uma metamorfose do *Kunstwollen* expressa em termos de filosofia do conhecimento. O "inconsciente" panofskiano, portanto, se ex-

---

[68] *Id.*, "Introduction", *Essais d'iconologie, op. cit.*, p. 17; *Id.*, "L'histoire de l'art est une discipline humaniste", *L'oeuvre d'art et ses significations, op. cit.*, p. 41, no qual Panofsky retoma a citação do "americano cheio de espírito" que não é outro senão C. S. Peirce.

[69] P. Bourdieu, "Posfácio" a E. Panofsky, *Architecture gothique et pensée scolastique, op. cit.*, pp. 142-8, 151-2 e 162.

prime, ele também, em termos neokantianos: só é invocado para definir a área de um "conhecimento da essência", um conhecimento metaindividual e metafísico. Só se opõe ao inconsciente obscuro dos românticos para exigir a *sobreconsciência* do iconólogo, espécie de razão pura historiadora. A consciência, portanto, não lhe é incongruente, muito pelo contrário, pois é seu exercício absoluto que permite o conhecimento dele. Assim não há, simplesmente, inconsciente panofskiano.[70]

Não há inconsciente em Panofsky — apenas uma *função simbólica* que ultrapassa a intenção particular de cada fabricante de símbolos: uma função metaindividual e "objetiva". Uma função que, como escreve ainda Pierre Bourdieu, ultrapassa certamente o intuicionismo "em sua pressa de chegar ao princípio unificador dos diferentes aspectos da totalidade social", e o positivismo na medida em que este se acantona no simples "valor facial dos fenômenos".[71] Mas é uma função que, como já sugeri, terá sido pensada para *funcionar sem restos*. Ela visa a uma gramática geral e gerativa das formas, capaz de "engendrar *todos* os pensamentos, as percepções e as ações característicos de uma cultura"[72] — em suma, é a forma funcional capaz de engendrar todas as formas. Portanto deve muito à "unidade formal" da *função* promovida por Cassirer.[73] Ou seja, no fim das contas, é um objeto da razão, tem todas as características da Ideia e submete à sua lei transcendental o mundo dos fenômenos singulares. Ora, é muito evidente que a elaboração freudiana constituiu sua metapsicologia do *trabalho* e das "formações do inconsciente" exatamente às avessas desse modelo. Ela dava atenção ao sintoma como àquilo que desagrega toda unidade discursiva, que se intromete, rompe a ordem da Ideia, abre

---

[70] Sobre a expressão panofskiana, central, de "consciência artística", cf. S. Ferretti, *Il demone della memoria*, op. cit., pp. 177-206. Cf. igualmente *supra*, pp. 127 e 154-5.

[71] P. Bourdieu, "Posfácio" a E. Panofsky, *Architecture gothique...*, op. cit., pp. 136-7.

[72] *Id., ibid.*, p. 152. Eu sublinho.

[73] E. Cassirer, *La philosophie des formes symboliques*, op. cit., I, pp. 17, 33-4, 42-9 etc.

os sistemas e impõe um impensável. O trabalho do inconsciente freudiano não se faz através de uma consciência que se aguça ou busca princípios *a priori* — ele exige outra *posição* frente à consciência e ao saber, posição sempre instável que a técnica psicanalítica aborda, na sessão, sob a espécie do jogo transferencial.

Panofsky terá então buscado, em sua noção de "forma simbólica", a unidade de uma função. Tratava-se, nada menos, que de *dar forma às formas*: dar conta da pluralidade das formas através da unidade de uma única função formal, de uma única Ideia da razão exprimível em termos inteligíveis e mesmo em termos de saber. Tratava-se apenas, segundo os termos empregados antes dele por Cassirer, de rematar, isto é, "fundar e legitimar o conceito de representação" e nele encontrar o princípio de um conhecimento que buscasse "submeter a multiplicidade dos fenômenos à unidade do princípio de razão suficiente".[74] Era isso que estava em jogo no conceito geral de *símbolo*. O fato de ser considerado sob o ângulo do primado da relação sobre os termos e da função sobre o objeto (ou a substância) indica a importância do caminho percorrido, o interesse do procedimento seguido por Cassirer e depois por Panofsky. São tantos os historiadores hoje que ainda ignoram o alcance metodológico dessa maneira de abordar as imagens da arte que é preciso insistir de novo na pertinência do seu ponto de partida. Mas Cassirer e Panofsky se enganaram ao acreditarem ter ultrapassado definitivamente, com tal princípio, os dados tradicionais da metafísica.

E seria um engano, hoje, ver aí o princípio suficiente de um estruturalismo. Se, na hipótese estruturalista que afirma a preeminência das relações sobre os termos, for entendido por *relação* apenas a "unidade da síntese" entre os termos, então o estruturalismo é ou incompleto, ou idealista. Se, ao contrário, buscarmos explicar uma relação que não omite — nem digere numa Ideia transcendental qualquer — a existência dos *sintomas*, isto é, as intrusões, as disparidades, as catástrofes locais, então compreenderemos melhor o interesse crítico dos conceitos freudianos. Pois o modelo das "formações do inconsciente" nos coloca diante de

[74] *Id., ibid.*, I, pp. 18 e 49.

estruturas abertas, algo como redes de pescadores que gostariam de conhecer não apenas o peixe bem formado (as figuras figuradas, as representações), mas o próprio mar. Quando puxamos a rede em nossa direção (na direção do nosso desejo de saber), somos obrigados a constatar que o mar por seu lado se retira. Ele escoa por toda parte, foge, e ainda o percebemos um pouco em torno dos nós da rede onde algas informes o significam, antes de secarem completamente em nossa praia. Compreendemos, lendo Freud, que o psicanalista se obriga a reconhecer que, ao puxar a rede em sua direção, o essencial também desaparece. Os peixes estão bem ali (as figuras, os detalhes, os fantasmas que o historiador da arte igualmente ama colecionar), mas o mar que os torna possíveis guardou seu mistério, presente apenas no brilho úmido de algumas algas presas nas beiradas. Se um pensamento do inconsciente tem algum sentido, então ele deve se reduzir a estruturas feitas de buracos, de nós, de extensões impossíveis de situar, de deformações e de rasgaduras na rede.

[O modelo panofskiano da dedução frente ao paradigma freudiano da sobredeterminação. O exemplo da melancolia. Símbolo e sintoma. Parte construída, parte maldita]

Portanto, a tentativa de Panofsky, como a de Cassirer, procedia do que podemos chamar "a razão antes de Freud".[75] Ela se recusava a conceber a *sobredeterminação* dos seus objetos a não ser sob a forma lógica — e tipicamente kantiana — de uma *dedução*.[76] Um exemplo particularmente marcante é dado na célebre interpretação de *Melencolia I* de Dürer. Panofsky evoca, como

---

[75] Conforme o título de uma pertinente — e anônima — resenha de *La philosophie des formes symboliques* publicada na revista *Scilicet*, nº 6-7, 1976, pp. 295-325. Citemos, como expressão humorística, esta frase de J. Lacan: "O pincel kantiano tem ele mesmo a necessidade do seu álcali". *Écrits*, op. cit., p. 43.

[76] "Tudo se passa, com efeito, como se a ordem cronológica fosse de certo modo dedutível da ordem lógica, a história sendo apenas o lugar onde se efetua a tendência ao autocompletamento do sistema." P. Bourdieu, "Posfácio" a E. Panofsky, *Architecture gothique...*, op. cit., p. 164.

estão lembrados, duas séries iconográficas heterogêneas — de um lado, a tradição fisiológica relativa à teoria dos quatro humores, em particular a do *typus melancholicus*; de outro, a tradição alegórica das artes mecânicas e das artes liberais, em particular a do *typus Geometriae* —, séries heterogêneas das quais a gravura de Dürer, diz ele, realizaria a síntese exata:

> "Assim a gravura de Dürer realiza a síntese de duas fórmulas até então distintas: a dos *Melancholici* dos calendários, almanaques e *Complexbüchlein* populares, e a do *typus Geometriae* que orna os tratados de filosofia e as enciclopédias. Resulta daí, de um lado, uma intelectualização da melancolia e, de outro, uma humanização da geometria. [...] Ele [Dürer] representa uma Geometria que se tornou melancólica ou, em outros termos, uma Melancolia dotada de tudo que a palavra geometria implica — em suma, uma *Melancholia artificialis*, uma melancolia do artista".[77]

A partir desse princípio sintético, a análise panofskiana vai se desenvolver de maneira impressionante e exemplar — exemplar porque será até o fim uma verdadeira delícia para o espírito. De fato, a síntese invocada fornece um princípio de interpretação que, em si — isto é, na sua generalidade —, *satisfaz o espírito*, sem deixar de explicar com bastante exatidão um grande número de detalhes iconográficos da própria gravura.[78] É assim uma interpretação forte, justa, incontestável mesmo. Ela proporciona o sentimento reconfortante de um fechamento, de uma exaustão, de um

---

[77] E. Panofsky, *La vie et l'art d'Albrecht Dürer* (1943), trad. de D. Le Bourg, Paris, Hazan, 1987, p. 254 (e, em geral, pp. 246-54). A mesma análise se verifica, em linhas gerais, no grande livro de R. Klibanski, F. Saxl e E. Panofsky, *Saturne et la mélancolie, op. cit.*, pp. 447-583.

[78] Como as plantas entrelaçadas, o livro, o compasso, o cão enrolado, o morcego, a tez escura (*facies nigra*) da Melancolia, seu punho na face, sua bolsa ou seu molho de chaves... Cf. *Id.*, *La vie et l'art d'Albrecht Dürer, op. cit.*, pp. 254-8.

circuito fechado: impõe-nos a ideia de que um trajeto sem resto foi efetuado na obra de Dürer. Um modelo de completude, portanto, em cujo esquema uma transformação iconográfica terá sido *deduzida*, duas séries homogêneas sendo o objeto de uma espécie de soma cuja resultante está aí, sob nossos olhos, na figura esclarecida da Melancolia. E a visão sintética proposta por Panofsky nos parecerá tanto mais poderosa quanto realiza uma verdadeira *síntese orientada*, na exposição de um determinismo histórico extremamente rigoroso: de fato, Melancolia e Geometria se juntam, na obra de Dürer, para definir um campo novo que não é senão o da própria arte, a arte como *autoteleologia* da sua própria operação sintética. É a arte como humanismo e é o próprio Dürer como figura imortalizada, autorreferencial, do artista melancólico, que darão finalmente a chave de toda essa interpretação:

> "Assim a gravura mais enigmática de Dürer é ao mesmo tempo o enunciado objetivo (*the objective statement*) de um sistema filosófico e a confissão subjetiva (*the subjective confession*) de um indivíduo. Nela se confundem e se transmudam duas grandes tradições, iconográficas e literárias: a da Melancolia, personificação de um dos quatro humores, e a da Geometria, personificação de uma das sete artes liberais. Nela se encarna o espírito do artista do Renascimento (*it typifies the artist of the Renaissance*), respeitoso da habilidade técnica, mas que aspira ardentemente à teoria matemática — que se sente 'inspirado' pelas influências celestes e pelas ideias eternas, mas que sofre ainda mais com sua fragilidade humana e as limitações do seu intelecto. Nela, enfim, se resume (*it epitomizes*) a doutrina neoplatônica do gênio saturnino, representado por Agrippa de Nettesheim. Mas, além de tudo isso, *Melencolia I* é, num certo sentido, um autorretrato espiritual de Dürer (*a spiritual self-portrait of Albrecht Dürer*)".[79]

[79] *Id., ibid.*, p. 264.

A construção panofskiana termina aí, e com ela o capítulo dedicado à famosa gravura. A síntese, que deu o tom e o sentido de toda essa construção, terá se cristalizado, portanto, na formação de um "tipo", ou melhor, de um símbolo — o Dicionário de Oxford definindo assim o verbo *to typify*: "*to represent or express by a type or symbol*" — no qual o subjetivo se alia enfim ao objetivo, a mão ao intelecto e a arte à ciência. O sistema de interpretação, tanto teórico quanto histórico, está fechado: é o sistema "artista--sábio-gênio" do Renascimento.[80] Sistema esclarecedor, sistema poderoso e indubitável *até certo ponto*, no qual se perceberá que sua "vontade de síntese", sua vontade de não deixar restos, acaba justamente por deixar certo número de coisas de lado... ou na sombra de um paradoxal *não* quero saber *nada disso*. Tal é, de fato, a tirania do sistema quando o sistema dá às *sobredeterminações* de seus objetos a forma de puras e simples *deduções*. Exprimir as coisas em termos de sobredeterminação comporta, devemos admitir, a desvantagem — insatisfatória para a Ideia — de deixá-las todas num mesmo nível de existência e, portanto, num certo sentido, de suspender a interpretação. Notemos de passagem que tal suspensão é justamente uma das regras de ouro da escuta analítica.[81] Já a dedução traz o benefício de uma interpretação que, como Atena, terá saído armada com capacete da cabeça do seu olímpico — ou neokantiano — genitor. A dedução só abre para tornar a fechar. Por um lado, ela dá sentido, antecipa o movimento de concluir e produz espontaneamente algo como *uma história já*, em todo caso uma direção temporalizada da interpretação. Por outro lado, a dedução se fecha a outros elos possíveis, a outras associações virtuais cuja direção ou finalidade históricas talvez não se

---

[80] *Id.*, "Artiste, savant, génie. Note sur la *Renaissance Dämmerung*" (1953), *L'oeuvre d'art et ses significations*, *op. cit.*, pp. 103-4, no qual Dürer, em geral, é invocado (pp. 111, 123 etc.), mas em particular através da sua gravura *Melencolia I* (pp. 129-30). Não esqueçamos que é com um capítulo sobre "Dürer teórico" que se encerra a monografia de Panofsky: *id.*, *La vie et l'art...*, *op. cit.*, pp. 361-402.

[81] Cf, entre muitos outros textos, J. Lacan, "La direction de la cure et les principes de son pouvoir" (1958), *Écrits*, *op. cit.*, pp. 585-645.

percebam *ainda*, mas que mesmo assim impõem sua vagabunda insistência sintomática. É a evidência de tais "elos" ou "acasos" que a interpretação panofskiana, para as necessidades de sua síntese, se empenhou com muita frequência em negar.

Qual é então esse "resto" ou esse sintoma do qual a bela análise de *Melencolia I* nada quis saber? Digamo-lo muito rapidamente:[82] é o fato de que a arte de Dürer articulava aí, *também*, um paradigma religioso, um paradigma da imitação crística em que a melancolia terá encontrado um campo de aplicação tanto paradoxal quanto soberano. O autorretrato de Dürer como artista melancólico se inseria, acreditamos, em uma prática figurativa da *imitatio Christi* — o que supõe, no fundo, que o Cristo tenha fornecido *também* o exemplo último de uma melancolia à imagem da qual estaria a dos homens... A hipótese em si não é espantosa nem mesmo audaciosa, já que uma iconografia do Cristo melancólico existe de fato, em particular na Alemanha do tempo de Dürer — iconografia que expõe a teologia da *derelictio Christi* em termos de gestual melancólico, produzindo representações do Cristo sentado, pensador, de rosto sombrio e punho contra a face: variantes tristes, isoladas, hieratizadas do Cristo ultrajado ou do Homem da Dor.[83] O espantoso está antes no fato de Panofsky ter-se recusado a uma articulação transversal que tudo (inclusive em suas próprias interpretações) convocava — mas que, uma vez convocada, teria perturbado ou pelo menos complexificado singularmente sua visão sintética de *Melencolia I*, de Dürer, e talvez até do Renascimento em geral.

O espantoso e o fato sintomático residem, mais precisamente, nisto: por um lado, Panofsky examinava com uma precisão inigualada a iconografia da *melancolia* (de modo a nos oferecer essa grande "suma" clássica que é o *Saturno*) e descobria o valor de

---

[82] Essas poucas anotações resumem um seminário realizado na EHESS em 1988-1989 sobre o autorretrato segundo Dürer, e antecipam sua redação.

[83] Cf., por exemplo, a admirável escultura em madeira da catedral de Braunschweig. A iconografia do Cristo melancólico se verifica também em Jan Gossaert (Mabuse), Nicolas Hogenberg ou Hans Baldung Grien na mesma época.

autorretrato que essa iconografia assumira em Dürer; por outro lado, seu estudo sobre o artista de Nurembergue o levava a destacar o formidável elo dos autorretratos de Dürer com a iconografia do *Homem da Dor*, ou seja, do "Cristo da derrelição" (palavra tomada aqui no sentido amplo).[84] Então, por que ele não atou o laço complementar entre a melancolia e o Homem da Dor, de modo a intensificar ainda mais sua interpretação da obra de Dürer? Por que nunca fala de cristologia quando trata da melancolia, e nunca de melancolia quando trata do Homem da Dor — sendo que as ilustrações mesmas dos seus livros contêm o vestígio de um tal elo?[85] O esclarecimento dos pressupostos neokantianos da iconologia, sua vocação para a "unidade da síntese", nos permite responder: pôr em jogo um tal elo transversal — portador de sobredeterminação, portanto suscetível de admitir sentidos equívocos ou mesmo antitéticos — teria complicado e certamente arruinado em parte a clareza do modelo dedutivo que Panofsky invocava. Teria complicado a ideia de uma melancolia diabólica num sentido e divina num outro, feminina num sentido e masculina num outro, pagã ou saturnina num sentido e cristã ou mesmo crística num outro etc. Teria complicado, portanto, a ideia de um Dürer às voltas com a arte, a ciência *e a religião* — problema cuja complexidade Panofsky justamente não aborda por completo. Teria complicado, enfim, o esquema histórico no qual toda a interpretação se desenvolvia: pois teria introduzido um elemento *inoportuno* da história — a história autoteleológica da arte humanista —, algo

---

[84] Cf. E. Panofsky, *La vie et l'art...*, *op. cit.*, pp. 78, 182 e 359. Convém também acrescentar a esse dossiê outro estudo "clássico" que Panofsky consagrou precisamente a essa iconografia: *id.*, "*Imago Pietatis*: ein Beitrag zur Typengeschichte des Schmerzensmannes und der *Maria Mediatrix*", *Festchrift für Max J. Friedländer zum 60. Geburtstag*, Leipzig, Seemann, 1927, pp. 261-308.

[85] *Id.*, *La vie et l'art...*, *op. cit.*, fig. 199; *Id.*, *Saturne et la mélancolie*, *op. cit.*, fig. 98-100, 123-126, 129 e 132. Notemos que no mesmo livro Panofsky apresenta dois vestígios deste elo, o primeiro incidentalmente (p. 455) e o outro significativamente — pois Panofsky costuma deixar o essencial ou o "ponto de fuga" de suas interpretações para as últimas linhas dos seus capítulos — antes de abandonar o tema (pp. 582-3).

como um sintoma medieval numa das obras mais emblemáticas de todo o Renascimento.

Tal foi, portanto, a escolha de Panofsky no que se refere à melancolia: ele guardou a síntese e rejeitou o sintoma. O que implicava estranhas cegueiras ou estranhas "escotomizações". O que implicava, por exemplo, negar qualquer relação entre *Melencolia I* e o *São Jerônimo*, gravados, no entanto, no mesmo ano e quase com o mesmo gesto mental;[86] o que implicava rejeitar do *corpus* düreriano o *Cristo da Dor* tão explicitamente melancólico de Karlsruhe.[87] E não olhar inteiramente o da *Pequena Paixão* de 1509-11,[88] Cristo transformado ali numa estátua, como um cristal de melancolia, totalmente recolhido e crispado na profundidade da sua derrelição (*fig. 5*).[89] Imagem exemplar e perturbadora: pois ela sabe *olhar* seu espectador sem o recurso de uma troca em que um lance de olhos teria a sua parte. De fato, Dürer isola seu Cristo na ilhota de uma base árida e minúscula, perdida no branco da página, como se o deus cristão se retirasse, dobrado sobre si mesmo e contraído no silêncio, fora do espaço humano, fora das histórias humanas. Mas eis que justamente essa *apresentação do contraído* consegue apreender o espectador da imagem numa verdadeira captação do olhar. É uma série de intensidades que passam e nos apreendem: primeiro no brilho quase acerado do halo, depois na coroa de espinhos que também lança seus traços diante de nós (enquanto o que deveria nos confrontar, o *facies Christi*, permanece desviado, prostrado). E também no cadinho central onde os dois joelhos se apertam, suportando a massa conjugada dos braços e da cabeça e por onde passam as contrações e as dobras do que imaginamos já ser uma mortalha. Enfim, na frontalidade insisten-

---

[86] *Id., La vie et l'art...*, op. cit., p. 245.

[87] Cf. J. E. von Borries, *Albrecht Dürer. Christus als Schmerzensmann*, Karlsruhe, Bildhefte der Staatlichen Kunsthalle, 1972.

[88] *Pequena Paixão* é uma série de 36 xilogravuras e um frontispício, realizada por Dürer entre 1509 e 1511. (N. do T.)

[89] Cf. W. L. Strauss, *Albrecht Dürer: Woodcuts and Wood Blocks*, Nova York, Abaris, 1980, pp. 445-8 (com uma bibliografia).

te dos dois estigmas dos pés — únicos "olhos", se podemos dizer, frente aos quais o devoto será chamado daí por diante a se situar, a se ajoelhar mentalmente, fantasmaticamente, antes de percorrer os *carmina* ilustrados da Paixão gravada.

Realmente não se pode mais, diante disso — diante desse jogo de insistências discretas, mas portadoras de uma terrível violência —, guardar a síntese e rejeitar o sintoma. Somos aqui investidos pela dimensão do sintoma, na medida mesmo em que o corpo do Cristo se dobra e se contrai *diante de nós* numa espécie de recusa em permanecer visível. É como pousar o olhar sobre um punho que se crispa: a mão se fechou, convulsivamente, e porque se fecha não entrega outra coisa senão o sintoma da sua contração, cujo segredo ficará escondido no côncavo da palma. Ora, se pousarmos justamente nosso olhar sobre essa fácies obumbrada que se recusa a nos olhar de frente, sentimos subitamente que a melancolia do gesto crístico petrifica também um olhar medusado: pois o olhar do deus só se desviou dos homens (seus carrascos, os objetos da sua ternura) para se perder e se abismar na infinita contemplação do seu próprio segredo — que não é uma Ideia, mas o côncavo da sua palma, isto é, a *abertura* da sua própria carne, seu estigma, seu sintoma mortífero. Sintoma de uma carne entregue à autoscopia infeliz de suas próprias chagas, de seus sofrimentos cujo âmago ficará escondido de nós: pois era preciso que a dor do Cristo fosse insondável. Era preciso (a crença exigia) que sua carne fosse uma carne do sintoma, erguida, triste e perfurada — uma carne que apela mais à dimensão do visual que à do visível, uma carne apresentada, aberta, dobrada e contraída, como um imenso punho que teriam ferido.

Talvez se compreenda melhor, agora, toda a distância que separa o modelo ideal da *dedução* e este, sintomal, da *sobredeterminação*. A primeira abreviava a imagem para lhe dar sentido e a polarizava na unidade de uma síntese; via no símbolo uma espécie de unidade inteligível ou de esquema entre a regra geral e o acontecimento singular. A segunda não nega o símbolo, apenas especifica que o sintoma libera sua simbolicidade "na areia da carne".[90]

[90] J. Lacan, *Écrits, op. cit.*, p. 280.

𝔓𝔞𝔰𝔰𝔦𝔬 𝔆𝔥𝔯𝔦𝔰𝔱𝔦 𝔞𝔟 𝔄𝔩𝔟𝔢𝔯𝔱𝔬 𝔇𝔲𝔯𝔢𝔯 𝔑𝔲
renbergensi effigiata cū varij generis carmi
nibus Fratris Benedicti Chelidonij
Musophili.

O mihi tantorum, iusto mihi causa dolorum
O crucis O mortis causa cruenta mihi.
O homo sat fuerit, tibi me semel ista tulisse.
O cessa culpis me cruciare nouis.
𝔆𝔲𝔪 𝔭𝔯𝔦𝔲𝔦𝔩𝔢𝔤𝔦𝔬.

5. Albrecht Dürer, *O homem da dor*, 1509-10. Frontispício da série *Pequena Paixão*, editada em 1511. Xilografia.

O que, evidentemente, modifica todo o pensamento a fazer do próprio símbolo. Este era pensado por Panofsky como uma função que se podia explicar, em última instância, nos termos do *meaning*, isto é, do conteúdo de significação, ou mesmo do *Wesenssinn*, o "sentido da essência". O sintoma, ao contrário, é pensado na psicanálise como um trabalho que somos coagidos a explicar, em última instância, nos termos brutos e materiais do *significante*, o que tem por efeitos múltiplos liberar a "ramificação ascendente" das associações de sentido, mas também justapor os nós de equívocos e conjugar o tesouro simbólico com as marcas do *nonsense*.[91] Em suma, o "conteúdo" se dispersa florescendo, espalhando-se por toda parte, e a "essência" só se fixa na matéria *nonsensical* do significante. O que impede de abreviar a imagem ou retê-la em qualquer caixa que seja. Pois a imagem retida em caixa — a da Ideia, por exemplo — é como água morta, água privada da sua capacidade de transbordar.

Se refletirmos, por outro lado, sobre o modelo de temporalidade que a operação iconológica desenvolvida como uma dedução supõe, vemos que ela requer sempre uma *direção*, isto é, um progresso temporal. Que há de surpreendente no fato de a história da arte idealista ter primeiro se voltado para a idade na qual se tematizava o ideal do progresso na arte, a saber, o Renascimento? Que há de surpreendente se a história da arte, nessas condições, foi ela própria um produto do Renascimento?[92] A coerção temporal do sintoma é completamente diferente. Nele não há algo que desaparece para dar lugar a outra coisa que o sucederia ou que marcaria o triunfo de um progresso. Há somente o jogo confuso do avanço e da regressão juntos, há somente a permanência surda e o acidente inesperado ao mesmo tempo. Em realidade, a sobredeterminação *abre o tempo* do sintoma. Ela só dá acesso ao presente no elemento de um conflito ou de um equívoco, que por sua vez remetem a

---

[91] *Id., ibid.*, p. 269.

[92] Lembremos que "não teria havido história da arte sem a ideia de um *progresso* nessa arte" — ideia glorificada justamente no Renascimento. E. H. Gombrich, "The Renaissance Conception of Artistic Progress and its Consequences" (1952), *Norm and Form, op. cit.*, p. 10.

outros conflitos e equívocos, passados mas persistentes, elementos mnésicos que vêm deformar o presente do sujeito dando forma a seu sintoma...[93] Em suma, o sintoma só existe — só insiste — quando uma dedução sintética, no sentido apaziguador do termo, não consegue existir. Pois o que impossibilita tal dedução (tal redução lógica) é o estado de *conflito permanente*, jamais resolvido ou completamente apaziguado, que dá ao sintoma sua exigência de sempre reaparecer, mesmo e sobretudo onde não é esperado. Freud explicava a espécie de "solidez" do sintoma pelo fato de ele se situar precisamente no "posto de fronteira" de duas violências confrontadas — e que o esforço de luta contra o sintoma nunca fará senão acentuar essa solidez.[94]

Quanto a saber de que modo símbolo e sintoma encontram sua mais justa articulação, seu elemento comum, não é nos perguntando "que coisa simboliza um sintoma" que poderemos abordá-lo realmente. O sintoma simboliza, é verdade, mas não simboliza como o leão simboliza a força — mesmo somos advertidos que o touro pode *também* simbolizá-la.[95] A identificação panofskiana da simbolização e do *meaning* — isto é, do conteúdo de significação dito "intrínseco", ligado às famosas "tendências gerais e essenciais do espírito humano" — merece aqui ser ultrapassada. A eminente simbolicidade do sintoma não é compreendida na teoria freudiana como a relação de um termo com outro, mas como o conjunto aberto de relações entre conjuntos de termos, eles próprios suscetíveis de abertura... cada termo sendo afetado por aquele "mínimo de sobredeterminação que um duplo sentido consti-

---

[93] Cf. J. Lacan, *Écrits*, op. cit., p. 447; S. Freud, *Inhibition, symptôme et angoisse*, op. cit., p. 7.

[94] Cf. S. Freud, *ibid*., pp. 14-5; Id., *Introduction à la psychanalyse*, op. cit., pp. 337-8: "As duas forças antagônicas que haviam se separado se reúnem de novo no sintoma, se reconciliam, por assim dizer, em favor de um compromisso que não é senão a formação de sintoma. É o que explica a capacidade de resistência do sintoma: ele é mantido dos dois lados".

[95] Cf. os desenvolvimentos liminares de G. W. F. Hegel sobre a "arte simbólica", *Esthétique*, op. cit., III, p. 17.

tui".⁹⁶ O que "simboliza" então um sintoma? Simboliza acontecimentos que ocorreram ou que não ocorreram também.⁹⁷ Simboliza cada coisa com seu contrário também, "produto equívoco habilmente escolhido e que possui duas significações diametralmente opostas", como escrevia Freud.⁹⁸ E ao simbolizar ele representa, mas representa de modo a deformar. Traz nele as três condições fundamentais de uma *contração*, de um *retorno* apresentado dessa contração, e de um *equívoco estendido* entre a contração e sua apresentação: esse seria talvez seu ritmo elementar.⁹⁹

Quanto a Panofsky, sabemos que ele identificou o símbolo e o sintoma, e identificou ambos à "maneira pela qual, em diversas condições históricas, as tendências gerais e essenciais do espírito humano foram expressas por *temas* e *conceitos* específicos" — a iconologia equivalendo, no fundo, a transcrever a razão desses "temas" e "conceitos" segundo a perspectiva de uma "história dos *sintomas culturais* — ou *símbolos*, no sentido de Ernst Cassirer — em geral".¹⁰⁰ É bem provável que a história da arte não consi-

---

⁹⁶ J. Lacan, *Écrits, op. cit.*, p. 269.

⁹⁷ Cf. S. Freud, *Introduction à la psychanalyse, op. cit.*, p. 346.

⁹⁸ *Id., ibid.*, p. 339.

⁹⁹ Cf. J. Lacan, *Écrits, op. cit.*, p. 358: "O sintoma é o retorno do recalcado no compromisso". Notemos ainda esta equivalência paradoxal, sublinhada várias vezes por Lacan, do *recalque* e do *retorno do recalcado* no sintoma. Seria preciso a partir daí aprofundar a leitura do seminário sobre o "*sinthome*", realizado em 1975-76, no qual Lacan considerava justamente a questão da arte através da do sintoma. Ali se delineava outra equivalência paradoxal segundo a qual, com a arte e o equívoco — ambos concernidos em profundidade pelo sintoma —, "temos somente isso como arma contra o sintoma"... Maneira de dizer que a obra de arte *se entrega ao jogo* do e com o sintoma, ao mesmo tempo que o *frustra*. Cf. J. Lacan, "Séminaire sur le sinthome", *art. cit.*, n° 6, pp. 6-10.

¹⁰⁰ "[...] Just so, or even more so, must our synthetic intuition be corrected by an insight into the manner in which, under varying historical conditions, the general and essential tendencies of the human mind were expressed by specific themes and concepts. This means what may be called a history of cultural symptoms — or 'symbols' in Ernst Cassirer's sense — in general." E. Panofsky, "Introduction", *Essais d'iconologie, op. cit.*, p. 29.

ga se livrar do peso metodológico que a imobiliza enquanto não tiver criticado os fundamentos semiológicos dessa assimilação. Ora, a questão não é tanto a de procurar distinguir de novo os dois conceitos sob a forma de um confronto entre o "sintoma das emoções" estéticas de uma obra de arte e o símbolo considerado, ele, como seu "equivalente teórico", portanto teorizável.[101] A questão consiste, repito, em levar em conta o momento em que o saber do símbolo entra em crise e se interrompe frente ao não-saber do sintoma, que em contrapartida abre e projeta sua simbolicidade num jorro exponencial de todas as condições de sentido em ação numa imagem.

Panofsky quis talvez nos ajudar, a nós, historiadores da arte, e simplificar as coisas ao nos fazer acreditar por um momento (mas esse momento dura, o exemplo inaugural de *Iconography and Iconology* tendo sido tomado ao pé da letra) que pousar o olhar diante das imagens equivalia a cruzar um senhor que, na rua, levanta seu chapéu. As quatro páginas famosas que abrem sua introdução à ciência iconológica desenvolvem assim uma fábula semiológica na qual partimos de uma certeza — "quando identifico (e o faço espontaneamente) essa configuração como um *objeto* (um senhor) e a modificação de detalhe como um *acontecimento* (levantar o chapéu)..." — para chegar, afinal, a uma outra certeza — a do símbolo imanente ao gesto de levantar o chapéu, a do "sintoma cultural" —, certeza que seria impossível obter sem a permanência ou a estabilidade da primeira, isto é, a *identificação*, jamais questionada, de um senhor que levanta seu chapéu...[102] É o contrário do que acontece, porém, quando olho (sem cruzá-lo, isto é, longamente) um quadro: a dedução progressiva de um símbolo geral nunca é inteiramente possível, na medida em que a imagem, na maioria das vezes, não me propõe senão limites a

---

[101] É o que sugere B. Teyssèdre, "Iconologie: réflexions sur un concept d'Erwin Panofsky", *art. cit.*, pp. 328-30.

[102] Cf. E. Panofsky, "Introduction", *Essais d'iconologie, op. cit.*, pp. 13-6, que utiliza efetivamente o verbo *identify*.

romper, certezas a perder, identificações a serem bruscamente e uma vez mais postas em dúvida.[103]

Tamanha é a eficácia do sintoma, sua temporalidade de síncope, que *nele a identificação dos símbolos se pulveriza* para se espalhar de forma enlouquecedora. Talvez não seja inútil lembrar que, no imenso *corpus* freudiano consagrado ao simbólico, um pequeno texto se interrogava justamente sobre um chapéu para propor o esboço de uma "relação entre símbolo e sintoma".[104] A coisa começava, no entanto, por uma identificação termo a termo, justificada e "suficientemente estabelecida pela experiência das análises de sonhos": o chapéu simboliza o órgão genital — "sobretudo o órgão masculino", mas também o feminino.[105] Mas essa porta aberta à evidência de uma simbólica logo voltaria a se fechar: "Não se pode afirmar que esse símbolo seja daqueles que se compreende", escreve Freud, marcando assim o quanto a evidência, mesmo atestada, de um código simbólico se torna rapidamente inoperante quando aborda a "obra" mesma, refiro-me à sua aplicação num fantasma ou num sintoma. Então se deflagra no texto de Freud toda uma economia de trajetos pelos quais o chapéu vai se tornar cabeça — "como uma cabeça prolongada, mas própria a ser tirada" —, bola ou almofada, depois a almofada órgão etc. Economia fantasmática na qual não passamos de uma certeza a outra, mas de um *deslocamento simbólico* a outro, e isso sem fim:

"Na rua, eles [os obsessivos aqui evocados por Freud] estão sempre à espreita para ver se algum conhe-

---

[103] É nesse sentido que Daniel Arasse propunha não *resolver* a qualquer custo os problemas de identificação iconográfica, mas pensá-los *iconograficamente*: "Existe também uma iconografia possível das *associações de ideias*, e não somente das ideias claras e distintas...". D. Arasse, "Après Panofsky: Piero di Cosimo, peintre", *Erwin Panofsky. Cahiers pour un temps, op. cit.*, pp. 141-2.

[104] S. Freud, "Une relation entre un symbole et un symptôme" (1916), trad. coletiva, *Résultats, idées, problèmes I (1890-1920)*, Paris, PUF, 1984, pp. 237-8.

[105] *Id., ibid.*, p. 237.

cido os saudou primeiro tirando seu chapéu, ou se essa pessoa parece esperar a saudação deles, e eles abandonam muitas relações ao descobrirem que o interessado não os cumprimenta mais ou não mais lhes responde convenientemente ao cumprimento. Esses problemas de saudação, cuja ocasião captam conforme seu humor, são para eles *sem fim*".[106]

A lição teórica desse pequeno escrito freudiano é bastante clara: quanto mais se avança na observação do sintoma, menos se encontra caminho para resolvê-lo. Quanto à referência ao complexo de castração — que subjaz aqui ao desenvolvimento do texto —, ela fornece um paradigma para a interpretação, mas não é um paradigma que resolva, sintetize ou fixe os termos entre si: pois ele exige *que o simbolizado seja pensado com seu desaparecimento*, seu despedaçamento, sua rasgadura constantemente renovada. Assim, o psicanalista fracassaria em querer fazer uma iconologia — no sentido panofskiano — do sintoma que se apresenta a ele. Ao levantar seu chapéu, o obsessivo freudiano não manifesta mais a cortesia de uma demonstração clara e distinta. Antes insere, umas dentro das outras, inquietantes bonecas-sintomas nas (pseudo) familiares bonecas-símbolos...

Portanto, é uma *economia da dúvida* que se instala com o pensamento do sintoma. De fato, o sintoma exige de mim a incerteza quanto ao meu saber do que vejo ou acredito perceber. Descartes, ao olhar à janela chapéus e mantos que passam, já se perguntava se eles não cobriam "espectros ou homens fictícios que se movem apenas por molas".[107] Que acontecerá então se eu pousar meu olhar na insensata expansão de pintura encarnada que domina a *Moça do chapéu vermelho* de Vermeer (*fig. 18*)? Vermeer livrou seu chapéu pintado de qualquer identificação definitiva — ou de definição — sem que se possa dizer, no entanto, que a moça pintada tenha na cabeça outra coisa que não um chapéu. Assim

[106] *Id., ibid.*, p. 238. Eu sublinho.

[107] R. Descartes, *Méditations* (1641), II, A. Bridoux (org.), Paris, Gallimard, 1953, p. 281.

Vermeer propunha esse chapéu encarnado como o "chapéu de outra coisa", chapéu estranho e inquietante que, antes de ser chapéu, vai se impor ao meu olhar como um sintoma de pintura. Ao contrário da progressão otimista em que nos colocava a parábola panofskiana, o que se passa agora corresponde a uma coerção menos triunfal: *quanto mais olho, menos sei* — e quanto menos sei, mais tenho necessidade de saber (saber coisas sobre Vermeer e sua época, em particular), mesmo sabendo que a resposta a essa necessidade de saber *nunca resolverá* inteiramente o que erige tão modesto chapéu em fenomenal objeto para a história da arte, em fenomenal sintoma de pintura vermeeriana.

Ao contrário também de um ideal iconológico que pretende definir as condições do que seria *pensável* numa obra, para um artista ou para toda uma época (por exemplo, dizer que a pintura do século XV italiano só é pensável através da representação do espaço em três dimensões, e que o que é impensável para uma época da arte não existe nessa arte), a abertura ao sintoma nos dá acesso a algo como um *impensável* que vem sob nossos olhos atravessar as imagens. Resquício de um conflito cuja soma dos prós e contras nunca saberemos, retorno de um recalcado cuja exatidão dos nomes todos nunca poderemos declinar, formação e deformação, trabalho da memória e da espera ao mesmo tempo, o sintoma faz passar por nosso olhar o acontecimento de um encontrão em que a *parte construída* da obra vacila sob o choque e o ataque de uma *parte maldita* que lhe é central. É aí que o tecido terá encontrado o acontecimento da sua rasgadura.[108]

[Uma terceira aproximação para renunciar ao iconografismo da história da arte e à tirania da imitação: a *encarnação*. Carne e corpo. A dupla economia: tecido mimético e *"points de capiton"*. As imagens prototípicas do cristianismo e o indício de encarnação]

---

[108] "Uma comparação que há muito tempo nos é familiar considera o sintoma como um corpo estranho (*als einem Fremdkörper*) que alimenta continuamente fenômenos de excitação e de reação no tecido (*in dem Gewebe*) em que se implantou." S. Freud, *Inhibition, symptôme et angoisse, op. cit.*, p. 14.

Não se olhará, portanto, uma imagem da arte como se olha um velho conhecido que cruzamos na rua e que, já identificado, levantaria polidamente seu chapéu para nós. No entanto, é o que muitos historiadores desde Vasari fizeram, fazem ou fingem fazer. Eles se colocam diante da imagem como diante do retrato reconfortante de alguém cujo nome já gostariam de conhecer, e do qual exigem implicitamente a "boa figura", isto é, um mínimo de decoro figurativo que um chapéu corretamente colocado na cabeça sugere. Mas o mundo das imagens jamais se constituiu com a única finalidade de fazer boa figura para uma história ou um saber a ser constituido sobre elas. Muitas imagens — mesmo aquelas com as quais desde séculos nos acreditamos familiarizados — agem como o enigma cujo exemplo Freud introduziu a propósito do trabalho da figurabilidade: elas correm despenteadas, o chapéu voando no ar, às vezes correm mesmo sem cabeça... Pois tal é o trabalho do sintoma que muitas vezes chega a decapitar a Ideia ou a simples razão a se fazer de uma imagem.

Mas será isso suficiente para concluir um livro, para concluir pelo menos nossa indagação lançada à história da arte? Na verdade, não. A aposta e o movimento eram de natureza *crítica*. Tratava-se de formular, nem que fosse com humor, algo como os prolegômenos a uma crítica mais extensiva (ela mesma histórica) da metafísica espontânea e do tom de certeza adotados com frequência por essa disciplina acadêmica que chamamos a história da arte. Tratava-se, em suma, de radicalizar o chamado à atenção, o chamado ao CAUTIUS que já se encontra em Panofsky, e de formular assim algumas perguntas dirigidas à nossa própria vontade de saber no que se refere às imagens da arte. Tratava-se menos de enunciar novas respostas do que sugerir novas exigências. Tentamos substituir o modelo ordinário de visibilidade, que o historiador adota mais espontaneamente, por uma exigência de natureza mais antropológica, exigência que abordamos através do termo *visual*. Em vez do modelo ordinário da legibilidade, propusemos o de uma interpretação cujas coerções e cuja abertura seriam consideradas através de resultados — ou melhor, de uma problemática — herdados da metapsicologia freudiana. Em vez do modelo unitário do esquematismo e da dedução histórica, sugerimos os paradigmas teóricos da *figurabilidade* e do *sintoma*, que acreditamos poderem formular de maneira mais pertinente a questão sempre a recolocar da profunda eficácia "simbólica" das imagens. Mas é a partir desse registro no qual a dimensão *teórica* — fatalmente generalizadora — de nossas apostas pôde aflorar e até certo ponto se explicitar que sua dimensão propriamente *histórica* exige ser agora, se não desenvolvida,[109] pelo menos indicada como constituindo a mola propulsora da nossa questão de partida.

Essa "indagação lançada" foi na verdade suscitada pela impressão tenaz de que a *eficácia das imagens cristãs* — sua eficácia antropológica na longa duração — não podia se compreender por completo nos simples termos de "esquematismo", "forma simbólica" ou do iconografismo desenvolvidos por uma história da arte humanista que herdou suas noções fundamentais — suas noções-totem, dissemos — de Vasari (no que concerne à posição do seu objeto) e do neokantismo (no que concerne à posição dos seus atos de conhecimento). Não é tanto que se deva renunciar pura e simplesmente a um mundo conceitual dotado ele mesmo de uma longa história e, sob muitos aspectos, de uma indiscutível pertinência. O que está em jogo é antes criticar, isto é, dialetizar, colocar em perspectiva. É muito evidente que o *tecido* no qual se urde a história da arte cristã pode ser considerado globalmente sob a autoridade da representação mimética, da *imitação* herdada do mundo greco-romano. Essas noções só se tornam "mágicas" e totalitárias quando pretendem legislar absolutamente, ocupar todo o terreno, isto é, ignorar suas próprias limitações ao barrar o acesso a seus próprios sintomas, crises ou *rasgaduras*. Eis por que é urgente pensar a representação *com* sua opacidade[110] e a imitação *com* o

---

[109] Já indiquei (*supra*, pp. 35-6) que a questão aqui colocada tinha valor de aposta para uma pesquisa histórica a se justificar ou a se julgar plenamente apenas na sua própria expansão concreta.

[110] No momento em que escrevo estas linhas é publicada uma coletânea de Louis Marin, *Opacité de la peinture. Essais sur la représentation au Quattrocento*, Florença/Paris, Usher, 1989, em que o conceito clássico de representação — revisitado do mesmo modo pela pragmática contemporânea — é

que é capaz de arruiná-la, parcial ou mesmo totalmente. Nossa hipótese fundamental consiste em situar, sob a palavra complexa e aberta *encarnação*, a potência dessa rasgadura.

Quando lançamos um olhar à gravura de Dürer já evocada (*fig. 5*), o que vemos primeiro? Vemos *um corpo*, admiravelmente representado pelo artista de quem conhecemos agora — e sobretudo graças a Panofsky — o profundo interesse pelos problemas do movimento corporal, das regras de proporções etc. Dez anos após ter feito essa gravura que já denota uma atenção extrema à representação da musculatura, por exemplo, Dürer publicava seus famosos *Vier Bücher von menschlicher Proportion* [Quatro livros sobre a proporção humana], nos quais Panofsky vê nada menos que "um ponto de apogeu que a teoria das proporções nunca havia atingido e nunca mais atingiria"...[111] Tudo isso é indiscutível, mas insuficiente: pois o corpo aqui representado por Dürer indica, por sua simples contração, que ele não está simplesmente "em representação". A imagem que Dürer nos dá é aspirada no seu centro, por assim dizer, pela abertura — pela chaga, outra vez — na qual o olhar do Cristo definitivamente mergulhou. O que isso quer dizer? Que esse corpo se apresenta a nós para indicar nele *uma carne*, ainda que mortificada. O Cristo de Dürer se abisma na abertura da sua carne a fim de tornar presente a seu espectador devoto que a abertura e a morte terão sido o lote — e mesmo o sentido radical — da encarnação do Verbo divino entre os homens. Assim o belo corpo se vê atingido na sua carne pelo sentido mesmo do "fazer-se carne" divino. Assim a carne configura *sintoma* no corpo, a ponto de modificar discretamente sua estatura conveniente: basta ver o quanto a polarização sobre os dois estigmas dos pés — de modo que os dois *puncta* façam laço, sequência, efeito de olhar — terá exigido uma espécie de torção no próprio corpo, na representação visível dos pés do personagem.

exposto em sua dupla capacidade de produzir *tanto* a transparência *quanto* a opacidade.

[111] E. Panofsky, "L'histoire de la théorie des proportions humaines conçue comme un miroir de l'histoire des styles" (1921), *L'oeuvre d'art et ses significations, op. cit.*, p. 96.

Eis aí o que corresponde exatamente à definição primeira que Freud dava do sintoma: ele substitui, dizia, uma impossível "transformação do mundo exterior" — entenda-se, no contexto cristológico da gravura de Dürer: o mundo humano do pecado original — por uma "transformação do corpo" (*eine Körperveränderung*) — entenda-se aí a simples palavra *estigma*, com o sentido mais paradigmático que podemos lhe dar, o da marca, da mancha ou da perfuração feitas numa carne.[112] Ora, a encarnação do Verbo não foi pensada de outro modo, em toda a tradição cristã, senão como essa *modificação sacrificial* de um único corpo tendo em vista salvar todos os outros de uma destruição, de um fogo ou de um tormento eternos. O que equivalia a modificar um pouco todos eles, ao exigir não mais a prova hebraica de uma circuncisão, mas o imperativo não menos categórico de uma *imitação da prova desfiguradora* na qual o Cristo mergulhou uma primeira vez.

Percebe-se melhor agora como devem ser situados respectivamente os dois termos encarnação e imitação: o primeiro supõe uma sintomatização do segundo, o que faz do segundo — agora modificado — uma vocação tanto para o sintoma dos corpos quanto para o próprio corpo. São Francisco de Assis *imitava* o Cristo não pelo aspecto do seu corpo, mas pela desfiguração sintomática que seu corpo aceitou receber ou incorporar. Nossa hipótese, formulada de maneira extrema, consistiria em supor simplesmente que as artes visuais do cristianismo buscaram *também* imitar o corpo crístico nos termos em que esse homem santo pôde fazê-lo: isto é, imitando, para além dos *aspectos* do corpo, o *processo* ou a "virtude" de abertura praticada para sempre na carne do Verbo divino.

Assim a encarnação — como imperativo maior do cristianismo, como seu mistério central, seu núcleo de crença, resposta a uma fenomenologia e a uma fantasmática determinadas — permitia às imagens e exigia delas uma *dupla economia* de extraordiná-

---

[112] E Freud concluía na mesma frase com o duplo aspecto de "adaptação" e de "regressão" (*Anpassung... Regression*) do sintoma. S. Freud, *Introduction à la psychanalyse, op. cit.*, p. 345.

ria potência de invenção: primeiro lhes dava acesso ao corpo (o que a história da arte sempre viu e analisou muito bem), a seguir lhes pedia para modificar os corpos (o que a história da arte considerou bem menos). A encarnação do Verbo era o acesso do divino à visibilidade de um corpo, portanto era a *abertura ao* mundo da imitação clássica, a possibilidade de fazer os corpos participarem nas imagens da arte religiosa. Mas era igualmente uma economia sacrificial e ameaçadora dirigida aos corpos, portanto uma *abertura no* mundo da imitação, uma abertura da carne praticada no invólucro ou na massa dos corpos. Tal seria a dialética elementar acionada com a invenção cristã do motivo da encarnação: algo que, num sentido, duplicaria o grande tecido da imitação clássica no qual as imagens se exibem; algo que, num outro sentido, faria rasgadura no centro do mesmo tecido. Talvez a metáfora mais adaptada seja afinal a metáfora lacaniana do *"point de capiton"*[113]: este faz manter o tecido — sua vocação estrutural é eminente — pela razão mesma de que o pica e o perfura — maneira de indicar aqui sua não menos eminente vocação de sintoma.

O termo "encarnação", em toda a extensão do seu espectro significante, configuraria assim a terceira aproximação para abandonar a magia teórica da *imitazione* e mesmo da *iconologia* herdadas do humanismo. Contra a tirania do visível que supõe o uso totalizador da imitação, contra a tirania do legível que supõe, no fim das contas, uma certa maneira de conceber a iconologia segundo Ripa ou Panofsky, levar em conta o motivo da encarnação nas artes visuais do cristianismo permitiu *abrir* o visível ao trabalho do visual, e o legível ao trabalho da exegese ou da proliferação sobredeterminada do sentido. Do Oriente bizantino ao Ocidente tridentino [do Concílio de Trento], a exigência encarnacional conseguiu provocar nas imagens a eclosão de uma dupla potência de

---

[113] Em português, "ponto de estofo" ou "ponto de basta". Para Lacan, que empregou o termo pela primeira vez no seminário de 1955-56, *point de capiton* designa, na cadeia de significação, o ponto em que o significante interrompe o movimento (de outro modo) incessante da significação e produz a ilusão necessária de um significado fixo. (N. do T.)

imediatez visual e de elaboração autenticamente exegética.[114] Tal é a potência teórica — ou mesmo heurística — do sintoma. Tal é o seu poder de abertura ou de germinação. O sintoma, chamado e desejado pela economia encarnacional, marca nas imagens esse laço prodigiosamente fecundo, eficaz, de acontecimento e virtualidade. O acontecimento desarranjará a ordenação codificada dos símbolos iconográficos; quanto à virtualidade, ela desarranjará a ordenação dita "natural" da imitação visível. Tudo isso numa dinâmica que utiliza, ela própria, um espectro imenso de possibilidades, podendo ser a mais discreta ou a mais explosiva que existe.

Comparar o motivo da encarnação a um sistema de *"points de capiton"*, dispostos aqui e ali no grande tecido da *mímesis* ocidental, nos sugere, portanto, algo como uma "contra-história" da arte, não uma história que se oporia, mas uma história que dialetizaria e daria os *contratemas* — como se diz em música — do grande tema mimético da representação figurativa. Ora, é impressionante constatar que as principais imagens "prototípicas" do cristianismo foram, de um lado, maciçamente dedicadas ao motivo da encarnação — do qual pretendiam em geral dar o testemunho direto — e, de outro, que elas foram imagens em que a *mímesis* se submetia sempre à prova desfigurante de um verdadeiro sintoma, de uma marca ou de um rastro *visuais* de desfiguração. Como se nelas a carne do Verbo viesse agir contra o próprio corpo.

Chamo "prototípicas" essas imagens raras, essas imagens de exceção frente às quais o cristianismo, oriental e depois ocidental, terá de início reivindicado uma relação de culto, o que supunha duas coisas, pelo menos: primeiramente, que essas imagens tocassem a região do maior desejo, região impossível a todas as outras imagens, região na qual a imagem, "milagrosamente", se fazia ela mesma *virtus* e potência de encarnação... Por outro lado, que essas imagens raras, *ao tocarem limites, indicassem fins* — ainda que insustentáveis — para todas as outras imagens da arte. Eis por que uma história delas deve ser feita, uma história na qual se tentaria

---

[114] Cf. G. Didi-Huberman, "Puissances de la figure. Exégèse et visualité dans l'art chrétien", *Encyclopaedia Universalis. Symposium*, Paris, E.U., 1990, pp. 596-609.

compreender através de que trabalho — psíquico e material — essas imagens-limites terão podido aparecer aos olhos dos seus espectadores como *imagens críticas* (em todos os sentidos do adjetivo) e igualmente como o que gostaríamos de chamar *imagens- -desejos*: imagens portadoras de fins (também aí em todos os sentidos da palavra) para a imagem.

Os exemplos mais marcantes e bem conhecidos são o Mandylion de Edessa[115] — cuja primeira menção explícita, enquanto imagem venerada, remonta a meados do século VI —, a Verônica e o Santo Sudário de Turim, diante do qual os cristãos vêm ainda hoje se ajoelhar por ocasião de soleníssimas ostensões. Dessas imagens ditas *aquiropoéticas*, isto é, "não feitas por mão de homem", reteremos sobretudo o laço estrutural, extremamente elaborado, que nelas conjuga o elemento legendário (portador dos "fins" sonhados para a imagem no discurso e no rito) com os procedimentos concretos de apresentação ou de "apresentabilidade". O que primeiro impressiona, para dizer muito rapidamente,[116] é que se trata em geral de objetos triviais, humildes em excesso, que só têm a mostrar o farrapo da sua matéria. Lenços de linho velho ou mortalhas calcinadas, eles exibem, em suma, apenas o suposto privilégio — mas exorbitante — de terem sido tocados pela divindade. São tanto relíquias quanto ícones. Por isso lhes foi atribuída por muito tempo uma capacidade de *revelar*, eles que se apresentam

---

[115] De acordo com a lenda cristã, o Mandylion de Edessa [cidade da atual Turquia] é um sudário, tal como o Sudário de Turim. Relíquia sagrada, na forma de um retângulo de tecido sobre o qual está impressa uma imagem milagrosa do rosto de Jesus, é conhecido na Igreja Ortodoxa como Mandylion sagrado, uma palavra em grego medieval que não é utilizada em nenhum outro contexto. (N. do T.)

[116] Uma longa bibliografia deveria aqui ser citada. Assinalemos somente, para a crítica das fontes, o indispensável livro de E. von Dobschütz, *Christusbilder: Untersuchungen zur Christlichen Legende*, Leipzig, Heinrichs, 1899, 2 vol., bem como o estudo clássico e mais geral de E. Kitzinger, "The Cult of Images in the Age before Iconoclasm", *Dumbarton Oaks Papers*, VIII, 1954, pp. 83-150. Tentei resumir essa problemática complexa num artigo muito curto intitulado "Images achiropoïètes", *Dictionnaire des poétiques*, Paris, Flammarion, a ser publicado.

geralmente como simples véus. Por isso lhes foi atribuída uma capacidade de *aparição*, eles que oferecem a aparência mais literalmente *apagada*... Mas tratava-se justamente de efetuar esse paradoxo: tratava-se de efetuar o contrato, a perda sacrificial, a "circuncisão do visível" de que falamos no começo deste livro. Que a aparência fosse "apagada" e que o aspecto fosse sacrificado, eis o que correspondia exatamente à economia de humildade que o Verbo mesmo havia demonstrado ao se encarnar. Não nos surpreenderemos, assim, de que tais imagens tenham sido vistas na Idade Média como verdadeiras cristofanias. A elas se atribuía algum grande milagre que geralmente repetia um daqueles atribuídos ao próprio Jesus, por exemplo, o de restituir a visão aos cegos.

Ao declarar tais imagens "produções divinas", "não feitas por mão de homem" — segundo uma adjetivação, *aquiropoéticas*, inaugurada por São Paulo justamente para definir a "circuncisão espiritual" dos cristãos, a aliança e o santuário divinos —,[117] seus inventores demasiado humanos tentavam, no fundo, realizar *na imagem* uma espécie de quadratura do círculo: ou seja, uma imagem que não velaria mais (como aparência) mas que revelaria (como aparição), que não teria mais necessidade de representar mas que presentificaria eficazmente o Verbo divino a ponto de atualizar toda a sua potência de milagre. As coisas se tornam ainda mais interessantes quando prestamos atenção na maneira pela qual foi descrito o *modus operandi* dessas imagens: "formadas sem pintura", assim como o Verbo pôde se encarnar "sem semente humana".[118] Mas essa negação do pictórico em proveito de uma reivindicação encarnacional tinha apenas um fim, que era oferecer-se como o paradigma absoluto de toda iconicidade e, portanto, de toda atividade de pintura.[119] Maneira de colocar *na própria pin-*

---

[117] *Colossenses*, II, 11-13. *Coríntios*, IV, 16-V, 2; *Hebreus*, IX, 24.

[118] A comparação se encontra no século VII, a propósito do Mandylion de Edessa, em Geórgios Pisidés, *Expeditio persica*, I, 140-4, A. Petrusi (org.), *Panegirici epici*, Buch-Kunstverlag, Ettal, 1959, p. 91.

[119] É o que reforçará o poeta Giambattista Marino [1569-1625] na outra ponta dessa história, ao dedicar a segunda parte de seus *Dicerie sacre* (1614), intitulada "Da pintura", ao Santo Sudário de Turim. G. Marino, *Di-*

tura, ou na história da arte, se preferirem, um objeto de desejo absoluto para toda iconografia religiosa: *um impossível objeto* do desejo pictórico de encarnação.

Portanto, estamos diante desses raros, diante desses eminentes ícones ou relíquias, como diante da forma extrema de um desejo, *feito imagem*, de tirar a imagem para fora dela mesma... tendo em vista uma carne que ela glorifica e à qual, num certo sentido, quereria dar continuidade. A estrutura paradoxal de tal exigência condiciona em grande parte o aspecto antitético do vocabulário utilizado para descrever essas imagens. É um vocabulário que evoca já a avalanche de quiasmos e de oximoros que vão caracterizar toda a teologia negativa e a sintaxe dos místicos. Assim o Mandylion foi qualificado, desde a origem, de "gráfico-agráfico";[120] maneira de reunir num único objeto modelos semióticos heterogêneos; maneira de imaginar milagres semióticos, se podemos dizer. Ora, o espantoso reside no fato de que a *apresentação* dos objetos concretos conseguia sustentar o desafio de tal ficção. O apagamento relativo — e desejado — desses ícones tinha particularmente o efeito de evidenciar seu *caráter indiciário*, seu caráter de rastros, de vestígios de um contato e, portanto, seu caráter de "relíquia". Quando, no final do século XVI, Alfonso Paleotti compôs seu tratado de "Explicação do Santo Sudário" de Turim, ele não produziu, em última instância, senão o sistema paradoxal de uma descrição de rastros ensanguentados, em que — paradoxo suplementar, e fundamental — era a abertura do corpo e não o corpo ele mesmo, o *corpo rasgado* e não a forma do corpo, que guiavam todo o desenvolvimento descritivo e exegético do seu texto.[121]

As imagens "prototípicas" do cristianismo seriam assim somente puros sintomas: *rastros expostos do divino*, e expostos como

---

cerie sacre, G. Pozzi (org.), Turim, Einaudi, 1960, pp. 73-201. Cf. a esse respeito o artigo de M. Fumaroli, "Muta Eloquentia", *Bulletin de la Société de l'Histoire de l'Art Français* (ano 1982), 1984, pp. 29-48.

[120] Geórgios Pisidés, *Expeditio persica*, I, 140, *ed. cit.*, p. 91.

[121] A. Paleotti, *Esplicatione del sacro Lenzuolo ove fu involto il Signore, et delle Piaghe in esso impresse col suo pretioso Sangue...*, Bolonha, G. Rossi, 1598 e 1599.

tais com a finalidade de uma construção de mistério, de eficácia mágica, de veneração. Eis por que a afirmação de tal contato — o do rosto vivo de Jesus com o Mandylion, o do rosto sofredor de Jesus com a Verônica, ou o do corpo morto de Jesus com o Santo Sudário — era acompanhada de procedimentos que não dispensavam a recíproca, isto é, o *não-contato dos humanos*. Aquilo que tocou o deus de repente se torna o intocável por excelência: retira-se na sombra do mistério (e constitui para sempre um objeto de desejo). Assim o Mandylion era envolto na púrpura imperial e levado solenemente em procissão; assim ocupava um trono real e servia de *palladium*, isto é, de imagem apotropaica, nas expedições militares bizantinas. Geórgios Pisidés compara seus efeitos sobre o inimigo ao de uma Górgona petrificadora que mantém à distância todo aquele que ousa olhar para ela.[122]

A Verônica também serviu de *palladium*: ela protegia Roma, dizem, de todos os flagelos —[123] o que não a impediu de sofrer em 1527 uma sorte análoga à do Mandylion, o qual foi roubado durante o saque de Constantinopla em 1204. Mas a Verônica reapareceu e, em 1606, foi o objeto de uma solene translação. Colocaram-na num dos quatro pilares monumentais da Basílica de São Pedro, onde ainda hoje parece sustentar, como a madeira da Cruz, o edifício mesmo da Cristandade. Ela é mostrada às vezes aos fiéis, mas de tão alto que *somente resplandece sua moldura*, feita de cristal, ouro e pedras preciosas, moldura que tanto a designa quanto a furta. Dizer isso não é apenas pôr o dedo na ironia objetiva de um procedimento ostentatório. Pois a "ironia", como o procedimento, é parte integrante da noção de imagem que tenta aí se elaborar. Dante já foi sensível a isso, ele que comparava o peregrino vindo de longe para contemplar a relíquia a alguém que "nunca pode saciar sua fome" — entenda-se, sua fome de visibilidade, sua fome de aspecto — diante de algo que ele sabe, no entanto, ser

---

[122] Geórgios Pisidés, *Expeditio persica*, I, 139-53, *ed. cit.*, p. 91.

[123] Cf. H. Pfeiffer, "L'immagine simbolica del pellegrinaggio a Roma: la Veronica e il volto di Cristo", *Roma 1300-1875. L'arte degli anni santi*, Milão, A. Mondadori, 1984, pp. 106-19.

a *vera icona* de seu Deus.[124] É que o "verdadeiro" *retrato* — verdadeiro por seu contato e não aparente por seu aspecto — exigia que ele fosse *retirado*, segundo uma dialética que Benjamin teria sem dúvida chamado de "aura", ou Maurice Blanchot de "fascinação".[125] Contentemo-nos aqui em insistir na exigência dessa dialética da "apresentabilidade": ela fundava para todos a *virtualidade* da imagem e, portanto, sua capacidade transitória, arriscada, sintomática de configurar aparição. Permitia constituir a imagem-objeto, essa realidade isolável, acidental, palpável e destrutível, como *imagem-paradigma*, isto é, como matriz de relações nas quais o humano tentava se pensar ele mesmo como imagem do seu deus.

Que o humano fosse à imagem,[126] isso significava literalmente que pertencia à imagem, que era o sujeito dela. Logo, não era preciso que se pudesse *ver* exatamente a "verdadeira imagem" do seu deus, na luz contrastada de uma basílica de Constantinopla ou de Roma. Antes, era preciso que o espectador se sentisse, ao olhá-la, sujeito da imagem, *subjectus* no sentido próprio — "sujeitado",[127] "lançado por debaixo..." — e, portanto, que se sentisse *sob o olhar da imagem*. Era preciso que o espectador da imagem

---

[124] Dante, *Divina comédia*, Paraíso, XXXI, 103-5: "Qual è colui che forse di Croazia/ viene a veder la Veronica nostra,/ che per l'antica fame non sen sazia...".

[125] Cf. W. Benjamin, "Petite histoire de la photographie" (1931), trad. de M. de Gandillac, *L'homme, le langage, la culture*, Paris, Denoël, 1971 (ed. 1974), pp. 57-79; *Id.*, "L'oeuvre d'art à l'ère de sa reproductibilité technique" (1935), *ibid.*, pp. 137-81; M. Blanchot, "La solitude essentielle", *L'espace littéraire*, *op. cit.*, pp. 22-7: "A fascinação está fundamentalmente ligada à presença neutra, impessoal, a um agente indeterminado, ao imenso Alguém sem figura. É a relação que o olhar mantém, relação ela mesma neutra e impessoal, com a profundidade sem olhar e sem contorno, a ausência que vemos porque nos cega" (p. 27).

[126] Evidentemente segundo o enunciado bíblico do *Gênesis* I, 27: "Deus criou o homem à sua imagem,/ à imagem de Deus o criou".

[127] Como observado na nota 2, p. 15, no original o autor joga em muitas passagens com os vários sentidos do termo *sujet* ("sujeito", mas também "assunto", "tema"). Aqui, particularmente, ele inverte o latim *subjectus*, obtendo, em francês, *jeté sous*, literalmente "lançado sob". (N. do T.)

fosse ao mesmo tempo despossuído de todo domínio sobre ela e possuído por ela segundo uma relação que, apesar do tabu do contato do qual a imagem podia continuar sendo o objeto, se exprimia no mais das vezes em termos de impressão: isto é, nos termos do *caráter* divino, palavra grega que significa ao mesmo tempo o agente e o resultado de uma impressão, de uma gravura. O ícone milagroso não era senão o "*caráter* divinizado da carne" do Verbo:[128] portanto, tinha por eficácia transmitir sua potência de impressão sobre quem o venerava, continuando assim, de certo modo, o trabalho da encarnação por um processo pensado acima de tudo nos termos do *sacramento* litúrgico.[129]

Convém aqui repetir o quanto essa eficácia exigia a implementação de um trabalho da "apresentabilidade" ou do *fazer-figura* [*faire-figure*] das próprias imagens. As "sagradas Faces", que algumas igrejas oferecem ainda à devoção dos fiéis (*fig. 6*), variam enormemente os meios de deslumbramento e de espelhamento — pois em certas molduras, além das pedras preciosas e das douraduras, estão engastados pedaços de espelho —, e assim repetem não apenas a retirada obrigatória da *vera icona* por detrás do acontecimento da sua aparição exposta, mas também o *face a face deslumbrante* dos rostos divinizados, o de Moisés diante dos hebreus ou o de Jesus a seus discípulos no alto do monte Tabor, na apoteose da sua transfiguração.[130] Convém lembrar, diante desses grandes ícones do cristianismo, que sua injunção inicial se si-

---

[128] Segundo a expressão exata de um tropário — coletânea de cantos litúrgicos — em honra do Mandylion, e que Leão de Calcedônia citou como autoridade em sua carta a Nicolau de Andrinópolis contra o iconoclasmo. Cf. V. Grumel, "Léon de Chalcédoine et le canon de la fête du saint Mandilion", *Analecta Bollandiana*, LXIX, 1950, pp. 136-7.

[129] Pois *caráter* produz também, em toda a tradição cristã, a noção central do sacramento. Cf., por exemplo, Tomás de Aquino, *Summa theologiae*, IIIa, 63, 1-6.

[130] "Aarão e todos os israelitas viram Moisés, e eis que a pele do seu rosto resplandecia, e eles tinham medo de se aproximar dele." *Êxodo*, XXXIV, 34. "Quanto aos onze discípulos, eles foram à Galileia, à montanha que Jesus lhes havia designado. E, quando o viram, eles se prosternaram." *Mateus*, XXVIII, 16-17.

6. Anônimo italiano, *Sagrada Face*, 1621-23.
Cópia em tecido da Verônica encomendada por Gregório XV
para a duquesa Sforza. Roma, Chiesa del Gesù.

tuava no elemento legendário de um rosto que a visão normal não podia suportar — os próprios ícones sendo considerados como restos sagrados desse insuportável.[131] Ora, como abordar o emprego desse insuportável, senão assinalando que um acontecimen-

[131] Nas diferentes versões da lenda do Mandylion, o caráter ofuscante da face é atribuído ora ao próprio Cristo, ora a seu enviado Tadeu, ora ainda à própria imagem. Pode-se pelo menos comparar a versão antiga de Eusébio de Cesareia, *Histoire ecclésiastique*, I, 13, trad. de G. Bardy, Paris, Le Cerf, 1952, I, pp. 40-5, às versões ulteriores que "inventam" a imagem ausente do relato inicial. Cf. E. von Dobschütz, *Christusbilder, op. cit.*, I, pp. 102-96 e 158-249. Cf., por outro lado, C. Bertelli, "Storia e vicende dell'immagine edessena", *Paragone*, XIX, 1968, nº 217/37, pp. 3-33.

to *visual* — aquele que produz, repete ou transforma o face a face deslumbrante — toma aqui o lugar da apreensão visível que normalmente se esperaria de toda exposição de imagem, e de um "retrato" em particular?

Eis por que seria preciso tentar uma história das imagens que ultrapassasse o marco estrito da história da arte herdada de Vasari. Eis por que seria preciso confrontar-se com a visualidade das imagens — segundo o movimento de uma fenomenologia — mesmo com o risco de abandonar por um momento a exatidão da sua visibilidade, que toda abordagem iconológica requer de início. As imagens de que acabamos de falar não se analisam apenas através da sua descrição e do enunciado do que imitam; analisam-se também através da sua maneira particular de impedir toda descrição exata, dos procedimentos particulares que empregam para tocar uma região onde "a arte" — no sentido humanista e acadêmico do termo — nada mais tem a fazer e dá lugar a algo relacionado antes a uma antropologia dos olhares. Essas imagens são em geral rejeitadas do *corpus* da história da arte, primeiro porque são relíquias e porque fazem tudo para obliterar a "maneira" ou simplesmente o artesanato — fatalmente clandestino, se podemos dizer, e certamente impossível de reconstituir hoje — que lhes deu origem: de fato, como "atribuir" esse Santo Sudário, se o indivíduo que o realizou no século XIV fez de tudo para apagar o rastro da sua própria mão e, é claro, o rastro de toda "arte" humana? Uma história das imagens, compreende-se, não pode se identificar com uma história dos artistas — com a qual a história da arte ainda se identifica muito. Também não pode se contentar com soluções iconográficas, na medida em que a importância e o gênio — sociais, religiosos, estéticos — de uma imagem podem perfeitamente se afastar da invenção das formas, para propor ao olhar somente a eficácia e o *mistério de formas desfeitas* que são o rastro de acontecimentos consideráveis, sonhados pelos homens como sinais do seu destino. Com demasiada frequência, a história da arte não faz senão a história dos objetos bem-sucedidos e possíveis, suscetíveis de um progresso, que glorificam os aspectos; seria preciso assim pensar uma história dos objetos impossíveis e das formas impensáveis, portadores de um destino, que criticam os aspectos.

[Por uma história das intensidades sintomáticas. Alguns exemplos. Dessemelhança e unção. Onde figurar equivale a modificar figuras, equivale a desfigurar]

Estaríamos virando as costas às imagens da arte? Seria a encarnação uma exigência desproporcional em relação aos meios que a pintura ou a escultura empregam, votadas que são, no Ocidente pelo menos, ao imperativo bem mais "visível" da imitação? Creio que não. Se desde o início o imponente dogma da encarnação se mostra ser algo como um *drama da imagem* ou, em todo caso, uma questão atada ao tecido do figurável, então podemos supor que a história dos objetos "possíveis", a história da arte no sentido habitual, será atravessada ela própria — e em profundidade — pela energética do drama e do desejo que a encarnação desdobra imperiosamente. Imagino uma história das imperiosas ou soberanas exceções que o contratema do visual desenvolveria na melodia do visível, uma *história das intensidades sintomáticas* — dos *"points de capiton"*, momentos fecundos de um poderoso fantasma — na qual se rasgaria parcialmente a extensão do grande tecido mimético. Seria uma história dos limites da representação e talvez, ao mesmo tempo, da representação desses limites pelos próprios artistas, conhecidos ou desconhecidos. Seria uma história dos sintomas em que a representação mostra de que ela é feita, no momento mesmo em que aceita desnudar-se, suspender-se e expor sua falha.

Uma cartografia desses sintomas ainda está por ser feita, obliterada pela espécie de quadro de honra a que a história vasariana há muito nos habituou. Um exemplo um pouco trivial — mas interessante para o nosso tema e, além do mais, tomado do próprio *corpus* vasariano — poderá nos ajudar a colocar a questão. Trata-se de um quadro particularmente desgracioso, bizarro pelo menos, pintado em Roma por um artista bastante obscuro, Ugo dei Conti da Panico, geralmente mais conhecido pelo nome de Ugo da Carpi (*fig. 7*). Esse quadro, que os curadores dos museus do Vaticano acreditaram não dever incluir nas suas coleções públicas, foi realizado entre 1524 e 1527 para o altar da Verônica na antiga Basílica de São Pedro. Os historiadores da arte apontaram uma origem composicional — se não estilística — dessa obra bastante medíocre, referindo-a a um soberbo desenho de Parmigianino que

7. Ugo da Carpi, *A Verônica entre São Pedro e São Paulo*, c. 1524-27. Têmpera e carvão sobre tela. Vaticano, Reverenda Fabbrica di San Pietro.

representa o mesmo tema iconográfico e conservado, este, na Galeria dos Uffizi (*fig. 8*).[132] Mas percebe-se, à primeira vista, que as duas obras nada têm "a ver" fundamentalmente, apesar do estreito parentesco da *invenzione* artística. O desenho do Parmigianino, *quadrettato* — isto é, quadriculado — com vistas a uma obra futura, afirma claramente a potência do seu estilo; a santa exibe um

[132] Cf. R. Harprath, entrada nº 123 do catálogo *Raffaello in Vaticano*, Milão, Electa, 1984, pp. 324-5. A datação das duas obras varia conforme os autores, mas aqui não interessa diretamente ao nosso propósito.

8. Parmigianino, *A Verônica entre São Pedro e São Paulo*, c. 1524-27. Desenho em papel. Florença, Galleria degli Uffizi, Sala dos Desenhos.

véu no qual o rosto crístico se destaca, desproporcional, avançando em nossa direção como o faria uma cabeça real, em todo caso um *retrato* tridimensional sob os efeitos de uma iluminação contrastada.

Por outro lado, ao nos aproximarmos do quadro de Ugo da Carpi descobrimos uma maneira de proceder bastante estática e inábil, muito distante da extrema virtuosidade que o Parmigianino demonstra no seu desenho. Notamos, sobretudo, que santa Verônica não exibe propriamente um "retrato" do Cristo, mas um *extrato* do rosto que se *retrai*, se "afunda" e se afasta por trás do contorno arbitrário de um delineamento que evoca um quadro bizantino. O rosto, se está ali, não sai da sombra, entra nela. Aliás, não está ali. Pois, afinal, a santa representada apresenta no seu véu apenas o "retrato", não do Cristo, mas da *Verônica* ela mesma, ou seja, da relíquia venerada em São Pedro de Roma. O primitivismo do estilo já se explica pela vontade de se ater ao aspecto pouco "vivo" de uma relíquia, em contraste com a vontade mais "humanista" de inventar um rosto vivo para o Cristo da Paixão. Mas não é tudo. O próprio Ugo da Carpi parece, de certo modo, ter se justificado pelo caráter bastante tosco do seu quadro ao inscrever entre os dois pés do seu São Paulo a regra *poética* — no sentido original da palavra — que adotou para essa obra: PER VGO/ DA CARPI INTAIATORE/ FATA SENZA/ PENELLO... O que significa duas coisas: que a obra pintada é obra de um gravador; e que foi executada sem o auxílio de nenhum pincel.

O que isso quer dizer? Que a imagem foi produzida apenas pela aplicação de panos embebidos em cores, sem que dedos nem pincéis interviessem, e que as sombras foram simplesmente passadas com pó de *carboncino*, isto é, de carvão. Tal procedimento — em todo caso, o sentido do seu desvio em relação à técnica pictórica habitual — evoca com certeza as piedosas receitas que devem ter presidido à confecção de numerosos "santos sudários" medievais ou modernos.[133] Tratava-se exatamente de desviar-se

---

[133] Assinalemos, em particular, os sudários conhecidos de Lierre na Bélgica, de Besançon na França, do mosteiro espanhol de Santo Domingo de Silos (perto de Burgos), de Cadouin na França ou de Enxobregas em Portugal etc. Convém lembrar que as primeiras polêmicas dirigidas contra a "redescoberta" fotográfico-milagrosa do Santo Sudário de Turim, em 1898, vieram dos meios bolandistas e arqueológicos franceses. Cf. U. Chevalier, *Étude critique sur l'origine du Saint Suaire de Lirey-Chambéry-Turin*, Paris, Picard, 1900, e F. de Mély, *Le Saint Suaire de Turin est-il authentique?*, Paris, Poussielgue, s.d. [1902], que recenseava outros quarenta e dois sudários além do de Turim. Na maior parte desses quarenta e dois casos atestados, a questão técnica consistia em evitar qualquer emprego de pincéis e, portanto, em produzir o pigmento segundo uma modalidade indiciária (decalque, marca, projeção, impressão) que tornasse crível o *contato do subjétil* — o sudário — com o corpo do Cristo.

das técnicas miméticas e "artísticas" a fim de transpor o gesto de imitação para o registro piedoso do processo, do contato, da *aquiropoiese*: em suma, tratava-se de realizar — de "ficcionar" e, num certo sentido, de falsificar — uma verdadeira "imagem não feita por mão de homem". Ugo da Carpi acreditou agir bem, no sentido religioso de uma ação piedosa, ao desviar-se aqui da ideologia estética do seu tempo e da técnica dos seus pares — em suma, ao recusar a mão e a "invenção", isto é, o *disegno*. Notemos também que sua qualidade de gravador, que ele mesmo ressalta na inscrição do quadro, certamente o induziu na sua estranha escolha pictórica. A *Verônica* do Vaticano, aliás, é o único quadro em tela — em véu,[134] gostaríamos de dizer — conhecido desse artista. O próprio Vasari nos informa, na sua "Vida de Marcantonio Raimondi", que Ugo da Carpi inventou um procedimento de gravura que utilizava várias pranchas para a mesma imagem — por exemplo, uma prancha onde estavam gravadas apenas as sombras, outra com as meias-tintas e uma terceira com os tons claros —, o que tinha por efeito construir por camadas, e mesmo "desmembrar", num certo sentido, a figuração segundo parâmetros formais, luminosos ou de textura: a imagem representativa e "legível" não aparecia senão na última tiragem.[135]

A indicação de Vasari sobre a atividade de Ugo da Carpi enquanto gravador teria pouca importância se não fosse imediatamente seguida por um comentário eloquente — eloquente porque diz muito sobre a história da arte que está se inventando — a propósito do mesmo quadro que nos ocupa:

"Dissemos que Ugo era também pintor: não esconderei que ele pintou a óleo, sem empregar pincéis, mas com os dedos e o auxílio de estranhos instrumentos de

---

[134] No original, *sur toile* — *sur voile*, jogo de palavras que se perde em português. (N. do T.)

[135] Cf. G. Vasari, *Le Vite*, V, pp. 420-1 (*trad. cit.*, VII, pp. 75-6). Sabemos bem que não foi Ugo da Carpi o inventor do camafeu em gravura, como afirma Vasari nessa passagem, mas os artistas nórdicos (Cranach, H. Baldung Grien etc.).

sua invenção (*senza adoperare pennello, ma con le dita, e parte con suoi altri instrumenti capricciosi*), um quadro atualmente em Roma no altar da Sagrada Face. Uma manhã eu assistia à missa com Michelangelo diante desse altar e vi o quadro com uma inscrição de Ugo da Carpi proclamando que ele fora pintado sem pincel; indiquei, rindo (*ridendo*), essa inscrição a Michelangelo; este me respondeu, rindo igualmente (*ridendo anch'esso*): 'Ele teria feito melhor se utilizasse o pincel e pintasse num melhor estilo (*di miglior maniera*)'".[136]

Esses dois risos conjuntos — o do "divino" artista respondendo ao do grande historiador — nos ensinam muitas coisas. Que a cena seja verídica ou não (uma inverossimilhança a espreita, em todo caso: é que é preciso pôr o nariz junto ao quadro de Ugo para decifrar sua inscrição, postura pouco compatível, imaginamos, com a situação de uma missa na São Pedro de Roma diante do altar onde o quadro figurava como *pala* ou retábulo), pouco importa afinal. Os dois risos são paradigmáticos: eles nos representam primeiro a conversa zombeteira de dois artistas, seu comentário de profissão e a blague final, em meio a um rito que falava de sacrifício divino, que presentificava o *corpus Christi* na consagração da hóstia, que repetia obsessivamente o ciclo do pecado, da morte e da questão da salvação. Esses dois risos, portanto, embora despertando naturalmente nossa simpatia, manifestam de antemão algo como uma recusa em compreender do que se tratava, não só no grave rito eucarístico celebrado diante deles, mas também na própria obra — ou melhor, a "não-obra" — de Ugo da Carpi. Vasari imagina apenas que, quando não se pinta com pincéis, só se pode trabalhar com os dedos: ele está a mil léguas de compreender *onde* o artista menor quis situar seu ato imitativo. Quanto à resposta de Michelangelo, ela apenas zomba de uma *maniera* — justamente aquilo de que o quadro de Ugo tentava se desfazer retomando (inabilidosamente, é verdade) a "*poiesis*" originária e legendária do véu de Verônica.

[136] *Id., ibid.*, V, pp. 421-2 (*trad. cit.*, VII, p. 76).

Portanto, desde o início a obra *"fata senza penello"* [feita sem pincel] se excluía da grande arte ou, pelo menos, do que assim era chamado. Sua inabilidade e seu fracasso se deviam evidentemente à sua posição intermediária, em que nada do que fora tentado ia até o fim. Era uma *obra* fracassada porque muito distante da "maneira", do estilo e dos desvios estéticos exigíveis do que se chama uma *arte*; mas era também uma *não-obra* fracassada, na medida em que era designativa, demonstrativa e "iconográfica" demais, na medida em que lhe escapava o mistério visual do contato, exigível do que se chama uma relíquia, um objeto de *religião*. Distante demais da maneira, num sentido, e distante demais da matéria, num outro. Os artesãos anônimos dos santos sudários medievais nunca cometeram a ingenuidade ou o erro narcísico de inscrever sua assinatura — ainda que acompanhada da afirmação *"fata senza penello"* — num canto do tecido "sagrado". Eles iam até o fim na sua piedosa indústria, enquanto Ugo da Carpi, ele, permaneceu no estreito limite de uma dupla denegação: quis fazer uma obra de arte apesar de tudo, isto é, uma imagem-objeto, quando seu projeto era o de uma imagem-rastro e de uma imagem-mistério cujo humilde segredo ele não soube guardar.

Desnudar a imagem, "despir as figuras" — o que exigia de todo impulso religioso a sublime teologia dionisiana,[137] o que exigia no fundo toda produção de uma obra votada ao mistério da encarnação —, seria afinal desviar-se da "grande arte", refiro-me à arte tida por nossos historiadores como portadora do gênio? O exemplo de Ugo da Carpi poderia dar a entender que sim e suscitar a opinião de que a exigência encarnacional diz respeito apenas à "arte popular", à "devoção popular" — tanto mais que os fins implícitos a esse tipo de imagens são com frequência dirigidos à lenda e ao milagre (imagens que abrem e fecham os olhos, imagens que falam, imagens que sangram etc.). Tanto mais que o paradigma da *imagem viva* parece operatório sobretudo numa região que

---

[137] Pseudo-Dionísio, o Areopagita, *Cartas*, IX, 1, 1104B, trad. de M. de Gandillac, *Oeuvres complètes du pseudo-Denys l'Aréopagite*, Paris, Aubier, 1943 (ed. revisada, 1980), p. 350.

gostaríamos de dizer arcaica.[138] Mas, em realidade, esse é um julgamento demasiado rápido. A "imagem viva" faz parte de sistemas eruditos e complexos como pode ser a teologia de um Nicolau de Cusa, por exemplo.[139] Por que não interviria ela também — como essa obscura pulsação que nos olha, mais do que como esse claro aspecto que sabemos apreender — na "grande pintura", na pintura erudita? Ainda resta investigar, entre a plêiade de artistas famosos, onde terá podido intervir o elemento teológico ou, pelo menos, o elemento da devoção. O caso de Ugo da Carpi era exemplar num sentido e bastante medíocre num outro: pois o artista não soube produzir o *sintoma visual* da sua vontade de *aquiropoiese*. O compromisso e a tensão não encontraram figura nem desfiguração, por isso seu quadro nunca impressionou ninguém, nem os devotos sem gosto nem os estetas incrédulos.

Se, ao contrário, retomarmos o exemplo bem mais famoso de Fra Angelico, encontramos em suas obras uma série verdadeiramente impressionante desses sintomas visuais que jogam com a economia mimética da imagem numa relação de constante inquietude, inquietude que direi tanto fecunda quanto *crítica*, isto é, em particular, portadora de crises e rica em efeitos. Que Fra Angelico

---

[138] "Uma imagem 'viva' não se assemelha a seu modelo; pois ela não visa dar a aparência, mas a coisa. Reproduzir a aparência da realidade é renunciar à vida, limitar-se a ver da realidade apenas a aparência, transformar o mundo em espectro. Platão conta que os Antigos acorrentaram as estátuas de Dédalo por temor de que elas fossem embora; ora, eram obras arcaicas." R. Klein, "Notes sur la fin de l'image" (1962), *La forme et l'intelligible*, op. cit., p. 375. Lembremos a esse respeito os trabalhos agora clássicos de J.-P. Vernant, em particular "Figurations de l'invisible et catégorie psychologique du double: le Colossos", *Mythe et pensée chez les Grecs*, Maspero, Paris, 1965 (ed. 1974), II, pp. 65-78; "Image et apparence dans la théorie platonicienne de la Mimêsis" (1975), *Religions, histoires, raisons*, Paris, Maspero, 1979, pp. 105-37.

[139] "Se um pintor fizesse duas imagens, sendo que uma delas, morta, pareceria em ato assemelhar-se mais a ele, enquanto a outra, menos semelhante, estaria viva..." Citado e comentado por Agnès Minazzoli no seu prefácio a Nicolau de Cusa, *O quadro ou a visão de Deus* (1453), trad. fr. de A. Minazzoli, *Le tableau ou la vision de Dieu*, Paris, Le Cerf, 1986, p. 17.

tenha considerado seu dever *projetar à distância* uma chuva de manchas coloridas, numa grande superfície de parede de um metro e meio de altura por três de largura, e que tenha podido conferir assim um contraponto de gestualidade e de *dessemelhança* aos rostos habilmente imitados de uma "Santa Conversação" —, eis o que nos coloca diante da imagem como diante da genial, da dupla exigência de presentificar e de representar (*fig. 9*).[140] Fra Angelico tratou a grande base da sua "Santa Conversação" de um ponto de vista que não era somente formal e visível, mas igualmente de origem mística e litúrgica. Essa base suportava o conjunto "figurativo" da Virgem e dos santos como um altar suporta seu retábulo, e assim o sintoma visual produzido — isto é, a pura aspersão colorida no trecho de parede — tornava-se rica de uma potencialidade exegética e contemplativa considerável.

Angelico reencontrou assim, nesse gesto de aspersão, um nível de imitação litúrgica que de um só golpe arruinava, ou em todo caso "rasgava", o nível de imitação aspectual professado pela arte do seu tempo. Recusar por um momento — por um sintoma — a construção albertiana, produzir de repente o arcaísmo absoluto de uma pintura simplesmente lançada contra o suporte, era ao mesmo tempo reivindicar uma origem, um gesto pictórico de origem, e a inteira humildade de vestígios pigmentares para com um objeto — divino, inatingível — que suscitava, no entanto, todo o seu desejo de pintar. A atitude não é "popular", aqui, mas bastante culta. É a de uma teologia negativa. Exige desnudar-se a si mesmo para desnudar a imagem, o mais difícil sendo então ir ao mais baixo e, como o próprio Cristo, humilhar-se na disseminação dos puros acontecimentos materiais, a fim de dar-se a chance de apreender a única força aspirante, *anagógica*, do desejo de ir ao mais alto... Jogar a pintura bruta nessa parede de convento era assim arriscar a prova de uma *catarse*. Era praticar um ato piedoso ou mesmo místico. Olhemos de novo: esse jato de manchas coloridas não se assemelha a grande coisa do ponto de vista do aspecto; em

---

[140] Cf. G. Didi-Huberman, *Fra Angelico: dissemblance et figuration*, *op. cit.*

contrapartida, assemelha-se muito precisamente a um processo — um *gesto de unção* ou de consagração que ele reapresenta (isto é, reatualiza, refaz concretamente) mais ainda do que imita.

Ungir é projetar um líquido — óleo, perfume, lágrimas ou então cores — sobre algo que se gostaria de santificar ou, de modo geral, cujo estatuto simbólico se gostaria de modificar. É um rito de passagem: ungem-se os recém-nascidos para batizá-los, ungem-se os mortos para enviá-los a algum além "vivível". Ungem-se também os altares para consagrá-los e aspergem-se com água benta os ícones para torná-los eficazes.[141] Tudo isso, repito, só existe em função do dado encarnacional: este supõe que a palavra possa se encarnar e que sua potência abstrata saiba devir — um devir chamado mistério, milagre ou sacramento — palpável como uma carne ou como um pigmento. O sangue do Cristo sobre a "pedra da unção", contava-se ainda no tempo de Fra Angelico, havia ungido a pedra em troca, avermelhando-a, dizem, definitivamente; e contava-se também que as lágrimas projetadas pela Virgem em cima do corpo morto haviam "impresso" brancas constelações sobre o trecho de pedra escurecida... Há certamente algo disso tudo na estranha escolha pictórica do artista dominicano; algo que buscaria projetar a própria superfície icônica em direção a regiões mais sagradas nas quais operam a relíquia, num sentido, o sacramento, num outro. Aproximadamente na mesma época em que Fra Angelico realizava seus afrescos de San Marco, não se hesitava, na Boêmia, em "consagrar" certos ícones de Maria *com pintura*: traçava-se livremente, com duas largas pinceladas, um sinal da cruz que de certo modo "riscava" a representação de falso mármore — representação já frágil, votada antes à mancha que ao aspecto — que cobria o reverso desses ícones (*fig. 10*).[142]

---

[141] Esse último rito está ainda bastante vivo na Igreja ortodoxa. A bênção que o acompanha comporta a prece de que o ícone aceite receber a mesma *virtus* ou a mesma *dynamis* que a imagem prototípica do Mandylion possuía. Cf. C. von Schönborn, "Les icônes qui ne sont pas faites de main d'homme", *Image et signification* (Rencontres de l'École du Louvre), Paris, La Documentation française, 1983, p. 206.

[142] Cf. H. Hlaváčková e H. Seifertová, "La Madone de Most. Imitation

9. Fra Angelico, parte inferior da *Madona das sombras*, *c*. 1440-50 (detalhe). Afresco. Florença, Convento de San Marco, corredor setentrional. Altura: 1,50 m.

Portanto, há um costume da pintura antiga que sabe romper com a busca do aspecto, porque num momento seu gesto imitativo deseja antes aludir a um *processo*, ao dado mais imediato de uma íntima liturgia, à exigência radical de um ato que quer refazer um mistério de encarnação. É o que acontecia na liturgia eucarística do Oriente, onde o padre refazia o gesto do soldado Longino ao perfurar o "flanco" da hóstia consagrada com o auxílio de uma "sagrada lança" em miniatura, denominada exatamente *agia longchè*.[143] É o que acontecia também — mas noutro nível, é claro — quando um pintor gótico não se contentava com um filete de tinta vermelha para representar o sangue do Cristo que manava do flanco, mas utilizava um instrumento contundente para *ferir a superfície* folheada a ouro e fazer ressurgir a subcamada vermelha do bolo armênio...[144] Essa maneira de proceder duplicava assim o aspecto de um processo, e constituía o ícone — no sentido religioso e no sentido semiótico do termo — através de um ato de natureza indiciária: ato no qual a relação de violência para com o subjétil (isto é, o suporte) ia mais além da reprodução de uma chaga. Pois se tratava, de fato, da *produção* de uma chaga na imagem, de um ferimento feito à imagem. A abertura e a escavação se faziam concretas, e a própria chaga *se apresentava frontal*, diretamente escavada diante de nós na folha dourada — mesmo se, como é comum acontecer, ela *representava em perfil* a chaga no quadro.

et symbole", *Revue de l'Art*, n° 67, 1985, pp. 59-65, retomado de um artigo mais completo publicado em tcheco na revista *Umení*, XXXIII, 1985, pp. 44-57.

[143] "O padre grava a cruz no pão e assim significa a maneira pela qual se realizou o sacrifício, isto é, pela cruz. A seguir ele perfura o pão na parte direita, mostrando por essa chaga do pão a chaga do flanco (do Senhor). Eis por que ele chama *lança* o objeto de ferro com que fere, e esse objeto é feito em forma de lança de maneira a evocar essa lança (de Longino)." Nicolau Cabasilas, *Explicação da divina liturgia* (século XVI), VIII, 3, S. Salaville (org. e trad. ao francês), Paris, Le Cerf, 1967 ("Sources chrétiennes", n° 4 bis), p. 89.

[144] O "bolo armênio", uma mistura de argila e cola, constitui a base preparatória para a aplicação das folhas de ouro. (N. do T.)

10. Anônimo tcheco, *Madona de Vyssí Brod*, *c.* 1420 (verso). Têmpera sobre madeira. Praga, Galeria Nacional.

Um último exemplo merece ser convocado, pela potência — tanto imediata quanto virtual — com que manifesta essa exigência de encarnação cujo esboço tentamos delinear no mundo das imagens. Trata-se de uma folha isolada do Schnütgen Museum de Colônia, pintada na primeira metade do século XIV em um círculo cisterciense (*fig. 11*).[145] Aqui, é de maneira absolutamente radical que a representação se identifica com seu próprio efeito de crise, como devorada pelo efeito parcial da sua efusão ensanguentada. O artista — um monge, imagino, ou talvez uma monja — desenhou primeiro um corpo, um corpo de Cristo com o rosto abatido e encaixado de tal maneira sobre o peito que a silhueta quase evoca a ideia de um deus acéfalo. Um ângulo agudo barra estranhamente o torso, como por efeito de uma grande incisão dinâmica. E ao seu pé estão ajoelhadas duas figuras religiosas, São Bernardo e uma monja, rapidamente mas menos violentamente circunscritas pelo artista, que sem dúvida tinha pressa de chegar ao essencial.

E o essencial é isto: ele consistiu em invadir esse corpo pelo acontecimento da carne aberta, isto é, pela efusão do líquido vermelho — uma pintura, é verdade, mas tão desfigurativa quanto um sangue. A operação é invasora na medida em que o conjunto do corpo equivale agora à sua parte atingida. Pois aqui o corpo inteiro — a imagem inteira — torna-se chaga. O que isso implica? Implica um trabalho paradoxal de *apresentabilidade* da imagem: ela está aí, diante de nós, longe demais ou próxima demais. Oferece (muito mal, aliás) o aspecto de um corpo crístico que seria visto a uma distância razoável, enquanto seu acontecimento visual maior — a cor vermelha desmedida — cria ao mesmo tempo uma distância irrazoável e captadora, uma distância irrazoavelmente próxima que faz da pequena folha pintada o lugar visual de um quase-abraço, como o de São Bernardo ao pé do crucifixo.

---

[145] Fazia parte da exposição de Aachen, *Die Zisterzienser: Ordensleben zwischen Ideal und Wirklichkeit — Austellung*, Colônia/Habelt, Bonn, Rheinland, 1980, nº F 31, p. 571. Cf. igualmente F. O. Büttner, *Imitatio Pietatis — Motive der christlichen Ikonographie als Modelle zur Verähnlichung*, Berlim, Gebr. Mann, 1983, p. 150.

11. Anônimo alemão, *Crucifixão com São Bernardo e uma monja*, primeira metade do século XIV. Colônia, Schnütgen Museum.

Talvez essa imagem tenha sido feita com a finalidade de cerrar os olhos do devoto sob tanta violência, deixando nele "sangrar o coração", como o reivindicavam tantos místicos do século XIV. Essa imagem, em todo caso, manifesta da maneira mais abrupta possível a *exigência dos limites* que a crença cristã dirigia ao mundo visível dos corpos: se estamos condenados ao purgatório terrestre dos nossos próprios corpos, ao menos *transformemo-los* à imitação do Verbo encarnado, isto é, do Cristo que sacrificou seu corpo para a remissão futura de todos os pecados. Imitemos como por mímica o sacrifício do corpo o quanto formos capazes disso. Tratava-se, nem mais nem menos, de um *apelo ao sintoma*: exigir do corpo que fosse atingido, afligido, desconjuntado, quase aniquilado... em nome e por imitação de um mistério que falava do Verbo divino e da carne desse Verbo. O simples *folio* do Schnütgen Museum nos coloca diante dessa escolha insensata — essa aposta, quase — de um artista que desfigurou seu desenho lançando cor pura "a olho", isto é, sem prejulgar o êxito ou o efeito mimético que resultaria. O artista assumiu aqui o risco do impensável: como fazer uma mancha pensando-a antecipadamente, prejulgando-a como se construiria um ponto de perspectiva? A mancha *se faz sozinha* e tão depressa que o pensamento não tem tempo de construir nada de representacional na imagem. A mancha seria, no nível de um simples *folio* pintado às pressas, como que o equivalente figural desse apelo ao sintoma que a encarnação exigia obsessivamente dos corpos cristãos.

Uma simples mancha de cor, enfim. Um ato de pintura no qual o aspecto, desagregado, se arruína. Gesto fatalmente irrefletido no tempo da sua produção: o contrário, portanto, de um *disegno* vasariano. E onde estaria a iconografia de tudo isso? A iconografia exige atributos, enquanto a cor aqui — como o branco visual da Anunciação evocado no começo deste livro — é uma *cor-sujeito*: é ela que suporta todo o acontecimento de imagem. Ela não nomeia nem descreve (recusa mesmo descrever para poder existir plenamente, espraiar-se). Mas ela invoca. Deseja. Até mesmo suplica. Por isso não tem a gratuidade de um puro acaso, mas a força sobredeterminada de uma formação de sintoma. É um nó de tensão, mas ao mesmo tempo manifesta todo um *trabalho* de figurabilidade no qual a "omissão" do corpo descrito (espécie de *Auslassung* freudiana) indica a força de uma intensa condensação, e deixa na cor um vestígio *deslocado* da carne. É também a cor de um surpreendente compromisso, no qual a alternativa — ou o corpo, ou sua chaga — é suplantada em benefício de algo que *cobre* (*per via di porre*, como dizia Leonardo da pintura, isto é, pondo um pigmento onde nada havia antes) e que *abre* ao mesmo tempo. Aqui, a cor recobre e ressalta simultaneamente.

Mas o que ela invoca então? Eis aí o mistério da sua figurabilidade. Eis ao mesmo tempo o lugar da sua mais imediata evidência apresentada. Pois um único nome era suficiente, no século XIV, para dizer o "todo" desse gesto pictórico e devoto. Era o nome *Christus*, nome próprio do Verbo encarnado, objeto por excelência da piedade, nome portador de todos os mistérios, de todas as esperanças, de todas as angústias e de todos os fins. Mas a genialidade dessa imagem reside também no fato de que esse imenso espectro de virtualidades precisou somente de um ato — lançar um espesso líquido vermelho na superfície de um pergaminho — para se realizar, ali, como sintoma eletivo do grande desejo que estava em ação. Esse ato é, volto a repetir, um ato de unção. Unção cujo nome mesmo — o nome comum — se dizia *christos* (o ungido) e rearticulava assim, admiravelmente, o gesto imediato do pintor sobre o objeto ausente de seu desejo religioso.

Compreende-se melhor, com esse exemplo, de que maneira um ato de pintura único, simples, até mesmo irrefletido, soube tornar-se capaz de manifestar todo o mistério e toda a virtualidade de um dado de crença, ou até mesmo de exegese. Pois havia um ato de exegese nessa apresentação de um Cristo não representado exatamente, mas simplesmente ungido (*christos*, portanto) com cor. Havia acontecimento simples *e* virtualidade, risco absoluto da mão *e* pensamento de um mistério, havia choque visual *e* desdobramento exegético.[146] Em suma, havia sintoma e havia *desfiguração*, violência feita à iconografia e à imitação clássicas de um corpo pendurado numa cruz. É preciso dizer mais uma vez o quan-

---

[146] Cf. G. Didi-Huberman, "Puissances de la figure: exégèse et visualité dans l'art chrétien", *art. cit.*

to o sintoma, nó do acontecimento e da estrutura virtual, corresponde plenamente ao paradoxo enunciado por Freud a propósito da figurabilidade em geral, a saber: que figurar consiste não em produzir ou inventar figuras, mas em *modificar figuras*, e portanto em efetuar o trabalho insistente de uma desfiguração no visível.[147] Mas é preciso dizer igualmente que a história vem aqui ao encontro do enunciado teórico ou metapsicológico, pois, na mesma época em que se realizava a imagem do Schnütgen Museum, um dominicano do norte da Itália compunha um dicionário que se tornou célebre e foi lido na Europa inteira até o século XVI, no qual a definição do verbo *figurar* antecipava quase literalmente o enunciado freudiano, a saber: que "figurar" — no sentido exegético, justamente — equivalia em realidade ao verbo "desfigurar", pela razão precisa de que consistia em "modificar numa outra figura" (*in aliam figuram mutare*) o dado mesmo do sentido a "figurar".[148] O que nos coloca mais uma vez diante das figuras como diante da inquietante potência para se sobredeterminar, para *se estranhar* constantemente.

[Uma quarta aproximação para renunciar ao humanismo da história da arte: a *morte*. A semelhança como drama. Dois tratados medievais diante de Vasari: o sujeito rasgado diante do homem do humanismo. A história da arte é uma história de imbróglios]

Eis-nos aqui, portanto, diante da imagem como diante do que constantemente "se estranha". O que isso quer dizer? Estaríamos a ponto de perder tudo, ou seja, perder esse mínimo de aspecto que nos faz, diante de uma obra de arte antiga, empregar no sentido trivial e não paradoxal a palavra "figurativo"? De modo nenhum. O Cristo-mancha do Schnütgen Museum não é apenas uma mancha, é também um Cristo — é uma mancha justamente porque é *Cristo*. Portanto, não há nada de abstrato aqui. Há somente uma

---

[147] S. Freud, *L'interprétation des rêves*, op. cit., p. 270 (a frase é citada *supra*, pp. 201-2).

[148] Giovanni di Genova (Giovanni Balbi), *Catholicon* (século XIV), Liechtestein, Veneza, 1497, folio 142vº. Comento essa definição em *Fra Angelico: dissemblance et figuration*, op. cit.

semelhança pensada, não no seu êxito — isto é, na ideia de um Mesmo que seria alcançado e estabilizado através da produção da sua imagem —, mas na sua crise ou no seu sintoma. O artista alemão do século XIV mergulhou, por assim dizer, a semelhança crística na prova central da sua desfiguração, maneira de fazer tremer ou convulsionar a permanência do seu aspecto. Ora, assim como um homem em convulsão não cessa completamente de ser um homem — mesmo se não se pode mais, então, manter com ele a relação civilizada de uma saudação ou de uma retirada de chapéu de *gentleman*, como dizia Panofsky no seu famoso exemplo —, assim também o Cristo-mancha continua sendo esse deus, essa rocha inamovível do Ocidente que aqui, na imagem, nada mais troca de "civilizado" ou de cortês com seu devoto espectador. A imagem, a partir daí, não nos "fala" mais no elemento convencional de um código iconográfico, *ela produz sintoma*, isto é, grito, ou então mutismo, na imagem que se supõe falante.[149]

Ora, o que está em jogo nessa sintomatização é, nem mais nem menos — seguindo sempre o pensamento freudiano —, uma irrupção, como um jorro singular, da *verdade*... com o risco de desfazer por um momento toda verossimilhança representativa.[150] O que ocorre aí é que a fagulha de uma verdade fundamental do cristianismo veio atingir e rasgar a imitação que se faz "normalmente" de um corpo crucificado. A verdade da encarnação rasgou a verossimilhança da imitação, o acontecimento da carne rasgou o aspecto ideal do corpo. Mas qual é esse acontecimento? É a morte, *a morte do deus* cristão exigida por sua encarnação mesma. Eis aí exatamente o que o pequeno *folio* do Schnütgen Museum realça, o que *apresenta* cromaticamente. Que o Verbo divino — Verbo eterno, Verbo criador de tudo, a acreditar em São João — tenha escolhido se encarnar, isso queria dizer, isso exigia que num momento ele se desfizesse e morresse, vertesse sangue e não fosse mais

---

[149] Assim como o sintoma em psicanálise se define como grito ou "mutismo no sujeito suposto falante". J. Lacan, *Le Séminaire XI. Les quatre concepts fondamentaux de la psychanalyse*, op. cit., p. 16.

[150] Cf. *id.*, *Écrits*, *op. cit.*, pp. 255-6, a propósito do "nascimento da verdade" na "revelação" histérica.

reconhecível nem são "desde a planta dos pés até o alto do crânio".[151] A hipótese da encarnação havia alterado desde o início o Mesmo, a mesmidade do deus transcendente. Essa é a grande operação. É o que devia dar às imagens cristãs o imperativo categórico — ou antes fantasmático — de sempre *alterar o Mesmo*.

Compreende-se melhor agora em que sentido a encarnação exigia "abrir" a imitação, assim como Longino, na lenda, abriu com a lança o belo corpo do Cristo. *Abrir a imitação* não era excluir a semelhança, era pensar e fazer trabalhar a semelhança como um *drama* — e não como o simples efeito bem-sucedido de uma técnica mimética. A grande tradição da antropologia bíblica oferece um testemunho abundante disso, ela que constrói seus famosos modelos da origem, sua famosa "economia da salvação", através de um drama da imagem e da semelhança, tanto divinas quanto humanas. Todos conhecemos ao menos o esquema geral: no começo da história, *in principio*, portanto, Deus cria o homem à sua imagem e à sua semelhança; bastarão apenas alguns versículos do Gênesis para que vejamos o diabo tentar o homem, o homem cair em pecado e ser — por muito tempo, para quase sempre — "rejeitado da face de Deus"; no meio da história, o Filho de Deus, sua "imagem perfeita", se encarna e se sacrifica para a redenção do gênero humano; sua morte de três dias terá sido o penhor da salvação e a primeira chance para o homem de recuperar seu estatuto originário, perdido, de *ser-à-imagem*; no fim da história, o Juízo Final discrimina definitivamente as almas que permaneceram dessemelhantes ao Pai e aquelas que reconquistam a perfeição da sua semelhança. Então, os homens "salvos" voltam a ser os primeiros e verdadeiros filhos do seu Deus criador. E nesse momento todos os olhos veem, não há mais necessidade de imitar, tudo é perfeito.

Assim não é espantoso que muitos Padres da Igreja e muitos teólogos medievais tenham formulado essa imensa saga nos termos

---

[151] "Não havia mais nada de são nele, desde a planta dos pés até o alto do crânio..." Jacques de Voragine, *La légende dorée*, trad. de J. B. M. Roze, Paris, Garnier-Flammarion, 1967, I, p. 260. Cf. G. Didi-Huberman, "Un sang d'images", *Nouvelle Revue de Psychanalyse*, XXXII, 1985, pp. 129-31.

de um *drama da semelhança*. Será dito, por exemplo, que no início Adão existia à imagem de Deus numa relação de "semelhança de humildade"; que Satã propôs a infernal tentação de uma "semelhança de igualdade" — apanágio apenas do Filho divino — que escondia, em realidade, a ambição louca de uma "semelhança de contrariedade" ou de rivalidade, com a qual o Pai teve todas as razões, compreende-se, de se ofender seriamente.[152] Será dito que o episódio da crucificação fornece o acontecimento central no qual a própria "semelhança de igualdade" se dá em sacrifício à prova de uma desfiguração ignominiosa. Será dito ainda que a semelhança a Deus continua sendo para os humanos o objeto de um desejo que só se satisfará no final dos tempos: até lá os homens apenas buscarão dentro deles os cacos, os vestígios (*vestigia*) dessa semelhança outrora arruinada pelo pecado do primeiro filho terrestre. Até lá os homens apenas irão vagar na "região da dessemelhança" (*regio dissimilitudinis*), região — a nossa — à qual um Pai furioso ainda recusa o dom de sua face.[153]

Como teriam podido os pintores religiosos se manter alheios a tal antropologia, que colocava a semelhança como o objeto impossível por excelência, objeto inapreensível — pelo menos para os vivos —, e o mundo sensível, o mundos dos corpos a imitar, como um *emporium* de dessemelhanças, no melhor dos casos um universo marcado de vestígios, de "rastros de alma" diante dos quais era preciso purificar-se, despir-se, para poder apreendê-los? A antropologia cristã e o conjunto das grandes tradições teológicas, portanto, nos obrigam a perguntar como os pintores religiosos buscaram, eles assim como outros, a semelhança (a Deus) para

---

[152] Cf. Hugo de São Vítor, *Miscellanea*, C.V., *P.L.*, CLXXVII, col. 804 ("De triplici similitudine"). E, em geral, R. Javelet, *Image et ressemblance au XIIe siècle de saint Anselme à Alain de Lille*, Paris, Letouzey et Ané, 1967, 2 vol.

[153] Cf. A. E. Taylor, "Regio dissimilitudinis", *Archives d'histoire doctrinale et littéraire du Moyen Âge*, IX, 1934, pp. 305-6; P. Courcelle, "Tradition néo-platonicienne et traditions chrétiennes de la région de dissemblance", *ibid.*, XXXII, 1957, pp. 5-23, seguido de um "Répertoire des textes relatifs à la région de dissemblance jusqu'au XIVe siècle", pp. 24-34.

salvar suas almas, e como para isso buscavam "abrir" em seus quadros as semelhanças (sensíveis, aspectuais) a ponto de modificá-las — de *querer modificá-las*. Por trás dessa indagação, que envolve de novo o sentido radical da palavra *figura* na Idade Média, podemos apontar nos grandes tratados pictóricos anteriores a Vasari de que maneira o desafio de uma prática artística podia ser considerado no âmbito angustiante desse "drama da semelhança", drama que girava incansavelmente em torno da morte do deus-imagem, em torno da morte simplesmente e da pergunta: seremos salvos?

Abramos um ou dois desses tratados de pintores, dos quais a Idade Média nos deixou alguns belos monumentos.[154] Abramos, por exemplo, o manual de Teófilo, escrito provavelmente no século XII, ou então o *Libro dell'arte* de Cennino Cennini.[155] O que encontramos antes de mais nada? Como em Vasari, encontramos aí o estabelecimento — e a "demarcação" — de certos procedi-

---

[154] Sobre a *Kunstliteratur* de todo esse período, cf. J. von Schlosser, *La littérature artistique, op. cit.*, pp. 41-132.

[155] Teófilo, *De diversis artibus schedula*, trad. de J. J. Bourassé, *Essai sur divers arts*, Paris, Picard, 1980. Trata-se de uma velha tradução (publicada primeiro no *Dictionnaire d'archéologie*, de Migne, em 1863) muito pouco rigorosa. Assinalemos que a mais antiga cópia manuscrita desse tratado data do começo do século XIII. Acreditava-se outrora que o original tivesse sido escrito no século IX; hoje ele é datado do século XII. Também se conjecturou, com base em uma anotação de um dos manuscritos conservados (*"Theophilus qui est Rogerus..."*), que o pseudônimo "Teófilo" oculta a identidade de um emérito ourives do início do século XII, chamado Roger de Helmarshausen, autor de um altar portátil que contém o tesouro da catedral de Paderborn. C. Cennini, *Il libro dell'arte o trattato della pittura, op. cit.*, cujo manuscrito mais antigo — não autógrafo — data de 1437. A obra teria sido escrita por volta de 1390. Cf. J. von Schlosser, *La littérature artistique, op. cit.*, pp. 126-32. Notemos que a bibliografia relativa a Cennini é de uma impressionante pobreza em comparação à de Vasari. Quanto à obra pintada de Cennini, é quase desconhecida; alguns historiadores da arte pensam eventualmente nele diante de afrescos anônimos muitas vezes deteriorados. Cf., como exemplo recente, E. Cozzi, entrada nº 62 da exposição *Da Giotto al tardogotico: dipinti dei Musei civici di Padova del Trecento e della prima metà del Quattrocento*, Roma, De Luca, 1989, pp. 84-5.

mentos de legitimação. Poderíamos mesmo dizer que o esquema é inteiramente análogo... exceto que o sentido se inverte por completo. Tentemos resumir os principais aspectos. Lá onde Vasari reverenciava o príncipe (ou o papa), no gesto maneirista de uma cabeça que se inclina apenas para se reerguer, aqui as nucas permanecem curvadas na humildade definitiva da relação de *obediência* que elas reivindicam diretamente ante a Deus e aos santos. Teófilo, por exemplo, apresenta-se logo no início como "humilde padre, servidor dos servidores de Deus, indigno do nome e da profissão de monge"; não hesita em qualificar-se de "homem fraco e quase sem nome [...], que teme se expor ao terrível julgamento" sofrido por todo aquele que se mostrar aos olhos de Deus como um mau servidor do Evangelho.[156] Portanto, é frente ao *texto sagrado* que a relação de obediência acabará sendo formulada. Quanto a Cennini, ele também não escreve sob o olhar dos príncipes, mas sob o olhar, bem mais inquietante, de um trono divino e de uma assembleia dos santos:

> "Aqui começa o livro da arte, feito e composto por Cennino da Colle, em reverência (*a riverenza*) a Deus, à Virgem, a São Eustáquio, São Francisco, São João Batista, Santo Antônio de Pádua, e de maneira geral a todos os santos e santas de Deus...".[157]

A essa primeira e essencial legitimação segue-se a constituição, mais concreta, de um *corpo social* das artes figurativas. Mas lá onde Vasari invocava a glória (*fama*) de uma elite conquistadora e já autolegitimada, Teófilo expunha a lenta progressão do aprendiz rumo à mestria — mestria imediatamente separada do

---

[156] Teófilo, *Essai sur divers arts*, prólogo, *ed. cit.*, pp. 15-6.

[157] C. Cennini, *Le livre de l'art*, *op. cit.*, p. 3 (e que continua no mesmo tom, p. 5). Mas a essas primeiras linhas correspondem também as últimas, ou quase: "Pedimos ao Altíssimo, a Nossa Senhora, a São João, São Lucas, evangelista e pintor, São Eustáquio, São Francisco e Santo Antônio de Pádua, que nos deem graça e coragem para suportar os encargos e as fadigas deste mundo..." (*ibid.*, p. 148).

seu sujeito humano para se reportar unicamente à vontade divina: "Os que possuírem [a arte] não devem se glorificar dela como de um bem próprio e que não receberam; que eles se felicitem humildemente no Senhor, de quem e por quem todas as coisas acontecem e sem o qual nada existe".[158] Cennini, por sua vez, só legitimava sua própria mestria por uma relação de filiação e de tradição expressas pela *riverenza* devida ao mestre (no caso, Agnolo Gaddi), ao mestre do mestre (Taddeo Gaddi, pai de Agnolo), e depois ao mestre do mestre do mestre (o próprio Giotto)...[159] Movimento regressivo que parecia levar a questão da *origem* ao nível mais radical da legitimação a ser dada às artes figurativas.

Trata-se realmente disso, de fato. Mas não se trata de invocar os *più celebrati artefici antichi* cujos feitos Plínio exaltou e que Vasari retomaria como paradigmas de "nascimento" para o seu Renascimento por fundar. Aqui não se trata de Apeles, mas de Adão. Adão, sua natureza de *imago dei*, e o drama do pecado no qual a *imago* se rompe. Adão "criado à imagem", mas que só nos transmitiu a perda da imagem e o drama de uma semelhança sempre buscada, nunca obtida. Assim Teófilo vincula sua declaração de indignidade, de humildade contrita, ao relato do Gênesis e da Queda.[160] Assim Cennini desenvolve o mesmo relato, numa ótica em que o verbo *pintar*, que conclui a passagem, está longe de designar a atividade triunfalista de uma arte desejosa apenas de autorreconhecimento. O que está em jogo se situa em outra parte, entre punição divina e busca de uma salvação para as almas humanas:

> "No princípio (*nel principio*), Deus todo-poderoso criou o céu, a terra e, acima de tudo que vive e respira, fez o homem e a mulher à sua própria imagem (*alla sua propria immagine*), dotando-os de todas as virtudes. Por infelicidade, Adão excitou a inveja de Lúcifer que, por

---

[158] Teófilo, *Essai sur divers arts, op. cit.*, p. 16.

[159] C. Cennini, *Le livre de l'art, op. cit.*, pp. 3 e 5.

[160] Teófilo, *Essai sur divers arts, op. cit.*, p. 15.

malícia, sagacidade e embuste, incitou Eva ao pecado, e com ela Adão, contra o mandamento de Deus. Irritado contra Adão, Deus o fez expulsar com sua companheira por um anjo que lhes disse: 'Já que desobedecestes ao mandamento que Deus vos deu, ireis percorrer uma vida de trabalhos e fadigas (*fatiche ed esercizii*)'. Adão, que Deus havia escolhido como pai de todos nós, que havia tão nobremente dotado, reconheceu sua culpa e abandonou a ideia de ciência para se entregar ao trabalho das mãos que faz viver (*rinvenne di sua scienza di bisogno era trovare modo da vivere manualmente*). Ele pegou a enxada e Eva começou a fiar. Várias artes nascidas da necessidade (*molti arti bisognevoli*) seguiram-se, todas diferentes uma da outra. Esta comportando mais ciência (*di maggiore scienza*) que aquela, elas não podiam ser todas iguais; pois a ciência é a mais nobre. Depois dela, vem uma que lhe deve sua origem e a segue de perto, provém da ciência e se forma pela operação das mãos. É uma arte designada pela palavra *pintar*...".[161]

O caráter tradicional ou mesmo "comum" dessa maneira de iniciar um tratado de pintura não autoriza, porém, a negligenciá--lo.[162] É preciso considerar que um livro no qual o autor daria "a

[161] C. Cennini, *Le livre de l'art*, op. cit., pp. 3-4.

[162] O que faz A. Chastel, "Le *dictum Horatii quidlibet audendi potestas* et les artistes (XIIIᵉ-XVIᵉ siècle)" (1977), *Fables, formes, figures*, Paris, Flammarion, 1978, I, p. 363, que comenta toda a passagem com esta fórmula curta: "Nada de mais comum". Mas não se percebe no texto de Cennini — nem na pintura do século XIV — o que o autoriza a continuar: "Não se deve concluir daí uma atitude particularmente piedosa...". Em realidade, o problema aqui é o da articulação entre o movimento de autonomização da arte pictórica no próprio Cennini (e sua fórmula famosa *si come gli piace*, que Chastel com razão evidencia) e o contexto religioso de todo o seu pensamento. Vemos aqui o historiador da arte neovasariano desembaraçar-se do segundo elemento para salvaguardar o primeiro, quando se deveria *dialetizar* os dois elementos. Num estudo clássico publicado entre os *Essays in Honor of Erwin Panofsky* (e que Chastel, significativamente, não menciona), Ernst Kan-

razão da luz" (*ragione della luce*), "a modalidade e a ordem do desenho" (*el modo e l'ordine del disegnare*) ou "a maneira de retirar a substância de uma boa figura" (*in che modo ritrarre la sustanza di una buona figura*),[163] é preciso considerar que tudo isso se estabelecia sobre o lodo do pecado adâmico e da imagem perdida. É o que Cennini explicitava quando diz que à perda da imagem devia corresponder o nascimento da "necessidade" (*bisogno*), e que à perda da ciência — ciência inata que fazia de Adão um ser que conhece seu Deus — devia corresponder o trabalho da mão (*operazione di mano*). Assim a existência das diferentes "artes" (*molte arti*) era pensada, desde o início, como um efeito da necessidade, portanto do pecado e da falta de "ciência". Compreende-se então que a palavra *scienza*, nesse contexto de relato originário e bíblico no qual ela intervém, não se contenta em fazer referência à distinção canônica das "artes liberais" e das "artes mecânicas"; evoca também tudo o que os teólogos podiam dizer — e que os fiéis podiam ouvir nos sermões de igreja —, a saber: a reconquista, mesmo parcial, da *semelhança* suprassensível.[164]

É a partir daí que a legitimação da arte pictórica e mesmo sua reivindicação como "arte liberal" vão passar da gestão inquieta de uma queda original e de um abandono — pois pintar figuras nunca será extrair-se da "região de dessemelhança" na qual estão contidos todos os pecadores — à esperança de um movimento ascendente, à esperança de uma salvação. Pintar requer a mão, sinal de

---

torovicz já havia indicado, porém, os caminhos dessa dialética. Cf. E. Kantorovicz, "La souveraineté de l'artiste: note sur quelques maximes juridiques et les théories de l'art à la Renaissance" (1961), trad. de L. Mayali, *Mourir pour la patrie et autres textes*, Paris, PUF, 1984, pp. 31-57.

[163] C. Cennini, *Le livre de l'art, op. cit.*, capítulos IX, X e XXIII.

[164] Por exemplo, São Tomás de Aquino definia a ciência como "a assimilação do intelecto com a coisa por uma espécie inteligível que é *a semelhança da coisa compreendida*". *Summa theologiae*, Ia, 14, 2. A "ciência" era pensada como um dos sete dons do Espírito Santo, diretamente emanados de Deus (*ibid.*, Ia-IIae, 68, 4). E, para terminar, tudo isso remetia evidentemente ao dado da fé: "Os dons do intelecto e da ciência correspondem à fé" (*ibid.*, IIa-IIae, 1, 2).

uma punição, mas não se submete à lei da necessidade. Pintar eleva a mão e requer, *deseja a ciência*: haveria aqui o esboço de uma teoria *anagógica* da pintura, segundo a ideia de fundo dionisiana — transmitida a leste pela tradição veneto-bizantina, a oeste pelo abade Suger e toda a estética gótica — de uma *materialis manuductio*, isto é, de um movimento segundo o qual a humilhação na matéria ou a humildade da matéria procedem um pouco como a encarnação do próprio Verbo divino: é a partir do mais baixo que a subida é a mais potente.[165] Como se surpreender então ao ver um dos três manuscritos principais do *Libro dell'arte* terminar com um "Louvor a Deus e à Bem-aventurada Maria sempre Virgem", louvor que fazia rimar as palavras "Deus", "desejo", "dor", e, por fim, com a *unção* crística cujo paradigma parece conter decididamente muitas riquezas?

> "*Concorda il tuo voler con quel di Dio,*
> *E verratti compiuto ogni disio:*
> *Se povertà ti stringe o doglia senti,*
> *Va' in su la croce a Cristo per unguenti.*"[166]

Estamos aqui no nível da quarta e última legitimação em que se enquadrava o projeto do *Trattato*. Com o retorno à cruz, a unção e o querer divino, já estamos na *espera dos fins* (insistamos em dizer que os fins não estão separados da sua espera, mistura de angústia e desejo). A idade de ouro de Vasari já havia acontecido e os artistas de sua paganíssima ressurreição, de Apeles a Miche-

---

[165] Sobre a *materialis manuductio* antes de Suger, cf. J. Pépin, "Aspects théoriques du symbolisme dans la tradition dionysienne. Antécédents et nouveautés", *Simboli e simbologia nell'alto medioevo*, Centro Italiano di Studi sull'Alto Medioevo, Spoleto, 1976, I, pp. 33-66. Sobre o abade Suger, cf. E. Panofsky, "L'abbé Suger de Saint-Denis" (1946), *Architecture gothique et pensée scolastique*, *op. cit.*, pp. 9-65.

[166] "Concilia teu querer com o de Deus/ E verás cumprido cada um dos teus desejos./ Se a pobreza te oprime ou se sentes dor,/ Vai à Cruz buscar a unção do Cristo." Esses quatro versos do manuscrito *Riccardiano* 2190 foram omitidos na tradução francesa.

langelo, foram imortais desde o início (é o *nunquam periisse* do frontispício das *Vidas*); o céu último no qual era cantada a memória deles se dizia certamente "glorioso", mas no sentido da *fama*, e era obtido ao cabo de um Julgamento da história, se não do historiador. Em Teófilo e Cennini, ao contrário, o Julgamento não é senão o Julgamento comum dos mortais sob o olhar de Deus; identifica-se com o fim dos tempos — isto é, a negação da história —, despreza a *fama* social e comporta, sob esse aspecto, um valor bem mais definitivo, bem mais inquietante. É o que transparece nas últimas linhas do tratado de Cennini, onde o leitor é associado ao próprio autor na esperança inquieta de uma fórmula quase litúrgica que evoca a "glória no outro mundo pelos séculos dos séculos, Amém" (*e finalmente nell'altro [mondo] per gloria, per infinita secula seculorum — Amen*).[167] É o que transparecia já nas últimas linhas de um prólogo no qual Teófilo recusava de antemão toda "recompensa temporal" da sua arte e falava de uma glória que não era nem a *fama*, nem a do seu próprio nome, mas sim a *gloria*, a simples glória do nome divino:

> "Quando tiverdes lido e relido várias vezes estas coisas, e as tiverdes gravado em vossa memória, em recompensa da instrução que tirastes dos meus escritos, sempre que meu trabalho vos tiver sido útil, rezai por mim a Deus misericordioso e onipotente, que sabe que não escrevi este livro por amor aos louvores humanos, nem pelo desejo de uma recompensa temporal, que nada ocultei de precioso ou de raro por um sentimento de ciúme ou para reservar somente a mim seu segredo, mas que, para o crescimento da honra e da glória do Seu nome, quis atender às necessidades e ajudar os progressos de um grande número de homens".[168]

---

[167] C. Cennini, *Le livre de l'art, op. cit.*, p. 148.
[168] Teófilo, *Essai sur divers arts, op. cit.*, p. 18.

Poderíamos, diante dessas linhas e do seu contraponto vasariano, resumir as coisas de maneira cômoda: haveria, de um lado, a Idade Média religiosa e, de outro, o Renascimento humanista; haveria um "negro abismo de visões", de um lado,[169] e a visibilidade lúcida dos quadros perspectivistas, construídos, "naturais", albertianos, de outro; o tempo sagrado, imóvel e hierarquizado, de um lado; o progresso humano, dinâmico e liberal, de outro... Mas seria precisamente retomar todas as linhas de partilha sobre as quais Vasari fundou seu sentido da história e seu ideal do progresso artístico. Seria, em particular, esquecer que o manuscrito de Cennino Cennini foi recopiado ao longo de todo o século XV e que os quatro versos devotos do manuscrito *Riccardiano*, citados acima, foram recopiados em pleno século XVI. Seria esquecer o "negro abismo de visão" que acompanha, ainda em 1511, o Cristo desesperadamente medieval de Dürer. Aliás, a Idade Média não é mais "negra" e autoenlutada do que o Renascimento seria "claro" e autossatisfeito. Vasari quis nos fazer acreditar nisso — e antes de tudo fazer seu patrão, Cosme de Médici, acreditar —, mas para tanto precisou *inventar* sua história da arte, em todos os sentidos do termo: inventar a fábula de um progresso e de uma teleologia, inventar um Giotto "sob a dependência da natureza" para esquecer o Giotto dos mistérios cristãos e das alegorias medievais, inventar um Fra Angelico mergulhado no século XIV para esquecer que a grande *ars memorandi* escolástica dos afrescos de San Marco foi pintada vinte anos após a morte de Masaccio...

Se é verdade que o constante *estranhar-se* faz parte do trabalho próprio às imagens, então a história das imagens não pode funcionar segundo o modelo neovasariano ou mesmo neo-hegeliano de um simples progresso da razão pictórica [*raison peignante*]. Aqui a história só faz sentido como *sentido de imbróglio*. Ou seja, um entrelaçamento indeslindável de anacronismos e de conflitos abertos, uma dialética sem síntese do que se inventa ou "avança" e do que perdura ou "regride". Tudo isso atravessado pelo jogo

---

[169] Segundo a expressão de J. Huizinga, *L'automne du Moyen Âge* (1919), trad. de J. Bastin, Paris, Payot, 1932 (ed. 1980), p. 210.

insistente do sintoma. Fra Angelico, é verdade, pintou admiráveis perspectivas albertianas, mas ele desconcerta o historiador (Vasari em primeiro lugar) pela simples razão de que utiliza as "modernidades" estilísticas do *Quattrocento* para finalidades opostas àquelas que Alberti dava às mesmas "modernidades" (o primado da *istoria*, em particular): em suma, ele as pensava e as utilizava — portanto já as transformava — através de *outras* categorias, diretamente herdadas de Alberto, o Grande, de Dante ou de Cennino Cennini. O famoso Renascimento não é mais apenas o dos "mistérios pagãos", assim como a "sobrevivência dos deuses antigos" não seria apenas a do humanismo italiano.[170] No fundo, a história da arte talvez só possa se declinar como uma história de efeitos literalmente *perversos*, isto é, dirigidos *rumo* a alguma coisa para se orientar *rumo a outra coisa*[171] — maneira, portanto, de "se estranhar" sempre.

Mas, para que essa história não fosse nem perversa, nem estranha, nem inquietante, portanto, foi preciso convencer-se, com Vasari, de certas linhas de partilha que em realidade não eram senão linhas de exclusões ou mesmo de condenações à morte. Assim foi preciso matar a Idade Média para garantir não apenas o conceito de Renascimento como categoria preferencial ou referencial da história da arte, mas também a existência mesma dessa história da arte enquanto disciplina "humanista".[172] Assim foi

---

[170] Faço alusão, é claro, a dois livros clássicos que colocam esses problemas: J. Seznec, *La survivance des dieux antiques: essai sur le rôle de la tradition mythologique dans l'humanisme et dans l'art de la Renaissance*, Paris, Flammarion, 1980, que rompe com a ideia de um "renascimento" da Antiguidade pagã no século XV; e E. Wind, *Pagan Mysteries in the Renaissance* (1958), Londres/Nova York, Oxford University Press, 1980, a que se poderá opor, por exemplo, as pesquisas em curso de T. Verdon, em *Christian City and the Renaissance: Image and Religious Imagination in the Quattrocento*, T. Verdon e J. Henderson (orgs.), Siracusa, Syracuse University Press, 1990.

[171] No original, o autor joga com os termos *pervers* ("perverso") e *vers* (aqui traduzido como "rumo"). (N. do T.)

[172] Seria preciso reconstituir toda uma história da concepção da Idade

preciso matar a imagem para garantir o conceito autorreferencial da Arte. *Matar a imagem*, ou seja, recosê-la ou fechá-la de novo, negar nela sua violência, sua dessemelhança essencial e até mesmo sua inumanidade — tudo o que Grünewald, entre outros, soube realizar tão magistralmente, para retomar e revalorizar aqui um exemplo que Panofsky optou finalmente por deixar de lado. A história da arte devia matar a imagem para que seu objeto, a *arte*, escapasse à extrema disseminação a que nos constrangem as imagens — desde as que frequentam nossos sonhos e passam nas nuvens até aquelas, "populares", terrivelmente feias ou excessivas, diante das quais cinco mil devotos não hesitarão em se ajoelhar em bloco. Matar a imagem era querer extrair do *sujeito* sempre rasgado, contraditório, inconsciente, "estúpido" num certo sentido, a harmoniosa, a inteligente, a consciente e imortal *humanidade* do homem. Mas há um mundo entre o homem do humanismo, esse ideal, e o sujeito humano: o primeiro visa apenas à unidade, o segundo só se pensa dividido, rasgado, votado à morte.[173] Compreender as imagens — e sua eficácia desgarradora — implica pôr em questão esse "humanismo" do qual a história da arte vasariana, depois panofskiana, fez decididamente seu álibi.

Média como "elo frágil" da história da arte, desde Vasari até Panofsky. Cf. sobre Vasari: A. Thiery, "Il Medioevo nell'Introduzione e nel Proemio delle *Vite*", *Giorgio Vasari storiografo e artista, op. cit.*, pp. 351-82; I. Danilova, "La peinture du Moyen Âge vue par Vasari", *ibid.*, pp. 637-42. Sobre Panofsky: J.-C. Bonne, "Fond, surfaces, support (Panofsky et l'art roman)", *Erwin Panofsky. Cahiers pour un temps, op. cit.*, pp. 117-34.

[173] Para citar apenas dois textos que, apesar das suas diferenças, coincidem sobre essa grande questão: cf. M. Foucault, *Les mots et les choses: une archéologie des sciences humaines*, Paris, Gallimard, 1966, pp. 314-68; e J. Lacan, "La Science et la vérité", *Écrits, op. cit.*, pp. 857-9: "Uma coisa é certa: se o sujeito está realmente aí, no nó da diferença, toda referência humanista se torna supérflua, pois é ela que ele abole. [...] Não há ciência do homem, o que devemos entender no mesmo tom de que não há pequenas economias. Não há ciência do homem porque o homem da ciência não existe, mas somente seu sujeito". Cf. ainda, no campo da psicanálise, P. Fédida, "La psychanalyse n'est pas un humanisme", *L'Écrit du Temps*, n° 19, 1988, pp. 37-42.

[Semelhança da vida, semelhança da morte. Economia da morte no cristianismo: a artimanha e o risco. Onde a morte insiste na imagem. E nós, diante da imagem?]

Ora, para Vasari, matar a imagem não era senão uma nova maneira — mais radical, mais ideal talvez — de *matar a morte*. Com sua plêiade de artistas eleitos "que nunca pereceram", a história da arte inventava para si um Parnaso de semideuses cuja qualidade principal residia no fato de terem sido todos heróis, campeões da semelhança. Ao contrário, o que os prólogos inquietos de Teófilo e de Cennini nos dizem é que toda imagem da arte não poderia ser, no fundo, senão um luto da semelhança, um vestígio da perda da imagem divina desencadeada com o pecado de Adão. E se a semelhança, de um ponto de vista cristão, é pensada como um imenso drama, é antes de tudo porque, através do seu pecado e da perda do seu "ser-à-imagem", Adão não fez outra coisa senão nos *inventar a morte*. Não se assemelhar (a Deus) é outra maneira de dizer: vamos todos morrer. Compreende-se então em que sentido o desejo de reencontrar a imagem (divina) se sobrepõe exatamente ao de reencontrar a imortalidade nativa na qual Deus supostamente nos criou. A dialética fundamental das imagens encarnacionais talvez seja a de carregar em si este duplo movimento contraditório (contraditório da contradição mesma em que o Verbo divino já aceitara mergulhar): *carregar a morte* nelas, proceder a algo como uma perpétua "mortificação" — um sacrifício, portanto — a fim de administrar religiosamente o desejo comum de uma morte da morte... Para o estrangeiro que descobrisse de repente o mundo ocidental das imagens cristãs, em particular as que cobriam as paredes de igrejas e conventos, o primeiro espanto certamente se dirigiria ao mesmo ponto: que reconforto quanto à morte os cristãos puderam extrair de um deus em perpétua imagem de morrer numa cruz?

Ao propor o termo triunfal *rinascita*, Vasari evidentemente virava as costas a essa perturbadora eficácia das imagens, a essa economia da obsessão e da angústia. A palavra "Renascimento" não diz, não quer dizer, mais do que *a vida*, e há certa emoção em pensar que a primeira grande história da arte jamais escrita teve como primeira palavra a palavra *Vidas*, como se seu propósito fundamental fosse estender essa vida, multiplicá-la, prolongá-la ao infinito sem outra prova senão a do próprio "julgamento" histórico... O artista "renascente" é visto, afinal, como o artista que *volta a dar vida*, não somente à arte mas às coisas e aos indivíduos vivos ou mortos que ele representa mimeticamente. Sabemos que o vocabulário vasariano relacionado à vida — *vivo, vivace, vivezza, vivacità* — é de uma extensão quase ilimitada; invade cada página do seu livro, sobrepuja-se de artista em artista, ora afirmando que *"più vivo far non si può"*, ora que "só falta a voz"...[174]

Começa, é claro, com Giotto, cuja vida escrita por Vasari funciona como desencadeadora de todo o processo do "renascimento" a seguir. Já na primeira linha Giotto é colocado por Vasari "sob a dependência da natureza" (*obbligo... alla natura*) e, como para não deixar o menor espaço a uma "sobrenatureza" que seria ainda mais exigente, ou mais intemporal, Vasari promove essa mesma dependência da natureza à condição de verdadeira eternidade (*la quale serve continuamente... sempre*).[175] Algumas palavras serão suficientes para introduzir a noção de um renascimento das artes cujas "boas regras", diz ele, foram há muito esquecidas (ou seja: durante a Idade Média). Giotto, portanto, "ressuscita" a boa, a verdadeira pintura (*i modi delle buone pitture... risuscitò*), segundo uma terminologia que não mais cessará de parodiar o vocabulário mesmo que ele nega, isto é, o vocabulário religioso. Assim o retorno à natureza será qualificado de "dom de Deus" (*per dono di Dio*) e de "milagroso" (*e veramente fu miracolo grandissimo*), precisamente no sentido de que o *disegno*, o famoso conceito-rei do *disegno* vasariano, é aqui descrito como "retornando inteiramente à vida" por intermédio — pela mediação, pela intercessão, deveríamos dizer — do grande artista eleito (*mediante lui ritornasse del tutto in vita*).[176] As coisas se precisam ainda mais, algumas linhas adiante, com a aplicação da "vida", como

[174] Cf. R. Le Mollé, *G. Vasari et le vocabulaire de la critique d'art, op. cit.*, pp. 102-31 etc.

[175] G. Vasari, *Le Vite*, I, p. 369 (*trad. cit.*, II, p. 102).

[176] *Id., ibid.*

metáfora da bela arte ressuscitada, à "vida" como objeto mesmo dessa arte votada à semelhança natural:

> "Ele soube imitar tão bem a natureza (*divenne così buono imitatore della natura*) que eliminou completamente a ridícula maneira grega. Ressuscitou a arte da bela pintura, tal como a praticam os pintores modernos, introduzindo o retrato a partir do modelo vivo (*introducendo il ritrarre bene di naturale le persone vive*)...".[177]

E é aí que vem a propósito o exemplo famoso do retrato de Dante de quem Vasari, para justificar seu conceito do *ritrarre di naturale* [retirar do natural], é obrigado a inventar uma "amizade muito íntima" com Giotto (*coetaneo ed amico suo grandissimo*).[178] O que aconteceu nessas poucas linhas? Aconteceu que um lugar-comum foi, se não inventado, pelo menos ancorado por muito tempo no espírito de todos nós, que olhamos a princípio "como humanistas" a grande arte ocidental do retrato. Esse lugar-comum é o da identificação dos termos *semelhante*, *natural* e *vivo*. Ele condiciona pesadamente a visão que podemos ter, desde Vasari, dos prodígios miméticos, pintados ou esculpidos, que o Renascimento nos legou. Certamente esse lugar-comum não é desprovido de pertinência, pois encontra em toda parte sua expressão precisa e circunstanciada. Mas ele nega, e até recalca, tanto quanto afirma. Digamos, para abreviar, que nega a morte tanto quanto quer afirmar a vida. Mais uma vez, portanto, ele mata a morte — e, para tanto, mata dentro dele, recalcando a parte encarnacional e medieval da imagem que, não obstante (e até o final do século XVI), o condiciona em profundidade.[179]

---

[177] *Id., ibid.*, I, p. 372 (*trad. cit.*, II, p. 104).

[178] *Id., ibid.* Mito que a partir de então E. Gombrich reconhece, "Giotto's Portrait of Dante?", *art. cit.*

[179] Não estamos longe aqui da hipótese histórica de uma *longa Idade Média*, tal como a formulou J. Le Goff, *L'imaginaire médiéval*, *op. cit.*, pp. VIII-XIII e 7-13.

Tentemos precisar um pouco, ou pelo menos exemplificar, nosso pensamento. Quando vamos a Florença para admirar as obras-primas do *Quattrocento*, ficamos estupefatos e mesmo boquiabertos diante de obras tais como o busto dito de Niccolò da Uzzano, realizado em terracota (e pintado, ainda por cima) pelo grande Donatello. E, quando fechamos a boca, são palavras como estas que nos vêm espontaneamente: "É o cúmulo do realismo"...[180] Pois está tudo ali, como se diz: a granulação da pele, as rugas, a verruga na face esquerda, a ossatura subjacente de um homem que a velhice começa a descarnar etc. Mas por essa razão mesmo vemos ali "a vida", e repassamos em espírito — de maneira autenticamente vasariana — os *progressos na semelhança* realizados desde o século XIV e nessa obra levados a uma perfeição que não hesitaremos mais em qualificar de "humanista". Eis portanto um objeto exemplar no qual a equivalência estética dos termos "semelhante", "natural", "vivo", "renascentista", "humanista" poderá funcionar plenamente.

Ora, as coisas não se passaram exatamente como a história vasariana quer nos sugerir. O "cúmulo do realismo", visualmente, existia muito tempo antes de que Donatello realizasse o que passou a ser, seja como for, uma obra-prima de escultura. O "cúmulo do realismo" existia em centenas ou mesmo milhares de objetos que atulhavam, em particular, a igreja florentina da Santíssima Annunziata. Mas não eram objetos de arte. Eram simplesmente *ex-votos* ou *bòti*, como eram chamados em Florença. Em suma, objetos de uma devoção religiosa medieval que aos poucos desapareceu e condenou todos esses retratos "hiper-realistas" à mais completa destruição.[181] Nenhum museu quis conservar esses objetos, no entanto extraordinários. Nenhuma história da arte os inclui no grande movimento dos estilos figurativos. Já os arquivos conservaram

---

[180] C. Avery, *L'invenzione dell'uomo: introduzione a Donatello*, Florença, Usher, 1986, p. 39.

[181] Os *bòti*, que desde 1260-1280 atulhavam a igreja, foram primeiro deslocados para o claustro, em 1665, depois completamente destruídos, em 1785. Cf. O. Andreucci, *Il fiorentino istruito nella Chiesa della Nunziata di Firenze: memoria storica*, Florença, Cellini, 1857, pp. 86-8.

a lembrança de uma intensa atividade dos profissionais chamados *fallimagini*, "fazedores de imagens". As pessoas iam às lojas da Via dei Servi — isto é, dos *serviti* da Santíssima Annunziata — para terem o rosto e as mãos moldados. Positivos em cera eram então realizados, depois pintados e ornamentados, eventualmente, de cabelos postiços. Tudo isso era montado em manequins de madeira ou de gesso em tamanho natural, e o doador — ao mesmo tempo sujeito e tema do retrato, e executor do seu voto piedoso, do seu contrato com Deus — neles punha suas próprias roupas.[182] Depois o objeto se juntava à assembleia incontável e famosa (Isabella d'Este, Frederico III de Aragão, Leão X, Clemente VII, cardeais e muitos outros *uomini famosi* tiveram sua efígie de cera) dos adoradores silenciosos da Madona.[183]

Por que esses objetos nunca entraram na "grande" história da arte? Por que o primeiro a assinalar sua existência, Aby Warburg, o mais antropólogo dos historiadores da arte,[184] não foi seguido na sua genial intuição? É que esses objetos medievais não tinham o estilo da arte medieval. Não apenas tinham o aspecto de obras "renascentistas" em pleno século XIV, mas também, o que é pior, eles mesmos não eram, não desejavam ser "obras de arte". Seu modelo operatório era de natureza principalmente indiciária — baseado na impressão, no *character*[185] — e exigia uma técnica,

---

[182] O próprio Lourenço de Médici pôs lá suas roupas manchadas de sangue, após ter escapado à conjuração dos Pazzi (1478).

[183] Sobre toda essa história, que certamente requer ser aprofundada, cf. G. Mazzoni, *I bòti della SS. Annunziata in Firenze: curiosità storica*, Florença, Le Monnier, 1923.

[184] Cf. Aby Warburg, "Bildniskunst und florentinisches Bürgertum" (1902) e "Francesco Sassettis Letzwillige Verfügung" (1907), *Gesammelte Schriften, op. cit.*, I, pp. 89-126 e 127-58.

[185] Em inglês, no original. Do francês antigo *caractere*, palavra latina originária do grego, *kharakter*, "ferramenta de estampagem". Do sentido inicial "marca distintiva" decorre "sinal, atributo, característica" (princípios do século XVI), derivando em "uma descrição, especialmente das qualidades de uma pessoa"; *e daí*, por fim, o sentido predominante de "qualidades distintivas". (N. do T.)

uma prática artesanal em que as noções humanistas de *invenzione* ou de *maniera* decididamente contavam muito pouco. Notemos mesmo assim que esse modelo operatório, muito precisamente descrito, foi abordado por Cennini em alguns dos seus últimos capítulos, especialmente o que anuncia a "utilidade de fazer impressões ao natural" (*come sia cosa utile l'improntare di naturale*).[186] Cennini ainda não rejeitava o artesanato dos *fallimagini* na sombra de uma história clandestina.

É mais uma vez a Vasari que devemos isso. Vasari que necessariamente conheceu os ex-votos da Santissima Annunziata (eles continuavam a povoar a igreja na época de suas longas temporadas em Florença). Vasari que, nas suas *Vidas*, praticou a denegação a ponto de inverter completamente a ordem de inferência em que devem ser pensados tais objetos: de fato, ele nos inventa a fábula de um Verrocchio que é "um dos primeiros" (na segunda metade do século XV) a utilizar essa técnica da moldagem e da cera, Verrocchio ajudando um célebre artesão, Orsino — grande representante da principal família de *fallimagini*, os Benintendi —, a "tornar-se excelente" no realismo das suas imagens (*incominciò a mostrare come potesse in quella farsi eccellente*).[187] O que aconteceu foi evidentemente o contrário, a saber: foram os "grandes artistas" do século XV — Verrocchio, certamente, mas antes dele Donatello — que integraram a seus projetos estéticos a destreza artesanal desses obscuros produtores de ex-votos. Que Vasari tenha tão cuidadosamente apagado o sentido desse episódio, maior na história da semelhança, nos parece ser o índice de que algo importante estava em jogo: tratava-se, de fato, de separar a semelhança do drama no qual o cristianismo continuava a pensá-la. Tratava-se de fazer dela um objetivo artístico, um vetor de êxito e de *humanitas*. Para tanto, era preciso matar a imagem e, com ela, matar essa atividade que produz imagens segundo os fins mais modestos do que chamamos um artesanato.

---

[186] C. Cennini, *Le livre de l'art*, *op. cit.*, cap. CLXXXI-CLXXXVI, pp. 140-5.

[187] G. Vasari, *Le Vite*, III, p. 373 (*trad. cit.*, IV, p. 291).

Assim não era apenas com a finalidade — mais óbvia, certamente — de constituir a pintura, a escultura e a arquitetura enquanto artes "maiores" ou "liberais", que Vasari excluiu o artesanato dos *fallimagini* do esquema ideal da sua história da arte. Ele buscava também, e no mesmo movimento, *salvar a semelhança*, fazer dela um projeto de artistas, uma conquista do "natural", da vida, e de constituí-la como categoria autenticamente "humanista". Era preciso esquecer, portanto, que a semelhança dos *bòti* não fora uma finalidade em si, mas a cláusula parcial de um grande contrato firmado com Deus, entre desejo e promessa, prece e ação de graças.[188] Era preciso esquecer que a semelhança dos *bòti* não fora pensada isoladamente como a busca de um aspecto adequado, mas que fazia parte de um sistema simbólico que oferecia outras vias possíveis ao seu desdobramento: por exemplo, que esses *bòti*, feitos apenas de uma massa informe de cera, tivessem o peso exato — e esse, no caso, era o parâmetro de semelhança — do doador...

Vasari, enfim, tentava esquecer que essas técnicas indiciárias da semelhança "fiel" haviam sido antes de mais nada *técnicas mortuárias*. Não é por acaso que Cennini não emprega uma única vez o adjetivo *vivo* quando fala dessas impressões *di naturale* (enquanto Vasari acaba por sobrepor inteiramente as duas noções). Fazer a impressão de um rosto, mesmo que vivo — o que exigia uma adaptação, a invenção de meios para que o sujeito continuasse a respirar —, era usar uma técnica imemorial de *imago*, de efígie mortuária, transformada simbolicamente para servir à magia de um "voto" que enlaçava o burguês florentino ao grande Gerente da sua morte vindoura.[189] A estátua admirável de Niccolò da Uzza-

---

[188] "Votum est promissio Deo facta" etc. Tomás de Aquino, *Summa theologiae*, IIa-IIae, 88, 1-2. Sobre a extensão do conceito de "*votum*", cf. P. Séjourné, "Voeu", *Dictionnaire de théologie catholique*, XV-2, Paris, Letouzey et Ané, 1950, col. 3182-3234.

[189] A. Warburg, "Bildniskunst und florentinisches Bürgertum", *art. cit.*, sugeria a esse respeito um tríplice componente religioso, pagão e mágico, do retrato florentino. É uma imensa questão histórica que se abre aí, desde as *imagines* romanas e as tumbas etruscas até as efígies reais estudadas por E.

no seria, sob esse aspecto, de um equilíbrio perfeito: ela nos fala da vida porque a cabeça se volta para o alto, como movida por um desejo ou por esse olhar pintado com que Donatello tão bem a dotou; mas sua natureza — a começar por seu modo operatório — continua a pagar um tributo à essência mortífera da *imago*. É o que se compreende bem ao olhar uma outra estátua, muito próxima na mesma sala do Museu do Bargello: é um busto de mulher — aliás, por muito tempo atribuído a Donatello — e que também paga à morte o tributo da sua semelhança demasiado exata (*fig. 12*). O abatimento discreto dos tegumentos sob o peso do gesso, a rigidez cadavérica, os olhos fechados, tudo obriga o emocionante rosto a se assemelhar agora somente à sua mais exata, impessoal e dramática semelhança — sua *semelhança de estar morto*.[190]

Portanto, contra Vasari que sonhava com uma semelhança concebida como *ganho*, como arte, como vida, as imagens do século XV florentino insistem em opor uma semelhança concebida como *doação* feita a Deus, prova de um contrato sobrenatural e sinal de uma morte próxima. Oferecer um ex-voto na igreja da Santíssima Annunziata ou fazer-se esculpir um retrato a dispor diante de alguma *imago pietatis* na igreja de Santa Croce, era certamente afirmar algo — um poder simbólico — frente aos cidadãos de Florença, mas era também se privar de algo, fazer a doação sacrificial da sua semelhança natural tendo em vista uma *outra semelhança*, sobrenatural, de uma "outra vida" nos céus — a morte, justamente. Eis por que a imagem "semelhante", a imagem "exata" ou realista do *Quattrocento* nem sempre possui o otimismo ou o triunfalismo com que Vasari quis projetá-la inteiramen-

---

Kantorowicz (*Les deux corps du Roi: essai sur la théologie politique au Moyen Âge* [1957], trad. de J. P. e N. Genet, Paris, Gallimard, 1989, pp. 303-15) e R. E. Giesey (*Le Roi ne meurt jamais. Les obsèques royales dans la France de la Renaissance* [1960], trad. de D. Ebnöther, Paris, Flammarion, 1987).

[190] "E se o cadáver é tão semelhante, é que ele é, num certo momento, a semelhança por excelência, semelhança completa e nada mais. É o semelhante num grau absoluto, perturbador e maravilhoso. Mas a que ele se assemelha?" M. Blanchot, "Les deux versions de l'imaginaire", *L'espace littéraire*, op. cit., p. 351.

te. Embora semelhante, ela também sabe nos impor a inquietante estranheza, a secreta desfiguração do seu modo de apresentação. Pelos traços leves mas insistentes do seu contato com a morte, pelo índice visual invasivo do seu rosto afundado num bronze tão escuro quanto um véu de luto, a estátua do Bargello também *se estranha*. Como de fato deviam parecer bastante estranhos — e mesmo assustadores para alguns — esses *bòti* exatos demais porque imóveis demais, todos paralisados num face a face devoto com a imagem milagrosa da Santíssima Annunziata... Tal seria, talvez, a ponta de verdade diante da qual todos esses sintomas figurativos involuntariamente nos colocam: a imobilidade dessas imagens (principal sintoma de todas elas, poderíamos afirmar com alguma ironia) nos obriga a experimentar algo como uma gestão da morte.

A morte como o *arcabouço* delas, se podemos dizer. Como seu paradigma maior. Por quê? Porque o cristianismo colocava a morte no centro de todas as suas operações imaginárias. Foi esse seu maior risco ou então sua principal artimanha — talvez as duas coisas ao mesmo tempo: tematizar a morte como rasgadura *e* projetar a morte como meio de recoser todas as rasgaduras, de compensar todas as perdas. Maneira de incluir dialeticamente (tal é a artimanha) sua própria negação, fazendo da morte um rito de passagem, uma mediação rumo à ausência de toda morte. Maneira também de abrir-se (tal é o risco) à sombria insistência de uma negatividade que volta sempre. Mas o cúmulo do risco e da artimanha terá sido, desde o início, delegar à pessoa do Deus a prova mesma dessa morte insistente. Tanto a economia cristã da salvação quanto o mistério da Encarnação conseguiram de antemão embutir um no outro dois paradoxos extraordinários: o primeiro fazia morrer aquilo que, por definição, é imortal; o segundo fazia morrer a própria morte. Assim os homens terão imaginado matar sua própria morte ao se darem a imagem central de um Deus que aceita morrer por eles (isto é, morrer para salvá-los da morte).

Mas para isso era preciso *deixar a morte insistir na imagem*. Abrir a imagem ao sintoma da morte. Pois, assim como quem diz "Não te amo" pronuncia de todo modo a palavra amor, assim também quem fala de ressurreição deixa insistir o trabalho da

12. Anônimo florentino, *Busto de mulher*, século XV. Bronze. Florença, Museo Nazionale del Bargello.

morte dentro dele. Os cristãos — São Bernardo ao pé do seu crucifixo, o devoto contemplando a melancolia gravada do seu Deus ou a velha florentina imobilizada no seu próprio molde — viveram todos no duplo desejo de matar a morte e de imitar a morte ao mesmo tempo: isto é, identificar-se à morte do seu Deus na *imitatio Christi* para crer matar a sua própria morte, sempre à imagem do Deus que ressuscita. Adão nasceu à imagem, mas o peso imenso do seu pecado obrigou todos os outros ao dever de morrer, *morrer à imagem*, refazer constantemente, até mesmo no próprio ato do nascimento, a morte sacrificial do Verbo encarnado, fiador

A imagem como rasgadura e a morte do deus encarnado

da ressurreição. Basta lembrar as frases terríveis com as quais São Paulo introduz o batismo cristão para compreender a que ponto a morte funcionava como o motor de todo desejo religioso, de toda *catarse* ritual, de toda transformação e, portanto, de toda figurabilidade.[191] É que era preciso morrer para poder se assemelhar.

Ora, essa pesada coerção atinge também o mundo das imagens, o que chamamos as imagens da arte cristã, essas imagens-objetos pelas quais se interessa desde o princípio a disciplina da história da arte. Atinge-as de uma ponta a outra, estruturalmente — bem além, por exemplo, da sua simples realização iconográfica. Portanto, para além do "tema" ou do "conceito" da morte, um constante trabalho de oscilação — fluxo e refluxo — terá agitado a imagem ocidental: entre a artimanha e o risco, entre a operação dialética e o sintoma de uma rasgadura, entre uma figuração sempre afirmada e uma desfiguração que sempre se interpõe. É o jogo complexo da imitação e da encarnação. Diante da primeira percebemos mundos, vemos. A imagem está posta diante de nós, é estável, suscetível de um saber que sempre se pode extrair dela. Ela não cessa de excitar nossa curiosidade por seus dispositivos de representação, seus detalhes, sua riqueza iconológica. Quase nos pediria para vermos se "atrás da imagem"[192] não se esconde ainda alguma chave para o enigma.

Diante da segunda o chão desaba. Porque existe um lugar, um ritmo da imagem no qual a própria imagem busca algo como o seu desabamento. Então estamos diante da imagem como diante de um limite escancarado, um lugar que se desconjunta.[193] O fascínio

[191] "Ignorais que, batizados em Jesus Cristo, é em sua morte que fomos batizados (*in mortem ipsius baptizati sumus*)? Portanto fomos sepultados com ele pelo batismo na morte, a fim de que, como o Cristo ressuscitou dos mortos pela glória do Pai, nós também vivamos em uma vida nova." *Romanos*, VI, 3-4.

[192] É o que dirá um Federico Zeri, por exemplo. Cf. F. Zeri, *Derrière l'image. Conversations sur l'art de lire l'art* (1987), trad. de J. Rony, Paris, Rivages, 1988.

[193] Sobre as noções fundamentais do escancaramento e do limite desconjuntado do imaginário, cf. ainda J. Lacan, *Écrits*, *op. cit.*, p. 552, e sobre-

aí se exaspera, se inverte. É como um movimento sem fim, alternadamente virtual e atual, poderoso em ambos os casos. A frontalidade na qual a imagem nos colocava se rasga de repente, mas a rasgadura se torna, por sua vez, frontalidade; frontalidade que nos mantém em suspenso, imóveis, a nós que, por um instante, não sabemos mais o que ver sob o olhar dessa imagem. Então estamos diante da imagem como diante da exuberância ininteligível de um acontecimento visual. Estamos diante da imagem como diante do obstáculo e da sua escavação sem fim. Estamos diante da imagem como diante de um tesouro de simplicidade, uma cor, por exemplo, e estamos aí — segundo a bela fórmula de Henri Michaux — como em face ao que se furta.[194]

Toda a dificuldade consistindo em não ter medo nem de saber, nem de não saber.

tudo id., *Le Séminaire II. Le moi dans la théorie de Freud et dans la technique de la psychanalyse* (1954-55), Paris, Le Seuil, 1978, pp. 177-210.

[194] H. Michaux, *Face à ce qui se dérobe*, Paris, Gallimard, 1975.

Apêndice:
QUESTÃO DE DETALHE, QUESTÃO DE TRECHO

A APORIA DO DETALHE[1]

É um fato de experiência sempre renovado, inesgotável, lancinante: a pintura, que não tem bastidores, que mostra tudo, tudo ao mesmo tempo, numa mesma superfície — a pintura é dotada de uma estranha e formidável capacidade de dissimulação. Ela nunca cessará deixará de estar aí, diante de nós, como uma distância, uma potência, jamais como o ato completo. A que se deve isso? Certamente tanto ao seu estatuto material — a matéria pintura — quanto à sua posição temporal, ontológica; deve-se também, inseparavelmente, à modalidade sempre defectiva do nosso olhar. A quantidade de coisas que não distinguimos na pintura é desconcertante.

Heuristicamente falando, portanto, nunca se saberá *olhar* um quadro. É que saber e olhar não têm absolutamente o mesmo modo de ser. Assim, frente ao perigo de que desabe toda disciplina cognitiva da arte, o historiador ou o semioticista será implicitamente levado a desviar a questão — dessa pintura que não cessa de escapar-lhe na integralidade da sua significância, ele dirá: "Não vi o bastante; para saber algo mais, devo vê-la em detalhe...". Vê-la e não olhá-la: pois *ver* sabe melhor aproximar-se, antecipar ou então imitar por mímica o ato, supostamente soberano, do saber.

---

[1] Este texto é a redação de uma comunicação apresentada no Centro Internacional de Semiótica e de Linguística de Urbino, em julho de 1985, no âmbito do colóquio "Fragmento/Fragmentário" dirigido por Louis Marin. Ele foi publicado na revista *La Part de l'Oeil*, nº 2, 1986, pp. 102-19, com o título: "L'art de ne pas décrire: une aporie du détail chez Vermeer".

Ver *em detalhe* seria então o pequeno órganon de toda ciência da arte. Não parece natural? Vamos sugerir, porém, um questionamento: o que seria legitimamente um conhecimento detalhado da pintura?

No sentido comum filosófico, o detalhe parece abranger três operações, mais ou menos evidentes. Primeiro a de *se aproximar*: "entra-se no detalhe" como se penetra na área eletiva de uma intimidade epistêmica. Mas essa intimidade comporta certa violência, perversa, sem dúvida alguma: só nos aproximamos para *decupar*, dividir, fazer em pedaços. É o sentido fundamental que se diz aqui, o teor etimológico da palavra — o talho — e sua primeira definição no Littré: "divisão de uma coisa em várias partes, em pedaços", o que abre toda a constelação semântica para o lado da troca e do lucro, do comércio a retalhos.[2] Enfim, por uma extensão não menos perversa, o detalhe designa a operação exatamente simétrica, até mesmo contrária, que consiste em voltar a colar todos os pedaços ou, pelo menos, *fazer sua contabilização* integral: "detalhar" é enumerar todas as partes de um todo, como se o "talho" tivesse servido apenas para dar as condições de possibilidade de uma contabilização total, sem resto — uma soma. Portanto, arrisca-se aí uma tríplice operação paradoxal, que se aproxima para melhor cortar e corta para melhor compor o todo. Como se o "todo" só existisse em parcelas, desde que passíveis de soma.

Esse paradoxo, porém, define algo como um ideal. O detalhe seria — com suas três operações: aproximação, divisão e soma — o fragmento enquanto investido de um ideal de saber e de totalidade. Esse ideal de saber é a *descrição exaustiva*. Ao contrário do fragmento que só se relaciona com o todo para questioná-lo, para assumi-lo como ausência, enigma ou memória perdida, o detalhe nesse sentido *impõe o todo*, sua presença legitimada, seu valor de resposta e de referência ou mesmo de hegemonia.

---

[2] No original, *commerce de détails*. Vale lembrar que o português "detalhar" vem do francês *détailler*, que significa originalmente "talhar, cortar em pedaços pequenos, vender aos pedaços...". Daí a opção por "comércio a retalhos", isto é, a varejo, por pequenos pedaços. (N. do T.)

A grande fortuna do detalhe no domínio da interpretação das obras de arte, hoje, não se deve apenas a esse "sentido comum filosófico" segundo o qual, para saber bem uma coisa, é preciso sabê-la "em detalhe". Os pressupostos são certamente mais complexos, mais estratégicos. Não vamos analisá-los aqui — isso caberia a uma verdadeira história da história da arte —, mas sugeriremos que essa fortuna metodológica se deve talvez à serena conivência do que poderíamos chamar um positivismo "entendido" e um freudismo, digamos, "mal entendido". O positivismo "entendido" nos vem de longe. Ele postula que todo o visível pode ser descrito, decupado em seus elementos (como as palavras de uma frase, as letras de uma palavra) e contabilizado como tudo; que descrever significa ver bem, e que ver bem significa ver a verdade, isto é, saber. Já que tudo pode ser visto e exaustivamente descrito, tudo será sabido, verificado, legitimado. Maneira de formular aqui o otimismo voluntário ou mesmo voluntarioso que um método experimental aplicado ao visível traria em si.

Quanto ao freudismo "mal entendido", ele se baseia numa via régia aberta, é verdade, pela *Traumdeutung*: a interpretação deve proceder "em detalhe", escrevia Freud, não "em massa".[3] E as duas grandes regras clássicas do contrato analítico são, como sabemos, a de *dizer-tudo* — especialmente e sobretudo os detalhes — e a de *interpretar-tudo* — especialmente e sobretudo a partir do detalhe.[4] Mas há um mal-entendido, porque onde Freud interpretava o detalhe numa corrente, num desfile, eu diria numa *malha* do significante, o método iconográfico se compraz, ao contrário, em buscar uma última palavra, um significado da obra de arte. Ele buscará, por exemplo, o atributo que diz a totalidade do "assunto", do "tema", do "sujeito":[5] uma chave se tornará a chave para esgotar o sentido de tudo que é pintado em torno dela, esse corpo

---

[3] S. Freud, *L'interprétation des rêves* (1900), trad. de I. Meyerson, revisada por D. Berger, Paris, PUF, 1967, p. 97.

[4] Cf. N. Schor, "Le détail chez Freud", *Littérature*, n° 37, 1980, pp. 3-14.

[5] No original, uma única palavra, *sujet*. (N. do T.)

se nomeará "São Pedro", portador das chaves. Ou então, no extremo, se buscará o suposto autorretrato do pintor entre os dois batentes de uma porta que se reflete numa garrafa d'água deslocada no canto mais escuro de um quadro, e se perguntará que momento o autorretrato representa na vida do pintor, que palavra ele supostamente pronuncia a outro personagem situado fora do quadro, mas atestado num arquivo contemporâneo que certifica sua presença e seu "humanismo" (portanto, sua qualidade de "programador" de quadros) no ateliê do artista quando o quadro foi provavelmente pintado, e assim por diante... A busca, sempre em abismo, da "última palavra" faz da pintura um verdadeiro *roman à clef* — gênero do qual Freud desconfia explicitamente no começo do caso Dora.[6] Seja como for, ela considera o quadro como um texto cifrado, e essa cifra, tal qual um tesouro ou um cadáver no armário, sempre espera, de certo modo, *atrás da pintura* — e não na sua espessura —, que a descubramos: será a "solução" do quadro, sua "motivação" e sua "confissão". Na maioria das vezes será um emblema, ou um retrato, ou a indicação de um traço da história dos acontecimentos; em suma, é um símbolo ou um referente que o historiador terá por tarefa fazer a obra de pintura "confessar".[7] É agir como se a obra de pintura tivesse cometido um crime, e um só (quando a obra de pintura, prudente como uma imagem, não comete crime algum, ou então, esperta como toda a magia negra do aspecto, pode cometer vários.)

Por outro lado, onde Freud entendia o detalhe como *refugo* da observação, o ideal descritor concebe o detalhe como resultan-

---

[6] S. Freud, "Fragment d'une analyse d'hysterie" (1901-15), trad. de M. Bonaparte, R. M. Loewenstein e A. Berman, *Cinq psychanalyses*, Paris, PUF, 1954 (ed. 1979), p. 3.

[7] Sabe-se que o paradigma do tesouro subjaz à interpretação panofskiana da *Alegoria da Prudência* de Ticiano (cf. E. Panofsky, *L'oeuvre d'art et ses significations* [1955], trad. de M. e B. Teyssèdre, Paris, Gallimard, 1969, pp. 257-77). Mais recentemente, C. Ginzburg deu novos foros de nobreza ao *roman à clef* iconográfico, no qual a obra de pintura supostamente "confessa o segredo" de sua "encomenda". Cf. C. Ginzburg, *Enquête sur Piero della Francesca* (1981), trad. de M. Aymard, Paris, Flammarion, 1983.

te de uma simples *fineza* da observação. Fineza que supostamente permite, como que indutivamente, a descoberta do tesouro, o tesouro da significação. Mas o que quer dizer, afinal, "fineza da observação"? Se nos reportarmos ao campo conceitual que oferece o modelo de tal fineza, vemos que o problema é bem menos simples do que parece.

Esse campo conceitual é o das ciências ditas, justamente, de observação. Bachelard discutiu nesse contexto o estatuto do detalhe, numa tese célebre publicada em 1927.[8] Ele mostrou que o estatuto epistemológico do detalhe — inclusive nas ciências físicas, nas ciências da medida — é o de uma divisão, uma disjunção do sujeito da ciência, um "conflito íntimo que ela nunca pode apaziguar totalmente".[9] É um conflito — digamos numa primeira aproximação — entre a minúcia do detalhe descritivo e a clareza do dispositivo interpretativo.

A primeira razão disso se deve ao próprio estatuto fenomenológico do objeto do saber: "Nada é mais difícil de analisar, escreve Bachelard, do que fenômenos que podem ser conhecidos em duas ordens de grandezas diferentes".[10] Por exemplo, quando o objeto do saber se aproxima de súbito, um limiar é transposto brutalmente e é *uma outra ordem de pensamento* que será preciso empregar, se não quisermos que todo pensamento se rompa ou desabe. Que se pense de novo na pintura: não é por duas, mas por uma multiplicidade de ordens de grandeza que ela se deixa apreender. Um lugar-comum da *Kunstliteratur* retomou os dados dessa fenomenologia elementar, celebrando o enigma ou o "prodígio" que é, para um quadro, *não mostrar a mesma coisa* de longe e de perto. Toda a fortuna crítica de Ticiano, por exemplo, gravita em torno dos efeitos disjuntivos entre visão de longe — a "perfeição

---

[8] G. Bachelard, *Essai sur la connaissance approchée*, Paris, Vrin, 1927. Ver também o décimo primeiro capítulo de *La formation de l'esprit scientifique*, Paris, Vrin, 1980 (11ª ed.), pp. 211-37.

[9] G. Bachelard, *Essai sur la connaissance approchée*, p. 9.

[10] *Id., ibid.*, p. 95.

inimitável" das carnes, dos tecidos — e visão de perto — a imperfeição, ou mesmo a aberração, não menos inimitável, das "pinceladas grosseiras", "manchas" ou "maculaturas" com que ele cobre a tela: "de tal maneira que de perto não se pode vê-las [suas figuras] e de longe elas aparecem perfeitas", como escreveu Vasari numa célebre passagem; e não menos célebres serão as páginas que Diderot dedicará ao mesmo problema, diante dos quadros de Chardin.[11] Em suma, o detalhe coloca antes de tudo a questão: *de onde olhar?* E aqui não se trata de percepção, mas do pórtico (ou lugar) do *sujeito*: ali de onde se pensa a pintura.

Bachelard enunciou o problema em termos certamente "crus": os progressos do conhecimento detalhado, dizia ele, em geral vão no sentido exatamente contrário aos progressos do conhecimento sistemático, porque um vai "do Objetivo ao Pessoal", enquanto o outro vai "do Pessoal ao Objetivo".[12] Mesmo assim ele indicou o essencial, a saber, uma *divisão* do sujeito do conhecimento aproximado. É como se o sujeito descritor, de tanto decupar o local no global, acabasse por dissociar seu ato mesmo de conhecimento, sua observação, nunca vendo o mesmo "local" nesse mesmo "global" que crê inventariar. Pior: é como se o sujeito descritor, no movimento mesmo de "fazer em pedaços" que constitui a operação do detalhe, em vez de proceder ao sereno movimento recíproco de uma totalização, reconduzisse contra a sua vontade e *sobre si mesmo* o ato primeiro, violento, da desarticulação. Sujeito cognitivo que cinde o visível para melhor totalizar, mas que sofre o efeito de tal cisão. Imaginemos um homem para quem o mundo inteiro

---

[11] G. Vasari, *Le Vite de' piu eccellenti pittori, scultori ed architettori*, G. Milanesi (org.), Florença, Sansoni, 1906 (reed. 1981), tomo VII, p. 452. É assim que Diderot retoma o motivo a propósito de Chardin: "Aproximem-se, tudo se embaralha, se achata e desaparece; afastem-se, tudo se recria e se reproduz" etc. *Oeuvres esthétiques*, Paris, Garnier, 1968, p. 484. O fato de esse "prodígio" da pintura ter sido relacionado antes de tudo à representação da carne, ao encarnado, já indica o ponto crucial do problema: entre corpo (sua profundidade suposta) e cor (sua suposta superfície). Cf. G. Didi-Huberman, *La peinture incarnée*, Paris, Minuit, 1985, pp. 20-62.

[12] G. Bachelard, *op. cit.*, p. 255.

fosse um quebra-cabeça: ele acabaria por sentir a fragilidade — a potencial mobilidade, isto é, a queda — de seus próprios membros.

No fundo, é de uma consciência rasgada que Bachelard, ao tratar do detalhe, nos fala. Ela evoca, na ordem epistêmica, o que Balzac contava, na ordem da criação pictórica, a propósito da *Obra-prima desconhecida*: o sem-figura advém àquele que espreita a coisa mesma na sua representação. Evoca também o que Lacan chama, na ordem da constituição do sujeito, uma alienação: é uma escolha lógica, uma alternativa na qual *somos forçados a perder alguma coisa*, de qualquer maneira. Operação que se pode exemplificar por uma ameaça do tipo: "A bolsa ou a vida!", na qual a bolsa do ameaçado será perdida, não importa a decisão tomada.[13] Sugeriremos aqui que todo quadro nos ameaça talvez com um: "A Pintura ou o detalhe!" — a pintura estando perdida, de qualquer maneira. Perdida e não obstante aí, bem diante de nós — e todo o drama é esse.

Na formulação bachelardiana, esse drama do detalhe é enunciado segundo linhas de partilha mais clássicas: realidade *versus* pensamento, descrição *versus* categoria, matéria *versus* forma: "Para descrever o detalhe que escapa à categoria, é preciso julgar perturbações da matéria sob a forma. Com isso as determinações oscilam. A primeira descrição [não aproximada] era nítida: era qualitativa, desenvolvia-se na descontinuidade dos predicados enumerados. A quantidade traz sua riqueza, mas sua incerteza. Com as determinações delicadas intervêm as perturbações fundamentalmente irracionais. [...] No plano do detalhe, Pensamento e Realidade aparecem como desligados e pode-se dizer que, ao se afastar da ordem de grandeza na qual pensamos, a Realidade perde de certo modo sua solidez, sua constância, sua substância. Em resumo, Realidade e Pensamento afundam juntos no mesmo Nada, no mesmo Érebo metafísico, filho do Caos e da Noite".[14]

---

[13] J. Lacan, *Le Séminaire XI. Les quatre concepts fondamentaux de la psychanalyse* (1964), Paris, Le Seuil, 1973, pp. 192-3.

[14] G. Bachelard, *op. cit.*, pp. 253 e 257.

Ora, o que diz Bachelard no campo das ciências ditas "exatas"[15] se dirá com mais razão no campo histórico ou semiológico. Pois a história, menos ainda que uma ciência de observação, possui a capacidade — que teria de ser incessante — de "retificação do pensamento diante do real", graças à qual um saber terá alguma chance de se construir no oco mesmo das perturbações mais "delicadas".[16] E o que se diz dos fenômenos físicos experimentáveis (transformáveis segundo critérios regulados, dando assim alguma chance à indução de uma lei) se dirá com mais razão de um quadro que se deixa manipular muito pouco, que só "varia" na variação de uma luminosidade, por exemplo, ou então segundo sua diferenciação no interior de uma série abstrata na qual se fará com que ele figure.

Em todo caso, o apelo bachelardiano ao caos e à noite não é sem interesse para quem faz a experiência da pintura quando, vista de perto, ela desata em nós pensamento e realidade, forma e matéria. Pois não é tanto a minúcia do detalhe que põe em xeque a hermenêutica do todo pictórico (e mesmo sua possibilidade de descrição), é antes sua essencial *vocação caótica*. Poderíamos dizer, em termos aristotélicos: o conhecimento aproximado da pintura separa sua causa formal e sua causa material.

Absolutamente falando — e mesmo se isso soa como um paradoxo —, a pintura nada dá a ver da sua causa formal: sua quididade, seu algoritmo de certo modo, seu *eidos*, em suma, a definição em sentido estrito *do que* um quadro representa; aquilo de que um quadro *faz as vezes*. A pintura não nos dá a ver sua causa formal, ela nos dá a interpretar essa causa. Tanto é que nunca há concordância sobre essa definição formal. E menos ainda, seja dito de passagem, sobre a causa final, *aquilo em vista de que* um quadro representa tal coisa assim e não de outro jeito. O que mostra a

---

[15] Encontrar-se-á um eco recente disso, embora a partir de premissas completamente diferentes, num texto de René Thom em que se enuncia uma espécie de crítica da razão descritiva e experimental: R. Thom, "La méthode expérimentale: un mythe des épistémologues (et des savants?)", *Le Débat*, nº 34, março 1985, pp. 11-20.

[16] G. Bachelard, *op. cit.*, p. 16.

pintura é, primordialmente, da ordem do *como*: são rastros, indícios da sua causa eficiente (Aristóteles entende com isso tudo que é da ordem da decisão, seja ela voluntária ou involuntária: nesse sentido se dirá que "o pai é causa do filho", ele escreve).[17] Mas, sobretudo, *o que mostra a pintura é a sua causa material, isto é, a pintura*. Não por acaso os dois exemplos privilegiados que Aristóteles dá para a causa material são "a matéria em relação aos objetos fabricados", isto é, no sentido de que "o bronze é a causa da estátua", e as "partes em relação ao todo", isto é, a materialidade do fragmento...[18]

Haveria assim uma primazia da causa material no que a pintura nos dá a olhar. Uma consequência importante decorre dessa primazia: devemos olhar a matéria, diz Aristóteles, *como uma mãe*; pois ela depende antes de tudo do desejo — Aristóteles emprega aqui o verbo *éphièmi*, que significa neste contexto: deixar-se imperceptivelmente, e não menos imperiosamente, ir para... Isto é, ela *não depende de uma lógica dos contrários*, que é a lógica da forma: "Dado um ente (*ón*), [...] há, diremos, de um lado uma coisa que lhe é contrária [segundo sua forma]; de outro, o que é constituído de tal modo que, por sua própria natureza, tende para esse ser e o deseja (*éphiesthaï*) [...] A forma não pode se desejar ela mesma porque não há falta nela; nem o contrário, pois os contrários são destruidores uns dos outros. Mas o sujeito do desejo é a matéria, como uma fêmea deseja um macho"...[19]

Tal seria, nesse sentido, a aporia do detalhe, a aporia de todo conhecimento aproximado da pintura: no momento em que visa uma forma mais precisa, o olhar próximo só consegue separar a matéria e a forma e, ao fazer isso, contra sua vontade, condena-se

---

[17] Aristóteles, *Física*, II, 3, 194b.

[18] *Id., ibid.*, 194b-195a. Talvez não seja tampouco um acaso que a definição dada pelo Littré ao *detalhe* em pintura diga respeito antes de tudo aos chamados "efeitos de matéria", sobre os quais observaremos que estão todos ligados a problemas de superfície e de textura: "Diz-se, em pintura, dos pelos, dos pequenos acidentes da pele, dos cortinados, dos bordados, das folhas das árvores".

[19] Aristóteles, *Física*, I, 9, 192a.

a uma verdadeira tirania da matéria. Tirania que acaba por arruinar o ideal descritivo ligado à noção comum do detalhe: o olhar aproximado apenas produz mais interferência, obstáculo, "espaço contaminado".[20] A operação de partilha torna-se então impossível ou artificial; a da soma exaustiva das partes confina com o puro delírio teórico. Em vez de unidades significativas decupadas no visível, o que nos toca no olhar próximo é — seguindo sempre os termos de Aristóteles — uma matéria, ou seja, um não-distinto, um não-definido, uma simples protensão, um desejo. Saem de cena a lógica dos contrários, a definição, o objeto claro e distinto de uma representação. Devemos supor, portanto, que a toda hermenêutica que tenta circunscrevê-la ou discerni-la na sua forma, na sua definição, a pintura não cessa de opor sua indistinta matéria, em contraponto mesmo da sua vocação figurativa e mimética.

Pintar ou descrever[21]

Todo o problema é o do "contraponto", é claro. Até aqui não fiz mais que enunciar uma evidência, uma banalidade, afinal. Ao dizer "O que mostra a pintura é a sua causa material, isto é, a pintura", produzi apenas uma espécie de tautologia que é preciso agora trabalhar, ultrapassar, informar. Se insisto, é em razão do seguinte fato: a história da arte negligencia mais ou menos constantemente os efeitos da pintura. É a negligência tática de um saber que tenta ou finge se constituir como ciência "clara e distinta": portanto, que gostaria que seu objeto, a pintura, fosse também claro e distinto, tão distinto (segmentável) como as palavras de uma frase, as letras de uma palavra. Ao olhar um quadro, o historiador da arte geralmente detesta deixar-se inquietar pelos efeitos

---

[20] Expressões que encontramos ao longo das belíssimas páginas que Ernst Bloch dedica ao "olhar aproximado". Cf. *Experimentum mundi. Question, catégories de l'élaboration, praxis*, trad. de G. Raulet, Paris, Payot, 1981, pp. 14-5, 67 etc.

[21] No português, perde-se o jogo de palavras existente no original (*peindre ou dépeindre*). (N. do T.)

da pintura; ou então fala deles enquanto *"connaisseur"*, evocando "a mão", "a pasta", "a maneira", "o estilo"... Não é por um acaso filosófico que toda a literatura sobre arte continua a empregar, em francês, a palavra *sujet* por seu contrário, isto é, o objeto da *mímesis*, o "motivo", o representado. Isso permite justamente ignorar tanto os efeitos de *enunciação* (em suma, de fantasma, de posição subjetiva) quanto os efeitos de *jet* [jato, vigor], de *subjetilidade*[22] (em suma, de matéria) com que a pintura eminentemente trabalha — e faz questão de trabalhar.

Panofsky, na sua famosa introdução metodológica aos *Ensaios de iconologia*, considera implicitamente a questão como resolvida. A palavra *descrição* só aparece no seu esquema de três níveis para designar o simples reconhecimento pré-iconográfico, o dito "assunto primário" [*sujet primaire*] ou "natural", o menos problemático: como se esse reconhecimento pudesse sempre depender de uma lógica binária de identidade, entre é e não é, como se a questão do *quase*, por exemplo, não devesse se colocar ou exigisse antecipadamente sua resolução, sua dissolução. "É manifesto", escreve Panofsky, "que uma análise iconográfica correta, no sentido estrito, pressupõe uma identificação correta dos motivos. Se a faca que nos permite *identificar* São Bartolomeu *não é* uma faca, mas um saca-rolhas, o personagem *não é* São Bartolomeu."[23]

Não estou sugerindo que a pintura é um puro caos material e que devem ser vistas como nulas as significações figurativas que a iconologia revela. Há evidentemente distâncias "razoáveis", em relação às quais o detalhe não se dissolve, não se pulveriza em pura espuma colorida. Há evidentemente uma grande quantidade de pertinentes facas ou saca-rolhas, claramente identificáveis em inúmeros quadros figurativos.[24] Mas seria preciso também problema-

---

[22] Sobre o jato, o sujeito, o subjétil, cf. *La peinture incarnée, op. cit.*, pp. 37-9.

[23] E. Panofsky, *Essais d'iconologie* (1939), trad. de C. Herbette e B. Teyssèdre, Paris, Gallimard, 1967, p. 19. Eu sublinho.

[24] Como a pertinência, muito bem analisada por Daniel Arasse, de um "saca-rolhas", neste caso um detalhe perturbador na *Natividade* de Lorenzo Lotto conservada em Siena: "O menino que acaba de nascer possui ainda seu

tizar constantemente a *dichiarazione*, como dizia Ripa, de uma figura pintada. Seria preciso a cada enunciado declarativo (é/ não é) colocar a questão do *quase*.

Pois todo detalhe de pintura está sobredeterminado. Tomemos o exemplo célebre da *Queda de Ícaro* de Bruegel (*fig. 13*): o detalhe por excelência seria aqui as pequenas plumas que vemos cair espalhadas, ainda voando, em volta do corpo submerso — mas não totalmente submerso, pois como veríamos que submergiu? É preciso aí um *quase* para tornar visível o ato significado. Em todo caso, essas plumas nos parecem primeiro relacionadas ao cuidado descritivo mais refinado: pintar uma queda de Ícaro *e mesmo* as famosas plumas descoladas pelo calor solar, plumas que configuram aqui uma discreta chuva sedosa, mais lenta que o corpo, designando ao olhar a zona da queda. Ainda que o corpo tivesse desaparecido inteiramente, a queda teria sido "descrita" graças a essas plumas, graças a esse suplemento de descrição. Mas, ao mesmo tempo, as pequenas plumas do quadro de Bruegel são uma indicação, e mesmo a única, da *storia*, da narratividade: é a concomitância de um corpo que afunda no mar (um "homem ao mar" qualquer) e dessas modestas plumas que, por si só, libera, no quadro, a significação "Ícaro". Sob esse aspecto, as plumas são um atributo iconográfico necessário para a representação pictórica da cena mitológica.

Ora, se olharmos *como-se* o *quase*, se prestarmos atenção à matéria, constatamos que os detalhes chamados "plumas" não têm nenhum traço distintivo determinante que os "separe" inteiramente da espuma que, no mar, a queda do corpo produz: são acentos de pintura esbranquiçada, escansões de superfície por cima do "fundo" (a água) e ao redor da "figura" (as duas extremidades do

---

cordão umbilical, sempre atado e claramente ligado ao ventre". Daniel Arasse mostra que o *unicum* iconográfico adquire aqui seu sentido em função de três séries: a dos acontecimentos (o saque de Roma), a do culto (o Cordão sagrado de Jesus) e a teológica (a noção de virgindade). Cf. "Lorenzo Lotto dans ses bizarreries: le peintre et l'iconographie", *Lorenzo Lotto: Atti del Convegno Internazionale di Studi per il V Centenario della Nascita*, Asolo, 1981, pp. 365-82.

13. Pieter Bruegel, *Paisagem com a queda de Ícaro* (detalhe), *c.* 1555. Óleo sobre tela.
Bruxelas, Musées Royaux des Beaux-Arts.

corpo humano que imerge). É como espuma e, no entanto, não é exatamente isso. Aliás, nada ali é "exatamente". Tudo é *quase*. Não é algo descritivo nem narrativo; é o intervalo, puramente pictórico, pálido, de um significado "pluma" e de um significado "espuma"; em outras palavras, não é uma entidade semioticamente estável. Mas então por que, *mesmo assim*, vemos plumas? É que o mesmo acento se repete, configura constelação, se destaca de um outro fundo que não o mar, ali onde não se poderá mais declarar: é espuma. Vemo-lo singularizar-se "diante de" um barco. É a diferença do fundo (mar/barco) que, portanto, "fará a diferença", que decidirá o sentido, a figura. *Decididamente*, esses acentos brancos de pintura nos terão levado a ler "queda de plumas" em vez de "aparecimento de espuma".

Mas com isso recuperamos a evidência descritiva, a estabilidade figurativa? Não. Pois o que permite decidir "pluma" — a saber, o jogo diferencial do fundo e do acento de pintura — se produz aqui através de uma espécie de desvario, de vertigem figural, mas uma vertigem que seria a do exame detalhado de todos os elementos do quadro. Vejam essa pluma pintada — depositada — perto do marinheiro pendurado na enxárcia: pluma de repente insensata, que mudou totalmente de escala, imensa, do tamanho do homem. Tentamos evocar uma ilusão de profundidade e não conseguimos — é certamente difícil "legitimar" uma pluma isolada em perspectiva atmosférica. Aliás, o quadro inteiro de Bruegel funciona, em seu rigor mesmo, como um extravagante curvamento do espaço. Em suma, o traço distintivo do detalhe terá correspondido aqui somente a uma pluralidade de funções: ele desaponta qualquer *dichiarazione* unívoca.

O exemplo panofskiano da faca e do saca-rolhas mostra assim seu limite: ele supõe não apenas (contra a indeterminação do constituinte material da pintura) que os significantes pictóricos são discretos, deixam-se decupar, isolar, como as letras de uma palavra, as palavras de uma frase. Mas também, e contra a sobredeterminação que as noções de tema [*sujet*] e de significância carregam consigo, supõe que todo significante pictórico representa um "tema" [*sujet*] — um motivo, um significado — para si mesmo, como se todo quadro funcionasse como um texto, e como se todo texto fosse legível e integralmente decifrável. Em resumo, a noção de detalhe em pintura só é significativa, para uma história da arte baseada nesse tipo de iconografia, que à condição de se *supor a transparência mimética do signo icônico*.

Ora, essa transparência não cessa de se deparar com a opaca matéria pintura. Há algo mais que detalhe icônico nos quadros, mesmo figurativos, mesmo flamengos ou holandeses. Num livro acolhido ao mesmo tempo como *provoking book*, último grito metodológico em matéria de história da arte e uso de preceitos não obstante antigos que invocam a mestria e a paternidade de Ernst Gombrich,[25] Svetlana Alpers relativizou o alcance do método iconográfico na medida em que estaria ligado à herança panofskiana e ao campo específico da arte italiana. O que Alpers questiona é a ideia de um reflexo semântico e narrativo do qual a pintura, universalmente, seria o suporte: há quadros que não contam nada, declara ela — com razão. E poderíamos dizer que toda a força de convicção do livro se encontra nessa simples proposição.

Esses quadros que nada contam são os quadros holandeses do século XVII, como a *Vista de Delft*, de Vermeer: não é iconografia nem emblema de nada, não se refere a nenhum programa narrativo, a nenhum texto preexistente do qual a imagem teria por tarefa compor visualmente o suposto valor histórico, ou anedótico, ou mitológico, ou metafórico... Nada disso. A *Vista de Delft* é uma *vista*, simplesmente. A pertinência da argumentação de Alpers consiste aqui em indicar com firmeza os limites do *ut pictura poesis*: a idealidade "albertiana" e o predomínio da narratividade, da *storia*, não dizem a totalidade da pintura figurativa ocidental.[26] *A pintura não é feita para escrever* — escrever relatos, histórias — por outros meios que não a escrita. Certo.

Então, para que ela é feita? É feita, diz Alpers, *para descrever*. A pintura — holandesa — é feita para dar a evidência de que "o mundo se depositou por si mesmo na superfície, com sua cor e sua

---

[25] S. Alpers, *The Art of Describing: Dutch Art in the Seventeenth Century*, Chicago, The University of Chicago Press, 1983, p. XVI.

[26] *Id., ibid.*, pp. XIX-XX.

luz; que ele aí se imprimiu por si mesmo". A *Vista de Delft* "é um exemplo perfeito disso. Delft é ali inteiramente apreendida, recolhida — Delft está ali, simplesmente, para a visão", diz ainda Alpers.[27] A *visão* seria assim compreendida como vocação da pintura: o mundo percebido *se deposita* tal qual — tal qual é percebido — em pigmentos num quadro.

Ora, isso denota uma concepção singularmente restritiva não só da visão (refiro-me à relação fenomenológica entre o olho e o olhar), mas do "depósito" (refiro-me à relação, não menos complexa, entre jato, projeto e sujeito [*jet, projet, sujet*], entre visão e pincel, entre pigmento e suporte etc.). Percebe-se que a argumentação de Alpers substitui o mito do puro *reflexo semântico* por um mito do puro *reflexo visual*, perceptivo, do qual a pintura holandesa, com sua "habilidade técnica", seria o lugar, a instrumentalização e a socialização. Tal é, de fato, a frase central do livro: *ut pictura, ita visio*.[28] O *ut-ita*, diferentemente do *quase*, visa a reconstruir uma nova lógica de identidade: o que é pintado nos quadros holandeses do século XVII é o que era visto na chamada "cultura visual" da época (expressão tomada de empréstimo a Baxandall);[29] é o que era visto, exatamente visto, através das técnicas de descrição e de registros científicos do mundo perceptível. Lógica de identidade só possível, é claro, se reduzido o trabalho do indeterminado, da opacidade que, no entanto, qualquer mudança de ordem de grandeza perceptiva supõe — como quando se passa do mundo visto ao mundo registrado e do mundo registrado ao mundo pintado. O instrumento dessa redução reside no argumento da exatidão: a proverbial "habilidade técnica" dos pintores holandeses, sua *mão sincera e seu olho fiel* (*sincere hand and faithful eye*).[30] E é assim que "o mundo", o mundo visível, vai funcionar aqui como modelo absoluto e como origem: a primazia do significado dá lugar, agora, à primazia do referente.

[27] *Id., ibid.*, p. 27.
[28] "Tal como a pintura, assim é a visão." (N. do T.)
[29] *Id., ibid.*, p. XXV.
[30] *Id., ibid.*, pp. 72-118.

Que haja uma visada epistêmica na pintura holandesa do século XVII, uma participação da pintura nas estruturas do saber, não resta dúvida; aliás, não resta mais dúvida porque existe o livro de Alpers, que nos revela uma parte importante do que poderíamos chamar a "causa final" de uma época artística. Mas a visada não diz a totalidade da "visão" ou da vista, muito menos da pintura. A falha metodológica consiste em aplicar imediatamente uma ideia da causa final à causa formal, de um lado (o *eidos* da pintura holandesa do século XVII é a *episteme* do século XVII; a decupagem pictórica é a decupagem científica do mundo visível, sua descrição exaustiva), e à causa material, de outro. Como se a pintura, essa matéria opaca, "restituísse" o visível com tanta transparência quanto uma lente bem polida. Como se a pintura fosse uma técnica de exatidão — o que ela nunca foi, no sentido epistemológico do termo: a pintura é rigorosa, ou justa, mas nunca exata.

No fundo, a argumentação de Alpers consiste, até mesmo no título do seu livro, em prejulgar a pintura nestes termos: *pintar equivale a descrever*.[31] Donde a extrema valorização do que Alpers chama as "superfícies descritivas".[32] Como se o mundo visível fosse uma superfície. Como se a pintura não tivesse espessura. Como se o lançar de um pigmento tivesse a legitimidade de uma projeção topográfica — e tal seria o ideal contido na noção de habilidade técnica: que a própria mão possa se transformar em "olho fiel", isto é, um órgão sem sujeito. Como se a única espessura pensável fosse aquela, absolutamente diáfana, do vidro de uma lente ou de uma retina ideal.

Mas na argumentação de Alpers há sobretudo a proeminência dada a dois instrumentos de visibilidade cujo papel histórico — o seu *uso*, no século XVII — é acrescido de um valor paradigmático no qual se enuncia um *sentido*, uma interpretação global da pintura holandesa: um desses instrumentos é a câmara escura; o outro, o mapa geográfico. Um, informado teoricamente pelo prestígio contemporâneo da fotografia, parece garantir a exatidão, ou me-

---

[31] No original, *peindre égale dépeindre*. (N. do T.)
[32] *Id., ibid.*, p. XXIV.

lhor, a autenticidade do referente projetado no quadro.[33] O outro parece nos garantir que todo afastamento entre a "superfície do mundo" e a "superfície de representação" pictórica é fruto de uma transformação regulada, portanto epistemologicamente legítima: portanto exata, autêntica.[34]

Nesse sentido, Alpers dirá que a *Vista de Delft* de Vermeer é "como um mapa", que o quadro tem por paradigma o *gênero* não pictórico das vistas topográficas urbanas; e que, afinal, há no quadro exatamente as mesmas coisas que havia na mente (*mind*) dos geógrafos do século XVII.[35] O poeta e o amador protestarão, é claro, diante dessa visão epistemocêntrica, mencionando a "pintura mesma" ou a famosa "vibração colorida" própria aos quadros de Vermeer. Mas Alpers opõe a isso dois argumentos de natureza heterogênea. No que se refere à *cor*, ela fornece ainda um argumento epistemológico: os mapas geográficos, no século XVII, são coloridos, inclusive empregam-se geralmente pintores — necessidade do ofício — para essa tarefa; aliás, os mapas representados nos quadros de Vermeer — necessidade dos mapas ou necessidade da pintura? — são eles próprios "coloridos", nos diz Alpers.[36] A concepção indubitavelmente pictórica dos mapas geográficos do século XVII faria assim pensar na exata reciprocidade de um conceito "geográfico" — portanto, colorido ou não, um conceito *gráfico* — da pintura. No que se refere agora à *vibração*, isto é, ao formidável suplemento que consiste em pensar Vermeer não como um puro e simples cartógrafo, mas um incomparável gênio da pintura, Alpers apresentará curiosamente um argumento que, desta vez, procede do que poderíamos chamar uma metafísica ordinária ou trivial: tudo que é "comum" na *Vista de Delft*, a saber, a comunidade ou a banalidade social que constam do quadro e do gênero cartográfico, tudo isso é dotado de uma "presença inusualmente vista e sentida" (*an uncommonly seen and felt presence*);

---

[33] *Id., ibid.*, pp. 11-3, 27-33, 50-61, 73-4 e 239-41.
[34] *Id., ibid.*, pp. 119-68.
[35] *Id., ibid.*, pp. 152-9 e 222-3.
[36] *Id., ibid.*, p. 156.

pois tudo "sugere a intimidade", "a experiência humana em geral", a tal ponto que, na *Vista de Delft*, escreve finalmente Alpers, "a própria cartografia se torna um modo de celebração" (*a mode of praise*, como se diz *to praise God*); é a celebração do Mundo.[37]

Portanto, a equivalência do pintar e do descrever terá produzido aqui a reunião contrastada de um argumento epistemocêntrico — que postula a pintura como descrição gráfica do mundo, no sentido de que a *Vista de Delft* é compreendida como um mapa, uma observação, um *detalhe* da cidade de Delft — e de um argumento metafísico, que postula a pintura como celebração do mundo — o mesmo mundo, mas dotado agora, para sua glorificação, de um vago suplemento de "experiência humana" e de tonalidades afetivas. O primeiro argumento — *exatidão* técnica — equivale a pensar o assunto [*sujet*] da pintura enquanto excluído. O segundo — *autenticidade* metafísica — equivale a pensar o assunto [*sujet*] da pintura como transcendental. Mas o contraste é só aparente, pois os dois argumentos são, em realidade, as formas extremas de uma primazia afirmada do referente que funciona, de uma ponta a outra, como modelo absoluto e como origem. A crítica da *iconologia* panofskiana (o preconceito semântico) se transforma aqui em algo que não é seu contrário, mas seu avesso: é a afirmação de uma onipotência do *icônico*, sua transparência perceptiva (o que chamarei um preconceito referencial), e a rejeição implícita, que ela pressupõe, do elemento material por excelência da pintura, que é o pigmento de cor.

O ACIDENTE: O ESTILHAÇO DE MATÉRIA

Não é por acaso que, falando da *Vista de Delft* e se perguntando sobre o emprego da *camera obscura* por Vermeer, Svetlana Alpers acaba chegando como que naturalmente a uma citação célebre de Paul Claudel, citação na qual as duas formas extremas do preconceito referencial — exatidão técnica e autenticidade meta-

---

[37] *Id., ibid.*, pp. 156-8.

física — são claramente invocadas e associadas, ou melhor, relacionadas ambas a uma recusa em interrogar a pintura segundo o trabalho da cor e do subjétil:

> "Mas não é de cores, aqui, que quero lhes falar, apesar da sua qualidade e do jogo entre elas, tão exato e tão frígido que parece menos obtido pelo pincel que realizado pela inteligência. O que me fascina é esse olhar puro, despojado, esterilizado, lavado de toda matéria, de uma candura de certo modo matemática ou angélica, ou, digamos simplesmente, fotográfica — mas que fotografia! —, com que o pintor, recluso no interior da sua lente, capta o mundo exterior. O resultado só se compara às delicadas maravilhas da câmara escura e às primeiras aparições, na chapa do daguerreótipo, daquelas figuras desenhadas por um lápis mais seguro e acerado que o de Holbein, refiro-me ao raio de sol. A tela apõe a seu traço uma espécie de riqueza intelectual, uma retina-fada. Por essa purificação, por essa detenção do tempo que é obra do vidro e do banho de estanho, o arranjo exterior é para nós introduzido até o paraíso da necessidade".[38]

Assim Claudel nos fala, a propósito dessa pintura, de lápis e de traço acerado (de grafia, portanto), fala de delicadeza (de detalhe, portanto), uma delicadeza "lavada de toda matéria", depurada de toda temporalidade: a pintura de Vermeer se daria a ver como um "congelamento do tempo", um pouco como se diz, no cinema, de um congelamento da imagem. Trata-se, por fim, de um "paraíso da necessidade", ou seja, algo que evoca soberanamente a exigência metafísica de um *eidos* do mundo visível. De certa ma-

---

[38] P. Claudel, *L'oeil écoute*, Paris, Gallimard, 1964, p. 32. A citação se refere em realidade a *O soldado e a jovem sorridente* de Vermeer (cerca de 1657) da Frick Collection, Nova York. Ela é dada por S. Alpers, *op. cit.*, p. 30.

neira, Alpers retoma o fio dessa idealidade quando pressupõe um "sujeito" vermeeriano do olhar que seria absoluto, não-humano: o que está em jogo, ela repete, ainda a propósito da *Vista de Delft*, "é o olho e não um observador humano".[39] Como se o olho fosse "puro" — órgão sem pulsão. E como se a "pureza" do olhar significasse o ato de tudo observar, de tudo captar, de tudo reconstituir, em outras palavras: *detalhar* o visível, descrevê-lo e desdobrá-lo em detalhes, fazer dele uma soma sem resto dos aspectos.

Ora, talvez não seja tampouco um acaso o fato de Alpers nunca citar o autor — célebre entre todos, no entanto, dentro da fortuna crítica de Vermeer e particularmente a propósito da *Vista de Delft* — Marcel Proust. Pois Proust estava muito longe de buscar um pseudo "congelamento fotográfico do tempo" no visível; ao contrário, buscava nele uma duração oscilante, o que Blanchot chamou êxtases — os "êxtases do tempo".[40] Correlativamente, Proust não buscava no visível argumentos de *descrição*, buscava a fulguração de *relações*: "Pode-se fazer sucederem-se indefinidamente numa descrição os objetos que figuravam num lugar descrito" — ele dizia —, "a verdade só começará no momento em que o escritor tomar dois objetos diferentes, estabelecer a relação entre eles...".[41] Tanto o enunciado como a prática de Proust nos mostram, aqui, o quanto escrever é o contrário de descrever. E não é menos claro, na célebre passagem em *A prisioneira* acerca do quadro de Vermeer, o quanto *pintar é o contrário de descrever*. A *Vista de Delft* é ali apresentada não como descrição do mundo tal como ele era no século XVII — sua captação topográfica ou fotográfica, sua "superfície descritiva", como diz Alpers —, nem como celebração metafísica de um "paraíso da necessidade" visível. Ao contrário, trata-se de *matéria* e de *camada*, por um lado: e aí somos reconduzidos ao lastro de cores do qual toda representação de pintura tira seus fundos, ou seu fundo, como quiserem; e, por

---

[39] S. Alpers, *op. cit.*, p. 35.

[40] M. Blanchot, *L'espace littéraire*, Paris, Gallimard, 1959, p. 23.

[41] M. Proust, *A la recherche du temps perdu* (1913-22), Paris, Gallimard, 1954, tomo III, p. 889.

outro lado, de comoção e abalo mortal — algo que poderíamos chamar um trauma, um choque, uma *rajada de cor*. Releiamos:

> "Enfim, ele ficou diante do Vermeer [...], enfim, a preciosa matéria do pequeníssimo trecho [*pan*] de muro amarelo. Sua tontura aumentava; ele fixava seu olhar, como uma criança a uma borboleta amarela que ela quer pegar, no precioso pequeno trecho de muro. 'É assim que eu deveria ter escrito — ele dizia. Meus últimos livros são demasiado secos, teria sido preciso passar várias camadas de cores, tornar minha frase preciosa nela mesma, como esse pequeno trecho de muro amarelo'. Nesse momento, a gravidade da sua tontura não lhe escapava. [...] Ele repetia: 'Pequeno trecho de muro amarelo com um telheiro, pequeno trecho de muro amarelo'. Nesse momento, caiu sobre um canapé circular. [...] Estava morto."[42]

"Pequeno trecho de muro amarelo" (*fig. 14*): poderíamos nos perguntar — e imagino um tradutor hesitando nesse ponto — a que palavra exatamente se relaciona o adjetivo. Mas o equívoco dessa relação nos conduz precisamente a uma verdadeira distinção conceitual que o texto inteiro, na sua dramaturgia mesma, faz surgir: e essa distinção diz respeito ao mais íntimo da nossa problemática — o que chamei um "conhecimento próximo" da pintura. Para alguém que *vê* o quadro de Vermeer, isto é, alguém que apreende o representado segundo uma fenomenologia do reconhecimento e da identificação, alguém que tivesse ido a Delft para ver "se é parecido" ou, como Svetlana Alpers, que tivesse pesquisado todas as vistas topográficas de Delft dos anos 1658-60 a fim de comparar, de identificar o ponto de vista exato na ribanceira de um canal, a fim de nele encontrar o referente: para esse alguém, *amarelo* se relaciona ao muro. É o mundo, é o muro que foram amarelos sob o olhar do pintor Vermeer, naquele dia, entre 1658

---

[42] *Id., ibid.*, p. 187.

14. Johannes Vermeer, *Vista de Delft* (detalhe), c. 1658-60.
Óleo sobre tela. Haia, Mauritshuis.

e 1660 provavelmente, na ribanceira. E agora, no quadro, o amarelo continua a se referir ao muro de um tempo "congelado", ele nos fala de Delft no século XVII; esse amarelo, num certo sentido, está "lavado de toda matéria pictórica", fora da tela, é "delicado", como diz Claudel, é exato. Portanto, para esse alguém, amarelo é o muro e, enquanto muro, *ele é um detalhe*, o pedaço circunscrito de um conjunto tópico mais vasto, chamado Delft.[43]

[43] Que eu saiba, ninguém, a não ser um pintor, Martin Barré, notou que o famoso "muro" amarelo não é de modo algum um muro, mas um telhado: o que se deve acrescentar às aporias do detalhe. Mas se vimos um "muro" onde há o plano inclinado de um telhado, talvez seja justamente porque a cor amarela — enquanto *trecho* [*pan*] — tende a avançar e a se mostrar frontal no quadro, isto é, obnubila a transparência icônica do "plano" inclinado representativo.

Para alguém que, ao contrário, *olha* o quadro, alguém, por exemplo, como Bergotte que nele "fixaria" o olho a ponto de se abismar — chegando a morrer, como Proust o imagina —, para esse alguém, o "trecho" é que é amarelo: é um *particolare* do quadro, simplesmente, mas eficaz, de maneira eletiva e enigmática; não "lavado de toda matéria", mas, ao contrário, considerado como "preciosa matéria" e como "camada"; não suscitado por um "congelamento fotográfico" do tempo passado, mas suscitando um abalo do tempo presente, alguma coisa que de repente age e faz "desabar" o corpo de quem olha, Bergotte. Para esse alguém, o amarelo do quadro de Vermeer, enquanto cor, é um trecho, uma zona perturbadora da pintura, a pintura considerada enquanto "preciosa" e traumática causa material.

Por literária que seja, a distinção sugerida por esse texto de *Em busca do tempo perdido* traz em si um profundo rigor de pensamento. Ficção relativa à eficácia da pintura, certamente: é raro que um quadro olhe morrer quem o olha... Mas a formulação da *relação* nessa ficção, nessa coincidência, é ela mesma portadora de um incontestável efeito de verdade, porque essa eficácia — esse drama, essa espécie de milagre em negativo — indica a existência de um *trabalho* muito real da pintura: trabalho de deslumbramento, de certo modo, ao mesmo tempo evidente, luminoso, perceptível, e obscuro, enigmático, difícil de analisar, particularmente em termos semânticos ou icônicos; pois é um trabalho, um efeito da pintura enquanto matéria colorida, não enquanto signo descritivo. Assim, tomaremos emprestado do *Em busca do tempo perdido* esta palavra simples e sublime, *pan* [trecho], para tentar "polir" seu teor (como se diz dos espelhos, para que fiquem claros), precisar seu rigor conceitual, especialmente segundo sua diferenciação com a categoria do *detalhe*.[44] Continuaremos por ora com a obra de Vermeer, em particular com um quadro muito conhecido, excessivamente simples e até mesmo "comum" em sua produção:

---

[44] Diferenciação já considerada em *La peinture incarnée*, *op. cit.*, especialmente pp. 43-61 e 92-3.

pela banalidade do "tema", o "gênero" da cena intimista; pela evidência da luz, como de costume vindo da direita; pela identidade ou quase identidade dessa mulher, que em outro quadro aparece lendo uma carta, e que aqui tece sua renda, simplesmente.

Trata-se da *Rendeira* do Louvre (*fig. 15*), obra da qual se pode dizer que coloca claramente o problema em jogo, nem que seja porque suas dimensões (21 x 24 cm) não apenas permitem, mas também exigem um conhecimento próximo. Há "evidência" no quadro, primeiro porque o motivo é claro, "sem história": não requer desatar alguma eventual meada iconográfica (ao que parece). O quadro é "evidente" também porque, sendo de dimensões reduzidas, o olho não precisa varrer o campo; e o reconhecimento do motivo — o tal reconhecimento pré-iconográfico — não parece conter problema algum: há a mulher e há o fio, o tecido, a renda, portanto a mulher é uma rendeira. Poderíamos esperar, diante de um quadro tão claro e distinto, além disso tão pequeno, que ele nos gratificasse, em sua "superfície descritiva", apenas com *detalhes* não menos claros e distintos. Mas não é o que acontece.

Claudel, a quem pouca coisa escapa, o que vê nesse quadro? Vê detalhes, e seu dêitico — *Vejam!* — não invoca senão a confiança em sua exatidão, em sua autenticidade:

> "Vejam essa rendeira (no Louvre) aplicada em seu bilro, em que os ombros, a cabeça, as mãos com seu duplo tear de dedos, tudo leva à ponta da agulha: ou à pupila no centro de um olho azul que é a convergência de todo um rosto, de todo um ser, espécie de coordenada espiritual, raio emitido pela alma".[45]

Se examinarmos mais de perto — isto é, se buscarmos no quadro aquilo de que fala o texto — percebemos que a écfrase claudeliana leva ao extremo o que chamei a aporia do detalhe (*fig. 16*). De fato, se procurarmos uma referencialidade na descrição, o que encontramos? Um bilro, vá lá; ombros, uma cabeça, mãos "com seu duplo tear de dedos", certamente. Mas, quanto a mim,

---

[45] P. Claudel, *op. cit.*, p. 34.

não vejo aquilo a que "tudo converge", segundo Claudel: não vejo pupila alguma no centro de um olho azul; vejo, dos olhos da rendeira, somente as pálpebras, o que me impede, a rigor, de declará-los abertos ou fechados... Tampouco vejo essa ponta de agulha de que fala Claudel: por mais perto que examine, vejo entre os dedos da rendeira somente dois traços brancos — com menos de meio milímetro de espessura —, traços brancos que tudo me faz ver como dois signos icônicos, detalhes de dois fios que, de um lado e de outro do indicador dobrado, estão ligados a dois pequenos fusos de madeira. Claudel via então agulha onde vejo fio? E "pupila de um olho azul" onde vejo duas pálpebras quase fechadas? Não se poderia exprimir melhor a fragilidade de qualquer reconhecimento visível "delicado". A menos que se deva ler o texto de Claudel num outro plano, independente de toda delicadeza fotográfica, de toda exatidão, e longe daquele "paraíso da necessidade" visível que ele atribui, no entanto, à pintura de Vermeer: então deveríamos entender, no seu *Vejam!*, a injunção de *imaginar* uma agulha atrás dos quatro dedos fechados da rendeira,[46] e a de *metaforizar* um olho, sua pupila e seu azul, na superfície colorida e movente de um tecido no qual essa mão se coloca. Nas duas leituras, em todo caso, o detalhe como tal, com sua vocação descritiva, torna-se uma aporia: ou é altamente contestável, ou é proposto como invisível.

Admitamos, no entanto, o seguinte, a fim de não ficarmos no puro gênero aporético: quer se trate de "procurar a agulha" no palheiro do quadro, ou de "encontrar o fio" no labirinto das formas, em ambos os casos é um *detalhe* que se busca e que se encontrará, não apenas porque o elemento visível em questão é tênue, delicado, mas também porque essa delicadeza está aí para dar um corte, *decidir um sentido* no visível. Assim todo detalhe está ligado, de perto ou de longe, a um ato do *traço*, que é ato de constituição

---

[46] Isso em referência a uma técnica conhecida do trabalho em renda, dito *em bilro*, na qual os fios, colocados em pequenos fusos, se desenrolam sobre a almofada (chamada *tambor*), se entrecruzam e se mesclam passando uns sobre os outros, num movimento de rotação que a rendeira lhes imprime. Esta pica e retém cada ponto com agulhas que ela muda de lugar à medida que o trabalho avança.

15. Johannes Vermeer, *A rendeira*, c. 1665. Óleo sobre tela. Paris, Musée du Louvre.

das diferenças estáveis, ato da decisão gráfica, da distinção, portanto do reconhecimento mimético, portanto da significação. É geralmente por operações do traço — fios, agulhas, até mesmo facas ou saca-rolhas — que as imagens se fazem signos e os signos se fazem icônicos.

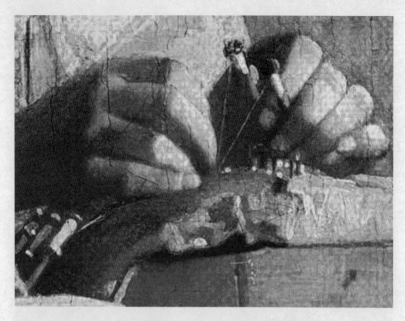

16. Johannes Vermeer, *A rendeira* (detalhe).

Há, no pequeno quadro de Vermeer, uma zona mais próxima e que *aparece* mais que todos esses detalhes encontrados ou a encontrar entre os dedos da rendeira (*fig. 17*). Essa zona, Claudel não a olha, não a percebe. No entanto é um lampejo colorido no primeiro plano da obra, ocupando uma área tão significativa e tão extensa que chegamos a lhe supor um estranho poder de deslumbramento, de cegueira. Aliás, é mais difícil falar dessa zona do que de um detalhe, pois o detalhe se presta ao discurso: ele ajuda a contar uma história, a descrever um objeto. Enquanto um detalhe se deixaria circunscrever em sua delicadeza e em seu traçado, essa zona, ao contrário, se expande bruscamente, produz no quadro o equivalente a uma detonação. Enquanto um detalhe seria considerado como que "lavado de toda matéria", essa zona propõe, pelo viés de sua função representativa, a fulguração de uma substância, uma cor sem limite regulado: e ela opõe sua opacidade material — no entanto vertiginosa — a toda *mímesis* suscetível de se pensar como "ato do vidro". Enfim, é algo como um acidente: jamais

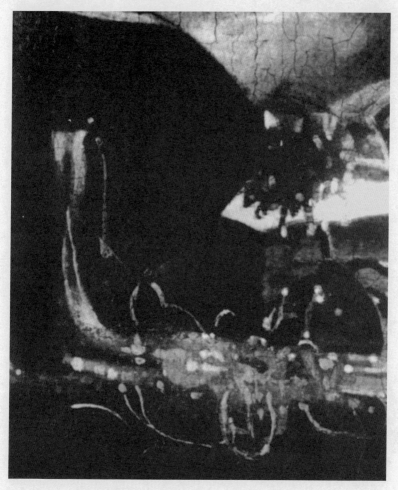

17. Johannes Vermeer, *A rendeira* (trecho).

poderia nos introduzir ao "paraíso da necessidade" de que falava Claudel. É um acidente perturbador e infernal — mas é um *acidente soberano*.

Em que consiste exatamente? É um filete de tinta vermelha. Associado, aqui, a um outro, branco, menos cheio de volutas, mas não menos assombroso. Surge da almofada, à esquerda da rendeira. Desfia-se de maneira insensata, *diante de nós*, como uma afirmação súbita, sem cálculo identificável, da existência vertical e frontal do quadro. O traçado parece divagar; seu próprio esquema configura uma mancha:

Os empastamentos, embora sutis, as modulações de valores, tudo parece dado como fruto do acaso: uma pintura toda líquida, de certo modo entregue a si mesma; jogo errático de um pincel que teria, por momentos, abandonado a superfície, perdido sua capacidade de exatidão, de controle formal (como no detalhe bem "à frente", os dois fios entre os dedos da rendeira). Esse momento pictórico, portanto, nos dá a ver, por seu caráter de intrusão colorida, antes uma mancha e um índice do que uma forma mimética ou um ícone no sentido de Peirce. Antes causa material e causa acidental do que causa formal e causa final. Um estilhaço vermelho cinábrio, depositado, projetado quase às cegas, e que no quadro nos confronta e insiste: é um *pan*, um trecho de pintura.

Certamente, a economia geral de uma obra como a de Vermeer é uma economia mimética. Na medida em que essa zona do quadro se faz visível, *vemos claramente* que existe aí apenas uma trama, um desfiamento insensato de pintura — a matéria pintura —, *mas mesmo assim* veremos alguma coisa, daremos uma forma a essa matéria, graças ao contexto mimético no qual ela surge.[47] Desse modo acreditaremos, apesar de tudo, ver com clareza: reco-

---

[47] Que o visível seja a área eletiva do processo de denegação (a *Verleugnung* freudiana) é o que nos ensina, para além de Claudel, a leitura dessa profusão de textos, sempre contraditórios, que a história da pintura suscita. Sobre a lógica "visual" da *Verleugnung*, cf. O. Mannoni, "Je sais bien, mais quand même", *Clefs pour l'imaginaire, ou l'autre scène*, Paris, Le Seuil, 1969, pp. 9-33.

nheceremos, quase sem refletir, o fio, o fio vermelho que se expande para fora de um estojo de costura. O fato é que o reconhecimento visual e a atribuição de um sentido mimético são postos pelo próprio Vermeer, se não em aporia, pelo menos em crise e em antítese: pois ele nos mostra, no mesmo minúsculo quadro da *Rendeira*, dois fios antitéticos. Primeiro um fio "legitimado" miméticamente, de fina espessura no quadro — menos de meio milímetro —, como um fio deve ser na realidade visível; fio delineado graças ao "fio" do mais fino pincel; fio *exato*, portanto, estendido entre os dedos da rendeira, fio que nos dá a ver a competência do pintor no que chamamos comumente a *expressão do detalhe*; em suma, um fio "bem-sucedido". Depois, mais à frente, o outro fio que nada imita, a não ser o acidente: como se Vermeer estivesse interessado apenas no processo — o desfiamento, o filete — e não no aspecto; do ponto de vista do aspecto ou da descrição, trata-se aqui de um fio *inexato*, que dá à pintura somente a ocasião de *fazer surgir um trecho* de vermelho cinábrio. Há crise ou mesmo aporia — mas não fracasso — na medida em que a existência do primeiro fio, o fio exato e detalhado, nos coloca em perigo se quisermos reconhecer "a mesma coisa" no segundo fio, o fio inexato e colorido. Então esse filete de tinta vermelha se torna, estritamente falando, *não identificável*, a menos que se diga que é pintura em ato; sua forma é dominada por sua matéria, seu estatuto representativo é dominado pela precária dimensão do *quase*, nem distinto nem claro: ele imita talvez "um fio", mas não é descrito "como fio"; portanto é pintado, pintado como pintura.

O que Svetlana Alpers vê nessa zona do quadro? Ela vê um fio, é claro, mas um fio mal descrito, "confuso", ela diz. Fala de "*small globules of paint*" [pequenos glóbulos de tinta] dos quais buscará, para além da simples dialética enunciada antes dela por Lawrence Gowing ("*life surprises us with the face of optical abstractions*") [a vida nos surpreende com o aspecto de abstrações óticas], uma razão de ser mais instrumental.[48] O efeito de mancha ou, segundo ela, de *confusão* lhe parece "o equivalente aos cír-

---

[48] Cf. L. Gowing, *Vermeer*, Londres, Faber and Faber, 1952, p. 56; S. Alpers, *op. cit.*, p. 31.

culos de confusão, círculos difusos de luz que se formam em torno dos pontos luminosos de reflexão numa câmara escura mal regulada".[49] Acidente de foco, "ato da lente" e não mais ato de matéria, o filete de vermelho cinábrio da *Rendeira*, como todas as manchas "luminosas" do quadro, é ainda referido aqui a um puro procedimento óptico e instrumental. Embora Alpers conclua que o emprego da câmara escura por Vermeer é afinal muito contestável,[50] o caráter óptico e referencial da sua interpretação subsiste: esse filete de tinta vermelha significa pelo menos o declínio de uma arte — de uma *art of describing* —, isto é, uma falha ou uma falência, um acidente da descrição.[51]

Trata-se porém, repito, de um acidente soberano. Isso deve ser entendido de duas maneiras: sintagmaticamente, primeiro, no nível do próprio quadro, no qual esse trecho de pintura vermelha mina ou até mesmo tiraniza a representação. Pois esse trecho é dotado de uma singular virtude de expansão, de difusão: ele afeta ou *infecta*, por assim dizer — fantasmaticamente, por um efeito de *Unheimliche* em ato — todo o quadro. Com isso as evidências miméticas começam, uma a uma, a vacilar: a coberta de mesa verde, semeada de gotinhas, se liquefaz; a borla, à esquerda, se torna diáfana; o "buquê" cinzento — a outra borla —, apoiado na caixa de madeira clara, nos ameaça com sua incerteza; enfim — suposição extrema — poderíamos dizer que, se Vermeer tivesse querido pintar uma ave negra envolvendo com suas asas o pescoço da rendeira, ele não o faria de outro modo; empregaria a mesma enigmática e larga mancha antracitosa com que ele ousa invadir seu "tema" [*sujet*]...

O acidente é soberano também porque aflora, paradigmaticamente, em toda a obra de Vermeer: de fato, é uma obra que não

---

[49] S. Alpers, *op. cit.*, pp. 31-2.

[50] *Ibid.* A hipótese do emprego de câmaras escuras por Vermeer foi sustentada por D. Fink, "Vermeer's Use of the Camera Obscura: A Comparative Study", *The Art Bulletin*, LIII, 1971, pp. 493-505. E contestada por A. K. Wheelock Jr., *Perspective, Optics and Delft Artists around 1650*, Londres, Garland, 1977, pp. 283-301 (e 291-2 no que concerne à *Rendeira*).

[51] S. Alpers, *op. cit.*, p. 118.

cessa de zelar por tais estilhaços, tais momentos de intrusão colorida. São *intensidades parciais* nas quais as relações costumeiras do local e do global se acham perturbadas: o local não pode mais ser "deduzido" do global, como no caso do detalhe; ao contrário, o investe, o infecta. Se tomarmos apenas o paradigma da cor vermelha na obra de Vermeer, encontramos de saída uma série de exemplos.

E, em primeiro lugar, de maneira mínima, em zonas de *acentuações*, de vírgulas, de desfiamentos discretos, mas insistentes, que notamos com frequência nas bordas das figuras: em *Mulher de pé ao virginal*, da National Gallery, em Londres, o sistema de malhas, nós e reticulados de vermelho parece progressivamente penetrar a figura, nela aderindo, junto do braço, até a massa do coque dos cabelos, como uma matéria venosa. Em *O oficial e a jovem*, da Frick Collection, a intensidade colorida do *suplemento* vermelho, no chapéu escuro do homem, capta e desaponta o olhar, porque ultrapassa toda "necessidade" de indicar uma fita; tão intensa que se torna outra coisa, uma ficção de objeto, matéria inventada, pura clareira, insólita e incandescente, de pétalas sangrentas.[52] É o caso também do famoso mapa figurado em *A arte da pintura*, que apresenta — exatamente sob a palavra *descriptio* — um arquipélago de manchas carmins cuja exata função mimética seria difícil de determinar.[53]

Com frequência, em Vermeer, as zonas de *dobras*, franzidos, arregaçamentos das superfícies, dão ensejo a essas intensas vacuidades da representação: o detalhe de um tecido será obnubilado, metamorfoseado — num *quase* — a ponto de se "des-perspectivar", existindo então somente no puro plano da sua função de cor. É o caso das meias vermelhas, apenas moduladas, do artista ao trabalho em *A arte da pintura*, de Viena; ou das dobras das roupas em *Cristo em casa de Marta e Maria*. Noutros quadros, alguns mantos bordados de arminho se abrem, discretamente, sobre ven-

---

[52] Cf. P. Bianconi e G. Ungaretti, *L'opera completa di Vermeer*, Milão, Rizzoli, 1967, cat. nº 40 (pr. LX) e 9 (pr. VII-IX).

[53] *Id., ibid.*, nº 30 (pr. L).

tres de mulheres grávidas (como em *Mulher segurando uma balança,* em Washington); e, no lugar preciso dessa prega, se expande um verdadeiro *sulco* de cor vermelha, líquido, como para nunca secar; o efeito é particularmente fascinante na jovem da Frick Collection; e não é menos intenso, no seu escoamento mesmo, que os meandros de sangue que serpenteiam no mármore de *A alegoria da fé*.[54] Enfim, na mesma ordem de associação entre dobra e liquidez, não podemos deixar de pensar nos lábios de Vermeer, esses lábios que são outras tantas auras rubras, que diluem e literalmente embebem os contornos de suas aberturas: *A moça do chapéu vermelho,* a *da flauta,* ambas em Washington, e sobretudo a *Moça com turbante* [ou *Moça com brinco de pérola*], do Mauritshuis.[55]

De maneira geral, aliás, o tratamento dado por Vermeer ao que os italianos chamavam *panni,* os tecidos, esse tratamento produz fulgurantes *autoapresentações* da própria pintura (sabe-se que, com uma única exceção, a totalidade das obras de Vermeer é pintada em tela). Para ficar apenas na cor vermelha, lembremos os vestidos em *Moça com copo de vinho* ou em *Mulher e dois homens,* no Palácio de Buckingham; também a grande massa vermelha diante do copo de vinho em *A lição de música interrompida,* da Frick Collection.[56] Sem falar das toalhas, tapetes e cortinas nos quadros de Dresden, e sobretudo do extraordinário *Jovem adormecida à mesa* de Nova York, onde a opacidade e a *massa* dos vermelhos tendem a dominar, a tiranizar o espaço do representado.[57]

Mas é na *Moça do chapéu vermelho* (fig. 18) que a força expansiva do local no global demonstra seus efeitos mais notáveis: ninguém duvidará, é claro, que a massa de vermelhão que domina o rosto da moça seja um chapéu.[58] Enquanto tal, ele poderia ser compreendido como um detalhe. No entanto, seu delineamento

---

[54] *Id., ibid.,* n° 24 (pr. XXXIX), 33 (pr. LV) e 42 (pr. LXI).

[55] *Id., ibid.,* n° 21 (pr. XXXV), 31 (pr. XLI) e 32 (pr. XL).

[56] *Id., ibid.,* n° 14 (pr. XIX-XXI), 15 (pr. XXII), 18 (pr. XI-XII) e 20 (pr. XXIII).

[57] *Id., ibid.,* n° 5 (pr. V-VI), 7 (pr. XIII) e 8 (pr. X).

[58] *Id., ibid.,* n° 32 (pr. XL).

18. Johannes Vermeer, *Moça do chapéu vermelho*, c. 1665. Óleo sobre tela. Washington, National Gallery of Art.

— pois todo detalhe deveria poder ser isolado, de-talhado do conjunto —, sua delimitação é eminentemente problemática: na parte interna, ele tende a se confundir com a massa dos cabelos e, sobretudo, *torna-se sombra*; na parte externa, é traçado com tal tremor que produz um efeito de materialidade relacionada a algo de macio, de chamejante e de projeção líquida. É singularmente modelado e centrípeto à esquerda, singularmente frontal e centrífugo à direita. É extremamente modulado, a ponto de incluir no brilho da sua massa resplandecente algo de lactescente. E assim sua intensidade pictórica tende a desfazer a coerência mimética: ele não "se assemelha" mais exatamente a um chapéu, mas a algo como um imenso lábio ou uma asa, ou, mais simplesmente, um dilúvio colorido em alguns centímetros quadrados de tela estendida na vertical, diante de nós.

Sombra, maciez, chama ou leite, lábio ou projeção líquida, asa ou dilúvio: todas essas imagens nada valem por si mesmas, tomadas separadamente; em relação a esse "chapéu", elas não têm nenhuma pertinência descritiva, muito menos interpretativa; cada uma delas se relaciona ao que poderíamos chamar uma visibilidade "flutuante" (como se fala de atenção flutuante na situação analítica); e, nesse sentido, sua escolha fala apenas de quem olha. Contudo, é a aporia criada por sua copresença que tende a *problematizar o objeto pictórico*, dando assim a possibilidade de, no elemento mesmo da questão, da antítese, apreender algo do quadro. Quando a pintura sugere uma comparação (é como...), ela raramente tarda a sugerir outra (... *mas também* é como...) que a contradiz. Portanto, não será o sistema das comparações ou das "semelhanças", mas o sistema de suas diferenças, de suas contrariedades ou contrastes, que terá alguma chance de falar da pintura, de fazer sentir de que maneira o detalhe se torna trecho, se impõe, no quadro, como um acidente da representação — a representação entregue ao risco da matéria pintura. É nesse sentido que o *trecho de pintura* se impõe no quadro, ao mesmo tempo como acidente da representação (*Vorstellung*) e soberania da apresentação (*Darstellung*).

O SINTOMA: A JAZIDA DE SENTIDO

Acidente soberano é o que se chama, estritamente falando, um *sintoma*, palavra a ser entendida com toda a extensão e o rigor semiológicos que Freud lhe conferiu. Um sintoma — escolhamos um caso que possa abranger o domínio que nos interessa, o da visibilidade — será, por exemplo, o momento, a imprevisível e imediata *passagem* de um corpo à aberração de uma crise, de uma convulsão histérica, de uma extravagância de todos os movimentos e de todas as atitudes: de repente os gestos perderam sua "representatividade", seu código; os membros se agitam e se embaraçam; o rosto se horripila e se deforma; distensão e contração se misturam absolutamente; nenhuma "mensagem", nenhuma "comunicação" podem mais emanar desse corpo; enfim, esse corpo *não se parece mais*, ou não parece mais, não passa de uma máscara tonitruante, paroxística, máscara no sentido em que Bataille a entendia: um "caos feito carne".[59] No campo nosológico da histeria, os alienistas clássicos, inclusive Charcot, chamaram isso de "cinismo" do corpo, "clownismo", "movimentos ilógicos" e mesmo "crise demoníaca", querendo sublinhar com essas palavras o caráter desfigurado, disforme e sobretudo *privado de sentido* que tais acidentes do corpo propunham ao olhar — à observação e à descrição clínicas.[60]

Ao contrário, Freud supôs, frente a esses momentos culminantes do ataque histérico, que o *acidente* — o gesto insensato, informal, incompreensível, "não icônico" — era claramente *soberano*: e não apenas de uma soberania sintagmática, se podemos dizer, ou seja, que num tal momento o acidente domina tudo e tiraniza o corpo inteiro; mas também de uma soberania "paradigmática", ou seja, que tal momento libera uma significância, envol-

---

[59] G. Bataille, "Masque", *Oeuvres complètes*, Paris, Gallimard, 1970-79, tomo II, pp. 403-4. Sobre o paroxismo e a crise histéricos, cf. G. Didi-Huberman, *Invention de l'hystérie. Charcot et l'Iconographie photographique de la Salpêtrière*, Paris, Macula, 1982, pp. 150-68 e 253-9.

[60] Cf. J.-M. Charcot e P. Richer, *Les démoniaques dans l'art* (1887), Macula, Paris, 1984, pp. 91-106 (e comentário pp. 149-56).

ve um destino, um fantasma originário, portanto faz trabalhar uma estrutura. Mas é uma estrutura *dissimulada*. Esse é o paradoxo figurativo que Freud admiravelmente elucida quando, diante de uma mulher histérica agitada por movimentos incompreensíveis, contraditórios, consegue esclarecer a articulação mesma, e com ela a significância, dessa imagem antitética:

> "Num caso que observei, a doente segura com uma das mãos seu vestido apertado contra o corpo (enquanto mulher) e com a outra mão procura arrancá-lo (enquanto homem). Essa simultaneidade contraditória condiciona em grande parte o que há de incompreensível numa situação no entanto tão plasticamente figurada no ataque, e assim se presta perfeitamente à dissimulação do fantasma inconsciente em ação".[61]

Essa simples frase já nos introduz no cerne do problema, na medida em que sugere claramente toda a especificidade semiótica do conceito de sintoma: o sintoma é um acontecimento crítico, uma singularidade, uma intrusão, mas é também a instauração de uma estrutura significante, de um sistema que o acontecimento tem por tarefa fazer surgir, mas *parcialmente*, *contraditoriamente*, de modo que o sentido advenha apenas como enigma ou *fenômeno-índice*,[62] não como conjunto estável de significações. Por isso o

---

[61] S. Freud, "Les fantasmes hystériques et leur relation à la bisexualité" (1908), trad. de J. Laplanche e J. B. Pontalis, *Névrose, psychose et perversion*, Paris, PUF, 1973 (3ª ed., 1978), p. 155.

[62] "Entendemos com isso acontecimentos corporais que se manifestam e que, em e por sua manifestação, 'indicam' algo que *não se manifesta* ele mesmo. O aparecimento de tais acontecimentos, sua manifestação, vai de par com a existência de distúrbios que não se manifestam. Portanto, o fenômeno, como fenômeno-índice de alguma coisa, *não* significa simplesmente: o que se manifesta a si mesmo, mas é o anúncio de algo que não se manifesta por algo que se manifesta. Ser indicado por um fenômeno-índice é *não se manifestar*. Mas essa negação não deve de maneira alguma se confundir com a negação privativa que determina a estrutura da aparência." M. Heidegger, *O ser e o*

sintoma é caracterizado ao mesmo tempo por sua intensidade visual, seu valor de *estilhaço* e por aquilo que Freud chama aqui a "*dissimulação* do fantasma inconsciente em ação". O sintoma é, portanto, uma entidade semiótica de dupla face: entre o estilhaço e a dissimulação, entre o acidente e a soberania, entre o acontecimento e a estrutura. Por isso ele se apresenta antes de tudo enquanto "signo incompreensível", como diz ainda Freud, embora seja "tão plasticamente figurado", embora sua existência visual se imponha com tanto estilhaço, evidência ou mesmo violência. Um acidente soberano é isso.

E a noção de *pan* [trecho] encontra aí uma primeira formulação: *o trecho é o sintoma da pintura no quadro*, a pintura entendida aqui no sentido de uma causa material, e a matéria entendida no sentido que lhe dava Aristóteles — algo que não deriva de uma lógica dos contrários, mas de uma lógica do desejo e da protensão (é o *éphiesthaï* do texto da *Física*). No limite, poderíamos dizer que no trecho a pintura se histeriza, enquanto no detalhe ela se fetichiza. Mas o empréstimo do universo conceitual da psicanálise — e convém precisar isso em relação a uma história da arte que ainda hoje ou nega e rejeita, por visão curta, ou "utiliza" cegamente a psicanálise no que ela tem de mais falsificado, isto é, a psicobiografia —, esse empréstimo só tem sentido de acordo com uma teoria da figurabilidade tal como Freud não cessou de construí-la, desde a imagem do sonho e a conversão histérica até o modelo metapsicológico do fantasma inconsciente.

Assim, falar de *sintoma* no campo da história da pintura não é buscar doenças, ou motivações mais ou menos conscientes, ou desejos recalcados por trás do quadro, supostas "chaves de imagens", como se falava outrora de chaves dos sonhos; é, mais simplesmente, buscar avaliar um trabalho da figurabilidade, estando entendido que toda figura pictórica supõe "figuração", assim como todo enunciado poético supõe enunciação. Acontece que a relação da figura com sua própria "figuração" nunca é simples: essa relação, esse trabalho, é um emaranhado de paradoxos. Aliás, é nesse

tempo (1927), cf. *L'être et le temps*, trad. de R. Boehm e A. de Waelhens, Paris, Gallimard, 1964, p. 46.

sentido que a sublógica aristotélica da "causa material" pode coincidir, em certa medida, com a sublógica freudiana do fantasma enquanto "causa inconsciente".[63] Falo de *sublógica* porque, em ambos os casos, a relação de contradição, portanto de identidade, foi definitivamente subvertida: de fato, a imagem sabe representar a coisa *e* seu contrário, ela é *insensível à contradição*, e é daí que se deve constantemente recomeçar.[64] Do mesmo modo, o exemplo do sintoma histérico nos mostra que o que estabelece o laço entre acontecimento e estrutura, lampejo e dissimulação, acidente e sistema de significância, consiste precisamente no *paradoxo de visibilidade* que a "simultaneidade contraditória tão plasticamente figurada" supõe...

É talvez quando as imagens são mais intensamente contraditórias que elas são mais autenticamente sintomáticas. É o caso dos fios ou do chapéu vermelhos em Vermeer: neles se entrelaçam paradoxalmente — mas intimamente — o trabalho do mimético e o do não-mimético. Quanto à palavra *pan* [trecho], notaremos que ela mesma pertence àquela categoria eletiva das palavras ditas "antitéticas", pois denota tanto o diante quanto o dentro, tanto o tecido quanto a parede e, sobretudo, tanto o local quanto o global (ou melhor, o englobante): é uma palavra que evoca o retalho e o filete, portanto uma palavra da estrutura ao mesmo tempo que da sua rasgadura ou do seu desfazimento parcial.[65]

---

[63] Lembremos brevemente que a *causa* não se confunde nem com o "motivo", nem com o "desejo recalcado". A causa, dizia Lacan, "é o que manqueja", e é aquilo cuja pregnância o objeto *a* manifesta enquanto *objeto--causa* do desejo.

[64] Cf. especialmente S. Freud, *L'interprétation des rêves*, op. cit., pp. 269-70 e 291-4.

[65] "*Pan*, s.m. 1. Parte considerável de um vestuário, túnica, manto. Com um dos trechos [*pans*] do seu manto ele cobre o rosto,/ Como cego obedece a seu mau destino. [...] 2. Termo de caça. Espécie de rede que se estende num bosque. *Pan de rets*, rede com que se pegam animais graúdos. [...] 7. *A pan, tout à pan*, locução empregada em algumas províncias e que significa *em cheio, diretamente*" (Littré). A etimologia é, não *pagina*, como acreditava Furetière, mas *pannus*, que significa o *retalho* de um plano, o farrapo.

O interesse metodológico de exprimir essa noção pictórica do trecho em termos de sintoma reside antes de tudo no fato de que o conceito de sintoma, de dupla face, está ele mesmo no exato limite de dois campos teóricos: um campo de ordem *fenomenológica* e um campo de ordem *semiológica*. Ora, todo o problema de uma teoria da arte reside na articulação desses dois campos ou desses dois pontos de vista: limitar-se a um deles comporta o risco de calar-se definitivamente, por efusão diante do que é belo; não se falará mais senão conforme a "tonalidade afetiva" ou a "celebração do mundo"; haverá assim o risco de perder-se na imanência — uma singularidade empática —, de ficar inspirado e mudo, ou então estúpido. No caso de fazer funcionar somente o outro campo, corre-se o risco de falar demais e de fazer calar tudo o que não deriva estritamente ao dispositivo; então se pensará mais alto que a pintura, com o risco de perder-se na transcendência de um modelo eidético — um universal abstrato do sentido — que não é menos redutor que o idealismo do modelo referencial. Um dos problemas teóricos mais evidentes que a pintura coloca é que o tesouro do significante não é nem verdadeiramente universal, nem verdadeiramente preexistente à enunciação, como na língua e na escrita. Na pintura, as unidades mínimas não são *dadas*, mas *produzidas*, além de que, não sendo realmente discretas, como as letras de uma palavra, elas não pertencem nem a uma sintaxe, nem a um vocabulário no sentido estrito. No entanto há tesouros, estruturas, significâncias. Seria preciso então propor uma fenomenologia não da simples relação com o mundo visível como meio empático, mas da relação com a significância como estrutura e trabalho específicos (o que supõe uma semiologia). E assim poder propor uma semiologia não somente dos dispositivos simbólicos, mas também dos acontecimentos, ou acidentes, ou singularidades da imagem pictórica (o que supõe uma fenomenologia). Eis o rumo para o qual tenderia uma estética do sintoma, isto é, uma estética dos acidentes soberanos da pintura.

A fim de tornar mais claras essas linhas de partilha, poderíamos referir a noção de trecho a duas outras noções bastante próximas — e a que ela deve mesmo a existência —, mas das quais se separa justamente porque se arrisca a jogar sobre dois tabuleiros, se podemos dizer, as duas faces em que o sintoma no sentido freudiano encontra sua pertinência teórica e sua eficácia. Próximo do *trecho* estaria antes de tudo o *punctum*, a admirável ponta teórica que Barthes dirigiu para o lado do visível. Lembremos que ele dedica toda a sua tentativa ao *Imaginário* de Sartre, o que manifesta claramente a exigência fenomenológica que toda análise do visível deve levar em conta; por isso Barthes não hesitava em adotar o ponto de vista de uma fenomenologia, mesmo "vaga", mesmo "desenvolta" — porque "comprometida com o afeto", ele dizia, e, de todo modo, exprimível não em termos de estrutura mas de *existência*.[66]

A diferença teórica entre o *trecho* e o *punctum* não reside fundamentalmente no fato de uma das duas noções ter a pintura como campo de origem e a outra, a fotografia; tampouco na diferença das constelações semânticas das duas palavras, uma indo para o lado da zona e da expansão frontal, a outra para o lado do ponto e da focalização "em ponta". Aliás, Barthes chegou mesmo a falar de uma "força de expansão" do *punctum*.[67] O problema é que a noção de *punctum* parece perder em pertinência semiológica o que ela ganha em pertinência fenomenológica: percebe-se bem a soberania do *acidente visível*, sua dimensão de acontecimento — mas em função tanto da "tonalidade afetiva" quanto da "celebração do mundo". De novo o mundo volta a se depositar na imagem por meio do seu *detalhe* — é o termo que Barthes emprega — e da sua *temporalidade* de mundo: "Não sou eu que vou buscá-lo [...] é ele que parte da cena, como uma flecha, e vem me perfurar".[68] Assim não há mais substância imagética [imageante] a interrogar, mas somente uma relação entre um detalhe da cena do mundo e o afeto que o recebe "como uma flecha". Nesse sentido, o *punctum* deveria ser considerado não como um sintoma da imagem, mas como o sintoma do próprio mundo, isto é, sintoma do tempo e da

---

[66] R. Barthes, *La chambre claire: note sur la photographie*, Paris, Cahiers du Cinéma/Gallimard/Le Seuil, 1980, pp. 7, 40-1 e 44.

[67] *Id., ibid.*, p. 74.

[68] *Id., ibid.*, pp. 48-9.

presença do referente: "isso foi" — "a coisa esteve aí" — "absolutamente, irrecusavelmente presente"...[69]

Talvez se pudesse dizer que *A câmara clara* é o livro da consciência rasgada do semiólogo: pela escolha mesma do seu objeto, a fotografia, é um livro em que o *intratável* teórico,[70] ou seja, no fundo o objeto do pensamento sobre o visível, é inteiramente levado para o lado do referente e do afeto. Enquanto a imagem — mesmo fotográfica — sabe criar acontecimento e nos *pungir* independentemente de qualquer *isso foi*; é o caso dos efeitos de velamentos e auras devidos a "acidentes", desejados ou não, da revelação fotográfica; ou dos estilhaços fictícios — "raspados" com lápis preto no negativo em certos calótipos[71] de Victor Régnault, por exemplo. E se *A câmara clara* se lê como um texto da consciência rasgada, é que Barthes, no fundo, talvez não ousasse ou não quisesse ultrapassar a alternativa semiológica do codificado e do não-codificado (lembremos sua definição da imagem fotográfica como "mensagem sem código"). Ora, essa alternativa, num certo sentido, é trivial: e, em particular, não é em termos de código ou de não-código que o sintoma, num corpo, numa imagem, fará sentido ou não-sentido. Uma semiologia das imagens, de suas causas materiais e de seus acidentes soberanos, só existiria no trânsito entre "o mundo", sem código, dominado pela empatia, e "a significação" dominada por uma noção estreita do código.

O outro conceito em relação ao qual o *trecho* deve ser situado é o dos *elementos não miméticos do signo icônico*, tal como foi desenvolvido por Meyer Schapiro num artigo célebre e importante.[72] Observaremos simplesmente que a noção de *campo* adquire aí o valor muito geral de um parâmetro, em última instância geo-

[69] *Id., ibid.*, pp. 120-1.

[70] *Id., ibid.*, p. 120.

[71] Antigo processo de reprodução fotográfica em que o papel era tratado, antes da exposição, com iodeto de prata e depois submetido a outros agentes químicos. (N. do T.)

[72] M. Schapiro, "Sur quelques problèmes de sémiotique de l'art visuel: champ et véhicule dans les signes iconiques", trad. de J. C. Lebensztejn, *Style, artiste et société*, Paris, Gallimard, 1982, pp. 7-34.

métrico, no interior do qual se poderia pensar a organização mesma da imagem. Campo, moldura, fundo "liso ou preparado", orientação, formato, tudo isso nos permite, de fato, apreender regularidades estruturais da imagem, articulações fundamentais. Mas, exatamente por serem regularidades, esses elementos miméticos do signo icônico são pensados sob o aspecto do *menos-acidental*, se podemos dizer. E, quando Meyer Schapiro fala do *veículo material* ou "substância imagética" — isto é, "as linhas ou manchas de tinta ou de pintura" —,[73] ele sugere antes uma mudança de ordem gnoseológica diante da obra do que um acidente ou uma materialidade singular exibidos por essa obra.[74] Em suma, o que lhe importa é somente a universalidade de parâmetros que variam na modificação dos pontos de vista perceptivos, conforme uma maior ou menor "finura de observação".

Ora, o *trecho* de pintura não designa o quadro visto sob outro ângulo, visto mais de perto, por exemplo; designa verdadeiramente, enquanto sintoma, *um outro estado da pintura* no sistema representativo do quadro: estado precário, parcial, estado acidental, e por isso se falará de *trânsito*. O *trecho* não é um parâmetro global, é uma singularidade que possui, no entanto, valor de paradigma ou mesmo de paragrama.[75] É um acidente; ele nos surpreende, por sua essencial capacidade de intrusão; ele insiste no quadro; mas insiste igualmente por ser um acidente que se repete, que passa de um quadro a outro, paradigmatizando-se enquanto perturbação, enquanto sintoma: insistência — soberania — por si só portadora de sentido, ou melhor, que faz surgir como que aleatoriamente *estilhaços* que são, de um lugar a outro, como as zonas

---

[73] *Id., ibid.*, p. 28.

[74] Num livro recente, Jean-Claude Bonne deu aos "elementos não miméticos do signo icônico" sua maior extensão e ao mesmo tempo sua maior precisão analítica, mostrando, com o exemplo das esculturas do tímpano de Conques, na França, como eles funcionam — e "parametrizam" as unidades mínimas de um conjunto figurativo. Cf. J.-C. Bonne, *L'art roman de face et de profil. Le tympan de Conques*, Paris, Le Sycomore, 1984.

[75] Paragrama: erro de grafia resultante do emprego de uma letra por outra. (N. do T.)

de afloramento — portanto de falha — de um veio, de uma *jazida* (metáfora que a espessura, a profundidade material da pintura quase exige).

O trecho, portanto, deveria ser definido como aquela parte da pintura que interrompe ostensivamente, aqui e ali, como uma crise ou um sintoma, a continuidade do sistema representativo do quadro. É o afloramento acidental e soberano de uma jazida, de um veio coloridos: ele confere sentido, com violência e equívoco, como a ferida numa pele branca dá sentido — dá surgimento — ao sangue que pulsa embaixo. Ele autoapresenta sua causa material e sua causa acidental, a saber, o gesto mesmo, a *pincelada*, a intrusão da pintura. Acontecimento demasiado singular para propor uma estabilidade da significação, o *trecho* pictórico confere sentido como um sintoma, e os sintomas nunca têm infraestrutura transparente, por isso deliram nos corpos, desaparecem aqui para ressurgir ali, onde ninguém os espera, e nesse aspecto constituem tanto um enigma do lugar e do trajeto quanto um enigma da significação. Acidente ou singularidade *in praesentia*, o *trecho* é assim não apenas o fenômeno-índice de um paradigma *in absentia* dissimulado, mas também o fenômeno-índice de um *paradigma instável*, lábil. Por isso a ordem das razões lhe é, de certo modo, duas vezes subtraída.

Observo de passagem que Proust, à sua maneira, enunciou uma idêntica "soberania instável" quando, ao falar da música de Vinteuil, evocou essas "frases despercebidas, larvas obscuras então indistintas", que se tornavam de repente "deslumbrantes arquiteturas": não arquiteturas formadas de colunas, ele dizia, mas "sensações de luz, rumores claros" e transfiguradores.[76] Proust enunciava ao mesmo tempo, nomeadamente, a *insistência* dessas singularidades e seu puro valor de *estilhaço* que passa: "elas passeavam diante de minha imaginação, com insistência, mas muito rapidamente para que esta pudesse apreender, algo que eu poderia comparar a uma seda perfumada por um gerânio"...[77] O que aflo-

---

[76] Marcel Proust, *A la recherche du temps perdu, op. cit.*, tomo III, pp. 373-4.

[77] *Id., ibid.*, p. 375.

ra, ele escreve ainda na mesma página, são "fragmentos disjuntos, estilhaços com fraturas escarlates", e não são os fragmentos de um todo em ato, mas de uma potência, o que ele chama "uma festa desconhecida e colorida".[78] E Vermeer, é claro, retorna com essas palavras, Vermeer cujos quadros são todos "fragmentos de um mesmo mundo", ele diz, mas não um mundo-referência, um mundo-realidade: ao contrário, é "a mesma nova e única beleza, enigma nessa época em que nada se lhe assemelha nem o explica, se não buscarmos aparentá-lo pelos temas, mas destacar a impressão particular que a cor produz". Esse mundo é estritamente "certa cor dos tecidos e dos lugares", escreve Proust, isto é, num sentido, a pintura mesma, depositada na tela para ali produzir seu próprio lugar, sua jazida de cor e de sentido.[79]

Para além do princípio de detalhe

Tentemos uma breve recapitulação. No que concerne à relação da parte com o todo, digamos que, no detalhe, a parte seria dedutível do todo, enquanto no *trecho*, a parte devora o todo. O detalhe: é um fio, por exemplo, uma circunscrição perfeitamente identificável do espaço figurativo; tem uma *extensão* — ainda que mínima —, uma grandeza bem definidas; pertence a um espaço mensurável. Ao contrário, o *trecho* se apresenta como uma zona de *intensidade* colorida; como tal, possui uma capacidade "desmesurada", não mensurável, de *expansão* — e não de extensão — no quadro; não será um detalhe de fio colorido, mas um filete de cor vermelha, por exemplo, isto é, mais um acontecimento que um objeto. O detalhe se define; seu contorno delimita um objeto representado, algo que tem lugar, ou melhor, que *tem seu lugar* no espaço mimético; portanto, sua existência tópica pode ser especificada, localizada como uma *inclusão*. Ao contrário, o *trecho* delimita menos um objeto do que produz uma potencialidade: algo

---

[78] *Id., ibid.*
[79] *Id., ibid.*, pp. 377-8.

se passa, passa, delira no espaço da representação e resiste a "se incluir" no quadro, porque provoca detonação ou *intrusão*.

Essa fenomenologia já sugere inteiramente, por via indireta, o estatuto semiótico das duas categorias. O detalhe é discernível, portanto separável do "resto" e, enquanto tal, nomeável — fio, agulha, faca, saca-rolhas, umbigo... Tem a ver com a finura descritiva, que recorta e nomeia o visível. A descoberta do detalhe consiste em *ver* claramente algo que está "escondido" por ser minúsculo, e em *nomear* claramente o que se vê. Ao contrário, o *trecho* não exige ver claramente: exige apenas *olhar*, olhar algo que está escondido por ser evidente, aí defronte, deslumbrante, mas dificilmente nomeável. O *trecho* não se "destaca", propriamente falando, como o detalhe; ele constitui mancha. O detalhe admite a declaração — *isso é* uma agulha — e, portanto, deixa-se dominar, como o perverso sabe dominar um objeto fetiche (o que indica quão grande é o conteúdo fantasmático do detalhe). O trecho tem a ver com o *intratável* de que falava Roland Barthes, portanto é ele que tiraniza o olho e o sentido, assim como um sintoma tiraniza e domina um corpo, e um incêndio, uma cidade. Buscamos o detalhe para encontrá-lo, ao passo que deparamos com o *trecho*, por surpresa, por acaso. O detalhe é um pedaço do visível que se escondia e que, uma vez descoberto, se exibe discretamente e se deixa definitivamente identificar (no ideal): assim o detalhe é considerado como a última palavra do visível. Ao contrário, o *trecho salta aos olhos*, o mais das vezes no primeiro plano dos quadros, frontalmente, sem discrição; mas nem por isso se deixa identificar ou encerrar; uma vez descoberto, permanece problemático.

O pesquisador de detalhes é o homem que vê a menor coisa e é o homem das respostas; ele pensa que os enigmas do visível têm uma solução que pode estar na "menor coisa", num fio, por exemplo, ou numa faca; ele limpa bem seus óculos, toma-se por Sherlock Holmes. Aquele que almeja os *trechos*, ao contrário, é um homem que olha, segundo uma visibilidade com propósito flutuante; ele não espera do visível uma solução lógica (antes percebe o quanto o visível dissolve todas as lógicas); como Dupin, em *A carta roubada* de Edgar Allan Poe, prefere usar óculos escuros para deixar que lhe venha o que espera; e, quando encontra, não é o fim de uma cadeia — a última palavra entendida como resposta —, mas um momento eletivo no encadeamento sem fim, corrida atrás do coelho das perguntas. O homem do detalhe escreve portanto *romans à clef*, com interrogação colocada no início e resposta dada no fim. Já o homem do *trecho*, se lhe permitissem, escreveria écfrases sem fim, reticuladas, aporéticas.

O detalhe, portanto, é um objeto semiótico que tende à estabilidade e ao fechamento; em contraposição, o *trecho* é semioticamente lábil e aberto. O detalhe supõe uma lógica de identidade segundo a qual uma coisa será definitivamente o contrário da outra (ou faca ou saca-rolhas): e isso supõe, no fundo, uma transparência do signo icônico, supõe uma *figura figurada*, em ato, uma certeza do julgamento de existência quanto ao que é visto. Já o *trecho* não traz à luz senão a própria *figurabilidade*, isto é, um processo, uma potência, um ainda-não (e isso se diz, em latim, *præsens*), uma incerteza, uma existência *quase* da figura. Ora, é justamente porque mostra a figurabilidade em ação — isto é, não acabada, a figura figurante e mesmo, se podemos dizer, a *pré-figura* — que o *trecho* inquieta o quadro, como uma relativa *desfiguração*; tal é seu paradoxo de figura em potência. Enquanto o detalhe se deixa descrever e atribuir de maneira unívoca ou esperada (*isso é um fio branco*), o *trecho*, por sua vez, só evocará inquietantes tautologias (*isso é... um filete de tinta vermelha*) ou não menos inquietantes contradições (*isso é... um filete de fios crus... mas que é um filete de sangue... mas que escorre de uma almofada... mas que volta sobre si mesmo... mas que cai como chuva... mas que é mancha ou paisagem...* e assim por diante). Poderíamos dizer também que a interpretação do detalhe tende a algo como uma elaboração secundária da imagem, isto é, um trabalho de tapa-buraco que permite atribuir um sentido definitivo e organizar logicamente as etapas de uma *storia*; enquanto o *trecho* seria o índice de um momento mais latente — a figura em potência — e mais metamórfico.

Tudo isso, claro, não deixa de ter consequências sobre a situação do signo icônico relativamente a esses dois "objetos" figurais que são o detalhe e o *trecho*. De certo modo, o detalhe fornece o estado-limite do signo icônico, no sentido em que permite apreender sua visibilidade mínima, a mais discreta, a mais tênue: assim se compreenderá que o fio possa constituir a excelência mesma do detalhe. Pois ele é, esse fio entre os dedos da rendeira, bem mais que um traço de pintura: ele representa um objeto da realidade; é uma forma claramente destacada do fundo; sua existência no quadro é uniformemente óptica; entra eletivamente num dispositivo mimético; é claramente situável na profundidade ilusionista do quadro; tende à *exatidão* da aparência; parece pintado apenas para possuir um *aspecto*. O *trecho*, ao contrário, deveria ser considerado como o estado-limite do signo icônico, no sentido de que constitui sua catástrofe ou sua síncope: ao mesmo tempo "traço suplementar" e "indicador de ausência"[80] no dispositivo mimético. Ele não representa de maneira unívoca um objeto da realidade; mesmo se é "figurativo", impõe-se primeiro como índice não icônico de um ato de pintura; sendo assim, não é nem exato, nem aspectual; é pintado... como nada; é um signo submerso, em carena, se podemos dizer, um signo despossuído; não implica a ilusão, mas o naufrágio da ilusão representativa, o que poderíamos chamar *delusão*.[81] Sua existência perceptiva pertence mais ao que Riegl chamava o espaço *háptico* — que supõe o esmagamento dos planos e o quase-tato — do que a uma pura existência óptica. O *trecho* faz desmoronar as coordenadas espaciais do detalhe: põe-se, literalmente, *de frente* no quadro; assim, o filete de Vermeer se apresenta antes de tudo como uma passagem, no quadro, em que a pintura não mais finge — finge mentir sobre sua existência material; e então ela se apresenta de frente. O *trecho* tende a *arruinar o aspecto*, através do halo ou da liquefação, ou do peso de uma cor que se impõe, devora, infecta tudo; aqui a forma é o fundo, porque, bem menos que representar, ela se autoapresenta enquanto matéria e surgimento colorido.

---

[80] Essas duas expressões são de Louis Marin (discussão de uma sessão do colóquio de Urbino).

[81] Cf. H. Damisch, *Théorie du nuage: pour une histoire de la peinture*, Paris, Le Seuil, 1972, p. 186.

O detalhe é útil: pode ter um valor descritivo (isso é o fio de Mademoiselle Vermeer, que faz a renda) ou iconológico (poderíamos imaginar um historiador da arte tentando provar que, tendo o pintor lido Ovídio no ano de 1665, a *Rendeira* seria uma personificação de Aracne). Em ambos os casos, a relação lógica é transparente: *ut-ita*. Ao contrário, o *trecho* tende a estancar a hermenêutica, porque propõe somente *quases*, portanto deslocamentos, metonímias, metamorfoses (e, se esse filete vermelho devesse realmente evocar Aracne, seria apenas para nos sugerir seu próprio corpo em plena *desfiguração*). Nesse sentido, o *trecho* é um risco para o pensamento, mas é o risco mesmo que a pintura propõe quando avança, quando faz frente: pois, quando a matéria da representação avança, todo o representado corre o risco de se desfazer. No entanto a interpretação deve levar em conta esse risco a fim de nele se medir, a fim de indicar — nem que seja apenas indicar — o "intratável" que constitui seu objeto.

Finalmente se compreenderá em que sentido o objeto do *trecho* não é o objeto do detalhe. Este é um objeto da representação do mundo visível; mesmo elevado ao nível de um símbolo, ele supõe, em última análise, um *objeto da realidade*, do qual procura traçar os contornos e estabelecer a legibilidade. Ao contrário, o objeto do *trecho*, enquanto intrusão — presença — do pictórico no sistema representativo do quadro, seria um *objeto real da pintura*, no sentido em que Lacan situava "o objeto real" do olhar como uma "função pulsátil, explosiva e estendida" no quadro mesmo: função ligada à *vinda inesperada*, ao distúrbio, ao choque, ao trauma e à pulsão.[82] Nesse *objet* [objeto], portanto, devemos primeiro entender a palavra *jet* [jato], e o prefixo *ob* que indica o ato de pôr *diante* de nós, o ato do que nos confronta — nos olha — quando olhamos. Nesse objeto, intenso e parcial ao mesmo tempo, insistente embora acidental, nesse objeto contraditório será preciso entender o momento frágil de uma desfiguração que nos ensina, porém, o que é figurar.

---

[82] J. Lacan, *Le Séminaire XI, op. cit.*, p. 83, e, em geral, pp. 63-109.

ÍNDICE DOS NOMES PRÓPRIOS

Abraham, Nicolas, 209
Adriani, Giambattista, 78, 92
Agrippa de Netteshem, 225
Alberti, Leon Battista, 20, 22, 27, 101, 146, 148-9, 282
Alberti, Romano, 101, 108, 110
Alberto, o Grande, 26, 28, 30, 34, 40, 282
Alféri, Pierre, 51
Allori, Alessandro, 101
Alpers, Svetlana, 92, 156, 311-8, 327-8
Althusser, Louis, 61
Andreucci, Ottavio, 287
Angelico, Fra, 17-35, 52, 54, 260-3, 270, 281-2
Antonino de Florença, Santo, 27, 33
Apeles, 80-1, 276, 279
Arasse, Daniel, 160, 236, 307-8
Areopagita, Pseudo-Dionísio, 46, 97, 259
Ariosto, Ludovico, 83
Aristóteles, 65, 109, 117, 121, 159, 197, 305-6, 335
Armenini, Giovanni Battista, 101
Artemidoro de Daldis, 158
Aubenque, Pierre, 66
Avery, Charles, 287
Bachelard, Gaston, 42, 301-4
Balbi, Giovanni, 270
Baldinucci, Filippo, 99-100, 108

Baldung Grien, Hans, 227, 257
Baltrusaitis, Jurgis, 156
Balzac, Honoré de, 43, 303
Barocchi, Paola, 72-3, 93, 101, 107-9
Barré, Martin, 319
Barthes, Roland, 338-9, 343
Bataille, Georges, 7, 333
Battaglia, Salvatore, 105
Batteux, Charles, 117-8
Baxandall, Michael, 53-4, 98, 137-8, 312
Bazin, Germain, 41, 47, 76, 91, 103
Becker, Howard S., 115
Bellori, Giovanni Pietro, 145
Belting, Hans, 39, 52
Benintendi, Orsino, 289
Benjamin, Walter, 249
Berenson, Bernard, 70
Bertelli, Carlo, 251
Bertelli, Sergio, 88
Berti, Luciano, 101
Bettarini, Rosanna, 71-2
Bianconi, Piero, 329
Bing, Gertrud, 124
Blanchot, Maurice, 206, 249, 291, 317
Bloch, Ernst, 306
Blunt, Anthony, 73
Boase, Thomas S. R., 73, 89
Boccaccio, Giovanni, 81

Bois, Yve-Alain, 57
Bonne, Jean-Claude, 283, 340
Borges, Jorge Luis, 48
Borghini, Raffaello, 101
Borghini, Vincenzo, 86, 92-3
Borries, Johann Eckart von, 229
Botticelli, Sandro, 22
Bourdieu, Pierre, 115, 125-6, 140, 220-1, 223
Bracciolini, Poggio, 154
Brown, Peter, 36
Bruegel, Pieter, 308-10
Bruni, Leonardo, 92
Bruno, Giordano, 147
Büttner, Frank O., 266
Capucci, Martino, 92
Cardini, Franco, 88
Carpi, Ugo da, 253-60
Cassirer, Ernst, 13, 125, 139, 145, 167-75, 190, 193, 201
Cellini, Benvenuto, 101, 287
Cennini, Cennino, 274-8, 280-2, 284, 289-90
Cézanne, Paul, 218
Charcot, Jean-Martin, 15, 17, 213, 333
Chardin, Jean-Baptiste-Siméon, 302
Chastel, André, 42, 45, 60, 70, 72, 89, 91, 96, 102, 125, 277
Chevalier, Ulysse, 256
Cícero, 58, 98
Cimabue, 71-2, 76, 149
Claudel, Paul, 315-6, 319, 321-2, 324-6
Clemente VII, Papa, 288
Cohen, Hermann, 139
Correggio, Antonio da, 166
Courcelle, Pierre, 273
Cozzi, Enrica, 274
Cranach, Lucas, 257
Damisch, Hubert, 52, 58, 138, 158, 160, 345
Danilova, Irina, 283

Dante Alighieri, 96, 248-9, 282, 286
Davis, Margaret D., 102
De Angelis d'Ossat, Guglielmo, 106
Deleuze, Gilles, 174
Derrida, Jacques, 44-5, 74, 97
Descartes, René, 237
Diderot, Denis, 302
Dobschütz, Ernst von, 245, 251
Dominici, Giovanni, 27
Donatello, 22, 287, 289, 291
Duby, Georges, 49
Duccio di Buoninsegna, 123
Duchamp, Marcel, 56-7
Dürer, Albrecht, 17, 145, 180, 218, 223-9, 231, 241-2, 281
Durkheim, Émile, 220
Duve, Thierry de, 57
Eco, Umberto, 188
Edgerton, Samuel Y., 156
Eusébio de Cesareia, 251
Falguières, Patricia, 47
Fédida, Pierre, 17, 50, 113, 193, 206, 208, 283
Ferretti, Silvia, 125, 142, 221
Ficino, Marsilio, 154-5
Fink, Daniel, 328
Fliess, Wilhelm, 212, 215
Florio, John, 54
Fontaine, Jacques, 36
Foucault, Michel, 48, 160, 283
Francastel, Pierre, 137-8
Francisco de Assis, São, 242
François de Hollande, 101
Frederico III de Aragão, 288
Freud, Sigmund, 14-7, 24, 37, 50-1, 90, 129, 190-210, 212-3, 215-7, 219-23, 233-4, 236-9, 242, 269-71, 295, 299-300, 326, 333-6, 338
Frey, Karl, 92
Fumaroli, Marc, 247
Furetière, Antoine, 336

Gaddi, Agnolo, 276
Gaddi, Taddeo, 276
Garbero Zorzi, Elvira, 88
Garin, Eugenio, 95-6
Genette, Gérard, 74
Geórgios Pisidés, 246-8
Ghiberti, Lorenzo, 101
Giesey, Ralph E., 291
Ginzburg, Carlo, 300
Giotto di Bondone, 76, 81, 95-6, 98, 113, 145, 274, 276, 281, 285-6
Giovanni di Genova, 270
Giovio, Paolo, 94
Gombrich, Ernst H., 70, 95-6, 125, 137, 160, 179, 232, 286, 311
Gowing, Lawrence, 327
Goya y Lucientes, Francisco de, 52
Grassi, Luigi, 72
Gregório XV, Papa, 251
Grumel, Venance, 250
Grünewald, Matthias, 132-3, 136, 166, 283
Guilherme de Ockham, 51
Harprath, Richard, 254
Hartt, Frederick, 70
Hegel, Georg Wilhelm Friedrich, 61-3, 65-6, 96, 233, 281
Heidegger, Martin, 44-5, 135-6, 148, 176, 181-3, 188, 213, 219, 334
Hlaváčková, Hana, 262
Hogenberg, Nicolas, 227
Holbein, Hans, 316
Hope, Charles, 94
Hughes, Anthony, 102
Hugo de São Vítor, 273
Huizinga, Johan, 281
Husserl, Edmund, 41
Isabella d'Este, 288
Isaías, Profeta, 31
Jacques de Voragine, 272
Javelet, Robert, 273

João, São, 84, 271, 275
Jones, Ernest, 209
Júlio III, Papa, 75
Kallab, Wolfgang, 73
Kant, Immanuel, 12-4, 16, 61, 116, 119-24, 126, 135-55, 157, 160, 165, 167, 169-71, 176-83, 185, 187, 188, 192-3, 196, 203, 211, 215-6, 221, 223, 226, 228, 240, 278, 291
Kantorowicz, Ernst H., 291
Kemp, Martin, 98
Kitzinger, Ernst, 39, 245
Klein, Robert, 40, 55, 69, 137, 161, 260
Klibanski, Raymond, 224
Kliemann, Julian, 82-3, 86, 88
Koenigsberger, Dorothy, 151
Kraepelin, Emil, 216
Krautheimer, Richard, 86
Kristeller, Paul Oskar, 101, 117
Kultermann, Udo, 119
Labarrière, Pierre-Jean, 62
Lacan, Jacques, 43, 48, 51, 91, 186, 193, 205, 211, 223, 226, 230, 233-4, 243, 271, 283, 294, 303, 336, 346
Lacoue-Labarthe, Philippe, 97
Landino, Cristoforo, 54, 76
Lanzi, Luigi, 93
Le Goff, Jacques, 39, 286
Le Mollé, Roland, 73, 89, 94, 97, 99, 106-7, 285
Leão de Calcedônia, 250
Leão X, Papa, 288
Lee, Rensselaer W., 117
Leonardo da Vinci, 152, 269
Lévi-Strauss, Claude, 47, 144
Lipps, Théodore, 128
Lomazzo, Gian Paolo, 101
Lotto, Lorenzo, 307-8
Lucas, São, 21, 31, 275
Mabuse (Jan Gossaert), 227

Mahon, Denis, 117
Malevitch, Kasimir, 56
Manet, Édouard, 52
Mannheim, Karl, 130
Mannoni, Octave, 326
Maquiavel, Nicolau, 81
Marc, Franz, 132
Marin, Louis, 74, 240, 297, 345
Marino, Giambattista, 246
Masaccio, 22, 96, 281
Mateus, São, 250
Mauss, Marcel, 144, 220
Mazzoni, Guido, 288
Médici, Cosme de, 71, 74-5, 281
Médici, Lourenço de, 288
Meiss, Millard, 125
Mély, Fernand de, 256
Merleau-Ponty, Maurice, 187-8
Michaux, Henri, 295
Michelangelo Buonarroti, 61, 71, 81, 84, 96, 145, 258
Michelet, Jules, 49
Milanesi, Gaetano, 60, 72, 75, 302
Minazzoli, Agnès, 260
Monfrin, Françoise, 36
Moscovici, Marie, 50
Moulin, Raymonde, 114
Nancy, Jean-Luc, 144, 179
Nelson, William, 92
Niccolò da Uzzano, 287, 290
Nicolau Cabasilas, 264
Nicolau de Andrinópolis, 250
Nicolau de Cusa, 260
Nietzsche, Friedrich, 124
Nocentini, Armando, 102
Nordenfalk, Carl, 137
Ortalli, Gherardo, 156
Ovídio, 84, 346
Pacheco, Francisco, 116
Pächt, Otto, 136-7
Paggi, Giovanni Battista, 102
Paleotti, Alfonso, 247
Paleotti, Gabriele, 109

Panofsky, Erwin, 7, 12-4, 17, 20, 42, 70, 72, 89, 93, 95, 99, 101, 109, 116-7, 121, 123-75, 181, 186-7, 190, 212-29, 234-6, 239, 241, 243, 271, 277, 279, 283, 300, 307
Parmigianino, 253-5
Pastoureau, Michel, 39
Paulo III, Papa, 88
Paulo, São, 246, 254-6, 294
Peirce, Charles Sanders, 220, 326
Pépin, Jean, 279
Pergola, Paola della, 72
Pevsner, Nikolaus, 102
Pfeiffer, Heinrich, 248
Philonenko, Alexis, 120, 139
Picasso, Pablo, 52
Piero della Francesca, 22, 300
Piero di Cosimo, 236
Pietri, Charles, 36
Pino, Paolo, 101
Platão, 121, 145, 260
Plínio, o Velho, 58-9, 78, 80, 276
Plotino, 97
Poe, Edgar Allan, 343
Pomian, Krzysztof, 93
Previtali, Giovanni, 72
Prinz, Wolfram, 94
Proust, Marcel, 317, 320, 341-2
Quintiliano, 98
Rafael Sanzio, 123, 206, 218
Ragghianti, Licia Collobi, 72, 93
Raimondi, Marcantonio, 257
Régnault, Victor, 339
Reinhold, Karl Leonhard, 139
Richer, Paul, 333
Riegl, Alois, 345
Ripa, Cesare, 157-60, 163, 166, 243, 308
Rodchenko, Aleksandr, 56-7
Roger de Helmarshausen, 274
Roger, Alain, 165, 178
Rossi, Sergio, 76, 102, 109, 111

Rouchette, Jean, 72, 97, 106
Rud, Einar, 72
Rumohr, Karl Friedrich von, 119, 123
Sandrart, Joachim von, 116-9
Saussure, Ferdinand de, 126
Saxl, Fritz, 125, 216, 224
Schapiro, Meyer, 44-5, 137-8, 339-40
Schlosser, Julius von, 72, 86, 91, 97, 123, 148, 274
Schmitt, Jean-Claude, 39
Schönborn, Christoph von, 262
Schor, Naomi, 299
Schulthess, Peter, 178
Seifertová, Hana, 262
Séjourné, Paul, 290
Seznec, Jean, 282
Sócrates, 65
Sólon, 65-6
Spinello Aretino, 149
Starobinski, Jean, 191
Strauss, Walter L., 229
Suger, Abade, 279
Tanturli, Giuliano, 86
Taraboukine, Nikolai, 57
Taylor, A. E., 273
Teófilo, 274-6, 280, 284
Tertuliano, 36-8, 47-8
Teyssèdre, Bernard, 70, 72, 125, 129, 161, 135, 300, 307
Thiery, Antonio, 283
Thom, René, 43, 304
Ticiano Vecellio, 163, 300-1
Tomás de Aquino, São, 26, 29, 34, 40, 250, 278, 290
Torok, Maria, 209
Trottein, Serge, 157
Ulivi, Ferruccio, 98

Ungaretti, Giuseppe, 329
Van Gogh, Vincent, 44-5
Van Mander, Carel, 116
Van Veen, Hendrik Thijs, 75, 88
Varchi, Benedetto, 101-2, 107
Vasari, Giorgio, 12, 41, 59-61, 71-102, 104-9, 113-20, 122, 125, 143-4, 146-9, 151, 154-5, 157, 197-8, 213, 239- 40, 252-3, 257-8, 268, 270, 274-7, 279, 281-91, 302
Velázquez, Diego, 52
Verdon, Timothy, 282
Vermeer, Johannes, 25, 237-8, 297, 311, 314-20, 322-31, 336, 342, 345
Vernant, Jean-Pierre, 96, 260
Verrocchio, Andrea del, 289
Villani, Filippo, 76
Virgílio, 86, 191
Waetzoldt, Wilhelm, 119
Warburg, Aby, 42, 70, 92, 117, 124-5, 157-8, 166-7, 288, 290
Wazbinski, Zygmunt, 89, 92
Webster, Noah, 164
Weitzmann, Kurt, 39
Wheelock Jr., Arthur K., 328
Willey, Thomas E., 169
Winckelmann, Johann Joachim, 119, 145
Wind, Edgar, 70, 125, 142, 282
Windelband, Wilhelm, 139
Wirth, Jean, 189
Wölfflin, Heinrich, 42, 70, 126-7, 133, 140, 160, 214
Zeri, Federico, 294
Zuccari, Federico, 100-1, 108-11, 122
Zuccari, Taddeo, 108

Índice dos nomes próprios

ÍNDICE DAS FIGURAS

1. Fra Angelico, *Anunciação*, c. 1440-41.
   Afresco, Florença, Convento de San Marco, cela 3 18
2. Giorgio Vasari, Frontispício das *Vidas*, 1ª edição
   (Florença, L. Torrentino, 1550). Xilografia 77
3. Giorgio Vasari, Última página das *Vidas*, 1ª edição
   (Florença, L. Torrentino, 1550). Xilografia 79
4. Giorgio Vasari, Frontispício e última página das *Vidas*, 2ª edição
   (Florença, Giunti, 1568). Xilografia 85
5. Albrecht Dürer, *O homem da dor*, 1509-10.
   Frontispício da série *Pequena Paixão*, editada em 1511.
   Xilografia 231
6. Anônimo italiano, *Sagrada Face*, 1621-23.
   Cópia em tecido da Verônica encomendada por Gregório XV
   para a duquesa Sforza. Roma, Chiesa del Gesù 251
7. Ugo da Carpi, *A Verônica entre São Pedro e São Paulo*,
   c. 1524-27. Têmpera e carvão sobre tela.
   Vaticano, Reverenda Fabbrica di San Pietro 254
8. Parmigianino, *A Verônica entre São Pedro e São Paulo*,
   c. 1524-27. Desenho em papel. Florença, Galleria degli Uffizi,
   Sala dos Desenhos 255
9. Fra Angelico, parte inferior da *Madona das sombras*,
   c. 1440-50 (detalhe). Afresco. Florença, Convento
   de San Marco, corredor setentrional. Altura: 1,50 m 263
10. Anônimo tcheco, *Madona de Vyssí Brod*, c. 1420 (verso).
    Têmpera sobre madeira. Praga, Galeria Nacional 265
11. Anônimo alemão, *Crucifixão com São Bernardo e uma monja*,
    primeira metade do século XIV. Colônia, Schnütgen Museum 267

12. Anônimo florentino, *Busto de mulher*, século XV. Bronze.
    Florença, Museo Nazionale del Bargello 293
13. Pieter Bruegel, *Paisagem com a queda de Ícaro* (detalhe),
    c. 1555. Óleo sobre tela. Bruxelas,
    Musées Royaux des Beaux-Arts 309
14. Johannes Vermeer, *Vista de Delft* (detalhe), c. 1658-60.
    Óleo sobre tela. Haia, Mauritshuis 319
15. Johannes Vermeer, *A rendeira*, c. 1665. Óleo sobre tela.
    Paris, Musée du Louvre 323
16. Johannes Vermeer, *A rendeira* (detalhe) 324
17. Johannes Vermeer, *A rendeira* (trecho) 325
18. Johannes Vermeer, *Moça do chapéu vermelho*, c. 1665.
    Óleo sobre tela. Washington, National Gallery of Art 331

ÍNDICE DAS MATÉRIAS

Questão colocada 9
   Quando pousamos nosso olhar sobre uma imagem da arte 9
   Questão colocada a um tom de certeza 10
   Questão colocada a um tom kantiano,
      a algumas palavras mágicas e ao estatuto de um saber 12
   A antiquíssima exigência de figurabilidade 15

1. A história da arte nos limites da sua simples prática 19
   O olhar pousado sobre um trecho de parede branca:
      o visível, o legível, o invisível, o visual, o virtual 19
   A exigência do visual,
      ou como a encarnação "abre" a imitação 35
   Onde a disciplina desconfia tanto da teoria como do não-saber.
      A ilusão de especificidade, a ilusão de exatidão
      e o "golpe do historiador" 41
   Onde o passado funciona como um anteparo ao passado.
      O achado indispensável e a perda impensável.
      Onde a *história* e a *arte* acabam sendo
      um obstáculo para a história da arte 48
   Primeira banalidade: a arte acabou...
      desde que existe a história da arte.
      Armadilha metafísica e armadilha positivista 56
   Segunda banalidade: tudo é visível...
      desde que a arte morreu 66

2. A arte como renascimento
e a imortalidade do homem ideal 69
   Onde a arte foi inventada como renascendo de suas cinzas
      e onde a história da arte se inventou com ela 69

As quatro legitimações das *Vidas* de Vasari:
a obediência ao príncipe, o corpo social da arte,
o apelo à origem e o apelo aos fins... 73
Onde Vasari salva os artistas do esquecimento e os "renomeia"
na *eterna fama*. A história da arte como religião segunda,
votada à imortalidade de homens ideais................................... 80
Fins metafísicos e fins cortesãos.
Onde a fenda é recosida no ideal e no realismo:
a operação do bloco de anotações mágico................................ 87
As três primeiras palavras mágicas:
rinascita, imitazione, Idea 94
A quarta palavra mágica: *disegno*. Onde a arte se legitima
enquanto objeto unificado, prática nobre e conhecimento
intelectual. A metafísica de Federico Zuccari.
Onde a história da arte cria a arte à sua própria imagem.......... 100

3. A história da arte nos limites da sua simples razão.......... 113
Os fins que Vasari nos legou. A simples razão,
ou como o discurso inventa seu objeto..................................... 113
Metamorfoses da tese vasariana, emergências do momento
da antítese: o tom kantiano adotado pela história da arte........ 116
Onde Erwin Panofsky desenvolve o momento de antítese
e de crítica. Como o visível adquire sentido.
A violência da interpretação... 123
Da antítese à síntese. Fins kantianos, fins metafísicos.
A síntese como operação mágica... 136
A primeira palavra mágica: *humanismo*.
Onde o objeto do saber torna-se forma do saber.
Vasari kantiano e Kant humanista.
Poderes da consciência e retorno ao homem ideal.................... 144
A segunda palavra mágica: *iconologia*. Retorno a Cesare Ripa.
Visível, legível, invisível. A noção de conteúdo iconológico
como síntese transcendental. O recuo de Panofsky................... 157
Mais longe, longe demais: a coerção idealista.
A terceira palavra mágica: *forma simbólica*.
Onde o signo sensível é digerido pelo inteligível.
Pertinência da função, idealismo da "unidade da função" 166

Da imagem ao conceito e do conceito à imagem.
A quarta palavra mágica: *esquematismo*. Unidade final
da síntese na representação. A imagem monogramada,
abreviada, "pura". Uma ciência da arte leva forçosamente
à lógica e à metafísica 173

4. A imagem como rasgadura e a morte do deus encarnado 185

Uma primeira aproximação para renunciar
ao esquematismo da história da arte: a *rasgadura*.
Abrir a imagem, abrir a lógica 185
Onde o trabalho do sonho rompe a caixa da representação.
Trabalho não é função. A potência do negativo.
Onde a semelhança trabalha, joga, se inverte e se dessemelha.
Onde figurar equivale a desfigurar 190
Extensão e limites do paradigma do sonho. Ver e olhar.
Onde sonho e sintoma descentram o sujeito do saber 203
Uma segunda aproximação para renunciar ao idealismo
da história da arte: o *sintoma*. Panofsky metapsicólogo?
Do questionamento à denegação do sintoma.
Não há inconsciente panofskiano... 212
O modelo panofskiano da dedução frente ao paradigma
freudiano da sobredeterminação. O exemplo da melancolia.
Símbolo e sintoma. Parte construída, parte maldita 223
Uma terceira aproximação para renunciar ao iconografismo
da história da arte e à tirania da imitação: a *encarnação*.
Carne e corpo. A dupla economia: tecido mimético
e "*points de capiton*". As imagens prototípicas
do cristianismo e o indício de encarnação 238
Por uma história das intensidades sintomáticas.
Alguns exemplos. Dessemelhança e unção. Onde figurar
equivale a modificar figuras, equivale a desfigurar.................... 253
Uma quarta aproximação para renunciar ao humanismo
da história da arte: a *morte*. A semelhança como drama.
Dois tratados medievais diante de Vasari: o sujeito rasgado
diante do homem do humanismo. A história da arte
é uma história de imbróglios... 270

    Semelhança da vida, semelhança da morte.
        Economia da morte no cristianismo: a artimanha e o risco.
        Onde a morte insiste na imagem. E nós, diante da imagem? 284

Apêndice: Questão de detalhe, questão de trecho 297
    A aporia do detalhe... 297
    Pintar ou descrever.. 306
    O acidente: o estilhaço de matéria....................................... 315
    O sintoma: a jazida de sentido.. 333
    Para além do princípio de detalhe....................................... 342

Índice dos nomes próprios....................................... 347
Índice das figuras... 352
Índice das matérias... 354

SOBRE O AUTOR

Georges Didi-Huberman nasceu em Saint-Étienne, na França, em 1953. É filósofo e historiador da arte. Desde 1990 é professor e pesquisador da École des Hautes Études en Sciences Sociales, em Paris. Publicou:

Invention de l'hystérie. Paris: Macula, 1982 (ed. bras.: *Invenção da histeria*. Rio de Janeiro: Contraponto/MAR, 2015).
Mémorandum de la peste. Le fléau d'imaginer. Paris: Christian Bourgois, 1983.
La peinture incarnée. Paris: Minuit, 1985 (ed. bras.: *A pintura encarnada*. São Paulo: Escuta/Editora Unifesp, 2013).
Fra Angelico. Dissemblance et figuration. Paris: Flammarion, 1990.
Devant l'image. Paris: Minuit, 1990 (ed. bras.: *Diante da imagem*. São Paulo: Editora 34, 2013).
À visage découvert. Paris: Flammarion, 1992.
Ce que nous voyons, ce qui nous regarde. Paris: Minuit, 1992 (ed. bras.: *O que vemos, o que nos olha*. São Paulo: Editora 34, 1998).
Le cube et le visage. Paris: Macula, 1992.
L'empreinte du ciel. Paris: Antigone, 1994.
La ressemblance informe. Paris: Macula, 1995 (ed. bras.: *A semelhança informe*. Rio de Janeiro: Contraponto/MAR, 2015).
L'étoilement. Conversation avec Hantaï. Paris: Minuit, 1998.
Phasmes. Essais sur l'apparition, 1. Paris: Minuit, 1998.
La demeure, la souche. Paris: Minuit, 1999.
Ouvrir Vénus. Paris: Gallimard, 1999.
Devant le temps. Paris: Minuit, 2000 (ed. bras.: *Diante do tempo*. Belo Horizonte: Editora UFMG, 2015).
Être crâne. Paris: Minuit, 2000 (ed. bras.: *Ser crânio*. Belo Horizonte: C/ Arte, 2009).
Génie du non-lieu. Paris: Minuit, 2001.
L'homme qui marchait dans la couleur. Paris: Minuit, 2001.
L'image survivante. Paris: Minuit, 2002 (ed. bras.: *A imagem sobrevivente*. Rio de Janeiro: Contraponto, 2013).
Ninfa moderna. Essai sur le drapé tombé. Paris: Gallimard, 2002.
Images malgré tout. Paris: Minuit, 2003 (ed. bras.: *Imagens apesar de tudo*. São Paulo: Editora 34, 2020).
Mouvements de l'air (com Laurent Mannoni). Paris: Gallimard, 2004.
Gestes d'air et de pierre. Paris: Minuit, 2005.

Le danseur des solitudes. Paris: Minuit, 2006.
Ex-voto. Image, organe, temps. Paris: Bayard, 2006.
L'image ouverte. Paris: Gallimard, 2007.
La ressemblance par contact. Paris: Minuit, 2008.
Quand les images prennent position. L'oeil de l'histoire, 1. Paris: Minuit, 2009 (ed. bras.: *Quando as imagens tomam posição. O olho da história, 1*. Belo Horizonte: Editora UFMG, 2016).
Survivance des lucioles. Paris: Minuit, 2009 (ed. bras.: *Sobrevivência dos vaga-lumes*. Belo Horizonte: Editora UFMG, 2011).
Remontages du temps subi. L'oeil de l'histoire, 2. Paris: Minuit, 2010 (ed. bras.: *Remontagens do tempo sofrido. O olho da história, 2*. Belo Horizonte: Editora UFMG, 2018).
Atlas ou le gai savoir inquiet. L'oeil de l'histoire, 3. Paris: Minuit, 2011 (ed. bras.: *Atlas ou o gaio saber inquieto. O olho da história, 3*. Belo Horizonte: Editora UFMG, 2018).
Écorces. Paris: Minuit, 2011 (ed. bras.: *Cascas*. São Paulo: Editora 34, 2017).
Peuples exposés, peuples figurants. L'oeil de l'histoire, 4. Paris: Minuit, 2012.
L'album de l'art à l'époque du "Musée imaginaire". Paris: Hazan, 2013.
Blancs soucis. Paris: Minuit, 2013.
Phalènes. Essais sur l'apparition, 2. Paris: Minuit, 2013.
Sur le fil. Paris: Minuit, 2013.
Quelle émotion! Quelle émotion? Paris: Bayard, 2013 (ed. bras.: *Que emoção! Que emoção?* São Paulo: Editora 34, 2016).
Essayer voir. Paris: Minuit, 2014.
Sentir le grisou. Paris: Minuit, 2014.
Passés cités par JLG. L'oeil de l'histoire, 5. Paris: Minuit, 2015.
Sortir du noir. Paris: Minuit, 2015.
Ninfa fluida. Essai sur le drapé-désir. Paris: Gallimard, 2015.
Peuples en larmes, peuples en armes. L'oeil de l'histoire, 6. Paris: Minuit, 2016.
Soulèvements. Paris: Gallimard, 2016 (ed. bras.: *Levantes*. São Paulo: Edições Sesc, 2017).
Passer, quoi qu'il en coûte (com Niki Giannari). Paris: Minuit, 2017.
Ninfa profunda. Essai sur le drapé-tourmente. Paris: Gallimard, 2017.
À livres ouverts. Paris: Éditions de l'INHA, 2017.
Aperçues. Paris: Minuit, 2018.
Ninfa dolorosa. Essai sur la mémoire d'un geste. Paris: Gallimard, 2019.
Désirer, désobéir. Ce qui nous soulève, 1. Paris: Minuit, 2019.
Pour commencer encore. Dialogue avec Philippe Roux. Paris: Argol, 2019.
Éparses. Voyage dans les papiers du Ghetto de Varsovie. Paris: Minuit, 2020.
Imaginer recommencer. Ce qui nous soulève, 2. Paris: Minuit, 2021.
Le témoin jusqu'au bout. Une lecture de Victor Klemperer. Paris: Minuit, 2022.

Este livro foi composto em Sabon,
pela Bracher & Malta, com CTP da
New Print e impressão da Graphium
em papel Pólen Natural 70 g/m² da
Cia. Suzano de Papel e Celulose para
a Editora 34, em outubro de 2023.